[illegible]

[illegible]

中華書局

第四冊目錄

諫諍類

箴規類

譏諷類

詼諧類

種族類

宗教類

清稗類鈔

諫諍類

石廷柱諫逮訊大臣

太宗嘗與大臣論邊事，謂當以呂尚爲法。忠勇公石廷柱對曰：「呂尚能專制閫外生殺，故所向有功。今大臣若有過，卽下所司逮訊，雖佐領以下，亦當與之比肩對簿，其何以堪！」或以其言過戇，請議處，上特宥之。

阿什坦諫止譯雜書

滿洲完顏給諫阿什坦，通經學，篤於踐履。順治初，翻譯《大學》、《中庸》、《孝經》諸書，刊行之，以教旗人，皆出其手。時稗官小說盛行，滿人多翻譯。給諫上言學者宜以聖賢爲期，經史爲導，此外無益雜書當屛絕；又請嚴旗人男女之別，定部院九品之制，俱報可。

馮銓諫廢后

世祖之后，爲科爾沁部親王吴克善女，順治辛卯册立，十月初八日幽廢之。

初，睿親王多爾袞視世祖如子，爲之定婚。世祖漸長，恥王所爲，託言謀叛，削其封，且遷怒於吴女，謂其爲王之戚，不欲納。尋以吴既送女至，姑納之，然終不悦也。謫冷宮者凡三載，旋指爲失德，宜詔廢之。大學士馮銓乃争之曰：「前代如漢光武帝、宋仁宗、明宣宗，皆稱賢主，俱以廢后一節，終爲盛德之累。望皇上深思詳慮，慎重舉動，萬世瞻仰，將在今日。」疏上，嚴飭。於是禮部儀制司員外郎孔允樾等復争之曰：「臣考往古，如漢之馬后，唐之長孫后，敦樸儉素，皆能養和平之福。至於吕后、武后，非不聰明穎利，然傾危社稷，終作亂階。今皇后不以才能表著，自是天姿篤厚，亦何害爲中宫，而遽議變易耶？」繼之者御史宗敦一等十四人，奏入，皆不聽。親王濟爾哈朗等附之，廢后之議遂決。世祖旋悔之，越五年，仍令皇后位號册寶等悉如舊。

言官劾馮銓

睿親王多爾袞攝政，凡言官劾大學士馮銓者，多降革。壬辰十一月，范文肅公彙原疏進呈，世祖覽畢，問曰：「諸臣所劾誠當，何爲以此罷？」范對曰：「諸臣疏劾大臣，無非爲君爲國，皇上當思所以愛惜之。」遂命俱以原官起用。

周曾發諫止造乾清宮

順治癸巳，恆雨爲災。給事中周曾發請停造乾清宮，以錢糧賑濟軍民。詔從其請。

鄭獻親王遺言勸統一四海

和碩鄭獻親王爲太祖弟之子，世祖嗣位，與睿親王多爾袞同輔政，功亦相埒。扈駕入關，封信義輔政叔王。順治乙未，上疏推述太祖、太宗遺烈，以爲平治天下，在信詔令，順人心，前方降詔恤滿洲官兵疾苦，已復令修乾清宮，詔令不信，何以服人；又請設起居注官，垂信萬世。世祖善之。夏，薨於位，遺言勸上以統一四海爲念。上哀慟，詔圖像宮中。

魏文毅借史事進諫

柏鄉魏文毅公裔介嘗侍直中和殿，泛論史鑒。世祖偶稱唐太宗英主，文毅曰：「晚年無魏徵苦諫，遂窮兵高麗，貽後悔矣。」世祖頷之。

楊雍建諫阻游畋

海寧楊少司馬雍建初入兵垣時，駕數巡幸南海子，首上書請養聖躬，慎出入，毋勤於原獸。世祖震怒，謂國家以武定禍亂，順時于田，示不忘戰，乃宣楊跪苑庭，面數其罪，令免冠謝。楊對曰：「臣惟知忠愛皇上，無他罪。」上益怒，色變，往返數數，過其前，譙讓不已。諸臣侍直者咸股栗，楊神色不動。上乃曰：「而詎不聞善則歸君、過則歸己乎？奈何翹翹然沽直聲，將謂朕盤於游畋，欲方何代主？」於是楊始一頓首曰：「此則臣罪。」時世祖固已心重之，後凡有章奏，無不霽顔聽納矣。

索尼述顧命

索尼最老成忠鯁，太宗不豫，以世祖託之。世祖逸遊，索尼強諫，世祖或不堪其怒，索尼伏地引頸，稱述顧命，至於涕泣。世祖往往泣下，擲刀回蹕而止。知其忠直，復以聖祖託之，蓋兩朝顧命之臣也。

熊一瀟疏請停改授併關卡

康熙初，投誠武職，許自請改文職，以參議、僉事、同知、通判等官用。南昌熊一瀟時官臺諫，心非之，乃疏言：「巡道寄方伯連帥之任，同知、通判分兵刑錢穀之司，此等不文不武之輩，一經改授，罔知愛惜功名，覬覦營私，情未可定。請停改授之例。」從之。又其時榷關林立，部曹奉使監税，亦無定員。熊奏：「關税原有定例，一持籌記策之人，自可勝任。今員數繁多，恐新員差出、舊員未歸之時，將有一司無一官者，且一城數關，亦應酌併。至京師左右兩翼，較在外各關錢糧更少，今滿、漢兼差，亦可裁汰一員，俾綜部務。」部議不准行。得旨：「各省相近之關，應否一處兼管，由督撫察奏，兩翼税差著再議。」尋議，兩翼應裁漢缺，江寧西新關併入龍江關，蕪湖工關併入户關，廣東遇仙橋洽光廠併入太平關，俱如一灋所議。

楊雍建封還紅本

康熙甲辰，有星孛於翼軫，抵降婁，占驗者以爲含譽星。侍郎楊雍建時官給事中，獨疏請修省。聖祖優詔答之，遂赦天下。宣赦後，紅本下，二獄囚當決，楊封還紅本。有旨，三法司再議，二囚乃得不死。

李文勤諫阻營建

三藩未變以前，聖祖偶思營建。時相國李文勤公掌邦計，詢以有款項可動否，奏云：「户部無可動之項。」事遂止。未幾，吴三桂叛，上以帑項空虚爲憂。又奏云：「户部存項敷用。」上詰以前語，乃正色對曰：「部帑原備緩急之需，若平日耗於土木，緩急將何以支？」上頷之。

魏文毅建言多裨國是

魏文毅官諫垣最久，順治時，首劾張縉彦爲明思宗復仇，後又屢劾大學士劉正宗、成克鞏欺罔附會，陳之遴等植黨營私，頗爲世祖所引重。聖祖御極之始，輔政大臣議加練餉五百萬，復力争之，遂止。文毅在朝，每以單辭片語解紛決策，先後所上凡二百餘疏，多裨於國是，以是敢諫之名震天下。

韓文懿對策上疏

韓文懿公菼廷試日，吳三桂逆釁已萌，其對策力言三藩當撤，無稍顧忌。祭酒阿理瑚請以故相達海從祀兩廡，韓謂海造國書，一藝耳，未合從祀之典。御史鄭惟孜請令國子監生回籍應試，韓疏言太學一空，非京師首善之義。

張螺浮嘉猷入告

海鹽張惟赤字螺浮，順治甲午通籍，丙申、丁酉間入諫垣，直言敢諫。康熙初，有先朝諫臣之褒禮，及官工科給事中，時三藩不靖，軍需孔亟，計臣或有履畝加賦之議，張力爭以爲不可，由是浙賦得循舊額。諫草曰《入告編》，其九世孫菊生副大臣元濟爲梓行之，見於《涉園叢刻》。謹嚴剴切，能糾官吏非違，達人民疾苦，絕無晚明台諫詭激囂凌之習。《恭請皇上親政》一疏，霜嚴日烈，出辭乃不溢錙黍。則以聖祖踐阼，方在沖齡，權奸柄政，盈廷結舌，張獨侃侃言之。至本朝入關之始，滿、漢不無歧視，而張乃有「刑部審鞫録供，不宜但憑滿官執筆，及人民投充滿洲，餘地撥給壯丁，不許復圈民地」之奏，真能言人所不敢言者也。

聖祖不禁科道風聞言事

黄陂姚撫部締虞，康熙戊午以禮科給事中主考江西還，奏免江西逋賦二百十餘萬。初，憲臣艾元徵請禁科道風聞言事，進言者日少。姚抗疏，請聖祖檢閱世祖朝言官章奏如何謇諤，今相率以輭熟爲風，恐平時無以作其敢言之氣，臨事必無肯爲皇上盡忠者。頃之，聖祖御乾清門，召諭曰：「朕親政以來，諸臣何嘗以言獲罪？」對曰：「上卽不譴言官，但有此處分條例，諸臣方跼蹐畏罪，誰復肯發奸指佞者？」聖祖色霽，因曰：「人臣論事，當擇其大者遠者，如魏象樞彈程汝璞，亦是風聞，已而鞫問得實，蓋本朝原未有風聞之禁也。」將退，詔以所言宣付史館。尋出撫四川，請罷蜀中采木之役。

蔣伊繪十二圖進呈

常熟河南學道蔣莘田爲文肅父，康熙己未，滇、閩方用兵，征調四出，又廣開捐納事例，時蔣官御史，繪十二圖以進。一曰《難民妻女圖》，二曰《刑獄圖》，三曰《寒窗讀書圖》，四曰《春耕夏耘圖》，五曰《催科圖》，六曰《鬻兒圖》，七曰《水災圖》，八曰《旱災圖》，九曰《觀榜圖》，十曰《廢書圖》，十一曰《暴關圖》，十二曰《疲驛圖》。復爲疏，極言其狀。聖祖動容嗟歎，置諸左右。又嘗爲五疏論救荒之策，言切而哀。逾年，駕東巡，道多饑民，聖祖顧近臣曰：「此蔣伊所繪《流民圖》也。」及爲學道，以經術造士，屏絕干請。居鄉好施予，多所全活。

曹末任千之諫封禪巡狩

康熙壬癸間，三藩削平，詔以詞臣曹末請封禪疏，付廷議。相國張文貞公秉筆，逕請停止。蕭山任冏卿千之方官六科，亦上言封禪僅見司馬相如書，不足慕效。又云：「巡狩載《虞典》，古諸侯各君其國，天子巡所守以協同議禮制度。今天下一家，巡狩之禮亦不可舉。」

徐立齋諫止鬻官

國初崑山三徐，名位資望均相埒，文學稱健庵尚書，而風節操持，當首數立齋相國。立齋官修撰時，世祖常召見，討論經義，賜鞍馬、御膳，恩如家人。上晏駕，哀痛哭泣，羸瘠不勝。康熙庚申，從謁孝陵，猶悲慟不止。捐例初開，但令得官後三年稱職，上官保舉，否則罷。既又令輸銀免保舉，即聽遷轉。其初爲祭酒時，即請免納粟入監之例，及是又言國家大體所關，惟賢不肖之辨而已，若捐銀得免保舉，是金多者與稱職同科也，因堅請停止捐例。後事例既罷，而府部寺院筆帖式近三千人，復求開例，出知州縣。其以京察大計被議者，亦復謀官，廷議時争之三日，卒從其言。癸亥大計，一切餽遺無敢及門，其所彈劾亦不避權貴也。

徐立齋諫止簡巡按

康熙間，聖祖欲差滿洲三品以上大臣巡按各省，徐立齋相國獨力爭不可。上曰：「明時故有御史巡按舊例，是時停止御史巡按未久。今何爲獨不可耶？」立齋曰：「明時雖有巡按，然御史秩卑，雖許其參劾督撫，然巡按果有不職，督撫亦得參劾，相維相制，故無大害。今三品以上大員，與督撫爵秩相等，又有滿、漢親疏之見爲之先入，督撫豈敢貿然彈劾？倘有貪婪之人，恣行無忌，則百姓之受害，將靡窮矣！」上勃然作色曰：「然則朕所差者，竟無一端人乎？」立齋頓首曰：「皇上簡任時，自必妙極一時之選，然百密中，難保竟無一疏。且人情往往見利忘義，從前昕夕在上前，且未有地方尺寸柄，雖庸才亦能勉敦行檢。一旦銜命出使，移氣移體，非真有操守者，固不能始終如一。況所差數十人中，豈能人人皆有操守，使有一人，則一省已受害矣。」上默然良久，卒罷其議。是時廷臣皆震懾失次，立齋獨侃侃如平時。

奇奴有所諫

奇奴者，不知其姓名。康熙甲子，聖祖幸塞外，還京，有人衣短後衣，無冠，跪道旁，呼萬歲。上止輦問之，則對曰：「有所諫，今條奏時務十二事。」上問：「若何人也？」對曰：「刑部郎中某家奴。」當是時，時局已定，四海承平，上以爲狂奴妄言得失，辱朝廷而羞當世之士，非盛世事也。遂執付所司，按衝突儀仗妄行奏訴律，發近邊充軍，杖而流之關外。奴仰天歎曰：「吾爲人奴，雖勞苦，不廢書，以今世之務，合吾書之説，所宜言者固多。意臺省諸大官，此月不言，必他月也，他月無聞焉；意今年不言，必明年也，明年又無聞焉。吾不復能待，故冒昧言之，而孰意獲罪一至於此耶！」未出關，杖瘡發，死於路。

魏敏果藉天變言事

魏敏果公象樞性骨鯁，敢言事，官刑科左給事中時，因災變陳言，語侵權貴。會議時，又與諸大臣抗争是非，廷臣仄目。獨大學士范文程公心識之，曰：「此我國家任事之臣也。」其後有搆之者，輒於衆中剖晰之，卒得白。已而數遷至左都御史。適逢地一日連震，上晝夜坐武帳中。魏直入，奏曰：「地，臣道也；臣失職，則地反常。臣不能肅風紀以修職業，請先罪臣以回天變。」上召魏入，魏伏地涕泣，請屏左右，語移時。極言天變若此，乃索額圖、明珠二相植黨市權，排斥忠良，引用僉壬以禍國家之應。及出，副都御史施維翰迎於後左門，見魏淚流頰未乾也。明日，上以六條宣廷臣集議，大略如魏指，於是朝士咸知魏造膝所請，用事大臣皆爲之股栗。明年，索額圖免官；戊辰，明珠爲郭琇劾罷。至丙戌春，聖祖始以其面對語諭羣臣。

李文貞直對

康熙癸巳，方望溪侍郎苞供奉南書房。一日，聖祖召編修沈宗敬至，命作大小行楷。日晡，内侍至，傳諭李文貞公光地曰：「朕初學書，宗敬之父荃實侍，每下筆，即指其病，兼析所由。至於今，每作書，未嘗不思荃之勤也。」文貞因奏對曰：「此即成湯改過不吝之心，苟自是而惡直言，則無由自鏡矣。」

李文貞疏請甄别歸休學使

各省黌序，皆隸提學道。康熙癸未，始設學政。越十餘年，部議令學使歸休者，悉赴城工效力。時李文貞公方家居，曰：「賢否同辜，非所以示激厲也。」密疏清公之臣若而人，請加甄别，藉是多免役者。

張貞生諫阻大臣巡察

康熙中，議遣大臣巡察各省，廬陵張學士貞生上書切諫，被詔引見，以所言過戇，下考功議，免官，詔貶二秩。其自爲詩云：「聖明豈是誠難格，臣戇還應術未全。」可知其所養矣。後奉特旨，復原官。

韓菼諫誅阿山

康熙中，江南布政司張萬禄虧庫金三十餘萬，制府阿山上言費由南巡，非侵牟。或謂張於阿爲姻家，上震怒，下九卿議。衆議阿大辟，宗伯韓文懿公菼正色曰：「果有連，其情私而語則公也，且斯言得上達，所益不細。」忌者增語上聞，韓由是恩眷日替。

阮應商疏論銓曹之弊

康熙朝，阮應商官吏科給事中。時吏部選人，或違例壓缺，改易文憑，駮選停放，除授不公。給諫上書極論，纚纚數百言，指斥無隱。銓曹多被議者，直聲大震。一日，聖祖御門，有所咨訪，特指名命對。給諫從容敷奏，衆皆屬目。嗣是連次御門，輒垂問阮應商在否。嗣以疾告歸，遽卒。

龔翔麟劾權貴

康熙朝，龔蘅圃侍御翔麟勁直敢言，屢擊權貴。劾靖逆侯子張雲翮，劾滇黔督部趙良棟，皆拜御書之賜，旌其敢言。其劾熊賜履弟贖貨，並糾賜履，聖祖亦韙之。

圖爾泰劾滿臣權重

康熙中，滿洲某科給事中圖爾泰，與明珠同族，不善其所爲。嘗劾奏滿臣權重，漢六部九卿奉行文書而已，滿人謦欬，無敢違者，殊非立政之體。以此忤權臣，謫黑龍江。圖素尚理學，於戍所自置周程四先生祠，朝夕禮拜，人笑之，不顧也。

郭琇劾明珠

康熙間，山左名臣，自李之芳、董訥而下，實以郭瑞卿爲最剛正。瑞卿名琇。當明珠柄政時，行爲專恣，朝野多側目。郭剛直性成，嘗於明珠壽日，臚舉其劣跡，列入彈章上之。旋復袖所草疏，乘車至明邸，踵門投刺，明以其素倔強，來謁不易，肅冠帶迎之。及入，長揖不拜，坐移時，故頻頻作引袖狀。明喜問曰：「御史公近來興致不淺，豈亦有壽詩見賜乎？」郭曰：「否否。」探袖出視，乃一彈章。明取讀未畢，郭忽拍案起曰：「郭琇無禮，劾及故人，應受罰。」連引巨觥狂吸之，疾趨而出，座客大駭愕。未幾而廷訊明珠之旨下矣。

笪重光屢有諫諍

句容笪侍御重光直聲震朝野，屢有諫諍，且嘗劾明珠、佘國柱，棄官去，不知所終。或稱其隱甘肅漢龍山，爲道士，年九十餘猶在，自稱繡髮真人。

高層雲諫止旗屯

康熙時，旗軍屯田江淮，所至驛騷，華亭太常少卿高層雲奏請停罷。議政王大臣閱其奏，皆大怒，將請旨治罪，上納其言，立命停止。層雲字菰村，工詩，善畫山水，澹寧居御座側之屏風四幅，其所繪也。

任葵尊章數十上

康熙中，御史之敢言者，爲荆元實、任葵尊二人。葵尊名弘嘉，入臺垣，直聲大振，章數十上。

婁德納譎諫

聖祖既廢理王，揆敍、王鴻緒輩恐其復立，造諸蜚語以聞，上怒，欲置王重典，衆莫敢諫。領侍衛內大臣婁德納年已耄，善解人主意。時上自暢春園還宮，欲明頒詔旨，婁先日燕見曰：「聞護軍統領某得暴疾，肉盡消，骨立矣。」某固素以體胖著者。次早，上入宮，則見某佩刀侍神武門，豐偉如故。上詰婁，婁笑曰：「可知人言未可信也。體之豐瘠，乃現於外者，尚訛傳至此，況曖昧事哉！」上首肯其言，立罷宣詔。

朱天保諫廢儲

檢討朱天保字鶴田，滿洲人，中康熙癸巳進士，入詞林。父朱爾訥，任兵部侍郎。時理密親王既廢，儲位久虛，廉親王允禩覬其位，揆敍、王鴻緒等復左右之，欲陰害理密親王。天保深憂之，疏言曰：「皇太子雖以疾廢，然其失，良由左右非人，習於驕抗。若遣碩儒名臣，如趙申喬等輔導之，潛德日彰，猶可復問安視膳之事。儲位重大，未可輕移，徒啓藩臣覬覦，則天家骨肉之禍，有不可勝言者。」疏成欲上，以父在，徘徊久之。父察其情，曰：「忠孝未可兩全，汝捨孝全忠可也。」趣入告。時聖祖幸湯山，疏上，上歎歔久之。近臣阿靈阿素爲允禩黨，曰：「朱某之疏，爲希異日寵榮耳。」上大怒，置之於法，父荷校死，而理密得以壽終。

張廷樞直諫

韓城張司寇廷樞自擢九列，卽以直諫任事著聲。其始長刑部而罷也，以提督九門陶和氣勢燄方熾，司寇齊世武阿附之，摭其讎人，死刑獄，張持不可，因此譖張。踰年，聖祖燭其姦，誅和氣，投世武於荒，乃思張，以司空徵，既至，改司寇。張感上灼知，益以國是自任，而衆亦知上信張，凡部事，主斷者十之七九；廷議待決者，亦過半焉。

聖祖春秋高，諸王門下人或因緣詭法，有以負債訟淮商及吏民者，命闕逮。張正言折將命者，合堂變容，張意色愈堅，事竟罷。誠王屬長史以文學信任，朝夕侍上側，王府孟尚曾斃甘肅平民，事達部，王再三切諭，不得上聞，而張具以實奏，衆皆危之，張坦如也。河南州縣困於歲徵黃糧，中家以下，鮮不破產鬻子，供輓賃。巡撫楊宗義疏請改折，而倉督及有司陰阻之，户部九卿皆曰毋庸議，聖祖方猶豫。會張自閔鄉鞫獄還，使事畢，慷慨陳民艱，退又具疏，聖祖立斥羣議，特改諸州縣之遠水次者，民困大蘇。

劉蔭樞敢諫

韓城劉中丞蔭樞，以知縣行取，爲吏刑户三科給事中，稱直言敢諫，前後疏十上。論連捐速陞之弊，又請試捐員、停保舉、開言路、覈名實，又言藩臬宜入覲奏事，又陳豫秦兩省事宜，皆報可。又論楚省攤糧病民，下九卿議，劉陳述公卿間，遂蠲其賦。外轉贛南道，署按察使，以争疑獄，失巡撫意，劾罷之。康熙甲申，聖祖南巡，劉迎見於潼關。上曰：「此劉翦子也，何衣民服？」以被劾對。詔復其官。劉廣額豐頤，美鬚髯，官科垣，屢蒙召見，上故識之。旋擢貴州巡撫。

會額魯特數擾邊，上使尚書富寧安等往征之，已擊走矣，領兵大臣尚擬進勦，各省捐饟捐馬者皆起。劉上封事曰：「澤旺阿剌蒲坦，小醜也。侵擾哈密，小警也。請無用兵。」又密陳六事，略言：「臣老人也，報皇上之日無幾，敢冒死以陳。從來與庸主言，非發露其詳不可；與聖主言，則引其端而已悟。皇上，聖主也。臣不敢多言，敢以六事進：重內地勿勤遠略；謹喜怒而慎用人；覈名實以重國本。」尋以年垂八十請老，上令赴大軍駐所周閱，詳議具奏。劉抵營，仍疏請屯哈密以東，兵毋輕出。又以病乞休，詔責其憚遠涉，令還巡撫任。後數月，休致入京，下刑部議，以阻撓軍務當絞，命發往博爾丹處種地，時年八十一矣。子熾，請隨侍。劉笑止之，曰：「人死道路，與家庭何異？汝自歸，耕田讀書，無我慮。」居喀爾三年，上諭廷臣曰：「劉蔭樞，忠臣也，但書生，不知兵耳。」詔還京，復其官，與千叟宴。雍正癸卯，世宗召見慰問，賜金，遣之歸。旋卒於家。

孫文定以檢討上封事

世宗行政，以猛鷙著稱，大臣無敢直言者。太原孫文定公嘉淦，乃以檢討上封事，曰親骨肉，曰停捐納，曰罷西兵。世宗召諸大臣示之，責掌院學士曰：「爾翰林院乃容此狂士。」掌院叩頭謝罪。朱文端適在側，徐對曰：「此生誠狂，然臣服其有膽。」良久，世宗亦大笑曰：「朕亦不能不服其有膽。」卽召對，授國子監司業，並手指之以示九卿曰：「朕即位以來，孫嘉淦每事直言極諫，朕不惟不怒，且嘉悅焉，爾等當以爲法也。」

金溶因諫落職

孫文定公在楚督任内獲譴，罰修順義城。御史金溶奏以孫嘉淦之操守，不免議罰，恐天下督撫聞而自危，無以爲他日地步。金即文定所取士也，坐是落職，後卒起用。

沈端恪諫耗羨歸公

沈端恪公近思性恪謹，每上封事，先期齋閱衣冠，鍵户密書，書畢，蒲伏再拜而起。家人問何事？輒答以他語。雍正朝，耗羨歸公之議，自山西大吏發之，諭旨令九卿會議。沈廷諍諤諤，同列震悚，世宗嘉其誠剴，不以爲非。

沈端恪李紱諫阻逃禪

沈端恪公少時嘗在靈隱寺爲僧，世宗喜逃禪，一日，沈獨對，上問之曰：「汝於宗門必多精詣，試言之。」沈對曰：「臣少年潦倒，偶逃於此，幸得通籍，方留心經世之學，以報國家，日懼不給，不復更念及此。亦知皇上聖明天縱，早悟大乘，然萬幾爲重，臣願陛下爲堯舜，不願陛下爲釋迦，臣即有所記，安敢妄言以分睿慮。」世宗改容頷之。

臨川李穆堂侍郎紱在官日，世宗嘗語之曰：「汝於書無所不讀，則二氏經典，當亦盡通。」李曰：「臣向亦諦觀之，然無補於天下國家。」世宗曰：「汝言是也。」

李元直抗言無所避

高密李元直官御史八月，章數十上，最後語侵諸大臣尤切。世宗召元直及諸廷臣入，歷舉中外大臣有名迹者詰之，元直抗言無所避。上徐謂諸臣曰：「彼言雖野，心實無他。」翼日，復召入，慰之，賜荔枝數枚，出。於是都人呼爲戇李。

徐文定諫阻誅二王

徐文定公元夢，舒穆祿氏揚武勳王裔。雍正中，廉王允禩、貝子允禟以覬覦大器，世宗命諸大臣議其罪。文定言二王之罪，誠不容誅，願皇上念手足之情，暫免一時之死。情詞肫摯，上爲動容。

三張諫止捐貲運饟

雍正間，西事方殷，急饋饟，大將軍入覲，以爲言。大臣定議，各途守選及遷補停止，專用捐貲運饟人，事可集。已得旨，始下外廷。韓城尚書張廷樞聞其事，謂同列曰：「此關國體，當以去就争。」時九卿會議數四，相視不言。乃昌言，惟捐納所分員缺，可俾運饟人，其正途及遷補仍舊，因手奏定議。執政者大駭，使人謂少宰張廷玉曰：「聞舉朝同議，獨張君阻之，不識何張君也。」少宰曰：「首議者張廷樞，然余，吏部也，亦同此議。」少司寇張大有曰：「我亦同議者。」於是士論翕然歸三張。遂寧張鵬翮方長吏部，爲不適者久之。

曹一士疏論文字薦舉

雍正乙卯，御史曹一士請寬比附妖言之獄，並挾仇誣告之文。疏云「比年以來，小人不識兩朝所以誅殛大憝之故，往往挾睚眦之怨，借影響之詞，攻訐詩書，指摘字句。有司見事生風，多方窮鞫，或致波累師友，株連親故，破家亡命，甚可憫也。臣愚以爲井田封建，不過迂儒之常談，不可以爲生今反古；述懷詠史，不過詞人之習態，不可以爲援古刺今。即有序跋偶遺紀年，亦或草茅一時失檢，非必果懷悖逆，敢於明布篇章」云云。然則當時有言井田封建或感懷詠史者，乃至著述序跋不録時王年號者，皆科大逆不道罪矣。又言牧民之吏，有賢有能，不可偏廢，今督撫薦舉，往往舍賢而尚能，故明作有功之意多，惇大成裕之意少。

李紱謝濟世劾田文鏡

雍正間，田文鏡劾河南屬吏黄振國、汪諴、邵言綸等，直督李紱言其寃，欽使往按驗，還奏文鏡所劾是。御史謝濟世又劾文鏡貪黷，奏入，與紱語多同，上疑焉，命九卿科道集刑部訊交關狀。謝辨無有，而刑部尚書勵杜訥曰：「是當刑訊。」御史永豐陳學海在班中，忽起走庭中，北向大言曰：「與謝某交通者，我也。」大臣皆愕然。陳故以部郎從欽使河南，得文鏡欺罔狀，又爲奏爭不能得，歸嘗發憤爲同僚言之者也。大臣將以聞，請并訊。謝則曰：「文鏡之惡，中外皆知。濟世讀孔孟書，粗識大義，不忍視姦人罔上，故冒死以聞，必欲究指使者，乃獨有孔子、孟子耳。」拷掠急，復大呼聖祖仁皇帝，王大臣皆瞿然起立，乃罷訊。入告曰：「是狂生，妄欲爲忠臣，口刺刺稱孔孟不休，終不言指使者。」世宗意亦解，曰：「是欲爲忠臣，且令從軍。」遂命往阿爾泰軍前效力。乾隆朝，復再起，再被劾，卒獲超雪，放歸。學海得無事，然明年，卒以告病驗不實，亦遣戍去。

齊周華疏救吕晚村

天台齊周華爲召南猶子，以刊印吕留良書籍受極刑。其救吕疏稿中有云：「浙省吕留良，生於有明之季，延至我朝，著書立説，廣播四方。其胸中膠於前代，敢妄爲記撰，托桀犬以吠堯。夫堯不可吠而不吠堯，恐無以成爲桀之犬，故偏見甘效頑民，而世論共推義士。又以其書能闡發聖賢精藴，尊爲理學者有之，實未知其有日記之説。伏讀上諭，日以改過望天下之人，故寬曾静於法外。臣思吕留良、吕葆中逝世已久，卽有歸仁説，作於冥冥中，臣已不得而見。第其子孫以祖父餘孽，一旦罹於獄中，其悔過遷善趨於自新之路，必有較曾静爲尤激切者。夫曾静現在叛逆之徒，尚邀赦宥之典，豈吕留良以死後之空言，早爲聖祖所赦宥者，獨不可貸其一門之罪乎？」

吴煒疏請保護聖躬

乾隆初，高宗下詔求言，一時臺諫，以吴南溪爲最。吴名煒，歙縣人，面黧黑，寡言笑，嘗劾訥欽，爲世所稱。曾有保護聖躬一摺，上切責之，召詢張文和。文和讀疏訖，口嘖嘖稱羨，遂有欲於鞾中取物狀，上詢之，文和曰：「臣欲取筆附名於摺尾也。」上乃釋然。

宮中嘗演《鳴鳳記》院本，孝聖后問朝中有如楊繼盛之人否？上對曰：「惟吴煒差近之。」吴年八十餘，無疾而終。

李慎修諫阻觀戲吟詩

乾隆初，御史李慎修，德州人，身傴僂而敢言。高宗於上元夜賜諸王公大臣觀火戲，李諫阻之，以爲玩物喪志。上喜吟詩，李亦諫，恐以摛翰有妨政治。上韙其言，嘗召見曰：「是何渺丈夫，乃能直言若此。」李奏曰：「臣面陋心善。」上大笑。又當時以錢貴故，諸大臣議變制，李上疏阻之。

鄒一桂疏請罷許容

乾隆壬戌，命許容巡撫湖北。時鄒小山尚書一桂方轉給事中，疏言：「許容誣奏謝濟世，奉旨奪職，總督以下承審官皆罷斥，不特湖南得見天日，天下臣民，罔弗額手稱慶。此彰癉之公，吏治所由知戒也。昨有旨仍命撫湖北，中外聞之，莫不驚駭。乞降旨宣示臣民，俾曉然於黜陟之所以然。」疏入，事遂寢。

盛安諫止誅薙髮者

滿洲盛司寇安以科第起家，頎然矗立，鬚眉蒼然，以古大臣自命。乾隆戊辰春，孝賢后崩，時周中丞學健、塞制府楞額以違制薙髮，交刑部治罪。又錦州守金文淳稟命於府尹薙髮，事發，高宗震怒，立命誅之。盛叩首請曰：「金小臣，罔識國制，且請命大僚，然後薙髮，情可矜恕，請寬之。」上怒曰：「汝爲金某游說耶？」盛曰：「臣司寇，但知盡職，固不識金某爲何如人。如枉法干君，何以爲天下平也？」上大怒，命侍衛反接盛，赴市曹，與金文淳同正法。盛長笑，惟曰：「臣負朝廷恩而已。」上悔悟，命近臣馳騎，並金赦之。盛施然叩謝，如常時。市曹屬目曰：「此真司寇也。」次日，上命入上書房，傅導諸皇子，曰：「盛安尚不畏朕，況諸皇子乎？」真師保之妙選也。

博爾奔察譎諫

內大臣博爾奔察侍高宗最久，善嬉謔。乾隆辛未春，扈從南巡。舟至京口，放煙火，有被煙薰嗽者，博笑曰：「此乃素被黃煙薰怕，故望而生畏也。」時黃文襄公廷桂督責所屬過嚴，故言之。及至蘇州，見靈巖梅可合抱，博拔刀作欲砍狀。上驚問，博曰：「恨其不生於圓明園，而使皇上跋涉江湖之險也。」及較射，有弓落地者，上震怒。博在旁曰：「此皆因引見，昨日射箭多，致臂病，不能引弓也。」上乃釋然。又一日，較射多不中侯，天顏不悦。有長髯人至，博望而笑曰：「嘻，汪都統之弟至矣。」都統汪扎爾修髯如戟，故譃及之，上爲之撫掌大笑。上嘗行窄巷，有步軍校積石爲山於廳側，上問之，博曰：「此步兵花園也。」上大笑。又上書福字，博侍側，上笑謂：「汝識此中佳否？」博應聲曰：「知之，皇上所書福字，既黑且亮。」上大笑。

朱文端諫止誅舒文襄

乾隆乙亥，阿睦爾撒納投誠，舒文襄公赫德時任定邊將軍，請將其家屬分置蘇尼特等近地，以爲覊質。高宗大怒，謂其分散骨肉，有傷遠人心，命近侍封刀斬之。朱文端公軾聞命，推扉而入，力言人材難得，舒雖一時過慮，然平日辦事勤謹，請援議能之典。上曰：「命下已踰日，恐難返。」朱曰：「即命臣子成麟追之。」上可其請。朱出，謂其子曰：「追不及，汝勿返也。」成麟故勇往，即於馬前割袍前襟，馳騎往，至潼關，追前命歸。傅文忠公恆告人曰：「朱公誠仁者之勇。是日，雖如恆者百輩，無濟於事也。」

松文清諫東巡

乾隆丁丑夏，畿輔亢旱，下詔求言。相國松文清公筠上疏，諫阻東巡。上以其故違祖制，應置重典，念其平日廉直，以二品銜謫察哈爾都統。尋擢爲首輔，仍兼攝伊犁事。

杭大宗抗論時事

杭大宗世駿，錢塘人。抱經世才，以布衣召試鴻博，極言國家用人宜泯滿、漢之見，以收士望云云。時宗室某相方用事，閱卷大怒，譖於高宗，幾遭不測。其後官翰林院檢討，上疏抗論時事，謂用兵斂財及巡幸所至，有司一意奉行，其流弊皆及於百姓。疏凡十事，其言至戇激。部議當重辟，上僅令罷歸田里，不之罪也。出京日，行李蕭條，士夫懼召黨禍，杭往話别，輒預戒閽者拒之，獨刑部司獄某，相與徒步登陶然亭，痛飲竟日而别。

三保諫止乘騎渡河

三文敬公保，繙譯進士，任兩湖、浙閩總督，入拜東閣大學士。以不諳吏事，動爲人欺，且屢任封疆，簠簋不飾，時以比李昭信。然幼讀宋儒書，大節不苟。乾隆癸未夏，高宗巡幸承德，保時任直隸按察使。霖雨數日，潮水驟發，上欲乘騎渡河，保叩馬諫曰：「千金之子，坐不垂堂；況萬乘至尊，輕試波濤，使御駟有失，雖萬段臣軀，何可追悔！」上以滿洲舊俗宣勞示武爲言。保曰：「皇上奉太后乘輿同至，即使上渡河安，不識太后之輿，安奉何所？」上乃動容回轡。

三保劾王亶望

三保督閩時，浙撫王亶望丁艱，以督辦海塘奪情視事，又不遣眷回籍，保惡其蔑倫，密疏劾之，王因獲罪。後爲上書房總師傅，集古今儲貳事，曰《春華日覽》，教授諸皇子，詞雖質直，不失師保之體。卒，賜謚文敬，取責難於君意也。

傅文忠諫嗔怒過節

高宗嘗諭傅文忠公恒佛法清浄，於身心亦有裨益，公餘宜留究内典。傅奏云：「佛法先戒貪嗔癡，皇上天亶聰明，尚有時嗔怒過節；如臣庸愚，恐學亦徒勞。」又一日進見，高宗偶論魏徵敢諫。傅云：「魏徵每陳諫牘，唐太宗不但不怒，並有褒賞。魏徵是見敢諫之便宜，故不憚直言也。」上頷之。

尹會一言民間疾苦

高宗六次南巡，尹會一視學江蘇，還奏云：「陛下數次南巡，民間疾苦，怨聲載道。」高宗厲聲詰之曰：「汝謂民間疾苦，試指出何人疾苦？怨聲載道，試指明何人怨言？」會一至是，惟自伏妄奏，免冠叩首，乃謫戍遠邊。

方觀承諫止誅犯蹕者

乾隆乙巳以後某年春，高宗巡畿甸，突有村民犯蹕，手攜兵器，爲扈從侍衞所格，立被執。詰之，曰：「直隸人。」上震怒曰：「朕歷年春秋兩巡，累及近畿百姓，固應怨我。然兩次所免錢糧，積數十年計之，亦不爲少，竟不足以生其感乎？是殆有主之者矣。」時總督方恪敏公觀承方在卡倫門外接駕，聞之，飛騎追上，而乘輿已前行，方疾趨，伏道旁，大聲呼曰：「臣方觀承奏明，此人是保定村中一瘋子也。」上聞稍回顧，乘輿已入宮門，甫降輿，卽傳軍機大臣入對。上曰：「頃犯蹕之人，據方觀承奏爲瘋子，不知究如何？」軍機大臣碰頭奏：「方觀承久於直隸，據所奏是瘋子，自必不誤。」上曰：「旣如此，卽交爾等會同刑部嚴訊，作瘋子辦理。」軍機大臣碰頭謝出，卽日在行帳中定讞。

張問陶日上三疏

遂寧張船山名問陶，性伉爽，無城府。由檢討遷御史，上官日，連上三疏：一劾六部九卿，一劾各督撫，一劾河漕鹽政。或謂之曰：「子不慮結怨中外乎？」張笑曰：「我所責難者，皆大臣名臣事業，其思爲大臣名臣者，方且感我爲達其意；若無意於此者，吾將其身分抬高，至於如此，慚愧之不暇，又何暇怨我乎？」

舒超鐸劾杜賴

直恪公舒超鐸，歷任西安、涼州、安西、黑龍江諸將軍，高宗篤任之，嘗曰：「滿洲世族未忘舊習者，惟某一人。」性直篤，在西安時，前將軍杜賴貪鄙，屢侵糧餉，至自製餅餌，令軍士重價購之，舒至三日，立劾之。金礦事發，牽連數百人，獄未決，命釋之。僚屬有請者則曰：「金礦窄不容足，安容數百人？盜者必獲重寶以遠颺，奚累及無辜焉。」後盜果獲於他境。

魁倫劾伍拉納

制府魁倫完顏氏，性勇，授福建將軍。喜聲伎，嘗夜宿狹巷，爲制府伍拉納所覺，欲劾之。伍固貪吏，納屬員賄，動踰千百，不納者，鎖錮逼勒。又受海盜賄，不捕緝，五虎門外盜艇雲集。魁慨然曰：「伍公以封疆大吏，舉止同盜賊，不知愧悔，反欲劾人耶！」乃抗疏劾伍之貪縱，並閩省庫藏虧絀事，高宗大怒，置伍於法，以魁代。

錢澧劾國泰

昆明錢南園通政澧爲御史時，劾東撫國泰。時劉文清公偕和珅奉高宗命往山東訊鞫，並諭御史同訊。方讞獄日，國泰忽起立，罵御史曰：「汝何物？敢劾我耶！」文清大怒曰：「御史奉詔治汝，汝敢罵天使耶！」立命隸人批其頰。國泰懼而伏，珅遂不敢曲芘。獄上，國泰伏誅。

初，錢將奏國泰事，詣所善翰林邵南江曰：「家有事，需錢十千，可借乎？」邵曰：「錢可移用，將何事也，盍告我乎？」錢曰：「子勿問何事，有事欲用此錢，當於吾子取之。」越三日而彈章宣矣。時國泰聲勢方盛，人皆爲之危，幸高宗察其忠直，得擢通政司副使。邵於是叩之曰：「子前告我需錢十千，豈爲此事耶？」曰：「然。吾自度劾國泰，必受嚴譴戍邊，故預備資用耳。」邵曰：「若果有此行，十千錢亦不濟事。」曰：「吾性喜食牛肉，在道可不用傔從，以五千錢市牛肉，日啖此，可無饑。其餘錢，吾自負之，得達戍所，足矣。」

錢灃劾和珅

錢南園既補通政司副使，復以事鐫級，再補言官。時和珅擅權，直廬自立私寓，錢劾之，謂：「國家所以設立衙署，蓋欲諸臣共集一堂，互相商搉，佞者既明目共視，難以挾私；賢者亦集思廣益，以濟其事。今和珅妄立私寓，不與諸大臣同堂辦事，而命諸司員傳語其間。即有私弊，諸臣不能共知；雖欲參議，無由而得，恐啓攬權之漸，請皇上命珅拆毀其寓，遇事公同辦理，無得私自處判。」疏入，命錢入軍機以監之。逾年，錢暴卒，上大慟。

曹錫寶劾和珅

和珅在政府時，上海曹劍亭侍御錫寶上書論劾，同朝多咋舌者。侍御至熱河待罪，高宗召入，諭之曰：「爾讀書人，不讀《易》歟？君不密，則失臣；臣不密，則失身。」侍御叩頭流涕而出。

錢灃劾畢沅

乾隆末，甘肅冒振一案，侵蝕公私款項至數百萬，事發，總督司道以下伏法者數十人。時畢沅方撫陝，具知其事，然以勒爾謹、王亶望皆和珅死黨，畢亦奔走和門者，故明知之而不敢言。錢南園侍御乃上疏劾之，略云：「勒爾謹、王亶望、王廷贊雖已分别伏法，而現任陝西巡撫畢沅，前曾奉命署理督篆，以陝甘接壤，折捐冒振，瞻徇前任，畏避遠嫌，明知積弊已深，不欲抉之自我，寧且隱忍以負朝廷，實非大臣居心之道，其罪較之揑結各員，尤覺有增無減。敬請敕下部臣，將畢沅比照諸人嚴加議處，以昭憲典之平。而各省督撫大吏，益知所警惕，不敢習爲瞻徇，久致養癰」云云。疏上，畢終以有奥援故，竟免議處。

某侍衛譎諫游畋

高宗晚歲，恣意游畋，特建避暑山莊於熱河。一日，游至蒼石，四顧茂林修竹，緑草如茵，清風習習，幾不知盛暑之至矣。顧謂某侍衛武員曰：「此間氣候温淑，大勝京都，洵無愧避暑山莊也。」侍衛對曰：「誠是。此陛下就宫内言耳，若外間城市極狹，房屋亦低，小民半多蝸處其中，且户竈銜接，炎暾之盛，十倍京師。故民間有諺曰『皇帝之莊真避暑，百姓仍是熱河也。』」高宗不懌，亟揮之使出。

尹壯圖遇事條奏

尹閣學壯圖，雲南蒙化人，久任部曹，洊至内閣學士。時和珅專擅於内，福文襄豪縱於外，督撫習爲奢侈，庫藏空虚，民業凋敝，尹上疏彈之，高宗爲動容。和忌之，請即命尹馳驛，普察各省府庫虧空，而令侍郎慶成監之。慶固貪酷，每至省會，不急盤查，而先遊讌。尹惟終日枯坐館舍，舉動輒掣肘，待庫藏挪移滿數，然後啓之，枰對初無虧絀。慶劾尹妄言，降主事。尹即告終養。當草疏夜，秉燭危坐，竟夕鈔録。弟英圖屢闞其户，尹笑曰：「汝不必代兄憂，余之頭，早懸都市矣。汝代養老親可也。」仁宗即位，召入都，温諭至再，加給事中銜。以親老，命乘傳歸，復給奏摺匣鑰，命遇事條奏。久之，乃卒。

嘉慶初年諫臣

仁宗即位，首下求言詔，滿洲廣泰與廣興首先應之，劾和珅奸慝諸款，即時伏法。漢軍蔣攸銛劾外省貪吏宜降革者，李奉翰、景安、泰承恩諸人先後獲罪。瑚圖靈阿爲宜綿子，陳關税鹽務諸弊，又請卻貢獻，停捐納。仁和馬履泰論鄂督景安畏縮偷安老師糜餉之罪，安爲之罷職，又論湖北教匪奸民宜除難民宜撫諸條，上盡從之。滿洲繼善雖爲和所引，無所依附。時繙譯科場皆近臣子弟，藉以進身，頂冒傳遞之弊，多不勝言，善首論之，場務始肅。八旗士卒畜養馬匹多有冒領軍餉者，出牧時啗番使以金帛，爲蒙人所哂，善犯衆怒言之，弊遂清。滿人恨入骨，至驗馬日，衆誤以戴菔塘璐爲善，毆之，幾斃，事聞，首謀者伏誅。禮部侍郎廣西張鵬展任御史，奏出師八弊，皆中竅要。刑部郎中金光悌素便佞專擅，堂官多庇之，鵬展劾請離任，上允其請。滿洲和靖額以繙譯起家而素重文士。滿洲舉人舊例，三科後始選小京官，人多缺少，致多壅塞，非三十餘年不能入仕版，不若漢人大挑之捷。和深憫之，陳請依漢人例，一體選授縣令。濟源衛謀，辛巳進士，年七十餘始爲諫官。福文襄王康安雖屢立戰功，然苞苴廣進，仁宗責那繹堂司空諭旨，有「福康安歷任封疆簠簋不飭」之語，謀因備論王諸貪婪狀，不宜配享太廟。上雖未允其請，一時公論與之。寧夏周栻，論外省大吏所劾屬員有初無劣跡者，恐悃愊無華之人，不得上司歡心，被劾者衆。請自後得照大計例，許其給咨引見，則賢否自難逃聖明之洞鑒，使大吏專擅之習，爲之稍減，上允其請。庚申夏，彭芸楣尚書策騎入內，墜地昏仆，朱石君司農以己輿載出。故事，大內無特旨，不容車轎出入。栻因劾之，略云：「朱珪無無君之心，而有無君之迹。」又藩司温承惠冒鄉勇功爲己功，依附罪撫秦承恩，致侻武闕有失，亦附劾之。當時雖奉嚴旨，未數月，石君與夫闖入禁門毆傷守者，上切責之。嘗曰：「周栻之言甚正，殊可嘉也。」歸安沈琨於江蘇生員之獄，巡撫宜興庇護屬員，信任家人，苞苴日進，特以非刑訊告者，有小夾棍、頭箍諸名目，又於國喪中演劇，琨一一陳之，興罷職。逾歲，上欲巡幸盛京，琨復上疏阻之。漢陽蕭芝久淹詞館，及用御史，年已七十餘。上疏言端正風俗，以天道人心爲本，洋洋數千言，皆有關政治。山東王寧煒上疏言上之用人行政，宜習其素，不可因保舉遽加升用，金光悌、黎兆登等非不有人薦用，然考覈其實，殊有未稱者。福建游光繹上疏言今大臣未盡和衷，武備未盡整飭，願效魏元成十思疏，以裨治化，上獎之。後滿洲某侍郎因公憤争，上曰：「游光繹之言，不爲無見。」後以劾黄永沛罷職，人争惜之。

張進忠諫欹坐

嘉慶初，有宫殿監督領侍張進忠者，馭下整肅，好批小内監之頰，人以嘴巴張呼之。然性忠鯁，嘗奏事内廷，仁宗偶欹坐，張捧黄匣不入。詢之，張曰：「焉有萬乘之主卧覽奏章者乎？」上即正襟危坐，張乃捧疏入。

朱文正諫弛禁書

康熙以來屢以文字興大獄，錢牧齋詩文亦在燬禁之列，長洲沈歸愚乃選以冠别裁集，幾獲咎。嘉慶初，大興朱文正公珪奏言：「詩文之詆謗本朝者，正如桀犬狂吠。聖人大公無私，何所不容，禁之，則秘藏愈甚。」仁宗然之，禁始弛。明末遺書，遂復有刊行者。

洪稚存以直諫戍伊犂

洪稚存名亮吉，長身火色，性超邁，歌呼飲酒，怡怡然。每興至，凡朋儕所爲，皆掣亂之爲笑樂。至論當世大事，則目直視，頸發赤，以氣加人，人不能堪。會有與穉存先後起官者，朱文正公珪並譽之，穉存大怒，以爲輕己，遂悒悒不樂，復乞病，行有日矣。時川陝賊未靖，頗欲有所獻替，顧編檢例不奏事，乃上書成親王暨當事大僚言時事，冀轉奏。謂故貝子福康安所過繁費，州縣吏以供億致虛帑藏；故相和珅枋國時，達官清選，多屈膝門下，列官中外者四十餘人。末復指斥乘輿，有羣小熒惑視朝稍晏語。成親王以聞，有旨召問，軍機大臣即日覆奏，落職，交刑部治罪，就逮西華門外都虞司。羣議洶洶，謂且以大不敬伏法。趙懷玉見其縲絏藉藁坐，大哭，投於地，不能言。穉存笑謂懷玉曰：「味辛，今見穉存死耶，何悲也。」頃之，承審大臣至，有旨，不用刑。穉存聞宣，感動大哭，自引罪。坐身列侍從用疑似語謗君父，大不敬，議斬立決。奏上，免死，戍伊犂。將軍某妄測聖意，奏請俟其至斃以法，先發後聞。得旨嚴飭，不行。

穉存謫戍伊犂之明年，即奉旨釋回。赦下之次日，朱文正公珪入見，仁宗手洪書示朱，朱跽捧以觀，則見御筆署其首四字，曰：「座右良箴。」朱頓首泣曰：「臣所鬱結於中，久而不敢言者，至今日而皇上乃自行之，臣負皇上多矣，尚何言！」伏地久之始起。

王麓園諫止番役授職

北平王麓園，詩人平圃孫也。由翰林擢給諫，風節凜然。時步軍統領衙門番役，多因緝匪授以官職，王以官職有關流品，奏罷之，仁宗遂有「持正可嘉」之旨。

汪如淵疏救楊世英

汪如淵，秀水人，嘗任御史。楊御史世英與滿御史某互劾，楊語頗直，仁宗兩黜之。汪上疏救楊，上以其蹈有明臺諫陋習，令改刑曹。

海秀抗言廐馬事

海秀官正紅旗參領，以廉能稱。時和珅議以官廐馬散兵丁飼養，會八旗大僚議，人皆應如響。海獨曰：「國家不惜數百萬金錢爲芻牧費，良以天閑重務，備緩急之用也。今若散給兵丁，雖稍濟其生計，儻一旦用之，恐侵冒者衆，徒繁刑害衆，無實濟。」和岸然曰：「汝是何齷齪官，乃敢抗論。」卒如和議。仁宗復命立廐飼養，而海卒已數年矣。閬峰侍郎玉保夙與之善，嘗曰：「使八旗參領皆如海君，安有疲玩兵卒哉！」將薦於朝，海力辭。

吴熊光諫巡幸

嘉慶辛未，仁宗返自關東，駐蹕夷齊廟，吴熊光方與戴文端、董文恭同召見。上曰：「此行有言道路崎嶇風景略無可觀者，今則道路甚平，風景絶佳，人言可盡信哉！」吴越次對曰：「此非讀書人語也。皇上此行，欲面稽太祖、太宗創業艱難之迹，以爲萬世子孫法，豈宜問道路風景耶？」有頃，上目吴曰：「朕少亭蹕過蘇州，風景誠無匹矣。」吴曰：「皇上前所見，翦綵爲花，一望之頃耳。蘇州城外惟虎邱稱名勝，實則一墳墓之大者。城中街皆臨河，河道隘，糞船叢集，午後輒臭不可耐，何足言風景。」上曰：「如若言，皇考何爲六度至蘇耶？」吴叩頭曰：「臣前侍皇上謁太上皇帝，蒙諭曰：『朕臨御天下六十年，尚無失德，惟六度南巡，勞民傷財，實爲作無益害有益。將來皇帝如南巡，而汝不阻止，汝係朕特簡之大臣，必無以對朕。』仁聖之所悔，言猶在耳，皇上宜謹佩勿諼。」時同列皆爲撟舌。

綿億請仁宗回鑾

榮恪郡王綿億，榮純親王子也。純王少聰邁，嫻習騎射滿語，高宗甚鍾愛之。純王早薨，而王孱弱，仁宗因令行走乾清門，以習勞勩，然其疾終不愈也。自幼喜讀書，朗誦經史，如瓶瀉水，周秦諸子亦能背誦不遺。遇大節，尤侃侃。嘉慶癸酉天理教匪林清之變，王方扈從。聞變，泫然曰：「上爲吾輩何人，即論親誼，亦當代分其憂，況萬乘之尊乎？」因請獨對，勸上速回京師，以維人心。仁宗首肯，即日迴鑾，自此益重視王。嘗曰：「朕諸姪中，惟綿億骨肉之情尤篤也。」逾年，以勞瘵卒。

董文恭請仁宗回鑾

董文恭、曹文正皆爲嘉、道大臣。嘉慶癸酉，林清遣其徒黨入宮爲亂，時仁宗幸熱河，聞變，近臣請暫駐蹕，文恭力請回鑾，繼以涕泣。而文正在京，鎮之以静，畿甸遂安。時人有聯云：「庸庸碌碌曹丞相，哭哭啼啼董太師。」其時文恭適加太子太師銜，文恭對人笑曰：「賤姓不佳之至。」

王文簡諫圓明園增防事

嘉慶癸酉，林清以七十七人入禁門，智勇親王放銃卻之。事既定，有議築圓明園宮牆高厚者，有議增圓明園兵額者，高郵王文簡公意不謂然，乃具疏上言。仁宗大動容，召對良久，乃罷。諭軍機大臣曰：「王引之乃能言人之所不敢言。」

夏修恕請釋無辜

嘉慶癸酉，夏修恕官御史，時林清之亂已平，餘黨竄河南北，先後就誅。而州郡購捕疑似，牽引株連，多道死。夏因疏言，督限必獲，有司逮繫疏屬，蔓引無窮，請下明詔，釋省無辜。疏入，仁宗嘉納，即降諭緩捕弛刑。當上疏時，同官怵以危語，夏艴然曰：「安有首鼠而居言路者，遇聖主而不言，則終無言日矣。」修恕，字森圃，新建人。

諫垣三直

宣宗時有諫垣三直之目，蓋卽指晉江陳慶鏞、臨桂朱琦、高要蘇廷魁而言也。

莫晉負氣辯論

莫寶齋晉任倉場侍郎時，因常州武弁旗丁與州縣互控，牽涉多人，侍郎潤祥議交刑部審訊，莫議咨交兩江總督就近鞫之。潤持不可，莫不爲屈，遂各執奏陳辨上前，仁宗卒從莫議。通州倉場署，滿、漢兩寮各榜「和衷報國」四字，乃仁宗綸音，爲莫立也。

莫視學江蘇，劾署藩司鄂雲布玩公護短。道光壬午，以通場盤米事，與户部互訐，連拜三疏，措詞峻激，至以胡塗昏憒不通文義詆部臣，而以洞悉倉務無逾於臣自詡。時户部滿、漢兩尚書皆軍機大臣，方嚮用，朝士皆爲莫危。上竟不之罪，諭稱「莫晉所論皆屬因公，惟負氣辯論，失敬事之道」。僅令降一級，爲内閣學士。莫謝疏有云：「主聖則臣自直，仰欽厲世摩鈍之精心；恩深而命轉輕，彌堅報國忘身之素志。」

蘇廷魁劾穆彰阿

道光癸卯春，御史高要蘇廷魁抗疏數千言，大旨以時政乖迕，歸過樞相穆彰阿輩，立請罷黜，而勸宣宗下罪己之詔，開直諫之門。語切至，多所指斥。宣宗覽奏動容，特旨嘉獎。

戴文節因諫不行而歸

宣宗末年爲樞相穆彰阿壅蔽，略不省事。時盜已萌芽，督撫承穆風旨，莫敢奏聞。戴文節公熙爲廣東學政，期滿還朝，召見。問：「汝一路由江西、安徽、江蘇來，民情何如？」文節遽對曰：「盜賊蠭起，民不聊生。」宣宗大駭曰：「如汝言，尚復成何事體！」怒詢穆，穆免冠謝曰：「戴某見皇上春秋高，欲以此撼皇上，沽直名，非實也。」宣宗遂惡文節。舊例，年終賜南書房翰林福字，文節不與焉，乃遂以病告歸。

陶文毅說正經話

安化陶文毅公澍官臺諫日，錚錚有聲。奉命巡視南漕，翼日請訓，甫入殿側門，即諭曰：「放爾南漕矣！爾尚有良心，肯說幾句正經話也。」

杜文正諫止廢后

杜文正公受田爲文宗師傅，文宗四歲時，即從之讀。登極後，敬禮弗衰，凡所敷陳，皆報可。歷朝積習均重滿輕漢，至咸豐朝獨信任曾、左諸人，削平大難，文正之力也。文宗嬖孝欽后甚，欲廢孝貞后而立之。故事，凡册封皇后，須六部尚書簽押。時文正爲某部尚書，帝憚之，先事商焉。文正力諫，援古謚今，申言寵妾滅嫡之禍，帝默然。由是得罪孝欽，遂拜查辦河工之命，蓋遠之也。文正陛辭時，抱帝膝，力陳廢后之不可，至泣下，帝爲感動，議遂寢。

文正抵東河，見河工廢弛，將具摺劾之，自河督以下皆不免，河督懼，欲賂不得。適文正有疾，河督進醫診之，服藥後病遂亟，不三日而薨。遺疏入，帝大慟，詔令柩入國門，鋪御道，由正陽門入，親臨奠醊，三孫均賜舉人。文宗崩，文正之子翰爲户部侍郎，會端華、肅順亂作，孝欽以銜文正故，羅織翰罪，籍其家。

張鑠奏併大差

凡恭上列聖列后册寶，必齎送盛京太廟尊藏，實録、玉牒修竟亦如之。其齎送也，除道千七百里，具警蹕如儀，餐宿皆建蘆殿，隨扈官校數千人，例發帑金十四萬，下各州縣具供張。有司或陰以應領之帑賄上官，而自斂於民，數且倍蓰，上官爲所餌，弗能禁也。於是上下交征，視大差爲利藪，民用重困。咸豐壬子，宣宗升祔禮成，有詔以明年三月恭送册寶入陪都。時南皮張太常鑠方以奉天丞兼督學政，適歲饑，奉旨煮粥賑之，所見饑民，僅存皮骨，乃太息曰：「是尚能供大差耶！且實録將告成，盍展期至秋，併爲一次。」遂草疏約當道會奏，皆掩耳不樂聞，而莞尹事者且來力沮，憤甚。恐專疏多掣肘者，乃以摺稿寄門下士御史李鶴年，未兩旬，特旨改期秋八月，與實録同送。當事心知張所爲，不敢争也。後顯廟實録成，亦援前案以行。

尹杏農諫和

咸豐戊午，英艦侵天津，舉朝倉惶，無所爲計。桃源尹杏農侍御獨疏陳戰守機宜，先後八九上，謂萬不宜和，而樞臣主和甚力，卒格不行。最後疏上，奉命隨同王大臣會議，尹侃侃與鄭親王端華抗辨，不稍詘，由是權貴益側目，卒藉科場案去之。同治時再起，治軍河南，官河陝汝道，多惠政。殁後入祀名宧，治績宣付國史館，列循吏傳。

某御史劾奪情

咸豐中葉，某相丁艱，文宗詔令奪情，某未力辭，恐失宸眷也。有某御史參奏云：「朝廷舊例，除軍務緊急，在營丁憂不準回籍，防開規避之端；此外即備員樞密，曾經降旨留任守制者，亦必再三瀝陳大義，方可奪情。今某在京伴食，既未効力疆埸，可以嫌於規避藉口；雖躬膺宰輔，亦非朝廷不可少之人，可以奪情順旨爲名。在皇上眷念大臣，不過偶爾優容。而某阿意曲從，節哀順變，公然居之不疑，是開不孝之端，啓名教之罪，何以表率羣倫，昭示後世乎？應請交部議處。」

王茂蔭袁甲三劾權要

王侍郎茂蔭、袁端敏公甲三爲言官時，皆侃侃論列，不避權要。端敏至劾及某郡王暨侍郎書元，雖文宗亦以爲太甚，非所宜言，然猶抵某郡王以罰。

寶文靖諫止運銀承德

寶文靖公鋆起家寒畯，知民間疾苦。當咸豐庚申之變，肅順導文宗爲秋獮之舉，又惑文宗以土木音樂之玩。時度支存儲無幾，肅請悉數運至承德以備用，文宗從之。寶方爲户部侍郎，奉命守城，既得嚴旨，且專官守取，騾綱已繫於户部之儀門外，勢不可少緩。寶抗疏持之，力言：「守城需餉，庫無存儲，是無京城也，臣敢以死争。」事得中輟。未幾内務府失印，肅請降寶五品頂戴，開去守城之差。得旨時寶適在署，即手自免冠，易其帽頂，喟曰：「冠下之物且不顧，冠上者又何足道！」

李棠階劾勝保

李棠階尚書爲正學名臣，存心極恕，嫉惡甚嚴。勝保以陝西軍敗逮問，中外大臣因發其歷年貪污實迹，將置重典，而政府頗欲援議功之條，李無以難也。一日獨對，據河南原籍所見實陳之，特旨賜勝自盡。馬伯樂在武陟與李同主書院，偶宴集，座客新自皖、豫來者，敍及勝軍。因言捻由光州西趨，劫官家兩女，以老婦守之，禁勿犯，勒令具贖，議未及而勝軍至，兩女卒皆歸勝。李艴然曰：「大臣乃盜賊之不若乎？」因中席不歡而散。

左文襄劾李元度

左文襄公奏議，語甚戇直。如奏查李元度摺，左既爲李辨戰敗不得爲罪，而後復申之曰：「惟李在湘不得意，復鑽營江西，得有優保，實爲無耻。」左與李爲至交，而入告之言，何切直也。

余光倬劾何桂清

武進余幼冰比部光倬，道光丁未進士，授主事，擢郎中，總辦秋審處，慮囚詳慎，不輕麗人於法。同治壬戌，江督何桂清就逮至京，光倬實司審讞，據《大清律》，地方大吏逃奔蹶事，比照守邊將帥失守城寨斬監候律，擬斬監候，情罪重則擬斬立決，仍候上裁。時朝中大僚多爲桂清故舊，謂不當加重，冀緩其死，而給事中郭祥瑞等復交章論劾，請速正典刑。大學士六部九卿翰詹科道議覆，刑部主稿。光倬疏奏曰：「已革兩江總督何桂清身膺疆寄，受國厚恩，豈不知軍旅之事，有進無退，守土之責，城存與存？況其時常州有兵有餉，並非不可固守，乃首先棄城逃避，致令全局潰散。望亭爲無錫至蘇州要衝，業經奏明截留長龍船，紮營於此，乃並未身經一戰，命殺一賊，忽於蘇州失陷之前一日，率師船退駐福山海口，是其撤兵遠遁，縱寇殃民，尤罪迹之昭著者。至刑部歷年審辦軍營失事成案，均視此爲輕，惟余步雲係由斬候加至斬決，情罪相等。雖帶兵提督與統兵總督稍有不同，然論疆寄，則文臣視武臣爲重；論軍法，則逃官與逃將同誅；論情節，則聞警屢逃，非被攻被圍變出不測者可比；論地方，則全省糜爛，非一城一寨偶致疏防者可比。請仍照原擬，從重擬以斬立決。」六月十三日奏上，得旨，改爲斬監候，秋後處決。十月，竟奉特旨立決。

沈文肅抗疏三請

沈文肅公督兩江時，嘗以水災奏請豁免錢糧，發帑賑濟。一請不得，再請之，乃奉嚴旨申飭，文肅仍抗疏三請，卒邀俞允。疏中警句有云：「朝捧雷霆之詔，自省愆尤；夜聞風雨之聲，難安枕席。」

廣安請立鐵券

自擇立德宗之策定，朝臣紛紛竊議，有責李鴻藻之縮朒畏葸者，有責李鴻章阿附取容者，顧事已至此，遂亦相忍不言。內閣侍讀學士廣安以爲今日之舉，太后不立孫而立子，實開愛新覺羅氏未有之奇，此後必有變局，乃抗疏言之。其略曰：「大行皇帝冲齡御極，蒙兩宫垂簾勵治十有三載，天下底定。詎意皇嗣未舉，一旦龍馭上賓，幸賴兩宫擇繼咸宜，以皇上繼文宗顯皇帝爲子，俟嗣皇帝生子，即繼大行皇帝爲嗣，計之萬全，未有過此者。惟嘗讀《宋史》，竊有感焉。昔太祖遵母后命，傳弟而不傳子，厥後太宗偶因趙普一言，傳子竟未傳姪，是廢母后成命，遂啓無窮駁斥。使當日后以詔命鑄成鐵券，趙普安得一言間之。我皇上將來生有聖子，自必承繼大行皇帝爲嗣，第恐事久年湮，或有以普言引用，請頒立鐵券作奕世良謨」云云。廷旨以其冒昧瀆陳，斥之。

吴可讀尸諫

吴柳堂侍御名可讀，甘肅人。道光庚戌進士，授主事，轉御史，以劾成禄言太激，左遷吏部主事。操行清潔，不附權貴。光緒己卯，穆宗梓宫永遠奉安，吴乞派隨扈行禮。至薊州，遂密奏穆宗立後事，自盡於所居之寺中。摺上，孝欽后批云：「以死建言，孤忠可憫。」

劉恩溥以敢言稱

光緒初，吴橋劉博泉侍郎恩溥官御史，以敢言稱，與鄧鐵香鴻臚齊名。其奏疏好爲滑稽之辭，辭意抑揚，若嘲若諷，與鄧之樸實無華者迥異。所參奉天將軍府尹一疏，有云：「將軍崇綺，除不貪賄外，别無所長；府尹松林，除貪賄外，亦别無所長。」

時宗室某甲設賭局於皇城内，有旗人某乙者，亦世家子，以飲博傾其家，貧無立錐。一日，博偶赢，往索博逋，竟被毆死。其尸暴露城隅者二十餘日，無爲收斂者，官亦畏某甲勢，不敢過問。劉乃上疏言其事，略謂：「某甲託體天家，勢焰熏灼，某乙何人，而敢貿然往犯重威，攢毆致死，固由自取。某甲以天潢貴胄，區區殺一平人，理勢應爾，臣亦不敢干預。惟念聖朝怙冒之仁，草木鳥獸，咸沾恩澤。而某乙尸骸暴露，日飽烏鳶，揆以先王澤及枯骨之義，似非盛世所宜。合無飭下地方官檢視掩埋，似亦仁政之一端也。」

梁經先疏劾陝撫

光緒丁丑秋，秦、豫、晉大旱，赤地數千里，死者枕藉。朝廷頒内帑，截留南漕米至百萬，以振晉、豫飢民，且派大臣督辦。朝邑閻文介公督山西振事，尤峻整，至斬吞噬振款者吉州牧段鼎耀以警婪吏，官紳肅然，無敢相比周以侵官帑，故全活甚衆，惟秦獨向隅。

先是，丙子夏，渭北諸郡縣小麥已歉收，僅一二三成，秋禾亦未種，民固苦已饑矣。及秋而雨澤又甚歉，渭南諸郡縣亦被其害，麥皆草草下種，有甫茁苗而已槁者。丁丑夏秋，遂不及一成，民有掘草根剥榆皮以餬口者。自四月至九月，未得點滴雨，禾麥悉未種，大祲遂成。時撫陝者爲湘人某也，左文襄方鋭意恢復新疆，轉餉厖械，日不暇給。李文忠獨深憂之，嘗貽書力争，謂：「西北連年荒歉，民食猶苦不足，何忍更奪之以充兵餉？萬一如明末造釀成流寇之變，誰尸其咎！」文襄得書，怫然不悦，遂惡人言陝災旱事。陝撫，其兩湖之鄉人也，則一意附和之，禁屬吏毋得以災情上聞。有旨詢陝旱情形，巡撫覆奏，猶言全省麥田僅有三成未播種者，餘皆連得透雨，一律下種，雖有偏災，不至成巨祲也。陝人柏子俊、劉古愚約諸紳上書陝撫，請以災狀上聞，且設局省城，派官紳會辦賑務，陝撫不省。

衆始別議致書京中言路，乞援手。於時陝人官西臺者稱極盛，南鄭王炳、朝邑劉錫金、清澗王憲曾、平利余上華、三原梁經先，凡五人。梁於咸豐時爲禮部郎，庚申之變，棄官潛逃回籍，鄉人皆薄之，及是，公函遍致四人而不及梁。上華者，其先固鄂人，與巡撫論鄉誼，交頗昵，得書則語諸人曰：「紳士與大吏訌，言官更劾大吏，是愈激之怒也。萬一擊之不中，彼將更肆虐，如之何？寧少緩焉，吾先以私書爲之調停，苟彼知懼而悔，又何必深責乎。」衆韙其言，從之，而不知上華之别有陰謀也。上華既以言慰諸人，則亟馳書陝撫，並鈔寄陝紳原函。陝撫得書，疏參陝紳把持公事，脅制官吏，移熟作荒，陰圖冒賑。疏奏，陝民大譁，幾暴動。陝撫亦懼，檄防營兵三千衛撫署，夜二鼓，即禁署前行人往來，日伏居内室，不敢出宅門一步，然梁經先參劾陝撫之摺已上矣。

初，經先聞陝紳之遍貽書言路而不及己也，則大慚。自念爲六十餘老人，而爲鄉里所不齒，將來退歸林下，何以自安，乃謀所以晚蓋者。因抗疏劾巡撫驕蹇暴戾狀，羅列多款，皆實有證據，且微及余上華事。疏上之次日，陝撫疏亦至，廷議以經先疏中有上華潛通消息語，而陝撫疏適與符合，且微知陝災之鉅也。兩疏皆留中不下，廷寄詢災狀甚悉。會豐潤張幼樵庶子佩綸聞其事，勃然曰：「陝災如是，而巡撫尚沮紳民呼籲，是真欲勦絶陝民矣！」亟上疏，嚴劾陝撫，並詳及上華事。宮廷得此疏，始具知陝災，乃寄諭申飭陝撫，令明白回奏。陝撫奉諭大恐，立撤退環署衛兵，飭各州縣同時辦賑，且自知已不爲陝人所容也。賑事畢，旋移疾調他省以去。

李文忠諫止征日

光緒己卯，日本收琉球爲縣。當事初起時，祭酒王先謙奏請征日。事下，李文忠公鴻章議覆，疏言：「征日之志不可無，征日之事不必有。」

張文襄陳寶琛諫誅護軍統領

光緒庚辰、辛巳間，張文襄公之洞方官庶子，有中官率小閹兩人，奉旨擔食物八盒，賜醇王。出午門之東左門，與護軍統領及門兵口角，遂毀棄食物，回宮，以毆搶告。德宗震怒，命褫護軍統領職，門兵交刑部，將置重典。樞臣莫能解，刑部不敢訊，乃與陳寶琛上疏切論之，護軍統領及門兵遂得免。時又有兩御史言事瑣屑，不合政體，被責議處。恭王手張、陳兩疏示同列曰：「兩御史摺真笑柄，若此，真可謂爲奏疏矣。」

光緒諸臣應詔直言

光緒戊寅，晉、豫亢旱，下詔罪己，有「天降鞠凶，何不移於宮廷」之語，因下詔求直言。侍講張佩綸請殺四川提督張有恒，又與司業寶廷、編修何金壽請訓責樞臣；學士黄體芳參尚書董恂；洗馬廖壽恒參大學士李鴻章侈泰因循，左右無一正人。朝臣臺諫，封奏聯翩，多所采納。其後，孝欽后亦厭倦之。比甲申之役，張佩綸等並得罪譴去，當時清流黨大受掊擊，幾於盡絶。朝臣皆以言事爲戒，相與酒食徵逐，其上者爲詩文金石之玩而已。

延樹南争謁陵禮

光緒丙戌三月，孝欽后率德宗謁定東陵，蓋卽孝貞后之陵也。鑾輿甫至，未行禮，先詣配殿小憩。所司以禮單呈進，孝欽不懌，擲之地，命別議以進。蓋照例拈香進酒，須跪拜也。時李文正鴻藻爲漢尚書，聞命，戰栗不敢出一語。滿尚書延樹南宗伯煦曰：「此不能争，國家何用禮臣爲？」卽肅衣冠入，跪殿門外，大言曰：「太后今日至此，兩宫垂簾聽政之禮節，無所用之，唯當依顯皇帝在時儀注行之耳。」孝欽聞奏失色，命之起。延對曰：「太后不以臣不肖，使待罪禮曹，見太后失禮而不敢争，臣死無以對祖宗。不得請，誓不敢起。」孝欽始允之，卒成禮而歸。

屠仁守吴兆泰因諫去官

光緒己丑，孝欽后撤簾之令既下，御史屠仁守知孝欽后之必不遽釋政柄也，乃上疏，謂：「皇上春秋方富，正宜專心典學，請太后勿遽撤簾，再訓政三年。」疏中且微及李蓮英事。后得疏，立褫仁守職，永不敍用。先一歲，御史吴兆泰抗疏請停修頤和園工，亦觸后怒，革職。時有湖北兩御史之稱，蓋仁守、兆泰皆鄂人也。

朱一新劾醇王

義烏朱鼎甫侍御一新，以劾李蓮英去官，主廣東端溪書院，旋移廣雅書院，卒於院，年甫五十也。當醇王當國，初設海軍，盛用滿員之時，朱抗章極言非是，醇大怒，鈔摺寄示李文忠。文忠就幕僚汪宗沂商之，嘎然大聲曰：「寫白摺子作八股之翰林，乃亦參海軍，子謂亦可惡乎？」汪閱畢，置案上，默然無言。文忠曰：「何如？」汪曰：「鄙見亦以朱言爲是，故不敢遽答。」文忠曰：「醇王不答應，終須回復。」汪曰：「暫緩。醇王徐思之，其氣自平，中堂再爲緩頰，朱可以免。」文忠如其言，事遂寢。

寇連才直言被誅

寇連才，直隸昌平州人。年十五，以閹人宫，事孝欽后，爲梳頭房太監，頗得寵，遂掌會計。稍長，見孝欽淫縱，屢諫，孝欽雖呵斥之，亦不加罪。已而爲奏事處太監，年餘，復爲會計房太監。光緒乙未十月，孝欽杖瑾、珍二妃，蓄志廢立。迫德宗爲樗蒱戲，勸吸鴉片，别令太監李蓮英及内務府人員在外造謡，誣德宗失德，爲廢立之地。又將修圓明園，寇憂之。丙申二月初十日晨起，孝欽方垂帳卧，寇流涕長跪，孝欽揭帳叱問。寇哭曰：「國危至此，老佛爺卽不爲祖宗天下計，獨不自爲計乎？何忍更縱游樂，生内變也。」孝欽以爲狂，叱之去。寇乃請假五日歸，訣其父母兄弟，出其所記宫中事一册，授之弟，還宫，則分所蓄與小璫。至十五日，乃上疏，條陳十則：請歸政皇上；請勿修圓明園以幽皇上；請止演戲；請廢頤和園；請罷修鐵路；請革李鴻章職；請續修戰備與日本戰。餘數條，亦人所不敢言者。其末一條，則言皇上今尚無子，請擇天下之賢者立爲皇太子，效堯舜之事。奏上，孝欽疑有指使，旋見其文理不通，且多别體字，命之背誦，乃無甚舛，始信之。即親訊之曰：「爾不知祖制，内監不准言政事乎？」曰：「知之。然事有緩急，不敢拘成例也。」孝欽曰：「爾知此有死罪乎？」曰：「知之，拚死而上也。」孝欽太息曰：「既如此，不怪我太忍心矣！」乃命囚於内務府慎刑司。十七日，移交刑部照例辦理。至菜市，寇脱一碧玉搬指贈劊子曰：「費心從速。」又以玉佩一、金表一贈同事内監之來送者。神色不變，從容就死，年甫十八也。

王鵬運諫駐蹕頤和園

孝欽后幸頤和園，駐蹕三日，而王鵬運之疏上。時恭王、李文正方同直，李謂恭曰：「此事大臣不言，而外廷小臣言之，吾曹滋愧矣！此人不可予處分，少遲入對，當保全之。」恭唯唯。及入對，德宗欲加嚴譴，恭婉切陳論。德宗曰：「寇連才何爲而殺也？」恭奏：「寇某内臣，不應干外事，御史乃諫官，未可一例而論。」德宗意稍解，徐曰：「朕亦何意督過言官，恐聖慈或不懌耳。汝曹好爲之地，但此後不許再言此事可矣！」於是樞臣於原摺内片陳，略謂「該給事中冒昧瀆奏，亦屬忠愛微忱，臣等公同閲看，尚無悖謬字樣，可否籲恩免究」云云。疏留中。旋聞車駕恭詣請安，面奉懿旨，御史職司言事，予何責焉。王大臣面奉諭旨，此後如再有人妄言，僥倖嘗試，即將王鵬運一併治罪，王大臣欽遵傳諭知悉。自是以後，雖駐蹕頤和園，而慈駕還宫，亦較早矣。

榮文忠諫止木瓜款

榮文忠公禄嘗爲内務府大臣，一日，德宗命提庫帑五百兩市木瓜。榮奏各宫陳設木瓜，所司悉已供進，卽欲添購，何須如此巨款。上怒曰：「汝欲靳吾用錢耶？」榮頓首曰：「内府度支出入，毫釐皆須簿記，未便無名提撥也。」上爲之霽顔，寢其命。

奕誴譎諫孝欽后

淳郡王奕誴爲宣宗之子，喜滑稽。孝欽后訓政，王欲有所獻，而二内侍索賄，無則阻之。王怒，乃手持黄花魚一盤，獻諸孝欽。孝欽問：「何自攜來？」王曰：「二内侍索賄，臣無有，故手持以來耳。」孝欽大怒，乃罪二内侍。

孝欽喜聽説書，説者語漸不馴雅，王惡之。乃袒背盤辮於頂，口唱《十不閑》而入，内侍大駭。《十不閑》，京師里巷小兒所歌之曲也。孝欽曰：「醉矣。」命人扶出，後遂輟聽。

某學士劾徐用儀

某學士有陳奏，摺皆封口。舊例，凡封口摺，雖軍機大臣亦不得私窺一字。學士偶捧章，忽忽入，爲徐用儀所見。徐詰之曰：「汝今日又是封口摺，果劾誰？」學士厲聲曰：「汝不須問，總有汝在其中。」未幾，徐奉旨出軍機，乃知學士前言，非虛語也。

昌壽公主婉諫匡正

恭王女昌壽公主，當孝欽后訓政時，恆出入禁闥，頗能以婉諫匡正。一日，公主偵知孝欽製一黦色衣，從容言曰：「曾在某處見一織品，材料顏色均絶佳，擬製衣進御，以非祖制而罷。」孝欽默然。

德宗即位，恭王家人皆嫉之，公主力顧大局，時左右德宗。説者謂德宗不被廢，公主之力也。且以時與裕庚之女德齡游，故得稍習外事焉。

劉趕三譎諫

京伶趕三兒，劉姓也，善譎諫。光緒戊戌垂簾後，一日，飾皇帝，將據座，忽弔場而言曰：「汝看吾爲假皇帝，尚得坐，彼爲真皇帝者，長日侍立，又何嘗坐耶？」自是以後，德宗覲孝欽，不植立矣。

宓昌墀奏陳毋忘在莒

漢陽宓子才公，名昌墀，光緒丙子舉人。大挑知縣，分發山西，署某縣篆，直隸入山西境之第一站也。庚子拳匪之變，德宗奉孝欽后倉卒西巡，兩宮入境，宓僅以白飯黄雞進獻，孝欽頗不悦。次日召見，將痛斥之，而宓先伏地大哭，歷言近年種種政治之不良，又信任亂民，致釀巨變，以後求皇太后、皇上須勵精圖治，屏絶奢華，以示毋忘在莒之意。后以其言戇直，怒甚，立命革職，將予以重懲，德宗婉言解之，乃驅逐回籍。帝又潛賜白銀三百兩，始踉蹌逃歸。

王先謙劾李蓮英

王益吾祭酒先謙之督學江蘇也，名與黄漱蘭侍郎齊，外間傳其實賄李蓮英而得此差。既瓜代，慮名爲李汚，乃疏劾之，並謂李非真閹，詞頗褻褻。孝欽后覽奏，震怒，解李衣而衆示之。遂以是罷歸，然王之直聲，動天下矣。既出京，李嘗語人曰：「吾閱人多，從未見如王之狡者，昏暮而乞吾憐，明白而攻吾短，彼謂可以掩其過，吾謂適以彰其醜耳。南人多詐，王其表表者乎！」知之者則曰：「李既銜王，故以是損其譽也。」

趙爾巽尚欲有言

川督趙爾巽爲御史時，戇直敢言，後以石阡府知府外放，請訓。孝欽后曰：「汝今後尚欲有言否？」趙對曰：「奴才尚欲有言，當請都察院代奏。」臨行，果由都察院代呈封奏二件：一言時政；一諫孝欽。光緒辛丑回鑾，擢山西巡撫，入對，孝欽曰：「此次之變，是我用人不當，皇上本欲殉社稷，亦因我牽累未決，如天之福，不意我君臣復得相見於此。」言罷大慟，趙亦叩頭嗚咽良久。孝欽曰：「此次到山西，當如何辦法？」趙曰：「奴才當先辦理交涉事件，使民教相安，一面練兵防匪，保衛地方。」孝欽稱善。最後復問曰：「汝從前屢次具奏參我，是受何人指使？」趙對曰：「奴才從前誤採風聞，不知我太后聖明如此。」孝欽大笑。

安維峻劾李文忠

御史安維峻在都，有殿上蒼鷹之目，嘗列款糾參李文忠公鴻章，留中不發。李久在天津，未嘗識安面，一日陛見，在朝房小憩，適安從容入，李私問蘇拉曰：「此何人？」安聞之遽曰：「我即參君二十款之安維峻也。」李唯唯。

邊寶泉劾李文忠

光緒中，李文忠督直隸時，以麥秀兩歧入告，御史邊寶泉劾之，有「陽爲歸美於朝廷，陰實自謈其政績」之語，文忠致函謝過焉。

徐致祥痛論時事

德宗於臣工奏疏，有足爲國家法者，輒置案頭，以時展玩。嘉定徐季和侍郎致祥言事頗戇直，孝欽后外優容而内忌之，德宗眷之獨厚。當徐簡浙江學政時，瀕行陛辭，召對至三時之久，謂徐曰：「爾所奏事，朕無日不展閱一過，真名言也。」及痛論時事，至府庫空虛、内外交迫等語，徐泣，德宗亦泣。徐曰：

「臣去後，願皇上珍重聖躬。」德宗曰：「卿亦須珍重。」蓋德宗時厄於孝欽，而徐爲當道所忌，故君臣之際，彼此相喻於微言也。時軍機各大臣佇立門外，見徐久不出，恐被劾，莫不倉皇失色，及徐出而無事，始各相安。

七御史一日七奏

光緒庚子西巡，孝欽后與德宗下詔罪己，實出榮禄之意，樊增祥爲之起草者也。時朝臣稍稍趨行在，每召見，孝欽必哭，羣臣條奏自强之計，多所采納。迨辛丑回鑾後，鸞塵既定，陳大計者多束之閣矣。德宗賓天，醇王監國，虚懷采納，召見江春霖、趙炳麟兩侍御。諫垣入對，絶迹已三十年，一旦復見之，臺諫風生，海内動色。嘗有七御史同日各遞封奏，稱極盛焉。其後陳事者摭拾膚詞，彈劾過多，亦未能悉當，封章遂十九留中。即有措詞激烈者，欲求步趙啓霖、江春霖之後，亦不可得矣。

臺諫三霖

當慶王奕劻柄國時，舉朝莫敢攖其鋒，時臺諫中有矯矯不阿之三霖焉。三霖者：湘趙啓霖，閩江春霖，桂趙炳麟是也。啓霖首揭其奸，革職；春霖繼之，回原衙門，未久，皆歸矣。惟炳麟未忤巨奸，幸而得保。時又有蔣侍御式瑆以劾慶貪穢，回原衙門。

江春霖劾奕劻

光、宣間，凡軍機處及海陸軍、財政、外交諸重任，均以親貴掌之。諸王貝勒皆少年寡學，徧樹黨援，排斥異己，勾通閹寺，廣行賄賂。宣統初，閩縣江侍御春霖特疏糾參奕劻，疏中所謂江蘇巡撫寶棻，陝西巡撫恩壽，山東巡撫孫寶琦爲其親家；山西布政使志森爲其姪壻；浙江鹽運使衡吉爲其邸内舊人；直隸總督陳夔龍爲其乾女壻；安徽巡撫朱家寶之子朱綸爲其子載振之乾兒，悉實事也。疏上，都下喧傳，争爲春霖危，謂恐蹈趙御史啓霖覆轍，緣趙亦以劾慶而削職者，故羣彦嘖嘖稱二霖也。果奉旨命其明白回奏。及覆奏，乃歷數諸故實，謂：「人言藉藉，事非傳疑，本可按圖以索也。」末更謂：「臣非不知趙啓霖劾奕劻罷官，仗馬一鳴，三品料去，祇以樞垣重地，汲引私人，恐或貽誤大局，激於忠悃，冒死直陳。」旋仍奉旨切責，命回原衙門行走。御史陳田、趙炳麟、胡思敬等先後籲請收回成命，均不省。於是全臺大憤，由御史忠廉領銜，連署者五十八人，公上「言路無所遵循，請明降諭旨」一摺。自有御史臺以來，固未有衆情一致，争尚風節如斯之甚者。春霖既被放，即奉母返閩，繪《梅陽歸隱圖》以見志。

永輝絶粒上書

頤和園八品苑副永輝，上書監國攝政王，痛陳四事，切中時弊。先六日絶粒，宣統己酉六月十六日卒，書由《愛國報》宣布，見者無不墮淚。後經趙炳麟、崇興兩侍御奏請褒嘉。永之漢姓爲白，字竹君。

張傳楷上書自戕

張傳楷，順天人，字睿斌，本宗人府供事，積勞保至知州。其平居沈默寡言，任事勤懇，不辭勞怨。宣統辛亥九月，武昌革命事起，各省響應，舉朝震恐，上至宗室達官，下至郎曹黎庶，均日以遷徙眷屬爲事，無一人上封奏者。張獨草條陳千餘言，詣都察院，乞院長代奏。時院中人已星散，張悲憤填膺，伏地痛哭，不去者三日，遂懷刃自戕。役人亟扶送醫院，爲之調治，卒以傷重斃命。

清稗類鈔

箴規類

鄒于先止趙砥之應試

鄒于先、趙砥之並居吴江之西郊，明亡後，邑人多謝去子衿，俄學使按臨至郡，遣人促其應試，言不出且遣戍。趙頗心動，鄒正色曰：「我輩但當論是非，不當計利害。」於是遂止。趙每爲人言，微鄒君，幾喪吾守。

汪鈍翁王西樵互規

汪鈍翁頗自患懶放，兼以此規王西樵。王莞爾，亦規之曰：「長安車馬喧闐，若無吾黨一二孤寂者點綴其間，便成缺陷，君亦何必以懶放自患耶？」

勸王文簡不賦詩

王文簡公士禛在京師，將移居慈仁寺。某往規之曰：「子寓慈仁，不得不賦雙松詩，然恐損子名。」

王傲然曰：「寓不可不移，詩那可便作。」

王文簡盡言得失

王文簡性和易寬簡，好獎引士類，然人以詩文投謁者，必盡言其得失，不稍寬假。

杜茶村作進一步語

杜茶村書翰好作進一步語，簡蔣前民曰：「足下與王于一詩，俱已過細，尚未過麄，過麄更微於過細，行當知之。」又答某書云：「自古小人之禍，君子激之；君子之名，小人成之。至於成君子之名，即已受小人之禍，天下事因之敗壞者不少矣。」

姜宸英規翁司寇

國初有常熟翁司寇爲姜宸英故交，愛姜之文而契之，後以攻睢州湯文正公斌驟遷，據其位。姜發憤爲文，謂「古者輔教太子，有太傅少傅之官，太傅審父子君臣之道以示之，少傅奉太子以觀太傅之德而審諭之。今詹事有正貳，即古太傅少傅之遺，翁君貳詹事，其正實睢州湯公。公治身當官立朝，斬然有法度，吾知翁君必能審諭湯公之德，以導太子矣」云云。翁見之，長跪曰：「某知罪矣，願子勿出也。」姜竟於越日刊布，翁用此操之尤急。

蔡文勤言詭隨之弊

陶太常初通籍，偕同年數輩謁漳浦蔡文勤公，蔡叩以《詩·民勞篇》，太常逡巡未對。蔡曰：「此詩重戒詭隨，八章中獨此句不變。」因極言詭隨之弊，聲色嚴厲，聞者悚然。後夫人病劇，蔡以太常知別脈，命之入視，衾帷粗敝，寒士所不堪，太常爲之踧踖自愧。

施愚山規所親

施愚山嘗規所親曰：「我輩既知學道，自不至大戾名教。但終日不見己過，便絶聖賢之路，終日喜言人過，便傷天地之和。」

顧赤方願施愚山攻瑕索垢

蘄州顧赤方嘗出其詩屬施愚山讎校，與之握手而笑曰：「吾儕本相好，然攻瑕索垢，當猛鷙如寇讎，毋留纖塵爲後人口實。」時歎爲名言。

汪鈍翁戒文與也率爾作畫

文與也作畫，頗得待詔家法，然多率爾之筆。汪鈍翁戒之曰：「此事定須霞思雲想，刻意經營，奈何頹唐落墨，便布人間。」

方望溪勉李文貞

李文貞公光地以直撫入相，桐城方望溪侍郎苞叩之曰：「國朝以科目起家躋茲位者，凡幾？」李曰：「屈指得五十餘人。」侍郎曰：「甫六十年而已得五十餘人，則其不足重也明矣，願公更求其可重者。」

阿文成言亭名不佳

阿文成公桂年少時，飲於總督鄂某園中，園有古松一株，構亭其下，顔曰倚松。酒半，文成謂鄂曰：「亭名不佳，松豈可倚者？大風折松，亭亦受其壓矣，可不懼乎！」

蔣勵堂勸告屬僚

蔣勵堂相國攸銛歷任封圻最久，待屬吏恩威並用，舉劾公明，尤善訪察細事。任川督時，有大挑令數員，需次無事，輒聚爲葉子戲，客過訪之，恆拒不見。一日值常參，各員晉謁畢，相國獨留諸人令少待，笑語曰：「諸君無案牘勞，以葉子偶爾坐遣，未嘗不可。然頻頻爲之，則傷財失業，作無益害有益，且因此疏慢朋友，來輒拒之，似更不可。諸君行將握篆，與其爲無益有損之事，曷不先將律例留心觀覽乎？今與諸君約，俟一二月後余將問焉，能對者方委以民社，否則未敢以地方公事漫爲嘗試也，諸君以不佞之言爲然否？」皆面色如土，唯唯而退，自此不敢再作葉子戲矣。兩月後謁見，擇一二端以問，能對者卽委缺以去，其茫然者，又諭之曰：「必能詳舉數條，方予委署，否則終身不用也。」自此咸講求例案，無敢嬉於博。

袁子才箴友

袁子才有友富而不仁，嘗作書規之，其言曰：「善用錢者，錢雖少，除自身享用外，仁粟義漿，皆錢爲之。不善用錢者，錢雖多，除妻子奴僕有怨言外，招尤惹禍，亦皆錢爲之。」

王惕甫呵睿王

王惕甫芑孫短小精悍，善詩古文。乾隆戊申，召試舉人，然屢試未售，終江陰教諭。嘗館睿恭王邸，王契重之，嘗隨王之灤陽、木蘭等處，詩愈遒勁。王稍有過，惕甫輒厲色呵之，使冠帶謝過乃已。又嘗謂法時帆云：「君有詩識無詩才，汪端光有詩筆無詩膽，其兼之者，故有人在。」蓋自謂也。

孫氏勸夫莫作第二人

全椒吳山尊學士鼒，孫淵如妹壻也。淵如以乾隆丁未榜眼及第，山尊仍上計車。夫人孫氏贈行詩曰：「小語臨歧記可真，回頭仍怕阿兄嗔。看花遲早尋常事，莫作蓬萊第二人。」遂以是科通籍入翰林。

山尊不喜治舉子業，孫氏常規之。

苗氏嫗勸禮王

嘉慶戊午春，和珅妻死，出殯，王公大臣皆往送。禮親王從衆行，比至，車馬阻塞，因飯於農人苗姓家。苗氏嫗語之云：「觀君容止，必非不智，今和相驕溢已極，禍不旋踵，奈何趨此勢利之途，以自傷其品也！」王赧顏退。不踰年，和果敗，賜死。

吴春麓箴禮王

吴春麓御史賡枚，桐城人，嘉慶己未進士，性忠慤，以理學自期。嘗與禮親王書曰：「奮與僨，盛衰之本；勤與惰，成敗之原；貪與廉，得失之林；寬與虐，恩怨之府；静與躁，壽夭之徵；忍與激，安危之券；謙與盈，禍福之門；敬與肆，存亡之界。」

曾文正勉錢子密以操守

秀水錢子密尚書應溥，嘗客曾文正公幕。某年，乞假應秋試，文正設筵餞之，酒闌，語之曰：「足下名位，他日必出在座諸君之上，惟操守二字，吾輩應共勉之。」錢後以小京官躋卿貳，入樞密。僅言名位，果如文正言矣。

曾文正與李廣文互規

曾文正官京師，時士大夫無不嗜煙者，水旱外，又有潮鼻大之稱。潮，謂潮州煙；鼻，謂以鼻吸者；大，則鴉片也。一日，有同鄉總角交李廣文至，以其吸鴉片也，規之。李曰：「吾所吸者，一耳。公則水旱潮鼻，四者具焉，何也？」文正瞿然曰：「繼自今，請子戒其一，我戒其四，可乎？」李旋以事去。及文正辦軍務，屢招之不至，最後來謁，詢之，李赧然曰：「自與公約，聞公絶之久矣，而某沈溺如故，所不忍見公者，以此耳。」文正憫之，親爲布榻，坐煙具旁，談話如平生，已而歎曰：「君老矣，不必官矣。」贈二千金使歸。

曾文正規其戚

曾文正駐軍安慶，有戚某自湘鄉田間來，行李蕭然，衣服敝素，對人沈默不能言。蓋以家計寒儉，而投營謀事者。文正垂詢鄉里瑣事及戚友近況，其人覥顔作答，訥訥然若不能出諸口，然偶擇要對一二語，頗中肯綮，文正殊賞之，將任之以事。文正每飯，必召幕客會食，幕客各依時赴餐，無敢或違。一日正食，值飯有稗粒，某檢出之而後食，文正視之良久，亦無他語。飯畢，文正與幕客圍棋數局，手談既竟，令支應備銀二十兩贈某以爲鱸。某大駭異，迺求文正之表弟彭杏南，請於文正。文正語之曰：「某食而去其稗，平時既非豪富，又未曾作客於外，輟耕來營，不過月餘，而即有此種舉動，吾鄉人寧復如是耶？吾恐其見異思遷，而反以自累也。」杏南固請，且曰：「此亦未爲大過，公盍試之。」時文正喜植蔬，每日擷鮮而食，以爲至味，姑令某主持園圃之事。某迺益自勵，日與傭保雜作，寢食相共，灌溉糞治，自朝至夕，莫或休暇。文正微覘之，則見其持畚攜鋤，與耦耰之人，通力而合作也。如是者幾一載，始終不渝。文正意解，召之來親述其故而規之。其人愧謝，乃以他事畀之。其人黽勉從公，克勵厥職，卒以布衣扶摇而上，官至觀察使，加布政使銜。

王壬秋規其戚

咸、同間，湘潭王壬秋太史闓運有戚串納姬，或規之曰：「志士枕戈之秋，不宜沈溺宴安。」王曰：「此大易事，即名之曰戈兒，以示不忘在莒之義可也。」

龍汝霖規郭筠仙

湘陰郭筠仙侍郎家居時，好危言激論。攸縣龍汝霖作《聞蟬》詩規之曰：「商氣滿天地，金飈生汝涼。撩人秋意聒，怍夢怨聲長。畏濕愁霜露，知時熟稻粱。隱情良自惜，莫忘有螳螂。」筠仙和曰：「飽諳蟬意味，坐對日蒼涼。天地一聲肅，樓臺萬柳長。杳冥通碧落，慘澹夢黃粱。吟嘯耽高潔，無勞引臂螂。」又「樹木千章暑，山河一雨涼。陰濃棲影悄，風急咽聲長。秋氣霑微物，天心飫早粱。居高空自遠，塵世轉蜣螂」。後十餘年，邊事日棘，郭以禮部侍郎使英，至倫敦，致書直督李文忠，論列中外得失利病，準時度勢，洞見癥結，凡所謀畫，皆簡而易行。其論當時洋務，謂寶佩蘅能見其大，丁禹生能致其精，沈幼丹次之，亦稍能盡其實。又自言平生學問，皆在虛處，無致實之功，其距幼丹尚遠。皆真知灼見，閱歷有得之言。全書凡四千二百餘言。

郭筠仙規僧王

郭筠仙侍郎以編修參僧忠親王軍，拒英法聯軍於天津。王密詢戰守方略，侍郎對以「外人志在通商，但當講求應付之方，不當稱名與戰。海防無功可言，無效可紀，不如其已」。王默然。自後凡有建白，無不被斥。上書至十有七次，大致以爲今制敵之策，惟在狙擊；然欲擊之，必先自循理；循理而勝，保無後患。卽敗，亦不至有悔。王終不能用。及北塘潰敗，乃服侍郎之遠識，嘗語人曰：「朝官惟郭翰林愛我，能進逆耳之言，我媿無以對之。使早從其言，何至此！」言時輒拊膺涕下。

李次青賀書寓規於頌

曾文正既克粵寇，平江李次青廉訪元度走書申賀。其書累三千言，中敍討賊之初，以書生張空拳攖巨寇，號召生徒子弟，忍饑轉戰，備歷艱阻，百折而不回。及平大功告成，懋遷鉅賞，兄弟同日膺茅土。以蕞爾一邑，備有侯伯子男之封；建旄仗鉞，寄專閫及方伯連帥之屬。至以千百計，可謂如荼如火，千載一時矣。而末段寓規於頌，其辭云「兩江督府，兼綜河漕鹽法及操江，諸務殷劇，號難治。承平時選帥，嘗重於他省，非有文武威望，知大體可信畏者，莫能任。況闒猱狉，奪殘黎於貙貗之口，其事與開創同。而又有島夷逼伺，狡獪不可測，則所謂安内以攘外者，宜必邃謀深識，消患於未萌焉。竊謂圖治以教養爲先，在今日則養先於教。世亂才勝法，若由亂而治，則當以才用法，而不爲法所縛。至於内治既修，外侮自戢，道在蓄威養望，有以大服乎中外之心，久之必喙戢不遑矣」云云。

李木庵箴友

某家貧，謁選，貸數百金以供費。李木庵正色告之曰：「今日之京債，卽異日之公帑，亦卽末路之贓私也。」聞者不寒而栗。

陳石遺規友

光緒時，張文襄督鄂最久。蓋時值中外多故，武昌又居長江上流，形勢扼要，樞府諸臣以爲北門鎖鑰，非寇準不可，文襄亦方以陶侃自命，居之不疑。後鄭蘇堪方伯孝胥總鐵路事，至漢口。其記室某有賭麻雀癖，閒陳石遺衍寓武昌。衍，一代詩人也。一日渡江，要其贈詩，因以句規之云：「樗蒱運甓等無用，互訟廷尉難爲平。」蓋兼諷文襄也。

清稗類鈔

譏諷類

小半斤

黄周星字九煙，明末遺老，著有《奶狗齋集》。其《小半斤謡》頗足發噱。序曰：「有某公善治生，市肉不得踰四兩，名爲小半斤，人遂以『小半斤』呼之。道人聞而歎曰：『此盛德事也，不可不傳。』因爲長謡紀之。」謡曰：「『市肉市肉，震驚神人。乃公終身不飲酒，窮年不茹葷，今朝胡爲忽市肉。咄咄怪事，疇可比倫。』一解。『市肉市肉，笑聚童僕。左手提衡，右手啓櫝。有銅如金，有錢如琛。把授童僕，不覺掩淚酸心。』二解。『童僕受錢，愕眙相視。長跪請命，市肉寧幾。童曰一斤，公怒欲捶；僕曰半斤，怒猶未已。童僕惶恐，莫測公旨。』三解。『匍匐再請，聽公所云。徐伸四指，曰小半斤。小半斤者，半斤之半。半而又半，祿已踰算。』四解。『僕乃前行，公尾其後。側身躡足，潛伏闠右。僕詣肉市，錢付屠手。屠方鼓刀，公突而前，曰『此我之肉，爾無我朘』。屠曰公肉，敢不腆焉？一增再增，肉重於權，小半斤名，不啻六兩。公挾僕歸，大喜過望。』五解。『肉已至家，僕欲持去。公曰無遽，談何容易，此肉我當細區分，安得倉皇暴殄等兒戲。爲我呼爨婢來前，此肉謹付爾，爾其善烹煎，一爲乾豆薦祖考，二爲賓筵餉師生，

三爲君庖饜我口，飫彭亨。貓鼠不得竊，犬豕不得爭，餘汁滿注缶，轢釜須令戛戛鳴。珍重小半斤，此肉良匪輕。」六解。「市肉市肉，震驚神人。咄咄怪事，誰可比倫？我聞東海麒麟，麻姑擘脯世莫陳。公之啖肉毋乃啖麒麟，吁嗟乎小半斤。」七解。「我聞古有豢龍人，飂叔濳醢饗夏君。公之啖肉，毋乃膾龍肝批龍鱗。吁嗟乎，小半斤。」八解。「我聞天府之內有熊蹯豹胎猩脣，惟辟玉食罷八珍。公之啖肉，毋乃啖彼熊蹯豹胎猩猩脣。吁嗟乎，小半斤。」九解。

九門八點一口鐘

都人向有九門八點一口鐘之諺。蓋都中之城門啓閉，皆以點爲號，惟崇文門以鐘。相傳崇文門地址係一海眼，有巨黿覆其上，此門卽就黿背建立。黿示夢於司門者曰：「吾負此重任，何時始去？」門者語以「汝聞點鳴則可去」，故此門獨以鐘爲號。此齊東野人之語也，然實有爲而發。聞因某相攬權納賄，寓崇文門內，民深惡之，造爲此謠，以門喻朝政，以點喻典刑，意謂此等權貪，非自罹法網，不能去位也。至其鳴鐘啓閉，或以國初攝政王常由此門出入故耳。

敝衣猶愛惜若此

洪文襄公承疇被擒時，太宗命范文肅公往説，文襄謾罵不已。文肅善言撫之，因與談論今古事，適梁間積塵落文襄襟袖間，文襄屢拂拭。文肅遽辭歸，奏太宗曰：「承疇不死矣。其敝衣猶愛惜若此，況

其身耶！」

洪公果死耶

洪承疇降時，方喧傳揚州史可法實未死，當時就義者僞也。洪與史交最密，初欲救之，不及，恆引爲憾。當時擾亂之際，亂事紛起，吳中孫兆奎其一也。孤軍被陷，執送南都。時洪當國，知孫至，與談舊侶，并盛獎新君。便問及史，曰：「公在兵間，審知故閣部史公果死耶？抑未死耶？」孫曰：「經略從北來，審知松山殉難故督師洪公果死耶？抑未死耶？」洪大慚，惟面色不紅，時人謂洪之臉皮乃革製者。孫卒遇害。

識公時目故有疾

益陽郭天門都賢嘗薦舉洪承疇，洪降本朝後，出而經略西南，謁郭於山中，郭故作目眯狀。洪驚問之曰：「君何時得目疾耶？」郭曰：「始吾識公時，目故有疾耳。」洪默然。

吾君吾仇

有爲洪承疇作頌者曰：「滅吾君者吾仇也，滅吾仇者吾君也。」

前後兩行狀

明崇禎壬午，松山被陷時，京師傳聞洪承疇已死，思宗輟朝，賜祭十六壇。其子弟在京師者成服受弔，撰行狀送諸公卿矣。方祭第九壇，而生降之信至，遂罷祭，而行狀已傳人間。順治甲申從入關，爲内院大學士。次年，出而經略江南諸省，逋寇以次削平。復再出，經略楚、粵、滇、黔諸省，東南底定，皆其功也。歸朝一年乃卒。其家再成服受弔，撰行狀，不復敍前朝事，但自佐命入關起。有好事者嘗得其前後兩行狀，訂爲一本焉。

入洛紛紜興太濃

常熟錢謙益字牧齋，明萬曆庚戌科探花，以詩文鳴海内。居恆自命，登黄閣，修青史，爲必得之事業，乃終明世官不踰禮尚。入國朝，爲禮部侍郎，命修《明史》，而夙願漸償。乃未幾，牽連黄毓祺詩詞一案被逮放歸，於是縱情詩酒，與柳如是遣懷風月。著《初學集》、《有學集》，潦倒以終。

牧齋嘗游虎丘，見壁間題詩云：「入洛紛紜興太濃，蓴鱸此日又相逢。黑頭已自羞王衍，青史何曾用蔡邕？昔去幸寬沉白馬，今歸應悔賣盧龍。最憐攀折章臺柳，撩亂秋風問阿儂。」卽譏其出處者，不懌者久之。

君恩臣節

錢牧齋降後，嘗揭一聯於門，聯爲「君恩深似海，臣節重如山」二句。後有人於聯下各添一字云：「君恩深似海矣！臣節重如山乎？」

當與前朝人序齒

黄葉道人潘班嘗呼錢牧齋爲兄，錢怒且笑曰：「老夫今七十餘矣！」時潘已被酒，昂首曰：「兄前朝年歲當與前朝人序齒，不應闌入本朝。若本朝年歲，則僕以順治二年生，兄以順治元年五月入大清，僅差十餘月耳。唐詩曰：『與君行年較一歲。』稱兄自是古禮，君何過責耶？」

打你這傾國傾城帽

錢牧齋嘗具滿洲冠服出門，途遇一叟，以杖擊其首曰：「我是個多愁多病身，打你這傾國傾城帽。」帽與貌同音，蓋竄易《西廂》詞句也。

點妝巾帽俱新樣

柳如是本姓楊，名愛，嘉興人。初爲錢牧齋之侍姬，後改繼室，稱夫人。柳舊藏古鏡，蓋唐時物。

鏡背鐫銘，辭曰：「日照菱花出，臨池滿月生。君看巾帽整，妾整點妝成。」徧徵名流題詠。查他山《金陵雜詠》一絶曰：「宗伯奩清世莫知，菱花初照月臨池。點妝巾帽俱新樣，不用喧傳鏡背詩。」言外之指，婉而彌諷。

逸居無教老而不死

錢牧齋罷官歸，乃自題其所居曰「逸老堂」。有滑稽者爲之題一聯云：「逸居無教則近，老而不死是爲。」

小遺泰山峯側

吴人有爲《正錢録》者，攻摘錢牧齋不遺餘力。吴江計甫草東戲語客曰：「僕自山東來，曾遊泰山，登日觀峯。神志方悚慄，忽欲小遺，甚急，下山且四十里，不可忍，乃潛匿而溺於峯之側。恐得重罪，然竟無恙，何也？泰山至大且高，人溺焉者衆，泰山不知也。」客躍起大罵。吴梅邨聞之，頗是計言。

何科舉人幾甲進士

錢牧齋長子名孫愛，性懦而迂。其居在常熟東城，與海防同知署鄰比。防署火，延及内衙，同知倉猝出，暫借錢廳小憩。孫愛出迎，始亦無失禮，及坐定，便問老父臺何科舉人，第幾甲進士。同知滿人，非由科甲，囁嚅未有以應。一吏從旁微語，係某旗下某堡人。孫愛不語，未待茶，便拂衣進内，遂不出，同知大窘而去。

一半清朝一半明

太倉吴梅村祭酒偉業以明臣降本朝，當被召時，三吴士大夫皆集虎丘會餞之。酒半，忽有少年投一函，啓之，乃絶句一首，詩云：「千人石上坐千人，一半清朝一半明。寄語婁東吴學士，兩朝天子一朝人。」舉座默然。

姓朱的有甚虧負你

順治初有張某，以善疊假山，人共禮之，不以石工相遇。一日，吴梅村赴某家宴會，張亦在座。優人進院本，請點戲，吴命演《爛柯山》，蓋以劇中有張石匠，欲以相戲也。伶人唱張石匠，諱張爲李，吴點首笑曰：「甚有竅。」後演至張别古寄書，有曰：「姓朱的有甚虧負你？」張摇首曰：「此太無竅矣！」吴不覺面赤。

可惜故夫曾未識

計甫草以和錢塘陸麗京圻《無題》詩六首呈吴梅村，於其出處，備極譏刺。詩云：「廣庭長恨月明多，小立闌干蹙黛蛾。膽怯幾回看瘦影，夜深偷自試新歌。依稀斗帳人雙宿，恍惚靈風雁獨過。可惜故夫曾未識，孀居空有淚如波。」「半額長眉學畫成，臨妝私許意盈盈。高樓柳暗誰相待，別浦鶯歸空復情。團扇舊經郎眼見，鏡臺還照妾心明。最嫌寂寞銀燈上，挑得雙花落又生。」「邊風吹落到炎洲，歲歲音書滯遠游。妾夢長隨庾嶺外，歡聞翻隔楚江頭。真成薄命原無怨，便祝他生是莫愁。俛仰阿婆衰鬢畔，可憐自小教笄簪。」「憶年十二正調妝，短髮毿毿覆額長。多摘桃花嬌靧面，滿裁蛺蝶點羅裳。同心早結青陵樹，再笑差依白玉床。自擣守宮雙約腕，不煩夫婿重堤防。」「嫁衣疊疊不勝秋，深鎖空箱怕見愁。但得迴身邀半席，敢辭碎首墮層樓。梁間棲燕慚孤女，門外藏烏學並頭。一任東鄰新少婦，櫻花永巷鬬藏鉤。」「不勝幽怨却生疑，又見楊花滿地吹。小妹生男良宴會，阿姨新寡又于歸。一時輕薄横相誘，幾度踟躕不自持。日暖游絲争入户，轆轤腸内有誰知。」

糟糠之妾

計甫草故貧士，嘗置一妾，晨夕設食，惟粗糲而已。其夫人張氏謔之曰：「古聞糟糠之妻，不聞糟糠之妾，如何？」

山川滿目不勝情

華亭金天石，明諸生，以詩文名一時。順治間，以隱逸徵，不起，時論高之。一時松郡人文最盛，奉錢牧齋爲盟主，錢亦屢至松。一日，舟次白龍潭，諸名士方趨迓錢，天石忽投以一詩云：「畫舫滄江載酒行，山川滿目不勝情。朝元一閉千官散，無復尚書舊履聲。」錢得詩默然，卽日解維去。

演躍鯉

金天石嘗客江寧，適合肥龔芝麓尚書鼎孳大會詩人於桃葉渡，天石與其列。伶請演劇，天石命演《躍鯉》，舉座失色。蓋龔自登第後，娶名妓顧橫波爲妾，衣服禮秩如嫡，故天石以棄妻譏焉。龔大不懌，而天石殊不顧。黃昏大雨，將散，車馬咽闐，天石坐門限上，脱襪徒跣，了無怍色，徐徐去。

妾亦能作葛嫩

龔芝麓嬖顧橫波甚，然時爲所制。一日，有僕以事至橫波室，語笑間，龔排闥入，疑其有私，謂僕無禮，罰令長跪。及龔出，橫波閉户大哭，以長齋禮佛不欲接見相要。龔再三勸慰，終不啓扉，大窘。適錢牧齋以事至金陵，乞其作調人。橫波曰：「渠能作孫孝威，則妾亦能作葛嫩耳！」錢嗒然。

兵部尚書接駕

世祖入關，明兵部尚書某亦在迎降之列。後宦浙中，赴讌西湖，伶人演闖賊破都事，一人執手板跪伏道傍，自唱「臣兵部尚書某迎接聖駕」，某悵然。

能騎否

堂邑張蓬玄，名鳳翔，明之尚書也。入國朝，爲大司寇，年七十餘矣。一日侍宴，下階而仆，世祖命内侍掖之以行。出長安門，尚有詔追問能騎否，徐諷令以禮致仕。遂進所撰《禮經》、《樂經》而去。

清明時節兩紛紛

某生，明末人也。其叔某，以明臣而仕國朝，某見其叔之變節，時有訕笑。一日，家宴，某忽倡言行酒令，首句須物件一，次古人名一，後句用《千家詩》改一字。首坐者唱曰：「我有一張床，送與張子房，張子房不要。甚麽不要，春色惱人眠不得。」次者曰：「我有一把扇，送與曹子建，曹子建不要。甚麽不要，剪剪輕風陣陣涼。」次即輪至某，某曰：「我有一綹纓，送與我叔親」，至此，衆人羣起詰問，謂不應以今人插入。某生曰：「我叔爲明人，而服清官，非古人而何？」衆無言。乃又續曰：「我叔親不要。甚麽不要，清明時節兩紛紛。」叔聞之大慚。

一隊夷齊下首陽

明末諸生入本朝，有抗節不就試者，後文宗按臨出示，「山林隱逸有志進取，一體收録」，諸生乃相率而至。或爲詩以嘲之曰：「一隊夷齊下首陽，幾年觀望好凄涼。早知薇蕨終難飽，悔殺無端諫武王。」

及進院，以桌櫈限於額，仍驅之出。人即以前韻爲詩曰：「失節夷齊下首陽，院門推出更淒涼。從今決意還山去，薇蕨堪嗟已喫光。」

奇怪癡怪

崑山歸處士莊，與顧亭林齊名，時有「歸奇顧怪」之目。後華亭陸喝字日爲，工畫，與同里嚴載齊名，亦稱「陸癡嚴怪」。蓋士大夫浮沉里閈，其制行稍岸異者，未有不爲流俗人所譏諷者也。

天明應讀汀芒

顧亭林西游，主李天生家。一日，亭林卧未起，天生謂之曰：「汀芒矣！」亭林愕然。天生曰：「子好講古音，尚不知『天』應讀『汀』，『明』應讀『芒』耶！」亭林爲之大笑。蓋譏其嗜古之不可泥古也。

薰蕕不同器而藏

崑山徐乾學被議放歸，欲聘潘次耕於家，而顧亭林馳書尼之，其詞甚激，至云：「彼之官彌貴，客彌多，便佞者留，剛正者去。今且欲延一二學問之士，以蓋其羣醜，不知薰蕕不同器而藏也。吾以六十四之舅氏，主於其家，見彼蠅營蟻附之流，駭人耳目，至於徵聲發色而拒之，僅得自完。」

茸城行

馬進寶爲江南提督，駐松江，愛結名流。有諸生窘迫，獻馬春聯曰：「漁陽老將多回席，魯國諸生半在門。」馬武人，不知其用唐人語也，大喜，贈千金。在江南暴斂横征，窮奢極侈，吴梅村賦《茸城行》以刺之。

鐵面糟團

順治庚寅、辛卯間，秦世楨巡按江南，有鐵面之稱。繼之者李成紹，安静無爲，惟日飲亡何而已，人目之曰糟團。有改崔護《人面桃花》句粘於牆，云：「去年今日此門中，鐵面糟團兩不同。鐵面不知何處去，糟團日日醉春風。」

原來貨殖是家風

順治丁酉江南鄉試，得人最盛，如張玉書、馬世俊、陸燦、趙炳，皆一時名下士。題爲「子貢曰貧而無諂」全章，乃下第者横加誹語，爲作《黄鶯兒》詞一首以譏之云：「命意在題中，輕貧士，重富翁。詩云子曰全無用，切磋欠工，往來要通，其斯之謂方能中。告諸公，方人子貢，原來貨殖是家風。」

胡桃滋味

金人瑞以哭廟案被誅，當棄市之日，作家書託獄卒寄妻子，獄卒疑有謗語，呈之官。官啓緘視之，則見其上書曰：「字付大兒看，鹽菜與黄豆同喫，大有胡桃滋味。此法一傳，我無遺憾矣。」官大笑，曰：「金先生死且侮人。」

候缺相公

益都孫相國廷銓，字道相，嘗以大學士居憂。既三年，入都，報部起服，朝士笑之，目爲候缺相公。

闕里侯

李笠翁，名漁，工揣摩，走聲勢，取重於時，能以術籠取人貲。嘗作《奈何天傳奇》，先出上半本，其所云闕里侯者，衍聖公也，扮演醜惡，備極不堪。衍聖公患之，賂以重金。復出下半本，則所謂闕里侯者，已獲神佑，完好如常人矣。

帝王卿相爲傀儡

尤西堂舍人侗嘗以達賴喇嘛驕縱、皇族喜唱戲、某旦結閹豎納賄鬻官也而嫉之，乃作聯云：「世界小梨園，率帝王師相爲傀儡，二十四史演成一部傳奇；佛門大養濟，收鰥寡孤獨爲丘尼，億萬千人遍受十方供給。」

手脚眼頭口牙

明末，京師有騾行牙人某甲，工辭令，善鑽營。鼎革後，附睿王多爾袞勢致富，爲二子營謀得官，稱封翁矣。適新屋落成，徧觴朝士，萊陽宋荔裳按察琬亦與焉。酒罷，某甲招諸客遊後園，園未畢工，壁有一孔，客訝之。或告曰：「此手脚眼也。匠人以磚累垣，垣内外皆有匠。稍高，即彼此授受甚艱，故於壁間留一孔，以便遞物，京師人謂之手脚眼。」荔裳聞之，忽曰：「吾得確對矣！」衆詢之，曰：「頭口牙也。」蓋北人謂騾馬爲頭口，故以是誚之，衆皆粲然。

金剛本是一團泥

吴三桂王滇時，建功德廟成，指泥塑四大金剛爲題徵詩。按察使某素忤三桂，吟曰：「金剛本是一團泥，張牙舞爪把人欺。人説你是硬漢子，你敢同我洗澡去！」三桂惡其刺己也，殺之。

才難自古信其然

康熙己酉，簡某督學江南。初試江北諸郡，案出，輿論譁然，士子即以試題作詩云：「才難自古信其然，知我何須更問天。斷斷不能容一技，優優還要禮三千。貧而樂者甘從井，富可求乎願執鞭。夫子宫牆高數仞，故人樂有父兄賢。」簡聞之，遂閱文者某某，自是，所取皆孤寒士矣。

天爲門客

太倉王太常子孫多而賢，康熙庚戌，顓庵、麓臺甫弱冠，皆捷春闈。泥金報至，適吴梅村祭酒在座，戲曰：「君家門下清客，當爲蒼蒼者天耳。」太常大愕。吴曰：「承主人意旨，而善於迎合者，惟門客耳。今日之天，得毋類是。」

五老

閩人呼酒曰老，新、舊、慶、白、行，五種酒名也。閩人謂酒醅以火再焙者爲慶。康熙甲寅，靖南王耿精忠反，濫授僞官，人亦謂之五老，卽借酒名以諷之。前朝舊官重出仕者曰舊老，舉貢生監新入仕籍者曰新老，現任官從逆者曰慶老，輸財入官者曰白老，微官徒行者曰行老。

笑殺兩家劉備

康熙乙卯，長汀黎士弘官甘山。甘山各鄉春秋賽會，均奉劉先主爲祭神。兩鄉之賽者，偶爭道後先，互鬨於縣，控詞稱彼家劉備欺我家劉備。黎大笑，各撲其首事而遣之，並書《洛陽春》一詞云：「笑殺兩家劉備，空爭閒氣一身。且自不相容，還要桃園結義。多是小人生意，有何干係。輕輕十板各歸家，還算縣官省事。」

輸粟采薇

康熙丁巳、戊午年，入貲得官者甚衆，繼開博學宏詞科，隱逸之士争趨輦轂。姜西溟太史有句曰：「北闕已成輸粟尉，西山猶貢采薇人。」一時以爲實録。

終南山下草連天

康熙己未，詔開博學宏詞科，常熟吳蒼符龍錫有《偶成》二首嘲之云：「終南山下草連天，神敖猶慙古史箋。到底不曾書鵠板，江南惟有顧書年。卽寧人也。」「薦雄徵牘挂衡門，欽召金牌插短轅。京兆酒錢分賜後，大家攢醵衆春園。」

進士與鬼二而一

康熙己未博學宏詞科，取中者五十人，高等者授官過優，遂爲甲科所醜詆，目爲野翰林；而宏博之詆甲科，亦不遺餘力。尤展成檢討侗《題鍾馗像》曰：「進士也，鬼也；鬼也，進士也。一而二，二而一者也。」

博學宏儒本是名

慈谿鄭寒村太守梁，見康熙宏博開科之雜流競進也，嘲以詩，其一云：「博學宏儒本是名，寄聲詞客莫營營。比周休得尤臺省，門第還須怨父兄。」其二云：「補牘何因也動心，紛紛求薦竟如林。總然博得虛名色，袖裏應持廿四金。」

勝國君臣也皺眉

宏博科之初開，以議修《明史》始，主司爲寶坻杜文端、高陽李文勤、益都馮文毅、崑山葉文敏四公。有以詩諷之者曰：「自古文章推李杜，而今李杜實堪嗤。葉公懵懂遭龍嚇，馮婦癡獃被虎欺。宿構零翀璇玉賦，失拈落韻省耕詩。試題爲「璇璣玉衡賦」、「省耕詩」。若教修史真羞死，勝國君臣也皺眉。」

商容改姓

康熙己未，聖祖詔修《明史》，鄞人之與其役者，人知有萬氏季野與其兄子九沙太史經、五河太守言及姜西溟耳，而教諭左臣黃實亦從事祕書，並參明史館務。教諭古文有盛名，其爲人疏散，任本色，最重名節。同縣周鄮山徵君容，明遺民也，志行孤貞，皎然塵表，顧以名高未絕酬應，教諭累諷之。一日忽諧之曰：「商容易代，受武王表閭之寵。赴謝鎬京，道逢伯夷，勸其改姓，信有之乎？」徵君笑不答。

夷齊陸續到皇畿

鄭寒村與潘次耕遇於柯都諫家，鄭以「夷齊陸續到皇畿，日向朱門乞蕨薇」一絶嘲潘。潘和韻答曰：「蒲東回首思依依，欲向關西心事違。輸卻櫻桃紅一點，春風重著繡襦歸。」潘詩所使之事，切合鄭姓，每句皆然。

妾等願守西山之節

長洲汪琬，字鈍翁，以應康熙己未博學宏詞科入翰林，居京師，遣人南歸迎其兩妾。兩妾皆不行，曰：「此老宦興方濃，妾等卻願守西山之節。」同年諸名士爲別納一姬，王漁洋戲作《花燭詞》，有云：「嬴女吹簫引鳳雛，莫將緋素怨狂夫。似聞一語分明寄，我見猶憐況老奴。」蓋調之也。

貽誤後學

毛西河嘗與閻百詩論地理，語多穿鑿，百詩太息曰：「汪堯峯私造典禮，李天生杜撰故實，毛大可割裂經文，貽誤後學不淺。」

澄清海甸保障東南

康熙朝，商邱宋牧仲犖撫吳十九年，嘗修滄浪亭，刻《滄浪亭小志》，又修唐伯虎墳。然似有不慊輿情處，其撫署東西兩轅門牓曰：「澄清海甸，保障東南。」時有加三字成聯句云：「澄清海甸滄浪水，保障東南伯虎墳。」宋嘗自題滄浪亭聯曰：「共知心似水，安見我非魚。」或改水爲火，改魚爲牛，暗合其名，亦堪一噱。

綠林昨夜繞官街

于清端公成龍撫直隸，築長牆於大道以禦響馬，後以勞民，罷之。趙恆夫有詩諷之曰：「百里長牆攔賊馬，綠林昨夜繞官街。」

何不出家

吳薗次太守綺嘗遊廣州，有僧大汕者，日奔走於諸貴之門。一日，語吳以應酬雜遝，不堪其苦，吳笑應之曰：「既以爲苦，何不出家？」

賜水晶烟管

聖祖不飲酒，尤惡吸煙。溧陽史文靖、海寧陳文簡兩公皆酷嗜淡巴菰，不能釋手。及南巡，駐蹕德州，聞二人之嗜也，特賜水晶煙管以諷之。偶呼吸，火燄上升，爆及脣際，乃懼而不敢用。遂傳旨禁天下吸煙。

寧不食兩廡特豚

朱竹垞太史晚年自訂詩集，不删《風懷》一首，曰：「寧不食兩廡特豚也。」袁子才曰：「竹垞果删此詩，豈真得廁兩廡？」即竹垞亦非真有此意，蓋以典禮太濫，甚有名行無攷，附會性理數言，遽與程、朱並列者，竹垞恥之，託詞自免，蓋意在譏時耳。

相公紙尾之學

李文貞公光地幼工舉子業，好爲坊社選文，嘗自誇其明文前選之精，曰一鄉一國，士子有能熟於此者，可永免兵水之災。全謝山痛詆之，謂：「相公紙尾之學，所以成中和位育之功者，盡在於此。」

何不開齋

朱相國平涵嘗館一貴人家，其人奉齋。一日怒庖人，凡易十餘品，俱不稱意。朱笑謂之曰：「何不開齋？」

嘲妁文

平湖錢起隆有所著制藝一卷，名《採芳集》，皆摘《四書》中豔麗字句，游戲成文，嘻笑怒駡，無所不有。如妁字題文云：「宿瘤也以爲仙姬，姣僮也以爲嬌客，在媒或以衆見共聞尚存廉恥，而妁乃備極其形容。優隸也以爲俊秀，貧寠也以爲豪華，在媒早以微言温語任意相欺，而妁乃更從而點綴。」又云：「本以婦人輕信之耳，妁復鼓彼如簧，遂使母氏專權，父雖欲禁之而不得。本以深閨獨處之嬌，妁竟誘諸覿面，遂使高堂未許，女先遥慕之而如迷。妁之巧者，意僅切於肥囊，妁之拙者，幻亦生於閲歷，儻以彼列諸冠蓋，即蘇、張遊説之儔。妁之老者，口舌既堪惑女，妁之少者，容貌並可悦男。故以彼略試逢迎，遂諧秦晉婚姻之好。」

兩三杯水作波濤

丹徒相國張文貞公玉書既告歸，一日，偶步村中，見一家方祝壽，高懸某太史所書壽聯，近前睨而視之。某見其衣冠古樸，問曰：「汝何人？」答曰：「詩翁。」某訝然曰：「汝能詩乎？」乃以水吊子命題，令立詠。文貞援筆立成，云：「腰圓腹扁土沙包，纔上紅爐氣便豪。小物不堪成大器，兩三杯水作波濤。」某大慚，乃俯首謝罪焉。

不羣終恐太分明

蔡琬，字季玉，高文良其倬之夫人，綏遠將軍毓榮之女，尚書珽之妹也。濡染家學，能詩詞，兼通政術。文良數歷中外，宦轍所隨，輒爲代撰疏檄。文良撫蘇，屢爲總督某所傾，而文良卓然孤立，終不附和。偶詠白燕，得句云「有色何曾輕假借，」對屬未就，搆思久之。夫人詢其故，具以告，乃代對曰：「不羣終恐太分明。」蓋風之也。夫人詩集不傳，世僅傳其《九華寺》一章，曰：「蘿壁松門一徑深，題名猶記舊鋪金。苔生塵鼎無香火，經蝕僧廚有蠹蟳。赤手屠鯨千載事，白頭歸佛一生心。征南部曲今誰是，剩有枯禪守故林。」蓋毓榮罣吏議後，棄家入空門，九華寺即其卓錫處，故詩云然。

鳥盡弓藏兔擒狗殺

世宗之卽帝位也，年羹堯實與有大功。故羹堯得罪時，自訟疏中首云「臣功最高，臣罪最重。憶自先皇帝升遐之日，臣首蒙皇上特擢，比時宫闈未靖，西醜跳梁，内多跋扈疐尾之虞，外有不服不臣之懼。臣於斯時，不惜身命，與參密勿，俾天下享太平之福，誠如明旨」云云。中言：「鳥盡弓藏，兔擒狗殺。」末謂：「雖欲臣死不得不死，獨奈何被以惡名，而死以九族，恐有乖天地之和。」

以冠加之於首爲妙

張文和公廷玉事高宗久，與鄂文端公爾泰同官十餘年，往往竟日不交一語，鄂有過，必微語諷之。鄂嘗於暑日脱帽乘涼，宅宇湫隘，環視曰：「此帽置於何所？」張徐笑曰：「還以加之於首爲妙。」鄂不怡者數日。

烟勿多吸

武進劉文定公綸，少貧，至絶食。嘗以竹烟筒乞烟草於鄰，鄰誚曰：「烟消食，勿多吸也。」

文不足一寓目

桐城方望溪侍郎苞以古文自命，有不可一世之概，臨川李穆堂侍郎紱輕之。望溪嘗攜所作曾祖墓銘示穆堂，纔閲一行，即還之。望溪恚甚，曰：「某文竟不足一寓目乎？」曰：「然。」望溪益恚，請其説。穆堂曰：「今縣以桐名者有五：桐鄉、桐廬、桐柏、桐梓，不獨桐城也。省桐城而曰桐，後世誰知爲桐城者？此之不講，何以言文？」望溪默然者久之，然卒不肯改。金壇王若霖嘗言望溪以古文爲時文，以時文爲古文，論者以爲深中望溪之病。錢竹汀亦不滿之。

先生不愧稱本朝第三人

錢塘龔明水嘗謁方望溪，望溪議論風發，龔拱聽久之，避席贊歎曰：「先生不愧稱本朝第三人矣！」望溪矍然，問第一第二何人。龔徐曰：「貴老師安溪先生，令兄百川先生，非與？」望溪默然無以應。

將軍提防提防

粤中莊尚書有恭，幼有神童之譽。家鄰鎮粤將軍署，時爲放風箏之戲，適落於將軍署之内宅，莊直入索取，諸役以其幼而忽之，未及阻其前進。將軍方與客對弈，見其神格非凡，遽詰之曰：「童子何來？」莊以實對。將軍曰：「汝曾讀書否？曾屬對否？」莊曰：「對，小事耳，何難之有？」將軍曰：「能對幾字？」莊曰：「一字能之，一百字亦能之。」將軍以其言之大而誇也，因指廳事所張畫幅而命之對曰：「舊畫一堂，龍不吟，虎不嘯，花不聞香鳥不叫，見此小子可笑可笑。」莊曰：「卽此間一局棋，便可對矣。」應聲云：「殘棋半局，車無輪，馬無鞍，砲無烟火卒無糧，喝聲將軍提防提防。」

上佛骨表者亦信佛

周文恭公煌以乾隆庚辰典閩試，陛辭，召問颶風及天后顯應事。高宗笑曰：「爾輩是上佛骨表者，亦信佛耶？」

九流三教

舉人大挑，始於乾隆丙戌科。吏部新議選法：一等用知縣者，又借補府經歷，直隸州州同、州判，散州州同、州判，縣丞，鹽大使，藩庫大使，凡九班；二等以學正、教諭用，借補訓導，凡三班，時謂之九流三教。

胸中烏黑口明白

滿人多工於應對，某有戲贈四品宗室某聯云：「胸中烏黑口明白，腰際鵝黃頂暗藍。」黃色以赭黃爲最貴，杏黃次之，鵝黃又次之。黃帶子皆鵝黃，宗室之腰帶皆鵝黃色。

戲無益

錢塘徐文穆公本予告歸杭州，適里中社事正盛，晝夜相競，有戲場數處，各以臺上燈聯求書。卻之不可，乃大書曰：「防賊防奸防火燭，費錢費力費工夫。」復書一扁曰：「戲無益。」衆喻其意，遂止。

以矇瞎稱官

黔中苗人，私稱官府曰矇，粤西稱官曰瞎，稱官府之僕從皆曰老爺，各衙門曰朝廷。矇瞎之稱，殆

《春秋》一字之譏歟？

麪糊軍機

軍機處章京一職，必以下筆千言倚馬可待者承充。凡面奉諭旨發下之摺，俱由大臣折角以爲暗記，如何則議奏，如何則照請，章京一一分别擬稿，經王大臣過目，合格者，用筆加一圈於紙背，交原人謄正，然後黏諸摺面。其自揣庸陋者，惟持麪糊罐以俟，一一黏之。事畢，乃相率退出，時人遂有麪糊軍機之號。

刑部四無

諺曰刑部四無，謂門無扁、堂無點、官無錢、吏無臉也。

卓爾人停問字車

蔣心餘、袁子才、秦大士嘗集尹文端公署中聯句，蔣先成云：「卓爾人停問字車。」尹曰：「此教官請客詩也。君詩才氣横絶，而時有疵累，尚坐不精思耳！」

合先後天而畫袁子才

袁子才請羅兩峯畫像，因不甚似，以像寄還，並寓以書曰：「家人目中之我，一我也；兩峯畫中之我，一我也。或我貌本當如是，而當時天生之者之誤耶？又或者今生之我雖不如是，而前世之我、後世之我焉知其不如是？故兩峯且舍近圖遠，合先後天而畫之耶？家人既以爲非我矣，藏於家中，勢必誤認爲竈下執炊之叟，門前賣漿之翁，且拉雜摧燒之矣。兩峯居士既以爲似我矣，若藏之兩峯處，當必推愛友之心，自愛其畫，將與《鬼趣圖》冬心、龍泓兩先生像共薰奉珍護於無窮。故不敢自存，託兩峯代存。」

附庸風雅小名家

蔣心餘《臨川夢·隱奸》一折，寫陳眉公上場，有一七律，調笑眉公，謔而近於虐矣。詩云：「妝點山林大架子，附庸風雅小名家。終南捷徑無心走，處士虛聲盡力誇。獺祭詩書充著作，蠅營鐘鼎潤煙霞。翩然一隻雲間鶴，飛去飛來宰相衙。」論者謂心餘譏仲醇太過，不知心餘乃借仲醇以誚袁子才耳。所云「年未四十，焚棄儒冠，自稱高隱」，試思仲醇何曾不應科舉？實即趙雲翼控詞之先聲也。

後堂恐有未眠人

尹文端久督兩江，袁子才以門生故，時得出入節署，與文端唱酬無虛夕。而文端多姬侍，袁嘗戲以詩曰：「才高湧出筆花春，韻自天然句自新。吟至夜深公自愛，後堂恐有未眠人。」

能知味也否

袁子才《詠筋》詩云：「笑君攫取忙，送入他人口。一世酸鹹中，能知味也否？」

福驢

乾隆朝，長白福大宗伯慶工詩。由熱河回都城時，謁成邸，成叩其新製，宗伯以《途中即事》對，內有「蟹螯驢背舞，蟬翼馬頭吟」之句。成戲曰：「古有崔鴛鴦、鄭鷓鴣，君其福驢乎？」

忘己

李元亮，昭信伯永芭五世孫，乾隆時任兵部尚書。性剛毅，聰慧過人，背誦兵馬名籍，一字無遺，遇事多當上意。嘗以籍隸漢軍爲恥，輒於儔人廣衆中，訐漢軍之短，頗中其失。一日，復縱談不已，和恭王笑曰：「公言良確，然忘己矣！」李嗒然而退。

刺時文

吳江徐靈胎有權奇倜儻之名，年將八十，猶談論風生。門臨太湖七十二峯，招之可到。有佳句云：

「一生那有真閒日，百歲仍多未了緣。」自題墓門云：「滿山靈草仙人藥，一徑松風處士坟。」靈胎有戒賭、戒酒、勸世道情，語雖俚，恰有意義。刺時文云：「讀書人，最不齊，爛時文，爛如泥。國家本爲求才計，誰知道變做了欺人技。三句承題，兩句破題，擺尾摇頭，便道是聖門高弟。可知道三通、四史，是何等文章？漢祖、唐宗，是那一朝皇帝？案頭放高頭講章，店裏買新科利器，讀得來肩背高低，口角嘘唏。甘蔗渣兒，嚼了又嚼，有何滋味？孤負光陰，白白昏迷一世。就教他騙得高官，也算是百姓朝廷的晦氣。」

故交爲孔孟

某司空督學中州，好出搭題，防勦襲之弊，致經文多割裂，法時帆學士惡之。後復督學楚中，往辭法，法多所獎譽，某心喜。臨行時，送至中庭，曰：「楚中有一故交，代爲誣諉，可乎？」某詢其姓氏，法曰：「孔、孟二夫子，著述已千載，請公勿將其文再行割裂也。」

既富何加

乾隆某科會試，有某舉人固稱富於時者，以夾帶被搜，枷號於貢院前。其同年友嘲之曰：「既富矣，又何加焉？」

不識字者樂

紀文達公眗官翰林時，一日草制，以苦思不就，負手巡廊行，聞鼾聲，迹之，則一老軍臥廊下。擊以箠而醒，因詢之曰：「黑甜鄉之游，樂乎？」答曰：「樂。」乃以箠示之，令其認字，答曰：「不識。」紀乃曰：「人生識字憂患始，汝不識字，樂莫甚焉。」

個個草包

某總兵予告歸里，大起第宅，請於某名士，乞書堂匾，乃爲書「竹苞堂」三字。蓋總兵不知書，家中皆紈袴子弟，目不識丁，故以個個草包誚之也。

活佛成死鬼

乾隆庚子，西藏活佛來朝，供張極盛，居雍和宮，遠近僧徒參謁者日以千計，活佛高坐跏足，無少動也。未幾，以出痘死。有好事者贈以輓聯云：「渺渺三魂，活佛竟成死鬼；迢迢萬里，東來不見西歸。」又有贈之者云：「紅豆相思，活佛變成死鬼；曇花一現，北京即是西天。」

補子胡同

和珅當國，一時朝士趨之若鶩。和每日入署，士大夫之善奔走者皆立衕道左，惟恐後期。時稱爲補子胡同，以士大夫皆衣補服也。或以詩嘲之云：「繡衣成巷接公衙，曲曲彎彎路不差。莫笑此間街道窜，有門能達相公家。」

貪墨之風至此

和珅嗜書畫。一日，在直廬，手持水墨畫軸，適爲韓城王文端公杰所見，審視久之而言曰：「今日貪墨之風，何竟一至於此！」

錢可通神

占文王課者，多用錢以定奇耦，因名曰金錢課，是筮法之變，非京房《易傳》之錢卜也。或有以問金匱錢梅溪者，答曰：「錢可通神，自然靈驗耳。」

不能搬運到黃泉

元人弔脱脱丞相云：「百千萬貫猶嫌少，堆積黃金北斗邊。可惜太師無脚費，不能搬運到黃泉。」乾隆末，和珅益驕富，或以此詩書其門，大索不得，未幾遂敗。

雙黃鵠不税錢

蘇州滸墅關之榷吏，例由内務府司員充之。乾嘉時，其缺最腴，有日進斗金之謡。葢稽察嚴，收税苛，過客無一能免也。或爲詩譏之云：「落日停橈一水前，行人争道使君賢。雲間縱有雙黄鵠，飛出吴關不税錢。」

打兔子

畢秋帆制軍爲陝西廵撫時，幕賓大半有斷袖之癖。一日，畢忽語云：「快傳中軍參將，要鳥鎗兵、弓箭手各五百名，進署伺候。」或問何爲，曰：「將署中所有兔子，俱打出去。」時嘉定曹習菴學士仁虎以丁内艱游秦，爲關中書院山長。曹與畢有連，恆居節署。畢偶於清晨詣其室，學士正酣卧，尚未啓門也。見門上貼一聯云：「仁虎新居地，祥麟舊戰場。」畢笑曰：「此必錢獻之所爲也。」後畢移鎮河南，幕客之好如故，畢又作此語。或正色謂之曰：「不可打也。」問何故，曰：「此處本是梁孝王兔園。」畢復大笑。

詩人固如是乎

汪容甫爲諸生時，肄業揚州安定書院。山長沈編修祖志好爲詩，往往詑示座客。一日宴會，酒酣，出詩示客，客譽之不絶口。次至容甫，容甫擲不覩，大言曰：「公爲人師，不以經世之學詔後進，而徒沾沾言詩。詩即工，何益於生民？況不必工耶？」沈夙負時名，聞言，愠曰：「僕雖不賢，猶若師也。師可狎乎？」容甫復摘《三百篇》疑義叩之，沈面赤，不能答。容甫撫掌曰：「詩人固如是乎？」拂衣大笑出。一座驚怍，不知所爲。

得吾罵亦大難

汪容甫饒口辨，好罵當代盛名之人，聆之者輒掩耳疾走。或規之，應曰：「子謂吾喜謾罵人乎？人得吾罵，亦大難。或言吾罵某某不通者，妄耳。彼方苞、袁枚輩，吾豈屑罵之哉！」

肯作詩便是名家

海豐張穆菴映璣，嘗爲兩浙鹽運使。性滑稽，與人談話，輒以諧謔出之。嘉慶丙辰三月，與阮文達公元、秦小峴侍郎瀛、謝方伯啓昆同遊西湖，即席賦詩，張惟默坐他席，笑曰：「公等皆起家科第，自能吟詠。余雖納貲入官，乃亦有句，可求教否？」因朗誦曰：「春來老腿酸於醋，雨後新苔滑似油。」合座稱善。謝語之曰：「君肯作詩，便是名家矣。」

論詩擇地擇人擇時

大興翁覃溪閣學方綱，負儒林重望，文士咸樂就之。一日，與劉芙初、吳蘭雪、李蘭卿同居詩境軒中互坐談詩，忽閽人持柬入報，有客求見，已闖入外廳矣，因聞有客在內談詩，即拂衣逕去，同人皆嘿然。覃溪笑曰：「我數日前，甫聞客談一事，今正可爲諸君述之。杭州湧金門外社廟下多泊漁舟，比有漁人，夜深，聞祠中人語嘈雜，似有人控訴聲。神呵曰：『何物野鬼，敢辱文士？當笞。』又聞剖訴曰：『月明人静，幽魂暫游水次，聊解窮愁。此二癡措大，刺刺論詩，衆皆不解，厭聞引退則有之，未敢觸犯也。』神默然良久，曰：『論詩雅事，亦當擇地擇人，先生休矣。』俄見祠中燐火，絡繹而出，遥聞吃吃笑聲不已。方今青天白日，似不宜有此，諸君若當清夜，則毋寧慎之，免死鬼厭聞也。」蘭雪曰：「誠如是言。則不但擇人擇地，並須擇時。世路愈窄，人多於鬼，可若何？」覃溪曰：「我所言，戲之耳。若吾子所言，則狂奴故態也。夫癡不過招厭，狂則必招忌。人誠多於鬼，吾子既不能超出世路，則無寧慎之，免使鬼笑人也。」

畢不管福死要陳到包

畢沅任兩湖總督時，福寧爲巡撫，陳淮爲布政，三人朋比爲奸。畢性迂緩，不以聽政爲事；福陰刻，廣納苞苴；陳則摘人瑕疵，務使下屬傾囊解橐而後免。時人謡曰：「畢不管，福死要，陳到包。」又言畢如蝙蝠，身不動摇，惟吸所過蟲蟻；福如狼虎，雖人不免；陳如鼠橐，鑽穴蝕物，人不知之，故激成教匪之變。畢死後籍没，陳爲初頤園劾罷，惟福幸免。

嘉慶喫飽

和珅於乾隆朝枋政二十年，嘉慶己未，高宗崩，仁宗賜之死，籍没家産，所得凡值八百兆有奇，悉以輸入内府。時人爲之語曰：「和珅跌倒，嘉慶喫飽。」

旦白室

嘉慶初，南匯有富人某，大治第宅，欲乞名流題齋匾以增重。時吴稷堂省蘭方解組歸，乃介人贈金幣，乞書。吴知其幼嘗爲人奴也，意輕之，爲書「旦白室」三字焉。或叩以何據，且疑爲平旦之氣之别解也。則曰：「君亦知梨園脚本乎？旦之上場，作何聲口？」客大悟。蓋旦每自稱奴家也。

一團和氣

南匯吴白華，名省欽，稷堂之同懷兄弟也，皆躋顯要。當和珅未第時，嘗受業於稷堂。及珅貴，白華藉其力，典試者九，感珅德，遂以師禮事珅。典試之門生皆恥之，蓋須沿俗例稱珅爲太老師也。嘉慶己未，珅敗，白華削職歸，門生有獻畫幅者，所繪爲一團和氣也。

鑽狗洞

嘉慶甲子，車駕幸翰林院，欲令與宴者卽席爲詩。朱文正公奏諸翰林皆蒙賜酒觀戲，恐心分，不能立就，仁宗允之。朱出，語諸翰林曰：「若是日卽席爲詩，諸君能不鑽狗洞乎？」

斯文掃地不孝通天

儀徵阮文達公元爲編修時，遭喪家居。會公宴，與吳穀人祭酒錫麒同座，互論詩詞。祭酒帽忽墮，阮出對云：「吳祭酒脱帽談詩，斯文掃地。」吳應聲曰：「阮太史居喪觀樂，不孝通天。」

能解春秋有幾人

阮文達爲江西巡撫，時胡秉耀奉明裔朱毛裏起事，聞報，亟徵各營會攻，胡被擒。又詷兵至崇義，擒鍾體剛，同黨二十餘人皆論死。臨刑，胡謂劊子曰：「吾以爲一刀舉起，則人頭落地，今乃煩君等數十刀耶？」行刑後數日，有函投阮室，啟視之，胡在獄中所著詩也。詩曰：「能解《春秋》有幾人，漫將劉備作黃巾。讀書怕見東林傳，爲有儒生入貳臣。」「幾多豪傑輔元胡，富貴人生不可無。論古且看明代史，因何文廟貶姚樞。」「南渡詞臣説彦章，筆鋒能抑亦能揚。爲憐未解金人禍，草制徒工殺李綱。」「讀書萬卷桑維翰，五代雄才有幾人。惟向胡兒輕屈節，何如邯邑鐵將軍。」阮閲之，曰：「此人固亦解文字也。」

天下三王本一家

有王某者，居於鄉，家小康，飽食暖衣，自以爲富而未貴也。偶至鎮，過巡檢之署，值其出，弓兵前導，僕從後隨，輒嘖嘖稱羨曰：「是亦大丈夫得志於時者之所爲也。」久之，遂納貲爲從九品，意謂掌銅印，綰墨綬，在指顧間矣。自是而遨遊戚友間，益以門閥自誇，見有堂懸石谷所畫之屏者，則曰：「此家二房叔曾祖也。」有手持夢樓所書之扇者，則曰：「此余未出服之族兄也。」凡王姓之仕宦者，必引爲同宗，聞者皆匿笑之。

未幾而分發江西。一日，班謁方伯，時方伯爲袁柏田，忽謂大衆曰：「僕有俚言，欲贈王君，試爲諸君誦之。」蓋嘲之也。語畢而笑吟曰：「天下三王本一家，任君東扯與西拏。太常山左稱同族，方伯江南號夢華。時江南布政使亦王姓。舍弟粵東貽羽緞，家兄黔口寄團茶。行香若過靈官廟，五百年前叔太爺。」

請上坐泡好茶

揚州之平山堂，有僧主之，阮文達嘗於予告後往游焉。時僧方據紙作楹帖，文達布袍葛履，旁立觀之，僧以爲村叟也，漫呼曰：「坐，具茶。」書罷，叩其姓，文達以告，僧以爲文達之族人也，遽加禮，云：「請坐。」並呼泡茶。坐定，叩何字，文達以實告。僧惶遽失措，拂炕，請上坐，亟令泡好茶。旋以所備紙墨乞文達作書，文達濡毫據案，沉吟曰：「無好聯語。」俄書云：「坐請坐請上坐，茶泡茶泡好茶。」

見龔則聰交龔則闊

阮文達居揚州，有以鄙事相浼者，輒佯作耳聾以避之，獨龔定庵至，必劇談，恆罄日夕，且時周給之。或爲之語曰：「阮公耳聾，見龔則聰；阮公儉嗇，交龔則闊。」阮、龔聞之，皆大笑。

長林豐草禽獸所居

嘉慶某年，翰詹大考，賦題爲「正大光明殿」。試後，有部郎數人小集，偶論及此題之難，而忘其韻脚，方仰首凝思。龔定庵適在座，曰：「吾當憶之。」俄頃則曰：「『長林豐草禽獸所居』八字耳。」

舍弟家兄

武昌某諸生居鄉，好吟詠，有妻有妾，如齊人也，而帷薄不修，鄉人皆恥之。一日，偶詠百韻詩，中有一聯云：「舍弟江南没，家兄塞北亡。」詩成，以呈某名士。某名士愀然曰：「君之家運，何至此乎？」某曰：「實無其事，惟圖對偶工整耳！」乃語之曰：「君何不云：『愛妾眠僧舍，嬌妻宿道房。』既可取悦於妻妾，而又可保全兄弟二人之生命也。」

莫教泉路怨非刑

嘉慶中，那啓泰任黑龍江將軍。屬僚畫稿，例在五更後，那至日高始出視事，抵暮方散，故僚吏日僅得一食。尤喜用酷刑，造大枷，一枷累四五人，笞人每如限，加至四五倍以上，俟其皮肉綻裂，復漬之以鹽。絞囚既決，折其脊使斷，曰：「恐其甦而亡去也。」識者謂此與腰斬何異。時管庫主事西清有口號云：「盛世不聞腰斬律，莫教泉路怨非刑。」那聞之，始稍改。

周全天下事廣積世間財

「周全天下事，廣積世間財」。此嘉慶間山東民謡。緣内務府大臣廣興、左都御史周廷棟奉命往山東審案，廣興黷貨營私，周廷棟爲之隱飾，衆怨繁興，謗書騰播，此十字遂達天聽。讞鞫得實，奉旨，廣興伏法，廷棟屏斥不復用。

易字多一圈

高桐村，名景光，善詼諧。一日，以田産事詣某富室，主人託故不出，高坐書塾以候之。時塾師方教「於緝熙敬止」句，「於」字作本音，高爹戶入，師褦襶無禮，問何事，高曰：「以族人交易去聲。事來。」師曰：「何謂交易？去聲。」曰：「田土往來也。」師曰：「當是交易。入聲。」高曰：「然。先生於『於』字上少一圈，我故於『易』字多一圈以補之。」師自知己教别字，諄囑勿宣，並爲調處其事。

墨卷

制義中有所謂墨派者，腐爛惡劣，有即以墨卷爲題，而作二比文以嘲之者。其文曰：「天地乃宇宙之乾坤，吾心實中懷之在抱，久矣夫，千百年來，已非一日矣。溯往事以追維，曷勿考記載而誦詩書之典籍。元后即帝王之天子，蒼生乃百姓之黎元，庶矣哉，億兆民中，已非一人矣。思入時而用世，曷勿瞻黼座而登廊廟之朝廷。」疊床架屋，的有此病，然僅以句調論，固圓熟無比也。

小試文怪謬

小試文怪謬百出，有引用昧昧我思之，誤作妹妹者，閱者評曰：「哥哥，你錯了。」又有事父母題文，其承題曰：「夫父母，何物也？」閱者評曰：「父，陽物也；母，陰物也。陰陽配合，而乃生此怪物也。」又有雞字題文者，中比曰：「其爲黑雞耶，其爲白雞耶，其爲不黑不白之雞耶？」閱者評其下曰：「蘆花雞。」對比曰：「其爲公雞耶，其爲母雞耶，其爲不公不母之雞耶？」閱者評其下曰：「閹雞。」

嘲童生聯

童試最繁，縣考府考，除正場外，各覆四試，終之以院試，願考經古算學者，則又各考一場，院試不售，已費數十日之光陰矣。或有仿徐茂宗輓妓葬林聯之句調以嘲童生者，聯云：「試問數十天磨折，卻苦誰來？如蠟自煎，如蠶自縛。没奈何學使按臨，曾語人云，我固非枵腹者，不作第二人想也。嗚呼！可以雄矣。憶昔至公堂畔，明遠樓邊，飯夾蒲包，袋攜茶蛋。每遇題牌之下，常勞刻板之謄。昌黎無此文，羲之無此字，太白無此詩。縱教運蹇時乖，拚教滾跌，猶妄想完場酒席，得列前茅。況自家點點圈圈，刪刪改改。」對云：「豈圖兩三次簸翻，竟拋儂去，望魚常杳，望肉常空。料不定禮房寫字，爰爲官計。彼必有衡文者，詎將後幾牌刷耶？噫嘻，殆其截歟！迄今照壁緣慳，轅門路斷，羞貽婢僕，賀鮮親朋。

愁聞更鼓之聲，怕聽報鑼之響。廩生弗能保，書辦弗能求，鎗手弗能殺。或者祖功宗德，尚有留貽，且録將長案姓名，進觀後效。合有個袍袍套套，頂頂靴靴。」

夫子嚇一跳

黄陂武生某，鄉試不第，歸而習文，未幾入泮。其謁聖之日，方行禮，某廩生大唱曰：「武生入文廟，夫子嚇一跳。子路打一躬，咱的門生到。」

茅房未便貼春宫

有賦詩嘲嘉、道間御史者，曰：「昨宵相遇闕門東，數語寒暄又上聰。爲説明朝有封事，茅房未便貼春宫。」蓋是時臺諫相率緘口，即有言者，亦摭拾細故，苟以塞責，與宋時所傳「是何穆若之容，忽覩卷然之狀」者同一笑噱也。

孔子之後有孔明

桐城張文和公之孫若需，以部郎出爲山東濟南府，善譚論。時藩司爲阿某，胸無點墨，好以門閥自矜。一日，於署中演劇，遍招同官歡宴，時演《孔明借箭》，阿笑謂座客曰：「孔子之後，乃有孔明，可見善人自有善報。」衆知其誤，莫敢置對。張獨進曰：「豈獨善人有善報，試觀秦始皇之後，乃有秦檜，豈非惡人亦有惡報乎？」藩司點頭稱是者再。

龜有雌雄總姓烏

道光朝，浙撫有烏姓者，頗注重書院，嘗親自蒞試。院中例供諸生食飯，諸生争食，至於攘奪，烏笑曰：「好一羣老鼠。」未幾，見一紙在公案，取視之，乃一聯，文曰：「鼠無大小皆稱老，龜有雌雄總姓烏。」

畢生事業蓋世功名

烏中丞在浙江，治海塘極勤。而杭人不滿意，爲聯以戲之曰：「畢生事業三書院，蓋世功名一海塘。」三書院者，崇文、敷文、紫陽也。

衆人叫一聲丈人

常熟廩貢生吴某，常以三壻驕人，或爲聯以諷之曰：「乾隆生，嘉慶廩，道光俊秀，此老是三朝元老；鄒七貴，包八富，賀九書香，衆人叫一聲丈人。」吴聞之，愠曰：「止三壻耳，何得云衆！」或曰：「三人成衆，汝知之乎？」

垂老還登少女牀

仁和胡書農學士敬，爲浙江省城崇文書院山長。時監院爲杭州人孝廉王某，其年已大衍，嘗豔西湖岳氏女，託人通辭，竟與昵，遂挾以歸。其家本有二女，並饒姿色，隨監院去者，其姊也。胡乃爲《湖堤曲》，其起句曰：「日暮湖堤萬株柳，仰山樓畔一杯酒。」結句曰：「聞説他家有二喬，小喬更比大喬嬌。勸君好與殷勤護，莫再湖邊放畫橈。」中有句云：「垂老還登少女牀。」蓋王平時頗以端正自命，自言已十數年來，足不登少女之牀，故及之。大吏聞此詩，遽撤監院差。

胡蜂歷亂飛

道光時，杭城諸生有俞少卿名城者，頗有文才，尤工試帖。肄業崇文書院，屢試率不得前列，頗憤憤。時山長爲胡書農，胡偶以「蜂重抱香歸」命題，俞作首二句曰：「爾亦知香臭，胡蜂歷亂飛。」胡見之，甚不悦，謂俞之師黄薌泉珣曰：「此人，汝徒耶？奈何如此！」黄搖首曰：「彼尚以君爲足教，故有此；若我輩，更在彼不屑教誨之列矣。」胡默然。

雞芭狗石

道州何子貞太史紹基嘗幕游浙江，有乞其書者多應之，而恆不作畫。一日，藩司設酒招飲，並盛氣相陵，酒酣耳熱，出丹青鉛筆，舒紙乞其八法。子貞知不可卻，因援筆作芭蕉、石、雞、狗四幅。藩司大悅，以爲有殊榮也，幕僚之同席者，亦力言其畫之超妙。他日，藩司壽其母，以四幅飾花廳壁，方自鳴得意，有某名士進曰：「懸挂之次序誤矣！須雞第一幅，芭蕉第二幅，狗第三幅，石第四幅。」藩司問其故，笑不言，固問之，曰：「意蓋謂雞芭狗石也。」

南省無如卑職者

湖南鄧訓導顯鶴博學能詩，選沅湘耆舊詩集，搜羅文獻頗賅。道光時，卿大夫猶知宏奬風流，鄧交游頗廣，有不㥛者，嘲之曰：「藩司昨日拜區區，頃接中丞片紙書。南省無如卑職者，東齋敢說憲綱乎？一聯春海傳家寶，兩字如山鎮宅符。惟有新來陶太守，揭開手本罵糊塗。」

草雞毛

宗室果益亭侍郎善射，每發矢，無不中羊眼者，鵠的正中一點謂之羊眼，京師語。人因呼之爲果羊眼。一日，宴集，座客有呼果羊眼者，某巨公在座，笑曰：「吾得一對。」衆問之，答曰：「草雞毛耳。」都人呼人之好大言而無實濟者曰草雞毛，某故以是戲果也。

衣之尺寸

道光時，京城内外之成衣匠皆寧波人也。有人持匹帛命其裁翦，匠遂詢主人之性情年紀狀貌，及科第之年份，而獨不言尺寸。其人怪之，匠曰：「少年科第者之性傲，胸必挺，宜前長而後短；老年科第者之心慵，背必傴，宜前短而後長。肥者腰寬，瘦者身仄，性之急者宜衣短，性之緩者宜衣長。至於尺寸，成法也，何必問耶？」

逆不靖威不揚

道光壬寅，英兵入沿海各省，朝廷以奕山爲靖逆將軍，奕經爲揚威將軍，分往廣東、浙江禦之，師久無功。時浙江巡撫劉韻珂部署防守，頗竭謀勞，又令士民獻破敵之策，咸虛心聽受，即不用，亦厚贈焉，時譽歸之。或撰聯云：「逆不靖，威不揚，兩將軍難兄難弟；波未寧，海未定，一中丞憂國憂民。」

糞桶當年真妙計

道光壬寅，粤海戒嚴，果勇侯楊芳爲參贊，懾於英艦之礮利，下令收糞桶及諸穢物爲厭勝計，和議成，不果用。有人作詩嘲之曰：「楊枝無力受南風，參贊如何用此公？糞桶當年施妙計，穢聲長播粤城中。」然楊自有兵略，此亦一時迷信耳。

惡心霸道

楊慶棨字亞伯，家居無行，爲暴於一鄉，道路側目。或作一聯以嘲之曰：「包藏惡心，爲鬼爲蜮；圈成霸道，非人非羊。」蓋以亞字加心則爲惡，伯字圈去聲，讀如霸，而楊之音又與羊同也。

六弔三場

平湖王曉蓮方伯大經未達時，極偃蹇，會試五次，始獲雋，中道光某科進士。後官京師，資用告匱。嘗與數友同游西海，約需用若干，當公攤之。已而游竣，計每人須京錢六弔。六弔者，六千也，合制錢六百文耳。王誤以爲六千文也，遽云：「如此鉅款，實未能應。」或爲對曰：「西海一東慳六弔，南宫五北哭三場。」其扁額曰：「苦來異穡。」平湖方言謂甚苦爲苦來異色，故用其語而書色爲穡以戲之。

聚餓鬼於一堂

道光朝，京師士大夫公讌林文忠公則徐於某所，文忠久不至，衆饑甚，索食頗急。時座客祝蘅畦慶蕃善諧笑，衆因請試説一笑話。祝曰：「亦知沈萬三有聚寶盆乎？」曰：「知之。」曰：「知沈萬三之鄰人乎？」曰：「不知。」曰：「沈萬三之鄰，寠人子也。卒歲，無以爲活，相與謀曰：『吾鄰非沈萬三乎！試以比鄰之誼，借其聚寶盆，片刻，即足吾欲矣。』僉曰：『然。』謀之沈，沈固不肯，强而後可，期以一用即還，不得逾碁。聚寶盆以類爲招，以金銀投盆中，俄頃，滿盆皆金銀矣。推之珊瑚、翡翠，大秦之珠，夜光之璧，皆然。某既攜盆歸，環顧四壁，無可投者，其妻卞急，乃以所抱兒投之。俄頃之間，滿盆皆所抱兒也，呱呱而泣，咸求乳。某頓足歎曰：『本意在求財，乃聚此餓鬼於一堂耶！』

未嘗此味

桐城姚石甫觀察瑩，於道光時官臺灣道，以事爲英人所訴，謫官。至四川，總督寶興見之，卒然問曰：「聞台灣産金，信乎？」意蓋有所求也。姚對曰：「某通籍二十年，未嘗此味。」寶大慚。

三科殿試策如出一手

道光時，泰西文學士某游京師，偶於琉璃廠肆購新科狀元策，譯而讀之，謂中國狀元誠曠世鴻才也。次科購之，則大同小異焉，又次科購之，亦大同小異焉，於是詫絶，謂三科殿試策何以出一手也。

兩字探花

謝夢漁侍御以道光庚戌科一甲三名及第。蓋是年殿試，猶在宣宗賓天百日之內，士子於策中擡寫處，多未留意，謝遇皇上陛下之上，輒加「當今」二字，閲卷大臣以爲得體。初擬以狀頭位之，以書法太劣，置第三，都人呼爲兩字探花。

嘲出題割裂

鮑桂星督學中州，出題割裂，有刻薄子逐題作詩嘲之，盛傳於時。《詠十尺湯》云：「古來慘刻算殷商，炮烙非刑事可傷。不見周文身一丈，也教落去試油湯。」《詠七十里子》云：「没頭没脚信難題，七十提封一望迷。阿伯不知何處去，賸將一子獨孤棲。」《詠穀與魚》云：「秋成到處穀盈堆，又見漁人撒網回。不是池中無别物，恐防現出本身來。」《詠下襲水》云：「真成一片白茫茫，無土水於何處藏。侮聖人言何道理，要他跌落海中央。」《詠寶珠》云：「揀取明珠玉任沈，依然一半是貪心。旁人不曉題何處，都向紅樓夢裏尋。」

你也配

成親王以書鳴乾、嘉、道間，學士謝階樹丐其書《黄庭經》小楷，某都統見之，愛玩不釋手，借觀一日夜還之。越日，以數十金購宋紙，親詣跪求，王頷之，翌日即送至。某都統深喜其神速，展視，仍白紙也。惟紙角有字，細如蠅頭，猝不易辨，諦視之，則「你也配」三字而已。

郎蘇門口號

安吉郎蘇門侍御葆辰好詼諧，初得編修時，有口號云：「未知何日升中允，且喜今年作老編。」久之，迎其眷入都，而家貧不蓄車，其出也，輒步行，有口號云：「有屋三間開宅子，無車兩脚走京官。紅白分金終歲累，春秋俸米舉家歡。」及擢御史，巡城，有口號云：「雖無紅傘巡場闊，也有青衣喝道長。毛竹板高新簇簇，鐵絲燈大亮煌煌。」蓋自諷也。

苟不教

道光壬寅，英人再陷乍浦，以用兵乏餉，開附生捐教例，以濟急需。或有一聯曰：「廩生捐教，增生捐教，附生捐教，苟不教，於今多似蟻；紅鬼要錢，黑鬼要錢，白鬼要錢，非其鬼，到處狠如牛。」

著著著是是是

道光季年，京師有人製聯云：「著、著、著。北音陟牙切。祖宗洪福臣之樂；是、是、是，皇上天恩臣無事。」蓋謂當時之二相國也。扁曰：「如何是好。」蓋二相饒有伴食之風，造膝時絕尠獻替，唯阿容悦而已。

江淮河漢日月星辰

南海某太史初至京師，習官音，一日，宴會中答座客語，有曰「係係」，蓋言是是也。時某京卿在座，戲書一聯贈之曰：「江淮河漢，日月星辰。」某不知其皆歇後語也，大喜，持歸寓廬，揭之於楹。

以所書白楷示之

曾文正官翰林時，亦日書小楷以備考差。適其弟忠襄讀書京邸，一日，有友薦僕至，文正不欲留用，而僕固求不已，文正曰：「此僕殊糾纏，吾竟無術遣之。」忠襄曰：「但以所書白楷示之，彼必恝然舍去也。」文正怒之以目。

險也幾乎又一坍

道、咸間，皖人有俞某某者，嘗官川臬，輒於署中開賭，爲何子貞學使紹基劾去。黄宗漢至粤，逗留於桂林，俞往謁，猶帶翎頂，黄詰之，俞詭對曰：「是兒子誥封。」後粤人知其事，乃爲詩嘲之曰：「御賜花翎孔雀斑，不知無恥又拖翻。　寃家遇着黄宗漢，險也幾乎又一坍。」

京報古文

道、咸間，士大夫猶知好名，有科目者，恥不能古文，往往用八比法雜案牘詞語爲之，時人稱爲京報古文。

磕睡軍機

咸豐時，工部侍郎杜翰在軍機，一日入對，蓋軍機大臣每以一人領班，跪頭墊，備顧問，餘惟俯伏於後也，杜班居第四。時值吏部缺人，文宗曰：「杜翰轉左。」是時杜應謝恩，而已熟睡，同列推之，良久始覺。時人謂之磕睡軍機。

部院難爲爲掌院

咸豐朝，無錫鄒壯節公鳴鶴初授廣西桂林知府，洊擢巡撫，以粤寇之亂罷歸。掌教東林書院，偶因細故，與諸生齟齬。某日，忽見廳事題一聯云：「部院難爲爲掌院，桂林不守守東林。」鄒曰：「是不可一日居矣。」遂出而從戎。後殉難，賜謚壯節，並開復原官，人謂爲諸生一激之力也。

今之所謂良臣

文宗御書「清正良臣」四字賜陳某某，時某大臣適爲上面責，玉音有「卑鄙無恥」語。京中傳一聯云：「卑鄙無恥，人不可以無恥；清正良臣，今之所謂良臣。」

武岡可是五缸州

咸豐時，雲夢許秋巖尚書兆椿以侍郎督學粤東，改授漕督。道出長沙，邑令某主供應，爲營辦儀仗，於官銜牌誤書漕作糟，作詩戲之云：「平生不作醉鄉侯，況復星馳速置郵。豈有尚書兼麴部，漫勞明府作糟邱。讀書字要分魚豕，過客風原是馬牛。聞説頭銜已遷轉，武岡可是五缸州。」蓋兵部尚書爲漕督兼銜也。

劉位坦三位令坦

貴筑黄子壽方伯彭年之夫人爲大興劉寛夫侍御位坦女。劉有三壻，皆以年字命名，而劉嘗自誇其壻之美，時人爲之語云：「劉位坦三位令坦，喬松年、吴福年、黄彭年，劉家女待年而字。」或對云：「潘世恩累世承恩，癸丑科、乙丑科、辛丑科，潘氏子逢丑成名。」潘爲乾隆癸丑狀元，咸豐癸丑重宴瓊林，其孫祖蔭同欽賜舉人，是歲，祖蔭復以探花及第，蓋三逢癸丑也。而其弟世璜以嘉慶乙丑登第，其子曾瑩爲咸豐辛丑進士，故對語云爾。

避秦何處好

咸豐癸丑，粤寇洪秀全據江寧，嘗於鍾山試士，詩題爲「四海之内有東王」得王字，五言八韻。某生卷有「膽爲紅巾破，愁隨黑髮長。傷心憐姊妹，含淚别爺娘。殺賊全憑向，殃民總是楊。避秦何處好，搔首對斜陽」等句。秀全大怒，命僇之。又有獻以聯者，文曰：「一統江山四十二里半，滿朝文武三百六行頭。」

明中秋月暗

洪秀全據江寧時，有郭鎬者，皖之貢生也，被執，遂降之。時洪以八月三十日爲中秋節，郭撰一聯，爲榜於門，云：「明中秋月暗，暗中秋月明，好教我不明不暗。」翌日有人投以下聯云：「長頭髮日短，短頭髮日長，試問你誰短誰長。」

長毛去後短毛來

粵寇之亂，富民窖金於室，及歸，而金已無存。或戲作詩云：「兵戈離亂亦天災，私喜回家有暗財。駭問何人開地窖，長毛去後短毛來。」

不殺長毛殺扁毛

捻匪之亂，某鎮軍防守淮西，大搜民間雞鴨，以供饌餚。或戲作詩云：「風捲塵沙戰氣高，窮民香火拜弓刀。將軍別有如山令，不殺長毛殺扁毛。」

擊退風雲雷電

咸豐間，蘇州大旱，官吏祈雨於玄妙觀，半月無效。一日，官吏將返署，忽見壇前懸一聯云：「妖道淫僧，一靈牌擊退風雲雷電；貪官污吏，九叩首祈來日月星辰。」

人不如鳥

咸豐丙辰，粵寇三陷揚州，是時居民鑒於前二次郡城之失陷，不得食，餓死者衆，聞寇至，相率出城，不敢少留。某翁服務鹺局，家小康，先一日，送其眷避於鄉，已又返里，摒擋細軟，遍揭霤下瓦溝，藏白鏹無數。翁平素好畜籠鳥，若百靈，若畫眉，若竹葉青等，咸馴而善鳴，愛之如拱璧。至是，將往避難，回顧諸禽，益戀戀不能捨，籌畫至再，乃棄其劣者，擇佳禽而寘諸衷衣之間。然倉皇出門，行動多不便，以禽在衣中鳴，不得寧也，遇小寇，呵詰所從來，翁託他辭以對。或察其舉動倉皇，疑爲妖，妖者，寇所加官吏之徽號也。詰益急，翁堅不肯吐，恐告寇以實，凡此佳禽將爲所刦也。大怒，搏翁，持其脛而裂之。尸分爲二，禽乃飛去，寇顧而大笑。顧某聞而譏之曰：「是真人不如鳥也，人之不可以有嗜好也，有如是乎！」

青瞎子

長白青墨卿麐督學江蘇，某製聯嘲之云：「白旗丁偏心真可怕，青瞎子無目不成睛。」然此非實録，青之鑒衡文字殊允也。

不作學政真可惜

漢陽葉名琛以大學士出爲兩廣總督，善書畫，工詩。咸豐丁巳，英兵入粤，擄葉以去，粤中人士製樂府三章以刺之。其一云：「葉中堂，告官吏，十五日，必無事，點兵調勇無庸議。十三敵礮來攻城，十四城破無礮聲，十五無事靈不靈。識詩耶，乩筆耶，占卦耶，擇日耶。」其二云：「敵礮打城破，中堂書院坐。忽然雙淚垂，廣東人誤我。廣東人誤誠有之，中堂此語無可疑。請問廣東之人千百萬，貽誤中堂是阿誰？」其三云：「敵船敵礮環珠江，鄉紳翰林謁中堂。中堂口不道時事，但講算學聲琅琅。四元玉鑑精妙極，今時文士幾人識。中堂本有學問人，不作學政真可惜。」葉有《鎮海樓題壁》之作，傳誦一時，然忍心誤國，詩雖佳，不足道也。詩云：「鎮海樓頭月色寒，將星翻作客星單。空言一范軍中有，其奈諸公壁上觀。向戍何心求免死，蘇卿無恙勸加餐。近聞日繪丹青像，恨態愁容下筆難。零丁南去歎無家，鶴訊猶傳節度衙。海外難尋高士粟，斗邊真泛使臣槎。心驚躍虎波濤闊，望斷慈烏日影斜。惟有春風依舊返，女牆紅徧木棉花。」身在囚虜，而以使節自命，廉恥之淪喪甚矣。或謂其侍者指海水言曰：「此水甚清。」葉皇然他顧而已。

相臣度量疆臣抱負

葉名琛既爲英人挾之至香港，猶日作書畫以應英人之請，從者勸勿署姓名，乃題「海上蘇武」四字於末。咸豐戊午二月，展轉至印度之孟加拉，居鎮海樓上，猶日誦《呂祖經》，不廢吟詠。己未三月，病卒。英人歸其匱及所作詩。讀其詩者輒憾其玩敵誤國也，爲之語曰："不戰不和，不守不死，不降不走；相臣度量，疆臣抱負，古之所無，今之所有。"

以紅樓夢水滸喻官民

胡文忠公嘗曰："本朝官僚全以《紅樓夢》一書爲祕本，故一入仕途，即鑽營擠軋，無所不至。而草野又全以《水滸傳》爲師資，故滿口英雄好漢，而所謂奇謀秘策者，無不粗鹵可笑。"

左俯

左文襄嘗爲曾文正所保薦，曾給以一札，有"右仰"字樣。左微哂曰："彼寫右仰，豈將令我左俯乎？"嫌隙由是而生，其後竟如水火。

貂不足豕而啼

咸豐朝，湖北候補府續立人充省城保甲總局會辦，爲政嚴厲。一日出門，見肩輿中忽揭有一聯，其辭曰："尊姓原來貂不足，大名倒轉豕而啼。"上句用貂不足狗尾續，下句用豕人立而啼也。續大怒，告之鄂督胡文忠。文忠亦以此風萬不可長，札飭首府縣嚴拿重懲。越日，續又謁文忠，文忠一見，即拱手道歉，謂：「此聯乃某所戲撰者。彼有此美才，而令沉淪於下，是吾過也。已令其入幕爲上客矣。」蓋文忠愛其語雋，以物色得之也，續乃不敢贅一辭。

道旁苦李

平江李元度，字次青，事曾文正。咸豐庚申，粤寇擾浙，李領偏師與戰於衢州，大敗，亡六七千人，文正劾之，並自請議處。軍中有作聯額以誚之者，聯曰：「士不忘喪其元，公胡爲改其度。」額曰「道旁苦李。」

譏京師各署之事簡

京師各部院有公事至簡者，堂司各官，惟日一到署，小坐而已。或投一聯嘲之云：「大人套車，中堂請轎；京師與人工資甚昂，若大拜，則以體制所在，不得不坐轎矣。茶房開飯，蘇拉滿語在官人役也。倒茶。斟茶於杯，京諺謂之倒茶，蓋自壺傾出之也。」

轎夫比京官

京諺，以轎夫喻四種京官，前一爲軍機，揚眉吐氣；前二爲御史，不敢放屁；後一爲翰林，昏天黑地；後二爲部曹，全無主意。范叔度鏊由庶常改刑部，入軍機，擢御史，人戲稱爲四夫先生。

尊寵亦古色古香

王壬秋，名闓運，卽湘綺老人。咸豐中，客粤撫幕，納粤女爲妾，名大崽，寵愛逾恆。一日，設筵宴客，席間極論文章之弊，拊几興歎，謂書須讀秦漢上，六朝以往，等諸自鄶。旋呼大崽出謁座客，既黑且醜。一客乃拱手賀之曰：「高論良當，誠春風時雨之化也。卽尊寵亦古色古香，不屑屑作六朝標格矣。」王不知其誚己也，愕眙問故。客曰：「世寧有如此之六朝金粉耶！」一座大噱。然大崽善爲清歌，每當花陰月午，歌一聲月子彎彎，不啻白石道人雪夜泛舟垂虹橋下，小紅低唱我吹簫也。

槖駝老鴉

同治以前，京師士大夫嘗目翰林爲槖駝，譏其臃腫緩步也；科道爲老鴉，譏其發聲不祥也。

富貴威武貧賤

或以富貴威武貧賤擬六部，吏曰貴，户曰富，禮曰貧，兵曰武，刑曰威，工曰賤。

作官如唱戲

外省文武屬官見上司必遞手版，然宜於叩頭而起之時，出之袖中，屈一膝以呈。某生者，揚州賈人子也，以監生捐納縣丞，分發江西。初到省，例應先見上司，生不知呈遞手版之儀式，卽詢其友某。某曰：「君亦曾看戲乎？作官如唱戲也。呈手版時，將手版放開，如天官賜福狀，便得矣。」生謹識其言。見上司時，卽如某所教，上司怪問其故。生曰：「此友人所教也。」上司曰：「爾爲所欺矣！今有署缺，卽以與爾，因爾尚能讀古人書，忠厚老實，肯聽人話也。」生大喜而去。

爾狗官

何某需次直隸，權保定府事，公暇，輒召伶人至署演劇。一日，演《司馬搜宫》齣，正在形容之際，不覺氣憤，命人將扮演之伶拿下，責以欺君之罪，呵令跪。伶本滑稽，思有以報，遂大摇大擺大聲而疾呼曰：「爾狗官，好混帳，大都督豈能跪四品黄堂！」

贈知縣知府聯

有戲贈知縣聯云：「下官拚萬個頭，向上司磕去；爾等把一生血，待本縣絞來。」贈知府云：「見州縣則吐氣，見道臬則低眉，見督撫大人茶話須臾，只解得説幾個是是是；有差役爲爪牙，有書吏爲羽翼，有地方紳董袖金贈賄，不覺的笑一聲呵呵呵。」

嫌少嫌小嫌老

某縣令年老，初蒞任，即大書縣治之前曰：「三不要。」下注一不要錢，二不要官，三不要命。次日視之，則每行下已各添二字，不要錢下曰嫌少，不要官下曰嫌小，不要命下曰嫌老。

愛民猶子執法如山

某縣署大堂有榜「愛民猶子執法如山」八字者，而某頗貪黷，遂有續其下者曰：「愛民猶子，牛羊父母，倉廩父母，供爲子職而已矣；執法如山，寶藏興焉，貨財殖焉，是豈山之性也哉。」

首縣十字令

昔人言附郭縣令之不可爲，有「前生不善，今生爲縣。前生作惡，知縣附郭。惡貫滿盈，附郭省城」之謡，此語已膾炙人口。後有人作首縣十字令者，一曰紅，二曰圓融，三曰路路通，四曰認識古董，五曰不怕大虧空，六曰圍棋馬吊中中，七曰梨園子弟殷勤奉，八曰衣服齊整言語從容，九曰主恩憲德滿口常稱頌，十曰座上客常滿樽中酒不空。

典史十字令

各縣典史一缺爲流外官，爲未入流，然往往有擅作威福者。或爲之作十字令云：「一命之榮稱得，二片竹板拖得，三十俸銀領得，四鄉地保傳得，五下嘴巴打得，六角文書發得，七品堂官靠得，八字衙門開得，九品補服借得，十分高興不得。」

一牛獨坐看文章

浙江學使某頗苛刻，按試杭州，例在暑日，蓋浙學出巡各郡，輒回省歇夏也。學使欲杜槍替，乃令以紙條黏考生之首，使其著案，不得交頭接耳。及題紙下，詩題爲「萬馬無聲聽號令」，一生忽拍案大聲呼曰：「此題出處大奇，諸君亦知其下句乎？」諸生大驚曰：「不知。」又大聲曰：「下句爲『一牛獨坐看文章。』」諸生狂笑，一時紙條盡斷，杜亦不能究矣。

滕文公晉封王爵

某科會試第三題「民事不可緩也」，會元卷内有「臣請爲王言之」一語。數日後，會元赴某戲園觀劇，忽見戲目大書「某日准演滕文公晉封王爵」，心異之，良久，始悟其卷中有是語也。急叩園主，詢爲某伶所書，次日贈以百金，屬寢其事。

紅黑章京

軍機處之司員曰章京，而俗諺於人之負時名者目之曰紅，反是則爲黑，有好事者嘗作紅章京口號曰：「流水是車龍是馬，主人如虎僕如狐。昂然直到軍機處，笑問中堂到也無。」黑章京口號曰：「箯箕作車驢作馬，主人如鼠僕如豬。悄然溜到軍機處，低問中堂到也無。」

不可陽得

咸、同間，丁文誠公葆楨督蜀時，延湘潭王壬秋主講尊經書院。資陽某生解經，釋「陽」字義曰「陽」與「多」通。壬秋批云：「陽與多通，則資陽可作資多。資多有此人才，不可陽得矣。」

配服之至

咸、同間，鹽城孫某以鄉團功保縣丞，發安徽，挾吳清惠公書投喬勤愨公，喬留之軍中供奔走。孫自謂工詩，聞代州馮志沂有文名，挾一卷就正。及揭視，馮不覺大笑，蓋其詩有「札飭軍功加六品，借印申詳記宿州」等句，如此甚夥。馮曰：「彼強我題，何以落筆？」既而曰：「有之矣！」遂書曰：「讀大著武體投地，配服之至。」衆皆大笑，蓋故作別字以諷之也。

奮到黃巖亦怪哉

會稽趙之謙，字撝叔，一字益甫，多才多藝，於金石書畫詞章篆刻，靡不精妙。傲岸自喜，雅善詼諧，玩世不恭，輒藉書畫以寄諷。某年，客黃巖縣署，閱書院試卷，文中用「奮」字者，輒寫作「⿱奞臼」，屢戒不悛，乃書七律於卷端以諷之。詩云：「奮到黃巖亦怪哉，將田換個臼拿回。豈從佃父收租後，或是工人春米來。送舅須防男變臉，養兒防是鬼成胎。畜生下體雖無恙，日久終須要鑿開。」

錢猢猻

趙撝叔赴省試，同寓數人，中有錢儈之子焉。儈性喜詼諧，數以視其子至寓，不知趙之利口也，時出言嘲之，趙唯唯而已。越人呼錢儈爲錢猢猻，則以猢猻好弄，終日不休息，錢儈持籌握算，盤剝重利，亦終日不休息也。一日，儈又嘲趙，趙不能忍，乃隨口胡謅而徐語之曰：「當孔子乘桴浮海之翌日，玉皇方大宴諸神，忽有急足上報曰：『孔子遇難，甚於陳、蔡之厄。』玉皇大驚，曰：『是亟當拯之。』詢遇難何地，急足以海中對。時龍王亦與宴，謂臣往救之，起奏而出。至，則孔子方爲劉海蟾所窘，龍王叱之曰『爾錢猢猻也，何不自量若此。人以金錢付汝，既擁有黃白，得溉餘澤，足矣，何得妄有希冀，欲厠身士林耶？天下無恥之徒，誠莫汝若，不速退，將罰汝世世爲龜矣』。劉海蟾聞言，大慚而竄，孔子乃免。」

藏書買山

趙撝叔以知縣需次江右，有同僚某不識字，以采辦皇木致富。一日，丐其書聯，乃寫「藏書萬卷可教子，買山十里都種松」二句以畀之。上句譏其不識字，下句譏其采辦皇木致富也。

立此存照

趙撝叔大令需次江右，有候補道以《禮服寫真圖》乞題。則題曰：「孔雀其翎，紅頂其帽，恐後無憑，立此存照。」

相公遇著兵

咸、同間，道州何子貞太史紹基書法冠絶一時，晚年名益高，顧傲睨不羣，又性好諧謔。時值粵寇難作，湖湘人士率子弟轉戰，故軍功多出於楚南，一時有「紅頂花翎大船載過洞庭湖」之語，非過言也。湘人之有識者，皆引以爲恥，何尤鄙夷之，凡自戎馬中來者，皆直呼以湘勇，即於曾文正、胡文正、彭剛直、左文襄亦無不勇之者。一日，與彭同讌於侍郎郭崑燾家，酒酣，以某事互争，彭齗齗不少讓，何憤然曰：「而勇也，何知乎！」彭怒，推案起，拔刀以擬之，曰：「里語云：『相公遇着兵，有禮講不清。』吾，勇也，今日必殺相公。」何駭然，急出席走避。彭逐之，幾及，崑燾力解之，始止不追，徐徐收刃而笑曰：「聊以試先生膽耳！豈有宫太保而殺山長老師者！」時彭以巡閲長江大臣晉宫銜，意得甚，自鐫一小章曰「青宫太保」。何掌教南城書院。然何已汗被於顙，吼作牛鳴，面無人色，自是亦不敢呼以湘勇矣。𠥏兜中人爲之稱快不置。

此水頗好

咸豐庚申閏三月，金陵大營潰，張國樑與粵寇戰而死，和春自殺，總督何桂清棄常州而走，時總督駐常州。民留之不得。至蘇，巡撫徐有壬閉城不納，至常熟，常熟之民餽金數千，促之行，遂奔上海。朝旨褫職逮問，而遷延兩年，竟不就道，給事中郭祥瑞、御史卞寶第交章劾之。同治壬戌，遂逮入京，下刑部獄，以失守封疆論死。相傳何就逮時，有老僕一人從，何以朝中黨援衆，尚洋洋自若，而老僕則已決其不能免，屢勸以乘間自盡，何不從。一日，行抵某處，距京祗一二日程，道旁有水一泓，甚清冽，僕指而謂之曰：「此水頗好，得毋欲濯足乎？」意蓋諷令死於此也。何不悟，卒伏法。

香櫞

無錫華海初，名文匯，與會稽趙撝叔相識。一日，以紈扇乞畫於撝叔，撝叔爲其繪香櫞二，題曰：「香了又香，圓了又圓，隨緣樂助，畫個香櫞。」蓋以鄉愿譏之也。

一步登天

咸、同之際，捐例大開，稍有餘貲者，莫不捐納一官，誇耀鄉里，時人有官吏多如螘之詩，蓋紀實也。潘中丞某以商賈起家，納粟得巡檢，署廣東某缺，獲貲鉅萬，乃改道員，指貴州，尋護臬篆，不數年而竟黔撫矣。鄉試，例須巡撫監臨，潘方赴闈，見門側一聯云：「巡檢作巡撫，一步登天；監生當監臨，斯文掃地。」

冠禽衣獸

粵寇擾贛，曾文正公與戰不利，困於鄱陽湖，計無所出，大營前酒家門柱忽有一紙，上揭「出賣奇計」四字，左右報文正，探之，則某生所爲，文正喜，亟命延入。某好爲大言，語皆誕，文正姑容之，自是，恒出入於大營。一日，文武官吏以文正壽誕，皆具衣冠入賀，某與焉。既至，伏地大呼曰：「謹賀大帥冠禽衣獸。」賓僚大駭。某徐言曰：「大帥戴雙眼花翎，非冠禽乎？穿貂褂，非衣獸乎？」文正怒，命責軍棍二百下，縶之於營門。幕僚某好滑稽，因援筆書「冠禽衣獸」四字於其面，並疏之云：「冠禽者，老鴉藪也。衣獸者，犢鼻褌也。」

三代爲趙大錢二孫三

同治初，瓜洲總兵某以末卒遞保至總兵。一日，某參戎欲與聯盟，結爲異姓兄弟，先以帖至，總兵立囑帳房，依式購辦，令幕友爲之寫。幕友請示三代之名，總兵大怒，謂如此無用，連三代不能寫，也作書記，可卽襆被歸。因遍語同僚，介紹一能者。適某處有一人閒住，急薦之，入署，卽寫盟帖。某知書記被逐事，乃以趙大、錢二、孫三作爲總兵之曾祖、祖父，一揮而就。總兵稱賞，遇某同僚，道謝不置。

夏徵舒爲君家何人

太原夏某賈於陝，致富矣，思得一官以誇耀儕輩，乃於同治初，納粟爲陝西候補令。既稟到，將衙參，慮有隕越也，聘一友爲顧問。某日到省，至撫署官廳，衆見其舉止動作而竊笑之。時長安令爲四川唐李杜，善滑稽。唐突揖之，詢其姓，則對曰：「夏。」唐又肅容問之曰：「夏徵舒爲君家何人？」夏心目中以爲是必貴顯者，乃曰：「是先祖也。」事畢歸，具以告其友。友曰：「休矣！夏徵舒乃龜子子，君何引爲貴胄？」夏大怒。翌日，又銜參，復遇唐，卽揪其領而詈之，曰：「汝何詈我爲龜子子？」拉之見巡撫。至二堂，文巡捕具以狀入禀　時巡撫爲曾望顏，命傳二人入。曾問唐，唐曰：「可問夏令。」乃問夏，夏以昨所問答縷述之，而夏徵舒之徵字，言時不明晰。曾大笑，斥之出，卽懸一牌示，謂識字太少，難膺民社，著仍回籍讀書。

土匪名士

曾文正公督兩江時，人才薈萃。有何太史者，記問極博，下筆千言，而無理法，曾嘗稱之爲土匪名士。

舟行遇風之叫罵

曾文正之移軍安慶也，沈文肅方爲贛撫，約以贛之釐金供其月餉，贛有事，則出師援之。既而粵寇叢集於贛，文正軍益東，文肅懼援兵不卽至也，疏請截留釐金，將自募兵，得俞旨。文正愠甚，謂文肅賣己，文肅貽書引咎自責，不答。其後文正督兩江，陳右銘中丞見文正，從容言曰：「舟行遇風，柁者篙者槳者，頓足叫罵，雖父子兄弟，若不相容。須臾風定舟泊，置酒慰勞，歡若平生。甚矣，小人喜怒之無常也。」文正曰：「不然，向之頓足叫駡者，懼舟之覆，非有私焉。舟泊復好，又何疑耶？」陳曰：「然則曩者公與沈公之事，亦懼兩江之覆焉耳。今兩江定矣，而兩公之意不釋，豈所見出舟人下哉？」文正大笑，卽日手書致文肅，謝過焉。

官場與詞場互爭

薛慰農太守時雨掌教金陵書院，偶作《白門新柳記》，述秦淮之近事，續舊院之叢談，蓋亦《畫舫録》、《板橋記》之例也。風流韻事，本無關政要。時議禁樂籍，當事爲李雨亭，以此書爲禍魁，爰劈其板，且於書院扃試之時，各致譏彈，一則曰勸農詞，一則曰喜雨亭記，於是反脣不相下。白門士人撰有楹聯以記之，其聯曰：「喜雨亭記，勸農夫詞，官場與詞場，互肆譏評果誰是？绛帳生徒，白門楊柳，風流本儒雅，偶然遊戲亦何妨？」

螬食尚留井上果

李申甫布政湖南時，有梅姓官頗見信用，或戲爲聯云：「螬食尚留井上果，鴞聲啼殺墓門花。」台諫摭入彈章，遂免官。

螬食實者過半

萊陽李明經蕚嘗於某日訪某塾師，師傲不爲禮。李憤甚，見其瞽一目，睛突出如李，遂爲作一破承云：「請問其目，螬食實者過半矣。夫存乎人者，莫良於眸子，惡得有其一以慢其二哉？」

命題託諷

黄漱蘭侍郎體芳督學江蘇，命題匪夷所思，録遺時，貢、監照例同場。貢題爲「有成德者」，監題爲「有達財者」。嘗有三縣童生合考，黄命題曰「有李，國人皆曰可殺」，指李文忠也；曰「以左，是社稷之臣也」，指左文襄也；曰「老彭，吾無間然矣」，指彭剛直也。是可謂託諷於微矣。

鼈縣

府試慣例，頭二三場分縣攷試，洎終覆，方合各縣童生於一棚而攷之。光緒中葉，有某郡守於終覆時，以黿鼉蛟龍魚鼈命題，六縣各作一字。首縣童生某問隣號生曰：「鼈字出在何縣？」某應之曰：「在別縣。」因某縣文風甚劣，又係下縣，當作鼈字。自後，人遂呼某縣爲鼈縣矣。

長其長才不才

粵寇之亂，合肥某公以諸生隨營效力，累得優保，仕至江蘇巡撫。時學政丁艱，照例兼攝學篆。一日，招紫陽、正誼兩書院山長宴飲，以争坐位，各不相下。有人戲就此二事成一聯云：「山長駡山長，正誼山長，紫陽山長，人各長其長；秀才考秀才，廬州秀才，蘇州秀才，未知才不才。」

能不用心

南皮張文達公之萬年已耆耄，而神氣無殊少年，恭王問之曰：「君何修而得此？」張曰：「吾無他術，獨能不用心耳。」恭王曰：「君真大能，爵位至高而能不用心，誠難得也。」

腹中滿貯稀粥

張文達最愛演戲，有僧虛舟者，日在邸中，爲戲提調，甚寵暱。劉趕三譃之曰：「有一僧死，見閻羅王，王斥其戒律不嚴。僧極陳守戒清苦，可請驗。王命剖視其腹，則滿貯清菜豆腐也。繼一尼至，王斥如前。尼亦力辨，且引僧爲例。王又命剖視，則滿貯稀粥而已。」蓋北音稀粥，音近虛舟也。後被言官彈劾，逐虛舟出都。

戲提調

京師梨園最盛，公宴慶祝，别有演劇之所，名曰戲莊，將有事，擇能肆應者一人司其事，曰戲提調。

或作《戲提調歌》云：「衆賓皆散我不散，來手班中管事之目。未到我已到。巍然獨踞下場門，赫赫新銜戲提調。定席要便宜，點戲誇精妙，怒目看官人，是日必向司坊中借二三執鞭者在門前彈壓，名曰官人，又曰小馬。輭語磨車轎。老師及各堂官車轎夫飯錢最難開銷，且易得罪，故須磨以輭語。偏索前年舊戲單，爛熟胸中新堂號。京師旦脚曰相公，所居之寓曰某堂。知其堂知其人，始能點其戲。大蠟新試三枝頭，曰受熱，曰坐蠟者，皆京師俗呼爲難者之別名。此語有雙關之意。靴頁偶裝幾千弔。京官多窮，故曰偶裝，亦見其所費不菲矣。小香到，提調笑，喜祿病，提調跳。鎖得長庚跟兎，暫向櫃前存，待到半夜三更，自己轉灣仍放掉。吁嗟乎，三更曲罷尤可憐，昏花二目飢腸穿。左有牙笏右掌櫃，小馬紛來滿堂前。堂前燈火全不見，陰森疑到閻羅殿。此時提調錦囊空，只餘三字明天算。」

等老也而多寡分焉矣

京伶謔詞，有令人解頤者。同治乙丑會試題爲「上老老而民興孝」，第三人某文中有「天子有老，庶人亦有老。天子之老，聚於一堂；庶人之老，散於四境。等老也，而多寡分焉矣」諸語。闈墨出，都人爲之譁然。會新進士宴總裁、同考官於文昌館，優人飾耆老數人相見，各問訊年齒，有云九十者，有云八十者，有云七十、六十者。一人曰：「吾輩皆老矣！」又一人曰：「雖皆老，然甲之齒多於乙，乙又多於丙，丙又多於丁、戊，不能一律以老概之。」又一人則恍然點首曰：「等老也，而多寡分焉矣。」聽者鬨堂。四總裁及本房同考官皆恧然，未終席而去。

丞相登壇亦快哉

曾文正之督直隸也，因法教士豐大業一案，以天津守令遣戍，頗不滿於衆望，湘籍京官聯名致書詆譏，並將湖南全省會館中所有文正科第官階扁額悉數除之，文正鬱鬱無如何。及調任兩江，與知交書，有「内疚神明，外慙清議」語。同治壬申，值六旬壽誕，方演劇稱觴，忽遞到一封口文書，亟拆閱之，僅詩一首云：「笙歌鼎沸壽筵開，丞相登壇亦快哉。誰念黑龍江畔路，漫天風雪逐人來。」文正亦不究所從來，亟納之袖以入，自是目疾增劇，俄薨於位。

老兄手段何如

李某某提督江南，威權頗重。其幼時嘗執圬人業，以憚於作苦，舍鏝而嬉，爲其師所逐。及粤寇擾湖南北，乃投營効力，其後削平大難，遂至專閫。一日，讌彭剛直，剛直見其廳事間粉飾精工，極口譽匠人之巧。李方謙遜，剛直曰：「不知老兄手段，較此何如？」李默然。

横卻心腸

蘇州顧子山觀察文彬，居官有能聲。仕至浙江寧紹台道，旋以老疾告歸。歸後，於所居築園亭，結構精雅，極幽閒之致，顏之曰怡園。有輕薄子誚之曰：「彼築此園之金錢，乃横却心腸做寧紹台道得來者，故以竪心立于台字之旁，所以誌也。」

北人不知南事

麟某嘗以翰林充國史館纂修，時年甫踰冠。一日，校羅澤南、劉蓉等列傳，忽拍案而言曰：「羅以一教官而保實缺道，並以布政使記名，死且請謚；劉亦僅候選知縣耳，乃賞三品銜署布政使。外省保舉之濫，竟至是耶！」惲彥彬時與同座，起而密詔之曰：「彼等皆百戰功臣，其時若無湘、淮軍，吾輩亦安有今日耶？」麟曰：「百戰何事？天下太平，當與誰戰？湘、淮軍者，以何將軍帥之耶？」惲曰：「蓋與太平戰耳，君豈未知東南各省大亂十餘年，失去數百城耶？」麟大愕曰：「北方安靖若是，老前輩所謂與太平戰者，此言尤難索解。」惲曰：「粵寇洪秀全起事，自稱太平天國，君不知耶？」麟曰：「晚生今僅二十餘歲，賊之事，何能知之！」惲曰：「君北人，宜不知南方之事也。」

風魔了張解元

張文襄公之洞以鄉榜第一人捷南宫，好事者製爲燈謎，射六才子一句，曰：「風魔了張解元。」

魔王

磨勘之例，乾隆己卯始嚴。時磨勘官宫太僕焕文、閻侍御循琦、朱侍御丕烈、朱侍御嵇盡心細核，指摘較多，世以爲魔王，蓋借魔作磨也。同治癸酉，粱京卿僧寶充小磨勘，爬剔極嚴，主司房考多獲譴，人亦呼粱曰魔王。至不安其位，乞病去。

文人吸鴉片構腹稿

馬平王定甫通政拯負時名，惟以吸食鴉片爲一生之玷，此外尚有吴墨井、黎二樵及近今姓名顯著膾炙人口之諸人，亦皆博學而有此嗜好。或云學者終日伏案，疲勞已甚，假此小憩，可卧而搆腹稿也，較之嫖賭徵逐，固勝一籌。且孝欽后以吸福壽膏著稱於時，上有好者，下必甚焉。諸人皆挂名仕籍，宜其爾爾。又鴉片産於英屬印度，爲文明之英人販運來華，此亦文明空氣，宜爲文明人所飽吸也。

公門爲煙窟

鴉片盛行，官署上下幾於無人不吸，公門之中，幾成煙窟。有人仿唐詩一首曰：「一進二三堂，牀鋪四五張。煙燈六七盞，八九十枝鎗。」

百年有盡先拚命

錢塘徐印香舍人恩綬性方正，於博弈煙酒，痛惡深嫉。尤恨鴉片，嘗有詩諷吸煙者，詩云：「瓊簫錦瑟並橫陳，玉琢金裝製作新。到口便醫心上病，行雲頻見掌中身。百年有盡先拚命，寸鐵無鋒慣殺人。

怪底一燈青似豆，夜深風雨化陰燐。」

可憐迎鳳德何衰

鄞縣陳魚門觀察政鑰居甬城迎鳳橋，慷慨好交游，座客常滿，以是多逋負。其族人有悲之者，及卒，輓以聯云：「魚鼈無靈，滿志成龍才未逮；門楣已倒，可憐迎鳳德何衰。」

不甘跪拜

湘潭王壬秋闓運初舉於鄉，赴試春官，車行，見京闕矣，忽洒涕迴車。後亦嘗入禮闈，偶語人曰：「我若會殿，必許狀頭。但光緒帝年太幼，引見時之跪拜，心有不甘耳。」

鮑癩狗

奉節鮑武襄公超，身有癬痂，敗膚屑粒恒墮地，而略不顧。嘗侍宴於曾文正，文正酒酣，嘗述郭橐駝事，陰以調之。鮑直曰：「今有鮑癩狗，庶可與古人作對耳！」文正爲之粲然。蓋其時軍中羣以癩狗呼鮑也。

子宮

華、仕宦家宅之大門，必有一匾，顯貴者，如宫保第、大學士第、尚書第、總督第、中丞第等，恒以直匾書之。次者，如方伯第、觀察第、大夫第等，恒以横匾書之。鮑武襄以行伍起家，官至湖北提督，錫封一等子。嘗於里中建築邸第，及落成，將揭一匾，門客咸謂爵列五等，卽爲古之諸侯，諸侯所居曰宫，不必稱第，宜稱宫。而宫之上有數字，頗難著筆，方擬議間，一客忽曰：「可直書『子宫』二字，其他官秩，可括之矣。」遂命匠製匾。匾成，將懸之，有黠者見而大笑，語客曰：「『子宫』二字之釋義，果如何者？」於是衆大悟，乃止。

飛牒捉鴛鴦

自經粤寇之亂，江寧省城荒廢，秦淮一水，無復簫鼓畫船之盛，曾文正公國藩亟命興之，以規復昇平景象。後其弟忠襄公國荃繼爲兩江總督，下禁娼令，薛慰農方在江寧，貽以詩云：「六朝金粉久荒涼，纔有生機上緑楊。修到秦淮風月長，豈宜飛牒捉鴛鴦。」忠襄見之，一笑而罷。

從今不畫四靈圖

秦淮某校書負時名，其父就養於曲中，狎客常見之。一日病死，有善畫者撰聯以輓之云：「大可傷心，此老竟無千載壽；何以報德，從今不畫四靈圖。」

其氣難聞

同、光間，吳縣富人周自新語言無味，面目可憎，而癖嗜烟，各種之烟咸備焉。日過午，輒口銜旱烟管入書場，聽評話，一僮從之。至則踞高椅，而呼其童則高聲曰：「來。」僮持水烟筒捧以進，吸四五次，則伸手腰際，出鼻烟嗅之。好事者爲之聯曰：「水烟旱烟鼻烟鴉片烟，無烟不吸；土氣臭氣脾氣牛臊氣，其氣難聞。」人因呼之曰四氣先生。

此葛亮之所以爲諸也

光緒初，左文襄督陝甘，時布政使爲林壽圖。一日，文襄招飲，左右報某處捷音至，林頌其神算，文襄拍案大聲曰：「此諸葛之所以爲亮也。」已而臧否人物，文襄謂時下諸賢，類皆自稱諸葛，林亦拍案曰：「此葛亮之所以爲諸也。」文襄以其諷己而惡之。

此人流品亦僅爾爾

光緒初元，以曾惠敏公紀澤言，選派部曹傅雲龍、繆祐孫等出洋游歷，祐孫官主事，游歷俄國。甫抵境，謁某總督，已出見矣，忽返身入，遣侍者語繙譯曰：「此人戴白頂，官太小，我見之何爲？曩吾在華，嘗謁將軍金順，見其侍立左右執水烟筒之侍者，皆戴白頂，可見此人流品，亦僅爾爾，不足語也。」譯員爲之辯曰：「此人之白頂，乃由考試所得，與金將軍侍者之白頂迥不同。」乃復出見。語次，猶屢以屈在下位爲祐孫惜。

百餘年前之竹汀工竊術

山陰趙某嘗於書肆購得錢竹汀《庸言録》寫本，不知其已刻也，深秘之，改己名以自炫。會稽李蒓客侍御慈銘見之，詰曰：「子作何與錢竹汀所著大相似？豈百餘年前之竹汀，亦工竊術耶？」某慚沮不知所答。

觀音一日呼千遍

光緒時有何梅谷者，其婦垂老好佛，自晨至夕，必口誦觀世音菩薩千遍。梅谷以儒學聞於時，止之，則弗從；弗止，則恐貽士林笑。一日，呼夫人至再且三，隨應隨呼，弗輟，夫人怒曰：「何聒噪若是耶？」梅谷徐徐答曰：「呼僅二三，汝即我怒，然則觀音一日爲汝呼千遍，安得不汝怒耶？」夫人頓時大悟，遂止，不再誦觀世音菩薩矣。

賴君一薦遂作散人

瑞安孫琴西官江寧布政使時，沈文肅公葆楨方督兩江。孫於沈，以詞館論，則孫爲後輩；以世誼論，則孫爲世叔。孫與沈往還，恆論世誼，以屬吏修衙參之故事，不數見也。沈積不能容，乃於年終甄別之考語中揭之，照例内轉太僕。奉旨之次日，孫詣沈，直以京卿儀注拜會，俟開中門，肩與徑入。沈見其不以舊屬禮自待也，恚甚，及見，卽舉倪若水送班景倩故事頌孫云：「世叔此行，何異登天！」孫瞪目，作爾汝語云：「賴君一薦，遂作散人，受惠多矣。煩君附片，請假數月，可乎？」沈愠見於色，然無可奈何也。孫歸里，卽乞浙撫奏請開缺，優游林下，年逾八十而卒。

黔陽人贈詩陳令

陳某者，嘗爲黔陽縣知縣，妻有才而悍。陳嘗陷賊，逸出，妻被賊留三年，卒攜子以出。陳性懦，公事時被干與，去任時，縣人摭其實事爲詩三十首送之，瀕行時，納諸轎中。陳又嘗出示禁花鼓戲，而妻篤嗜之。一日傳演，全班方爲錢僧豐某雇演，久之始至，著名龔姓小旦又爲所留。大怒，遽唬陳，出火籤捕豐至署，半道龔至，乃釋之。贈詩有云：「蕠蕠花鼓鬧穿衙，那顧街鄰笑語譁。絕代風流龔小旦，四更猶唱海棠花。」又云：「一擊醋壜成粉碎，火籤標出鎖豐郎。」陳將受代，時近歲暮，其妻獨身陸行赴省，爲之營幹。時繼任者已奉牌示，故格不得行，詩有云：「□□乾娘多拜徧，宰官依舊返長沙。」陳妻多拜諸顯宦妻爲乾娘，故云然。

楊玉科居長沙時，其妾五六人，陳妻均與結爲義姊妹。時陳殊貧，無以度日，陳妻乃縱其子與楊妾通，而掩執之，大搖撻其子，且欲理說其事。楊妾懼宣露，乃以三千金賄和。

將家

張文襄督蜀學時，有某生饒才藝，疏狂自喜，極承賞識，拔爲某書院高材生。及張督鄂，某入幕府。一日，張見某使扇績一非人非猴之物，盤辟雙桂間，題李昌谷句云：「吳質不眠倚桂樹，露脚斜飛濕寒兎。」無下款，印曰將家，詢知爲某作，大怒，某亦負氣去，時人咸不解其故。旋聞使之妻名銀桂，即張之寵婢，而以吳質譬文襄，以兎譬某使也。

漿子糊滿濟南府

張勤果公曜以行伍起家，喜弄文翰。撫山東時，學使約賞雪，座有藩、臬。席間，張笑謂學使曰：「今日雪大佳，不可不聯句。」學使答曰：「甚善。但聯句須有次第，公官最尊，應先作，藩司次之，臬司又次之，予，主人也，宜最後。」張亦不辭，徐吟曰：「紛紛大雪空中舞。」藩司接曰：「遍地銀花如種土。」臬司亦軍功出身，思索半晌，始言曰：「灰麵堆滿不喫山。」山東有不其山，爲鄭康成傳經處。臬誤其爲喫，以爲雪雖如灰麵仍不可喫也。學使因作一句以嘲之：「漿子糊滿濟南府。」以撫、藩、臬皆如漿糊也。

今日天氣果好

英使威妥馬居我國久，熟諳華事，歸國後著一日記，詳載聞見。其言總理衙門云：「總理衙門，與歐洲各國之外部迥然不同。凡各國使臣至總理衙門，必具酒果，王大臣以次陪客同坐，一若以飲食爲交涉之要務也者。」又：「中國雖事權不歸一，然大臣仍不敢各抒己見，每使臣發言，則各人以目相視，大臣視王，新入署之大臣又視舊在署之大臣。若王一發言，則各人轟然響應，亦莫非是言；若王不言，諸大臣必不敢先言也。一日，至署，諸人相顧，無敢先發一語，余不能復耐，乃先發言曰：『今日天氣甚好。』而諸人尚不敢言，惟沈某者，似覺不可復默，乃首答曰：『今日天氣果好。』於是王大臣莫不曰：『今日天氣果好。』不啻如犬之吠影吠聲矣。」

作官亦識字麽

京伶小百歲者，丑角也。一日，演《法門寺》，去小監，科白時，謂扮趙廉之生曰：「作官亦識字麽？吾道你只識洋文，不識國文呢。」又嘗於《五花洞》中，自唱「做官不論大小，懂得洋文就好。」其言若有意，若無意。又都中婦女往往喜啣捲烟，一若表其時髦者，而不知泰西惟妓女吸之也。即十三四女郎，亦復如是。伶即假《法門寺》中之科白，謂宋玉姣曰：「千歲賜你錠銀，不可將去買捲烟，中含尼古丁質，吸之有毒也。」

好香

某年祭太廟，總管忽於將事，丹墀中草叢叢然，未芟薙。執事諸員恐遭嚴譴，而畏總管勢，囁嚅不敢言。一筆帖式忽拔草而嗅之曰：「好香。」總管目之而笑曰：「此草未嘗香。」筆帖式曰：「某方以爲此皆香草，故總管欲留之，以呈御覽耳！不然，何任其緣階被砌也？」總管悟，乃立命鋤之。

扶揺直上

某撫之簡某闕道也，實以八萬金預爲之地，復以一萬金賄某督爲之保舉。既而果慶真除，某太史賀之曰：「老兄可謂扶揺直上。」撫唯唯而已，不知中藏九萬二字也。

犬足亦跑折

某太史倜儻，喜嘲罵。一日，湖廣會館公宴，方就座，談次，及商情隆替，某忽率然曰：「在今日謀貿遷，實以業接骨膏爲至佳耳。」衆錯愕，不知所云，問故，乃曰：「今日世尚逢迎，人工奔走，雖犬足，亦跑折矣。其可不療以膏，而續其骨耶？」

明眼人一口道破

山東某進士任知縣，惟知讀書，不理民事，政出多門，被人控於部，遂逮問，下刑部獄。某入獄坦然，所卧爲一巨榻，每日横陳其上，披覽典墳，大以爲便。三年，遇赦得免，獄吏來道賀，某徘徊不忍去，曰：「此間僻静，讀書最佳，可惜不能終老於是。但我到此數載，有不可解者一事。」吏問故，某曰：「我嘗思之爛熟，仍須請教。此榻極大，斷非此門可入，是先置榻於此，而後造屋否？」吏笑曰：「然。公輸子之巧，被君明眼人一口道破矣！」某曰：「豈敢，我特管中窺豹，略見一斑耳。」

畢竟官場都是戲

浙江候補道蔣某與候補知府楊某同充某局差，蔣爲總辦，楊爲會辦。有某事，蔣執不可，楊銜之。一日爲蔣誕辰，凡候補同通州縣咸往叩祝，楊亦與焉。蔣因宴各官，酒十餘席。楊故善飲，蔣則杯酒不能入口者，楊故酌酒爲蔣壽，蔣以不能飲辭。楊不顧，必欲蔣盡十爵乃止，蔣堅不飲，楊怒曰：「在官廳，乃分上司屬員，此非官廳也。」遽前扭蔣胸衣。蔣亦怒，起與毆，致几上紅燭鏗然墮地。各官咸起與勸慰，楊始悻悻去。當時有見其事者，因撰一聯以嘲之。聯曰：「進宮獻策，渡江偷書，演來一部梨園，畢竟官場都是戲；上客揮拳，下僚屈膝，推倒兩行紅燭，那堪海屋更添籌。」上聯隱兩君姓，下聯紀實事也。

憲臺升卑職

知州於通判爲屬員，公牘須用申文；而通判六品，知州五品，以品級論，通判又可升知州。故爲知州者，恆藐視通判，而稱謂之間，又不得不稍稍自抑。嘗有知州與通判爭事，曰：「俟憲臺升至卑職時，便知此事之難也。」

州縣署有六聲

司法、行政混合時代，俗吏之衙署輒有三聲，笞杖、算盤、天平是也。至於政平人和，訟庭花落，厥爲雅吏，而亦有三聲。三聲者何？則爲唱曲，爲吟詩，爲下棋。

民之父母

某令以貪虐著，爲民所切齒者久矣。某年，將解職，要邑紳贈匾，紳不得已，以「民之父母」四字貽之。有滑稽者題一聯於其旁曰：「蠹國殃民，别人説此之謂；横征暴斂，自我看烏在其。」

水晶板櫈

外官自監司以下各级官員，莫不有候補者，一時仕途擁擠，大有過江名士多於鯽之概。閒員逐隊衙參，往往聽鼓終身，無一差委，其官廳坐位，幾爲之穿，故滑稽家輒謂爲水晶板櫈焉。

孝廉方正

孝廉方正，必俟新君登極，由各州縣博訪特舉，曠典也。光緒初年，有左某以孝廉方正得官，出宰吴邑。乃其流品與出身適成反比例，有人作聯調之云：「曾是謂孝惡能廉，可欺以方奚其正。」又有嘲人之畜緣孝廉方正者，曰：「何謂孝，逼得母親上了弔。何謂廉，每月常放二分錢。何謂方，渾身都是楊梅瘡。何謂正，丫頭老媽没乾淨。」

村塾賦

上虞陳燧有《村塾賦》，窮形盡相，非深於世故者不能言。其警句有云：「三尺五尺之童，一楹兩楹之屋。到小人國中，自儂居長；在蜜蜂窩裏，由我稱王。」又：「爾其爲勞也，如持脱錐而鑿頑石，如策跛驢而涉高崗。」又：「爾其爲閙也，如蚊蚋之並集於座，如嬰孩之羣號於牀。」又「漢令欲伸，防謝夫人之却立屏後；齊壇欲盟，憂郄從事之躲在帳前。」

嘲私塾詩

有嘲私塾七律一章曰：「一陣烏鴉噪晚風，諸生齊放好喉嚨。趙錢孫李周吴鄭，天地玄黄宇宙洪。《三字經》完翻《鑑畧》，《千家詩》畢念《神童》。其中有個聰明者，一日三行讀《大》《中》。」

村學究文

有仿制藝體集《四書》成語嘲村學究者，其撰人爲尤十郎也。文云：「誨人不倦，可以爲師矣。夫人幼而學之，必有我師焉。與鄉人處，學而不厭，吾見其人矣。達巷黨人曰，夫子之設科也，十室之邑，皆有所矜式，來者不拒，亦教誨之而已矣。久矣哉，教者必以正。生斯世也，爲斯世也，一鄉皆稱愿人焉，夫子之謂也。有人於此，正其衣冠，動容貌，規矩準繩，子爲誰？師也。彼一時，舍館未定，則皇皇如也，此一時也，舍館定，以約失之者鮮矣。至於日至之時，率其子弟，爲貧者自行束修以上，未嘗無誨焉。可以處而處，不其然乎？踐其位，居之不疑，學詩乎？學禮乎？語之而不惰者，坐而言，自以爲是。誦其詩，讀其書，諄諄然命之乎？徐行後長者，往送之門，送上學。禮儀三百，薄乎云爾。拜下，與之坐，上焉者，然後爲學，願竊有請也。力不能勝，從先生者，就外傅。是或一道，附之語人曰：予小子得其所哉？童子六七人，聞其聲，辨之弗明，鴂舌。其徒數十人，觀其色，不違如愚，涕出。有酒食，先生饌，殺雞爲黍而食之，未嘗不飽，蓋不敢不飽也。待先生，不踰矩。送節規。有童子以黍肉餉，亦可受也，斯受之而已矣。學之不講，請問之，夫子不答，他日未嘗學問。論篤是與？奚可哉？以釜甑爨，膳館。受一廛，外人皆稱夫子，饔飧而治，自得焉。樹墻下以桑。是村學。學不厭，教不倦，先生之號，誰敢侮之？處畎畝之中，循循然善誘人，先生之志，人皆信之。初命曰：不內顧，不疾言，不親指。小子聽之，必敬必戒。再命曰：視思明，聽思聰，疑思問。必使學者，不愆不忘。繼而有師命，今日之事，予將有遠行，至於今，千歲之日至，若合符節，可以假館。如冬至節放假之類。吾黨之小子，盡信書，非禮勿動，無違夫子。當是時也，門人小子，皋欣欣然有喜色而相告曰：先生將何之？吾見其居於位也。作之君，作之師，足之蹈之，手之舞之，無所不至矣。爲問，夫子言之，自外至，則見而知之。蹶者趨者，不已急乎？入門，勃然變乎色，以杖搏執之曰：今若此，何必讀書？鄙哉硜硜乎，相向而哭，血之流不得免焉。噫！今之學者，易地則皆然。」

尊公亦受約束

光緒間，兵部郎中某居京師兵部窪中街，時封翁就養在邸。其廳事懸一聯，上句云：「治家嚴如軍令。」或問之曰：「何尊公亦受約束耶？」某悟，乃撤去。

翻令我作丈夫難

北人何某嘗仕於朝，初官翰林院庶吉士，散館改部曹。夫人某氏，閫威甚厲，以何失翰林，怒甚，何長跪以謝，乃得釋。既入工部，贄百金往拜滿尚書爲師，某嫌其菲，怒斥之。端午橋爲撰一聯曰：「百兩送朱提，狗尾乞憐，莫怪人嫌分潤少；三年成白頂，蛾眉搆釁，翻令我作丈夫難。」

八寶豆腐羹

光緒時，王可莊修撰仁堪出守鎮江。初蒞任，訓導某晉謁，王言及某侍郎有撫蘇之訊，某曰：「某侍郎與卑職，某科同年也。」繼復談及蘇籍之京師當道，如潘文勤公祖蔭、翁相國同龢諸人，某則云是與有戚誼也，是與有世誼也。既又言蘇省現任之督撫將軍，其中固非盡由科第起家，而某亦謂悉有年誼。王乃大愕，知其依草附木，嚮壁虛造也，因語之曰：「俗稱教官爲豆腐官。君之親朋，既皆大人先生，可爲奥援者若是之多，而猶寂守苜蓿，則此豆腐必異尋常，當爲八寶豆腐羹也。君誠足以自豪矣。」

左文襄諷藩司

左文襄素有兀傲名。督兩江時，年齒既尊，一時顯達，出其部下者至夥，故兀傲益甚。嘗令材官某投書於江寧藩司，囑其面投。及見藩司，即與升炕並坐，侃侃而談，藩司不悦。翌日上院，舉以告左，左呼材官至前，責之曰：「昨日命爾送信，爾公然與藩臺大人分庭抗禮，荒謬絶倫。須知藩臺大人之炕，非我之炕可比，我之炕，由爾睡，由爾坐，藩臺大人之炕，豈有爾之坐位乎？」藩司聞之，大不安。退而問巡捕，始知某蓋題奏提督，賞穿黄馬褂，曾署某處總兵者也。又一日，藩司謁左，見其親兵戈什哈坐於儀門，未起立示敬也，告之左。左令巡捕傳諭，於藩臺大人回署時，站隊恭送，以贖先倨之罪。須臾，送藩司出，鵠立大堂兩旁者皆紅頂花翎。

福州無福

光緒甲申馬江之役，當局者張佩綸、張樹聲、何如璋、何璟，皆一時人望所歸，乃不戰而潰，誠出意外。一時八閩兒童，連臂踏歌，有「福州真無福，法人原無法。兩何没奈何，兩張没主張」之謡。當未敗時，何璟終日禮神，樹聲終日奔走詢人，時人謔曰：「制臺不要頭，撫臺不要脚。」

八表經營三人會辦

光緒甲申，中、法事起，張文襄由晉撫擢粵督，吴縣吴中丞大澂、豐順張副都佩綸、侯官陳閣學寶琛均奉旨會辦南洋軍務，副都以敗於馬江，革職遣戍，陳亦責降，惟吴無恙。時有撰聯嘲之者云：「八表經營，也不過山右禁煙，廣東開賭；三人會辦，且先看侯官降職，豐順充軍。」甲午之役，吴自請督師而潰，亦遂罷官，「先看」二字遂成語讖。至上聯云云，則以文襄初授晉撫時，到任謝摺，有「身繫一隅，敢忘八表經營」語，且撫晉時嚴禁種植罌粟，督粵時奏開闈姓之禁也。

三品功名丢馬尾

光緒甲申，張佩綸督師馬江，與法人戰，敗績，鬱鬱不樂。後入李文忠幕，適喪偶，文忠妻以老女，遂晏居白下以終。或作聯嘲之云：「三品功名丢馬尾，一生豔福仗蛾眉。」

欲作繡衣難引線

粵東某女士負才名，于歸之夕，例有鬧新房之舉，來賓出聯索女屬對，其聯曰：「花徑碧烟迷野蝶。」衆中有簡某者，小有才，而性傲，言多輕薄，女厭忌之，因聞人呼之爲簡先生，故知其姓，遂應聲答曰：「竹門白日繫山牛。」簡不悟女之嘲己也，猶鼓掌贊賞不已。衆亦鼓掌戲簡曰：「君爲山牛，自宜至今不得青一衿也。」女聞言，轉出聯以試簡，聯曰：「密眼花針，欲作繡衣難引線。」蓋取繡與秀同音。粵人呼秀才爲秀衣。簡猝無以對，衆大譁。女以簡有不豫色，遂開摺扇以蔽面，簡始觸悟曰：「疎骨摺扇，雖遮粉面不全封。」蓋粵人呼處女已破瓜者曰不全封也。衆大笑，女赧然退。

惜不書孤拔頓首

張靖達公樹聲既卒，李芍農侍郎嘗服其布置砲臺之得法，取司馬懿過諸葛孔明營壘歎爲奇材意，用於輓聯，末句曰：「『每經營壘歎奇材。』時正甲申也，于晦若侍郎式枚聞而笑曰：「惜下款不書『孤拔頓首』耳！」

碧理小兒

譚碧理提督江南，某年晉宮保銜。譚喜作擘窠字，而每喜書「多福多壽多男子，曰富曰貴曰康寧，」及「窮不到頭，富不到底」等字，一楹聯，一横幅，時時持贈於人。嘗鐫一圖章，文爲「青宮少保」，有所書，必鈐於上。謔者曰：「『青宮少保』，可對『碧理小兒』四字。」譚聞之，乃輟而勿用。

榮於華衮

李文忠公性好謾駡，所昵或將登用者，則駡尤甚，故左右輒以被駡之輕重多少，卜憲眷之衰隆云。督粵時，有思得中軍者，顧與藩司觸忤，或言君欲中軍而與藩司不洽，似不可。此人遽曰：「是無慮，前日中堂已駡我滚矣！」蓋武人心無回曲，竟直言之也。或改成語以譏之云：「一字之滚，榮於華衮。」

渾蛋

天津某令性糊塗，素有渾蛋之目。一日，有某婦以事起訴，陳説再三，令不省，婦怒曰：「宜外間有渾蛋之號也。今聽斷如此顢頇，果是渾蛋，人言固不誣耳。」令叱曰：「胡説，渾蛋之如我者，能有幾耶？」

張得開管不緊

直隸樂亭縣有宋、劉二姓，富而驕者也。科舉時代，二姓或賄買官吏，或僱用槍手，盜取科名。某年縣試，知縣張某啖劉之賄，劉姓子弟盡列前茅，府考時，太守管某又受宋之託，而宋姓亦皆列前茅。衆大不平，因贈聯以嘲之曰：「頭塲劉，二塲宋，宋進去，劉出來，彼此同樂；知府管，知縣張，張得開，管不緊，上下皆鬆。」

一日看花千金買笑

潘文勤公祖蔭嘗詣徐相國桐所，徐方以道學自命，時適有門生在座，徐殷殷然以立身敦品相勉，嚴戒狎游，剌剌不休。文勤從旁止之曰：「可勿過慮。近來舉子類屬寒畯，京官亦多窮窘，斷無餘貲以供揮霍，那能復如往時吾與老同年一日看花、千金買笑之豪舉無前也。」語罷，猶故爲咨嗟太息者久之，徐赧然。

造二十

桂某粗鄙無文，由都統改官某部侍郎後，例須畫稿，一日書「開」字，將一横忘去，變成「開」字。端方聞而笑曰：「彼欲使吾輩至其門中造二十。」二十者，極卑賤之土窰游費也。

石不能言最可人

山東候補道李某某善事上，能揣摩色笑。李秉衡撫山左，每見屬僚，輒如泥塑，素惡人之喋喋。而某知其隱，噤齘無一語，頗蒙獎許。時人贈以詩曰：「石不能言最可人。」

酸丁

各省文武官敵體者之相見也，賓至署，儀衞止儀門外，賓由中門入，至外堂檐下下輿馬，主人迎於檐前。賓告辭，主人送至初迎處，視乘輿馬乃退。若督撫之於京朝官，或宜以賓禮相待之客，則不論其官職之崇卑及有無官職，必送至輿，輿固預待於二堂也。南皮張文襄公之洞作鎮時，歸善江孝廉逢辰分校某書院。一日，徒步謁文襄，號房未見江輿，而内促不已，文襄與江均植立二堂，號房乃設法強他人輿入，令舁之歸，江於此茫然也。居數月，江又謁，又聞内呼請轎之聲。請轎者，命舁輿入也。號房探之曰：「江老爺乎！酸丁也。是固不費一錢而欲令大帥爲之代出輿資者。」有成例，復以他人輿舁歸，江仍茫然也。

謝天謝地

張文襄由晉撫擢督兩廣，命下，粵中輿情大懽，幾有我后來蘇之望。乃下車後首開賭禁，辦事者務鋪張，以建築廣雅書院言之，且糜帑至數十萬，督粵未一年怨言繁興，殆爲左右所累也。其尤不慊於張者，歌之曰：「聞公之名，驚天動地。望公之來，歡天喜地。見公之事，烏天黑地。願公之去，謝天謝地。」

虛有其表

武昌漢陽門東有黃鶴樓，張文襄督鄂久，尋入相，鄂中官民懷之，卽其地建一樓，顏曰「奧略」。樓前有時計鐘，絕大，然實無機括，針指不能動。有乘舟行江中，望而譃之者曰：「文襄以喜舉新政著稱於時，然所行新政，類皆虛有其表，亦有異於此鐘否乎？」

盛唱燭影搖紅詞

張文襄以好士稱，嘗謂其友曰：「贄而來見者，吾皆倒屣，不識外間議論如何。」友曰：「自公大用，外間盛唱《燭影搖紅》之詞。」文襄驚問故，其友朗誦其卒章曰：「幾回見了，見了還休，爭如不見。」遂相與大笑。

佐其浮沈

錢念劬太守客日本東京，忽得張文襄密電促令歸國，錢束裝就道。既至省，服便衣往，謂司閽者曰：「煩傳語，欲見，請以今日，我明日仍往日本。」司閽者如其言，果見。談次，張言及梁廉訪鼎芬曰：「舉平日所知所能，盡以佐其浮沉之具，此二句乃《才調集》見義不爲無勇也題文。此節庵之謂也。」錢遽曰：「若卑府，則殘魂雖餒，不得依祖宗丘墓之鄉；肝腦所塗，不得污中國帝王之土。」此四句亦《才調集》驅飛廉於海隅而戮之題文。張默然，遂端茶送客。

君是好人

有名士王某嘗任江西某郡守，好作詩。有見其所刻集者，中有句曰：「三聲大礮響，兩扇總門開。」餘可想矣。嘗就質於李芋仙，李曰：「君是好人。」王曰：「我問者詩也，非人也。」李曰：「君能不作詩，更好。」王抱慙而去。又嘗獻稿於某太史，太史點頭曰：「有派頭。」王喜，更問是何派頭，太史曰：「是貴戚鳳陽派。」鳳陽丐者多持小鉦一具，口中唱歌，沿街乞錢。

鷹猿獐鶴

光緒中葉，孝欽后萬壽，常熟人方以賽燈祝嘏。而常熟教諭殷某某、訓導張某某皆以貪賄爲諸生所憎，乃製燈牌二，一繪鷹猿，譏殷某某也；一繪獐鶴，譏張某某也。而導以缺齒之老獅，意若曰：「此乃無恥之老師耳。」

富有根貧無底

常熟有以胥吏起家之富豪某，爲鄉里所不齒，邑人亦於賽燈時作像生牡丹花以諷之。花插於無當之紙瓶，瓶實以泥，蓋隱寓富有根貧無底之義也。

送窮文

窮鬼爾來，我乃語子，子不他適，纏我欲死。今之世界，勢位是承，以爾暱我，每受人憎。古今論交，富豪是艷，以爾親我，每致人厭。爾之所恃，顔厚自雄，由今衡之，非錢不工。爾之所長，廉潔自持，由今觀之，曾不重斯。青春耽誤，白首速來，爾尚戀吾，吾其何哉！我欲盡言，爲爾詳告，何如速去，自他有耀。俄而有物，似人而非，破爛之冠，百結之衣。顧予歎曰：「子誠夢夢，責己何輕，視人何重。子謂貴者，自謂不如，吾視貴者，尸居之餘。子視富人，瞠乎其後，吾視富人，但有銅臭。子雖不富，富有詩書，雖林虎觀，瀟灑自如。子雖不貴，貴於仕宦，百城坐擁，何假南面。笑人富貴，奚啻浮漚，以子立言，不朽千秋。二者相較，孰劣孰優？子不自立，反以我仇。予乍聞言，自疑自信，忽悟君子，窮真非病。

洋錢非我國物

錢某某以理學名，或加以守舊鬼之徽號，必嘵嘵爭辨。其一切應用品物，概無冠以洋字者，如洋布、洋油、洋緞之類，錢視之，穢物也。有留學生某投刺請謁，以其名片乃洋式，惡之，辭不見。翌日，某贈以洋裝《五經彙解》一册，大怒，擲池中。某曰：「此聖賢經義也，先生何忍污蔑乃爾？」錢曰：「洋式書中，決無聖賢經義也。」某領之。未幾，值其誕辰，某乃持墨西哥銀幣一元往爲壽，錢喜甚，亟納之袖。某大呼曰：「適間非儀，爲洋人之銀幣，卽俗所謂洋錢者是也，非我國物。」錢有恧色，囁嚅道謝而已。

先生頭腦太冬烘

光緒中葉，學校漸興，而未經改良之私塾，尚所在皆有。有爲詩以嘲之者，詩云：「擺來桌椅縱橫亂，七八兒童上學堂。一塊紅毡鋪地上，拜完老孔拜天王。俗呼童生爲童天王，私塾師以童生爲多。先生頭腦是冬烘，架子居然像不同。坐在一張高椅裏，戒方一響逞威風。嚇得兒童魂也消，宛如老鼠見貍貓。擡頭怕看先生面，天地君親着力號。温完《大學》讀《中庸》，功課偏無半刻鬆。還有一樁可怕事，背書弗出跪燈籠。只許自家隨意樂，學生嬉笑便含嗔。身邊常帶潮煙管，掮起來時亂打人。」

置天下人於何地

光緒時，長沙孔某某舉於鄉。是科第三藝題爲「而盡力乎溝洫」。文分三大段，段末結語爲「其將置我於何地，其將置衆人於何地，其將置天下人於何地」等句，人多笑之。翌年計偕，瀕行之前一日，其友某爲之祖餞。主人延孔首座，而遜避第二席。一客推之起曰：「足下坐此，其將置我於何地耶？」乃依次遞讓，至第三第四，諸客同聲曰：「其將置衆人於何地耶？」急趨末座，衆復譁然曰：「其將置天下人於何地耶？」相與鼓掌大噱。孔乃還坐己位，卒跼蹐不安，坐未終席而去。

陶者何人鑄者何人

長沙城中有某鉅公者，掌教嶽麓書院，歲惟巡撫送學時隨之入院而已。有院生孔復生者，憲教第三子也。一日，揭帖於講堂，有「古人師弟之間，情誼最親密，故師生有同游者，有同寢者。今院長不住院，則諸生陶者何人，鑄者何人，我等學業必致荒廢」等語。末言將聯合全體請求院長住院，若院長不允，則當稟請中丞械請院長住院云云。帖後署名「有心人」。

有鼻之人奚罪焉

江左有曾爲侍御者某，好吟詠，偶至京師南河泡，題詩於壁。明日，臨桂王幼霞侍御鵬運亦往遊，見之大笑，乃故作俳體詩，次原韻以譏之，中有二句云：「拖泥帶水荷花塘，中間坐個老爺王。」詩爲某所聞，大怒，摭王瑣事劾之，摺有二句云：「王鵬運性情既甚乖異，面目亦復不全。」蓋王少年冶游，曾患梅毒，鼻因以毁也。某且語人曰：「老爺王無鼻。」

卽逾年，舉行京察，有部曹某與王同姓名，已列一等，有外簡道府之望矣。主計典者曾微聞某摺有面目不全語，意謂此人體既殘，恐不足勝方面之任，乃於其姓名上作一符號以識之。及引見，遂未記名，彼蓋誤認部曹爲侍御也。或作文虎以謔之云：「王鵬運京察一等不記名」，射《四書》一句，則「有鼻之人奚罪焉」七字也。

德去德來

光緒中，某省巡撫德某以事爲某御史所劾去職，繼之者爲德某，亦爲衆所怨。贛人因書揭帖，伺人弗察，粘於繼任所乘肩輿中，云：「德去德來皆是德，財多財少總貪財。」德見之大怒，責輿夫弗慎，笞之見血，不能舉步。後又有人作一聯粘於輿中，云：「德去德來，無人見得。輴前輴後，有足皆蹻。」贛人讀蹻若蹺，與輴字叶音也。

誠心誠意看戲

德某酷嗜聲劇，優伶之負盛名者，雖遠道如京師，如天津，如上海，必羅致之，節辰除忌辰外，無日不不笙歌沸天也。新建令汪以誠有能吏名，專爲撫轅主辦劇政，卽俗所謂戲提調也，邑署事無大小，悉付他員代之。是時贛人爲製一聯曰：「以酒爲緣，以色爲緣，十二時買笑追歡，永夕永朝酣大夢；誠心看戲，誠意聽戲，四九旦登場奪錦，雙麟雙鳳共銷魂」。額曰「汪洋慾海。」四九旦、雙麟、雙鳳，皆伶名也。

毋寧爲完全之伶人

伶界中有平等思想者，德珺如一人而已。珺如爲相國穆彰阿孫，以廕生内用，嘗官某部主事，而其父與程長庚交甚摯。珺如既長，好與伶人游，唱青衫，歌反二簧，喉舌間，似奏笙簧細樂。及父卒，益放浪形骸，以客串爲樂，遺産殆盡，各園主以其聲調之足以左右座客也，遂勸之搭班，於是爲伶人矣。有叔曰薩廉，字檢齋，官至侍郎，止之曰：「優伶，賤業也。吾家何堪爲此？」珺如曰：「吾日用至奢，叔能我助乎？倘能助我，將改業，如其未也，請許我自由。優亦營業之一，亦何嘗辱及先人哉？叔必令余棄優而仕，試問今日之官之心理之才識，超出伶人之上者能有幾人？與其爲齷齪之官吏，毋寧爲完全之伶人，貴賤非所計也。」薩無以難之，乃曰：「卽爲伶人，亦不宜唱包頭。」珺如曰：「改唱小生，何如？」明日，卽唱《黃鶴樓》，儒將風流，宛然公瑾，喜怒哀樂，描摩盡致。次日，演《奪小沛》，羽翎一發，直貫戟心，尤爲他人所不及。由是珺如之名，噪於京師，惟不供奉内廷，懼以門第獲譴也。

嘲科場聯

有作聯以嘲科場者。光緒朝某科，浙江正主考爲殷如璋，副主考爲周錫恩，聯云：「殷禮不足徵，業已如瞶如聾，那有文章操玉尺；周人有言曰，難得恩科恩榜，全憑交易度金針。」某科，廣東正主考爲劉福姚，副主考爲薩廉，監臨爲巡撫許振禕、總督譚鍾麟，聯云：「公劉好貨，菩薩低眉，少許勝人，空譚無補。」某科，浙江正主考爲李文田，字仲約，副主考爲陳鼎，字伯商，聯云：「舊有文名，李仲約無非約略；新開鼎記，杭城錢莊名。陳伯商大可商量。」某科，浙江正主考爲烏拉喜崇阿，副主考爲惲毓鼎，聯云：「烏不如人，只少胸中一點墨；軍無鬬志，都因偏了半邊心。」某科，某省正主考許某，文理不通，每中一卷，副主考必齗齗與争，忿甚，因撰聯紀之曰：「天之將喪斯文也，吾其能與許争乎？」某科，某省兩主考不重文字，填榜日，遇有缺額，於几上落卷中，隨意抽取，聯云：「爾多士論運不論文，碰；咱老子用手不用眼，抽。」光緒辛卯，浙闈主試爲李端遇、費念慈，時有聯云：「木子公木不可言，偏於兩浙有緣，無端遇合；弗貝兄弗爲已甚，但有千金相贈，舉念慈祥。」

要之，科場人多額少，自必有榜發見遺之士子，好事者肆口雌黄，亦聊以洩憤耳，不識文字及有心作弊者，固亦千百中不得一二也。

某科會試總裁爲常熟翁同龢，第三場策題，史學與地率多舛亂，好事者就其謬誤撰聯云：「司徒托體姜嫄，可憐箇狄凄涼，當日虚徵玄鳥瑞；拓拔建都統萬，爲問平城寥廓，何年改作赫連王。」額曰「人地生疏」。某科會元劉某覆試時，居煞尾，總裁爲滿洲某相國及孫毓汶、祁世長兩尚書。孫，山東人；祁，山西人。或戲贈以一聯云：「萬金能買會元，是傳聞也，顧何以忽而榜首，忽而榜尾，八旗不識文字，亦常事耳，而況又加以老東，加以老西。」是亦言過其實也。

都人讀亳爲毫

光緒辛卯，皖省藩司某署皖撫，亳州牧某往見。延入，坐定，問曰：「亳州去省城若干里？」某答曰：「卑職任亳州，非毫州。」某訝曰：「亳州之亳，都人皆讀作毫，君乃讀作卜，豈不相差太遠乎？」未幾而御史劾以目不識丁，去職。時合肥蒯光典在金陵，對人呼寃不置，謂：「嘗往謁，聞其對僕人云：『速請朋大人。』然則蒯字雖不識，尚明明識得朋字也，且又識亳字，劾以目不識丁，不亦寃乎！」

半聾不聾

都門有炳半聾者，旗人，覺羅也，工篆刻，不輕爲人作。半聾不聾，意謂時人之言，太半不堪入耳，故以半聾自號。

歸來猶帶粉花香

光緒時，有王某者官部曹，充軍機章京，居正陽門外。某夜入直，忘掛珠，方驅車入城而門已閉，忽覺之，因乞借於東城汪某。汪以王軀短，檢其婦所帶者假之。王致謝時戲吟曰：「百八牟尼珠一串，歸來猶帶粉花香。」汪卽變色而入。王出，則汪已候門外，持刀相撲，王亟促御者疾馳，汪以刀斫車輪而返。

明晨，仍持刀覓王，王遂乞休沐。久之，始悟所吟爲乾隆時譏某相乾女之詩，卽汪之曾祖母也。

中日戰事諷聯

光緒甲午中日一役，有人以其事實爲對聯曰：「王文韶王文錦天津辦防務，李鴻章李鴻藻地獄打官司。」又曰：「棄豐台翁孫雙割地，使日本父子兩全權。」又曰：「衞達三衞宛呼菜市，劉坤一拚命出榆關。」「旅順口已歸日本，頤和園又搭天棚。指將演劇也。」

訪鶴吹牛

翁叔平相國同龢喜豢鶴？光緒甲午，其園中所豢之鶴有飛去不返者，乃自書賞格並「訪鶴」二字榜於京師正陽門甕城中。慕其書者見之，輒揭之去，三易而三揭。時吳清卿中丞大澂方以湘撫督師，禦日人而無功，或撰聯語以紀之云：「翁同龢三次訪鶴，吳大澂一味吹牛。」實亦言之過甚也。

深於黄老

光緒甲午之役，吳大澂督師赴敵，及啓程，沿途以鐫工自隨，以手自摹仿夏商彝卣文字，銘其槍幹，斑駮幾徧。一夕，師次北道某寺，寺僧來謁，見其輕裘緩帶，取所銘槍，次第摩抄，狀極暇豫。僧退而輕之，語其徒曰：「朝廷真欲以儒將致敵果耶？」未幾率師歸，仍宿寺中，僧復謁之。出語人曰：「貴人作止，洵不可以倉卒測哉。」或叩其胡以前後易評，僧曰：「兵凶戰危，臨事無懼，故輕之。既敗矣，暇豫猶昔，襟懷澹定，非深於黃老者，其孰能之？」

百人有五十袴

光緒甲午，陳湜領兵出山海關，時後路糧臺委員爲某同知，年家子也，貪甚，采購棉衣報銷一萬件，其實十之四五而已。陳軍書旁午，無暇兼顧。一日，宋慶來，譚次，宋故作詼諧語曰：「聞貴營一百人，僅得袴五十襲，其半晨即起，其半尚睡以候袴，有諸？」陳大駭，按得其事，密令人授意使去。明日，移疾歸。

王壬秋游仙詩

王壬秋所著《湘綺樓集》有游仙詩四首，皆刺光緒朝負有時望之京外諸要人而作者也。其一詩則云：「湘瑟清秋更懶彈，衹言騎虎勝驂鸞。謂余虎恩。東華舊史猶簪筆，謂王子裔。南嶽真妃肯降壇。謂魏光燾。叔夜只憑金換骨，陳平何用玉爲冠。各有所指，皆當時從軍者。淮王自許能嬌貴，卻被人呼作從官。指李鴻章請任糧臺事。」

巧妻常伴拙夫眠文

有人以「巧妻常伴拙夫眠」爲題作制藝者，極合光緒初年墨裁，頗足解頤。文云：「有足爲巧妻解者，雖伴眠亦可無憾焉。夫妻而曰巧，拙夫非其倫矣，而胡爲眠竟常伴也？詎非天哉！且自天地靈秀之氣，不鍾於男子，則夫其所獨鍾者，宜其愛惜甚至矣。乃不惟不愛惜之，而顚顚倒摧殘之，使之日汩没於寢興寤寐之間，而幾不克以自保。而身歷其境者，大都習聞見而順受若固然，而並不敢問天意之何居也。今夫一定者前因，凰鳳卜和鳴之雅，而兩岐者資稟，薰蕕占臭味之殊。彼巧妻與拙夫，何容相提並論哉？雪膚花貌，娬媚能增，繡口錦心，聰靈獨絶，而亦非有精而無粗也。克勤克儉，更不辭縫紉井臼之勞。於是戚族之間，有交譽其賢能者，而姑嫜妯娌無論矣。斯巧妻之巧，蔑以加矣。飽食暖衣，寸長莫展，蚤寢晏起，一藝難名，而亦非大智之若愚也。不識不知，幾莫喻絪緼化醇之妙。於是日用之端，有難期其洞悉者，而事業功名何望矣。斯拙夫之拙，弗可及矣。且夫妻與夫，敵體之稱也，巧與拙，懸殊之勢也，何巧者常不與巧遇，拙者常不與拙遇也？此其中蓋有天焉。氣數之限人，豐於此者嗇於彼，使妻巧而夫亦巧，則乾坤之清氣，畢萃於一門，豈不甚美，而天弗許也。彼蒼之賦物，益其寡者裒其多，使夫拙而妻亦拙，則宇宙之棄材，轉成爲嘉耦，亦復何傷，而天不爲也。不然，眠何事也，而漫使伴之哉！是不必爲巧妻惜，是不必爲拙夫幸。且夫房幃之昵愛，彌徵誼篤唱隨耳。妻也名姝，可耐鷄棲豚柵，夫也笨伯，竟諧燕侶鶯儔。儼然冰炭之投，而相近相親，亦復盟山而誓海者，無他，數之常不可逃也。誤我聰明，悔奪天孫之錦，爲郎顢頇，敢憎月老之繩。藍筍象牀，乃至載幽憂而不足，旁觀者或猶有名花墮溷之傷也。縱目染而耳濡，伴之有年，拙者或爲巧者化，而奏功非旦夕，不知摩盪幾經矣。東牀之腹，竟坦當年，西子之眉，不顰何日，爲夫者尚其自知愧勵也夫。且夫牀笫之燕私，益見情深伉儷耳。妻也鍼神馳譽，錦何讓夫回文，夫也椎魯貽譏，碑竟同於没字。勉爲鑿枘之入，而可親可狎，亦復浹髓而淪肌者，無他，事之常，若無異也。實偪處此，忍忘戒旦於雞鳴，彼惛不知，未必懷慚於鳩守。錦衾角枕，相與歌同夢而難甘，有心人不能無彩鳳隨鴉之慨也。縱神離而貌合，伴之雖久，巧者寧爲拙者容，而聚首在晨昏，夫固瑕瑜不掩矣。但得雙飛，那輸蝴蝶，也拚獨宿，卻羨鴛鴦，爲妻者尚其自安時命也夫。嗟乎！清才濃福，二者難兼，名士美人，千古同歎，此其中蓋有天焉。彼姝者子，雖欲不安常處順，得乎？」

釐正文體上諭書後

光緒朝，有詔釐正文體，孝欽后之意也。或仿制藝體，書其後，寓諧於莊，聲調諧暢。文云：「聖朝崇正學，國本不摇矣。夫文體，固與國體攸關者也，釐而正之，不綦要歟！且夫八股之學，創自有宋，盛於有明，至本朝而斐然可觀，燦然大備，固文章之極軌，郅治之鴻規也。乃自喜事之徒，鄙爲無用，趨時之士，棄焉如遺。聖人有憂之，光復典章，釐正文體，煌煌硃諭，炳日星焉。君子曰：是之謂女中堯舜。夫人皆知廢八股復八股之説之是非矣，曾亦知八股之文體，固何在乎？八股爲孔教之真傳，待後守先，直延堯舜禹湯之一脈，點竄典謨之字，出入風雅之辭。語貴不離宗，願志士名流，唐宋以來書勿讀。八股爲聖朝之定制，震今鑠古，直合文章經濟爲一家，局則擬行世之文，調則效登科之稿，言之如有物。恐矜奇好異，朝廷從此法難寬，可勿正哉！論坐言起行之理，儒士精神虚耗，八股誠足以誤人，似也，而不然也。彼則謂大而能通天人之奥，小亦足包格致之精，苟能養到功深，儒將名臣，由此其選，所謂學有本原者視此也。彼習非所用之言，老成者早鄙爲惑世之妄談矣。挽既倒狂瀾，不幾賴彤廷之鳌剔乎？論拘文牽義之爲，學子固執鮮通，八股或足以病國，似也，而不然也。彼則謂出雖無濟世之良才，處可爲安貧之愿士，苟能讀書守分，人心風俗，卽有所裨，所謂學無浮慕者視此也。觀民可使由之語，有國者早奉爲馭才之妙術矣，作中流砥柱，不仰藉深宫之訂正乎？士習之衰不可回也。聲光化電，甘師巧藝之爲；西地爰皮，競效横行之字。棼棼泯泯，謬誇有用材焉，恨不能令讀八股耳。今得聖母當陽矣，講求正學，綸綍頻宣，語好新奇，功令有所必黜。吾知培閶左之佳子弟，蔚朝右之賢公卿，在此一舉也。列祖列宗，在天之靈，實式憑之已，聖治之隆之萬不替也。金陳章羅，頒爲程式；譚林楊宋，在所誅鋤。穆穆皇皇，羣上無疆頌焉，何莫非重視八股哉！今又懿旨下降矣，誥誡試官，禀承有自。鑒衡偶舛，磨勘之咎難辭，吾知保四千年中國之文明，壯四千萬士林之元氣，恃此一策也。周公、孔子，斯文未喪，保佑命之已，猗歟盛矣哉！文明以正，有道萬年，他邦人士，行將拭目俟之矣。」

器物銘

有爲器物銘以諷世者，字紙簏云：「大口箕張，咬文嚼字。人棄我取，便便腹笥。食而不化，羞愧無地。一傾吐之，及早變計。」鷄毛帚云：「世不可問，斷尾以全。拾羽作帚，束縛自堅。驅除不潔，塵埃蕩然。可惜大才，乃小用焉。」眼鏡云：「肉眼多昏，重瞳已遥。高瞻遠矚，窮力爲勞。獲兹利器，使人昭昭。平增眼福，架鼻而遨。」牙刷云：「惟口啓羞，亦復含垢。積垢毁齒，大開狗竇。有物拭之，晨與之候。短小精悍，誓殲羣醜。」筆架云：「三寸筠管，重於鐵鋤。力不能勝，以譏田夫。君堪肩任，雙管力扶。形成山字，名實相符。」紙扇云：「世界太熱，清涼絶少。賴君一揮，炎氛頓掃。奉揚仁風，居然有道。展之則大，斂之則小。」火爐云：「雪消春暖，圍坐羣來。一爐之外，餘地恢恢。風動聲起，轟轟如雷。丹心共鑒，勿遽成灰。」

用夷變夏

光緒庚辰，湘鄉曾惠敏公紀澤奉使命至俄，求返伊犂。明年，伊犂條約成。及使命滿期而還，回京，以在俄久，起居習慣，均有歐風，而全家婦孺，悉冠呢帽，躡革履，窄袖緊腰，與歐人無稍差別。京朝士夫見之大譁，而理學家尤深惡痛嫉，謂：「父以道學名世，曾文正嘗與大學士倭文端諸人講學。子乃用夷變夏，是真不肖之尤。」物議沸騰，幾欲鳴鼓而攻。時李文正公鴻藻當國，嫉談洋務者如仇，故惠敏還京數年，卒不能大用，以侍郎終。

半世英雄誇獨異

張樵野侍郎蔭桓未遇時，每爲世所詬病，既顯貴，則頗有所表見，羣謂爲嶺南之第一人也。光緒朝署户部侍郎，嘗自鐫一印，曰「紅棉老人」，凡與人書楹聯，悉用之。某作詩以諷，而張安然也。其詩云：

「從來槐棘署三公，誰識紅棉位少農。半世英雄誇獨異，一條光棍起凡空。繁華畢竟歸搖落，衣被何曾及困窮。莫謂欲彈彈不得，二槌（槌與徐音近。）方議撼長弓。」時都下盛傳二徐（致祥、郙。）有劾張之說，但未發表耳。

自上當

清河富室王氏設質庫於邑城，累世矣。代遠，子姓繁，有仍擁巨貲者，有仰此自給者，營業之事，則擇一人主之。光緒時，主之者爲壽萱觀察錫祺。壽萱好學，好刻書，嘗刊《小方壺齋輿地叢鈔》，於營業不甚措意。而族衆忌之，意其主持有年，必增益多金，思有以傾之也。乃各出其長物，典於質庫，而必取重值。庫夥以典物者之亦主人也，不得不如數以應之，凡若此者，幾於無日蔑有，而因應窮矣。架本（典肆之資本曰架本。）不足，壽萱則以假貸資挹注，久之，遂破産。時人爲之語曰：「清河王，自上當。」蓋質庫一曰典當，俗謂質物曰當，爲人所欺曰上當。王氏之當，非壽萱一人所設，族衆亦主人，而各以己物往質，故爲自上當也。

三姓合一家

蕭某妻死無子，乃娶再醮婦。婦挈前夫之子以至，卽俗所謂拖油瓶也。旋爲其子納婦，久而不孕，於是又買他人子以爲孫。或以一聯譃之云：「三姓合一家，祖孫父子；七銅配八鐵，露水夫妻。」

大瘋歌

粵南爲瘴癘之鄉，有大麻瘋，一名癩，到處流行。犯之，眉毫盡脱，鼻洞穿焉。有遭其厄者，或仿漢高祖《大風歌》以嘲之曰：「大瘋起兮眉飛揚，安得猛士兮守鼻梁。」

姚姬

光緒乙未、丙申間，張文襄權江督，幕僚多才俊。值暮春佳日，相約踏青，訪袁子才隨園故址，謁其墓，七姬墓亦在焉。隨園大門外有石碣，所鐫者爲王夢樓之撰序，姚姬傳之題名，咸摩抄憑弔久之。歸途，集上元顧石公孝廉家園，縱談游事。石公亦秣陵耆宿也。某觀察夙有通才之目，席間謂石公曰：「袁公七姬，其一姓姚，頃見石碑上有姚姬傳讀作去聲。字樣。此傳，公曾讀過否？」石公瞠目不能答。某歸而告人，其人諷之曰：「君於聲音訓詁之學，思過半矣。」

習氣大全

張文襄初督江南時，朝令暮更，政局爲之一變，其時難免有竊竊議之者。一日，賓僚讌集，談論及之，有掌教某公莞然曰：「諸君無費詞。以我視之，張公直一部習氣大全耳。」衆請其説，曰：「世所謂書生習氣，名士習氣，紈袴習氣，官場習氣，滑頭習氣，與夫近世之新界習氣，張公胥兼而有之，得不謂之習氣大全乎？」

紅頂之區别

光緒朝，京外官吏之三品以下者，泰半得有紅頂，名器之濫，至此極矣。或爲解釋之：曰箋紅，私函陳請者之所得也；曰銀紅，行賄納捐者之所得也；曰血紅，誣盜殺民者之所得也；曰洋紅，辦理交涉者之所得也；曰喜紅，辦理大婚典禮者之所得也；曰老紅，循資按格者之所得也。其有名爲肉紅者，則其所得，或自充上司之孌童，或令妻拜貴人爲義父，或使妾與顯者薦枕席，皆屬之。

湖南義棧

周某某任安徽巡撫時，戚友之眷，皆可入居署中，時人目爲湖南義棧。朔望行香之日，婦女出觀，大堂上下，異常嘈雜，而某不之怪也。

達材

光緒中，長沙設達材館，頗不理於衆口。或集成句以諷之云：「何哉爾所謂達者，以爲未嘗有材焉。」

江河標榜

光緒朝，江建霞京卿標督湘學時，有謂其關防不謹者，乃以「江標」二字撰聯譏之云：「爲文不在工，但須進得水多，從此江河將日下；賣學祇要票，盡是排班木偶，任他標榜自風流。」然非實録也。

黄粱一夢

梁鼎芬嘗知漢陽府，辦理警察，人怨其嚴，曾相率罷市數日。其所募巡士，無論冬夏，頭戴暖帽，紅緑絨項，身服紅號掛，緑袖口，白團心，下著黄色土布袴，一人之身，五色俱備。又仿上海小菜場式，築屋數楹，晨收小菜捐，午後收洋雜貨攤捐，夜收醫卜星相捐，實以供經費也。或製聯贈之曰：「一目不明，開口便成兩片；廿頭割斷，此身應受八刀。」額曰「黄粱一夢」。

求榮反辱面無光

侍讀學士榮光以争設津浦鐵路車站事，未洽輿論，至褫職。或爲上聯嘲之曰：「榮光争設站，求榮反辱面無光。」一時對者紛如，或曰：「勝保妄談兵，未勝先驕身莫保。」或曰：「載振爲藏嬌，千載一時名大振。」或曰：「達賴乞外援，欲達終窮行近賴。」

可憐光彩生門户

滿洲志伯愚將軍鋭起家科第，爲德宗珍嬪、瑾嬪之兄，然未嘗一日居要津也。或撰一聯張之於其大門云：「可憐光彩生門户，未有涓埃答聖朝。」

高唱揮毫

志伯愚嗜劇，能自唱，尤好觀《打金枝》，耳熟能詳，是劇中之「金烏東升玉兔墜」句，不覺時出諸口，然未能工也。平時與人書札，輒喜作狂草，亦不工。或嘲之以偶句云：「忽然高唱，金烏玉兔之聲；偶爾揮毫，牛鬼蛇神之字。」

一龍一鳳一豬

有某編修者，喜諧謔，工聯語。某年秋，某屠婦壽辰，作聯壽之。屠婦，家小康，夫亡矣，子已入泮，且有孫。其聯曰：「祝聖壽於夏六月，祝慈壽於冬十月，祝爾母壽於秋八月，三壽同登，一龍一鳳一豬，哈哈豈非笑話；有賢子在庠序中，有賢孫在襁褓中，有賢夫君在地獄中，羣賢畢至，可喜可歌可泣，太太何以爲情。」

龍蟠虎踞

提督楊金龍官兩江督中協鎮時，嘗暱歌妓李玉仙。張文襄自鄂督移權江督，挈親信某弁以至。至，則率衛隊及自強軍，且保其秩至副將。其人恃文襄之寵，勢張甚，視江南提鎮蔑如也。既而豔玉仙名，時往顧曲焉。金龍，固江南武僚中之有聲望者，亦負氣不相下，每入夜，各召集羣黨以往，縱酒酣歌，迨夜闌客散，龍虎分踞一室，相持不去，如是者數閱月。玉仙固黠者，且長於外交，竭力調停，然亦殊有左右爲難之苦。一日，顧石公從友飲其家，玉仙諗其爲名士也，酒闌，乃出白綾帳簷一幅，丐題額。石公揮毫書「龍蟠虎踞」四字以贈，蓋諸葛亮論金陵形勢云：「鍾阜龍蟠，石城虎踞，真帝王之宅也。」

來賓堂

常熟鹽梟，綽號雁鵝黨，其渠魁某積非義財，營巨宅，丐某名士題額，並索聯語。某書「來賓堂」三字予之，並集句爲聯云：「一曲平沙彈綠綺，半窗晴日寫黄庭。」蓋隱「雁鵝」二字也。梟固不解，喜甚，懸之堂中，或告以意，乃毁聯額。

木頭

光緒朝，安徽之某縣知縣先後繼任者，爲查某某、李某某二人。邑人有聯以嘲之曰：「前七月初八，後七月初八，笑他接印同期，未見得文光射斗；去一個木頭，來一個木頭，只是愛財若命，都恐怕擔子難挑。」蓋查、李兩字皆從木，其履任之期均爲七月初八日也。

左右國人諸大夫曰賢

光緒朝，柯逢時督辦膏捐。有某某者以百計夤緣，得鄂省膏捐差，遂恣爲聚斂，復於膏捐外假籌餉名義，增門面稅及煙酒糖各稅。朱死，或輓以一聯曰：「門面有稅，膏捐有稅，煙酒糖有稅，畫策無遺，求也可使之富；左右曰賢，國人曰賢，諸大夫曰賢，蓋棺論定，今之所謂良臣。」

執柯伐柯

柯逢時撫粵西，人病其嚴，乃製聯詆之云：「逢君之惡，罪不容於死；時日曷喪，予及女偕亡。」額曰「執柯伐柯」。

執牛耳者牛飲

某社宴集，社長豪於飲，醉而駡坐。末座少年諷之曰：「執牛耳者固可牛飲乎！」

光緒戊戌諧聯

光緒戊戌政變，某爲聯紀之曰：「金鑾寶殿唐天子，指唐景崧。錫蠟胡同張大人。」又曰：「四品京堂，查無下落；指王照。三人會辦，別出心裁。指吴懋鼎等所辦農桑局。」又曰：「昭信股票有千萬，經濟特科無一人。是年保而未試。」

尤物移人

光緒戊戌，陳寶箴撫湘時，力主變法，王壬秋常面諷之。然陳喜與談，嘗謂其子三立曰：「尤物移人，勿被誘惑。」蓋三立亦樂於親王也。

充漢奸

光緒己亥，剛毅下江南籌餉時，候補道陶榘林觀察前往禀謁。陶美鬚髯，素有大鬍子之稱。剛一見，遽謂之曰：「以君之貌，若充漢奸，真無愧也。」陶無詞以應。

實爲德便

德靜山中丞撫粤省，辦差者於署中建溷樓一所，四周圍以玻璃窗，光明洞澈，略無纖翳。外加管鑰，惟中丞得如廁，不許他人闌入。幕中數友皆選事人，日，或題一額懸其上曰「實爲德便」。

此處禁止小便

有識人之不識字者曰：某甲性愚蠢，目不識丁，其妻諳文學。一日，外舅家有喜事，妻命其往賀，且告之曰：「吾家皆恨爾愚昧不識字，今教爾數字，爾誌之，可不爲所輕視矣。」遂告之曰：「予家大門上有喜字，兩旁之聯，左爲『國恩家慶』，右爲『人壽年豐』。汝其誌之。至門，必指之以語人曰：『此喜字及國恩家慶人壽年豐九字，書法甚佳。』對門有米店，其門板上貼有『求現不賒』四字，可指以語人曰：『此求現不賒四字，亦秀潤可喜。』後院井畔亦貼有一紙曰：『此處禁止小便。』汝必須於欲溲時，佯奔井畔，作欲溲狀。及至，則急停止，而言曰：「此處禁止小便，予幾誤矣。」於是他人必不敢謂汝爲不識字之人。」甲大喜，命妻數教之。及至，則見外舅外姑及妻之姊妹均立門次。甲亟指門而言曰：「佳哉！此喜字也。佳哉！此國恩家慶人壽年豐八字也。書法何若是之佳。」外舅等皆以爲奇，私念人皆謂渠不識字，今何能隨口道出也。又指對門米肆曰：「彼求現不賒四字，亦不亞於此。」旋肅之入，款以盛饌。未幾，甲忽欲小便，乃急奔後院，果見井次有字一行，遂大聲曰：「此處禁止小便，予誤矣！」遂奔往他處溲之。外舅更喜，以爲有壻如此，可無誤於女矣。宴後，散坐，外姑欲指一字以試之，遂指其姨氏裙間所繡萬字而問之，甲瞠目不能答。久之，舉室大鬨，甲愧甚，無地自容。俄而急智忽生，遂答曰：「此喜字。」衆曰否。甲又曰：「然則此爲國恩家慶人壽年豐矣。」衆又譁曰：「否否。」於是大聲呼曰：「是求現不賒也。」衆又摇首。曰：「然則是此處禁止小便矣！」外舅大怒，摽之於大門之外。

旅順送向何處去

光緒甲午之役，我敗於日，龔照璵以旅順不守，乃卽偕衞達三行。衞被誅，龔久羈於獄，得不死，庚子拳匪亂，遂自出獄，和議成，脱身南歸。是年六月六日，爲其六十壽期，乃預定宴客三日。邑人張某素與龔有隙，一日，忽肅衣冠而入，長揖曰：「六哥，今日樂矣！容弟一言可乎？」龔曰：「願承教。」張曰：「弟近閲新書，始知國民乃國家之主體，弟亦國民也，土地之存亡，應負一分之責任。請問六哥，前年以弟之旅順，送向何處去？今日能見還乎？」龔大窘，狂呼逐客。次日之晨，其門首忽有聯云：「稱六太爺，上六旬壽，欣占六月六日良辰，六數適相逢，曾聽得張六先生，大踏步闖進門來，曰叫六哥還旅順；坐三年監，陪三次斬，賺得三代三品封典，三生願已足，最可憐達三故友，小錢頭不如咱洒，寃沉三字赴黃泉。」龔憤甚，大索數日，不得其人。「小錢頭不如咱灑」者，合肥土語。

嘲鴉片及拳亂聯

雲南大觀樓長聯，爲孫髯如所撰。上聯云：「五百里滇池，奔來腕底，披襟岸幘，喜茫茫波浪無邊，看東驤神駿，西翥雲儀，北走蜿蜒，南翔縞素，高人韻士，何妨選勝登臨。趁蟹嶼螺洲，梳裹就風鬟霧鬢，更蘋天葦地，點綴些翠羽丹霞。莫辜負四圍香稻，萬頃晴沙，九夏芙蓉，三春楊柳。」下聯云：「數千年往事，注到心頭，把酒凌虛，歎滾滾英雄誰在。想漢習樓船，唐標鐵柱，宋揮玉斧，元跨革囊，偉烈豐功。費盡移山辛苦。儘珠簾畫棟，捲不起暮雨朝雲，更斷碣殘碑，都付與荒烟落照。祗贏得幾杵疏鐘，半江漁火，兩行秋雁，一枕清霜。」或倣其體以嘲吸鴉片煙者，上聯云：「五百兩煙泥，賒來手裏，價廉貨淨，喜洋洋興趣無窮。看粤誇黑土，楚重紅瓤，黔尚清山，滇崇白水，枯成辨色，不妨請客閒評。趁火旺爐然，賚就了魚泡蟹眼，正更長夜永，安排些雪藕冰桃。莫辜負四稜響斗，萬字香盤，九節老鎗，三鑲玉嘴。」下聯云：「數千金家產，忘卻心頭，癮發神疲，歎滾滾錢財何用。想名類巴菰，膏珍福壽，種傳鶯粟，花號芙蓉，橫枕開燈，足盡平生樂事。儘朝吹暮吸，那怕他日烈風寒，縱妻怨兒啼，都裝做天聾地啞。只剩下幾寸囚毛，半抽肩膀，兩行清涕，一副枯骸。」光緒庚子五月，義和拳匪設立神壇於京城之清涼庵，或亦倣其體作一聯云：「五百石糧儲，助來壇裏，登名造册，亂紛紛香火無邊。看師尊孫臏，祖託洪鈞，神上太公，單傳大士，仲拳閉目，總言靈爽憑依。趁古刹平臺，安排些蘆棚蕈薦，便書符念咒，遮蔽那鉛彈鋼鋒。莫辜負腰纏黄布，首裹紅巾，背繞赤繩，手持白刃。」下聯云：「萬千人性命，付與團頭，濃夢酣眠，明晃晃刀槍何用。想焚燬教堂，圍攻使館，摧殘民舍，蹂躪官衙，張膽喪心，那得天良發現。刳殺人越貨，直自同猘犬貪狼，縱作怪興妖，今已化沙蟲腐鼠。只贏得台偃龍旗，門隳魚鑰，宫屯虎旅，道走翠華。」

秉節衡才

光緒庚子之亂，巡視長江大臣李秉衡力言義民可用，一意主戰，致釀不可收拾之禍。然其巡撫山東時，頗以清介自負，惟吏治則畧無起色。時有擬聯嘲之者云：「秉節赴青齊，河海鹽漕，無一不稀糟稀爛；衡才懸黑鏡，智愚賢否，全都是糊裏糊塗。」

某太史嘲剛毅詩

剛毅年老而善忘，廣座之中，恆説訛字，如稱虞舜爲舜王，讀皐陶之陶作如字，瘐死爲瘦死，聊生爲耶生之類，不一而足。光緒庚子之拳亂，剛實搆之，某太史戲撰七律以嘲之云：「帝降爲王虞舜驚，皐陶掩耳怕聞名。薦賢曾舉黄天霸，遠佞思除翁叔平。一字誰能争瘦死，萬民可惜不耶生。功名鼎盛黄巾起，師弟師兄保大清。」

相國先從馬後死

光緒庚子，兩宮西狩，剛毅亦爲扈蹕大臣之一，卒於聞喜縣。或仿《長恨歌》體記其事，有云：「回頭一顧殺氣生，江南司道無人色。」又云：「六軍欲發可奈何，相國先從馬後死。」

僅有半通

蘇人迷信五通，光緒時，明詔興學，有創廢祠廟爲黌舍者，吴縣某鄉僅有五通祠，將毁矣，耆民尼之。某紳素開通，知耆民之識字無多也，乃語之曰：「吴之五通，自湯文正頒諭廢祀以後，已泰半除之矣。今亦僅有半通耳，果何惜耶？」此蓋襲蒲留仙語而譏其半通也。

張李互詆

張文襄公意氣傲岸，不可一世，李文忠、劉忠誠皆與之意見參差。光緒庚子，張、劉既訂東南之約，李在京，惟日往來於聯軍總統瓦德西之門而已。張遺書誚讓之，李告人曰：「香濤作官數十年，猶是書生之見也。」蓋謂其不諳大局也。張聞而勃然曰：「少荃議和兩三次，遂以前輩自居乎？」時人目爲天然對偶。

兩江呆人障三省釣魚行

金陵久爲粵寇洪秀全所據，自湘鄉曾忠襄公國荃克復以後，戰兵雖遣裁，而留防湘軍常萬數。故同、光之間，江督一缺，必於湘軍宿將中選之，蓋非此不足安其心，且恐有他變。楊金龍，亦湘人，提督江南十餘年，雖跋扈，而朝廷不敢動，哥老會多湘人，楊卽爲其魁，遇事擅專，督臣不能制。亦此故也。光緒甲午、庚子間，劉忠誠公坤一督兩江，前後殆十載，金陵遂儼爲湘人湯沐邑矣。然忠誠壯歲從軍，起爲監司督撫，所至大有聲。晚年督兩江，則暮氣乘之，且烟霞癖甚深，故軍政吏治，一切守故常，不復圖振作。而幕客親私無所事，惟日於秦淮溪邊釣魚巷中歌舞爲樂，謀差營缺者亦皆奔走於其間，忠誠聲譽遂日衰。督署前東西轅門横額上所書，爲「兩江保障三省釣衡」凡八字，有善嘲者，以拆字法易之曰：「兩江呆人障，三省釣魚行。」

慫恿鬼子拔俊賢

光緒庚子拳禍之興，八國聯軍坌至，統帥瓦德西徵詩。有一丐者在平度，唱《蓮花落》云：「可憐可憐，西洋鬼子殺來也。沈郎年強多奇才，慫恿鬼子拔俊賢。一篇律賦，一篇墨裁，首陽隱士齊出山。道讀書萬卷，鬱鬱山林何爲哉？快收拾筆墨紙硯，到交民巷去試試看。」

藉外人之勢以鞭我

京師御者高七，性亢傲，好鬬，鬬必以勝爲快，稍撓挫，則終日尋釁不休，必勝乃已。光緒辛丑，拳亂既平，爲某國公使御者，擁蓋策羸，意氣頗自得。一日，出前門，路窄，不能方軌，適前有一老者，策薄笨車，逡巡不進，高七怒目叱之曰：「誰何之車，乃阻人道，不速行，將鞭汝。」老者唯唯，微哂曰：「此我自有之車，非他人車也。汝今日藉外人之勢以鞭我，我又何辭，安敢不順受？」高七無以應，悒悒不樂，越數日即入西山某寺爲僧。嘗端居一暗室，閉目趺坐，有人問之，始終無一語。

臭溝

京師街市溝渠，以管理溝渠河道大臣總轄之，而街道御史實董其事。每年一開，例在二三月間，四月而畢，正舉人會試期之前後也。時人爲之語曰：「臭溝開，舉子來。闈墨出，臭溝塞。」

榮王瞿之別號

榮文忠公祿別號曰略園，王文勤公文韶別號曰退圃，瞿子玖相國鴻機別號曰止庵，時皆在位。或謂榮略而不略，王退而不退，瞿止而不止，合以張文襄公之洞之校閱經濟特科卷，被人翻案，可謂香濤不香。榮卒，某主政輓以聯云：「此一文忠，彼一文忠，彼弭亂之終，此釀亂之始，並宮府中外以調和，誰爲罪魁，誰爲功首，必有定論矣；成也相國，敗也相國，敗不居其過，成則居其名，更戊戌庚子諸禍變，而竟生榮，而竟死哀，謂非厚幸歟？」又某太史輓聯云：「天外尚有康梁，聞此老全歸，縱使筆底千言，幾時論定；地下若逢剛啓，話當年同事，只爲腰纏萬貫，一步來遲。」

不倒翁

某相國枋政時，一日，有客報謁，自稱門生。既見，即獻漆盒一事，啓視，乃不倒翁大小百枚也。客去，僕偶檢視，見各粘有名字，最大者即相國之名，餘則各部院及奔走其門下之人。蓋中並有二十四字云：「頭鋭能鑽，腹空能受。冠帶尊嚴，面和心垢。狀似易倒，實立不仆。」亦言過其實也。

琉璃蛋

某京卿遇事發言，多模棱，絶無偏倚，時人呼之曰琉璃蛋，形其圓滑也。

那像胡同

那某官京師時，曾於京師内城之某胡同擴其居宅，附近之民居商店悉購之，改建西式園林。有過之者曰：「美哉此屋，金谷園、半閒堂不是過矣。不審此胡同亦將改名否？」旁有答者曰：「宣武門外丞相胡同，以明嚴嵩所居得名，後人惡嵩，改爲繩匠。魏染胡同，以明魏忠賢所居得名，後人惡忠賢，改爲魏闔。旋有某名士以闔字汚目，改魏爲染。今之金魚胡同，可名那相胡同，聞者傳訛，若改爲那像胡同，可也。」

萬壽無疆百姓遭殃

光緒壬寅，張文襄督鄂，時方舉行孝欽后萬壽，各衙署懸燈結彩，費鉅萬，柬請各國領事筵宴，並奏西樂，唱新愛國歌。酒闌，某忽語梁某某曰：「滿街都唱愛國歌，未聞有人唱愛民歌者。」梁曰：「君胡不試編之。」辜鴻銘略一佇思曰：「余已得佳句四，君願聞之否？」曰：「願聞。」曰：「天子萬年，百姓花錢。萬壽無疆，百姓遭殃。」坐客譁然。

錢必進

檀某嘗爲福建學政，按臨福州，從者不謹，榜發，輿論大譁。落第士子乃於謁聖之日，以肩輿舁紙糊秀才一，藍衫雀頂，題其名曰錢必進，鼓樂喧闐，游行城内外，投刺拜客，作種種滑稽舉動。後檀爲御史所劾，遂落職。

搆腹稿作八股文

某年，考試東西洋留學生，題爲「天行健君子以自強不息」。既畢試，遊三貝子花園，汪某某與焉。

時動物園有一象，行步蹣跚，或笑謂汪曰：「此象規行矩步，身軀摇晃，殆正搆腹稿作八股文。」蓋譏汪之曾應科舉耳。汪笑應曰：「誠哉是言，象作文之題，且爲『天行健君子以自强不息』二句也。」蓋「天行健」句上有「象曰」二字也。

皆服外國之服

光緒中葉以後，出洋留學者日多，以我國衣冠之爲外人所揶揄也，皆改西裝，及歸，亦沿用之。於是凡在都會及通商口岸之少年，以爲是固學生之標識，足以誇耀鄉里也，乃相率仿效。頑固黨見而大憤，惡其服外國之服，加以誚讓，黠者還叩之曰：「吾改西裝，固外國之服矣。公試臨鏡自照，亦古之深衣否？蓋亦滿洲衣冠耳。滿洲在明亦外國，是公與吾，固皆服外國之服也，又奚擇焉！」

冠蓋京華白眼多

張文襄在京時，自書門聯云：「朝廷有道青春好，門館無私白日閒。」一日，退值歸，見聯旁綴有小字，細審其語，則「優游武漢青春賤，冠蓋京華白眼多」也。亟命毁之。

犂牛

德駐膠澳總督某通華文，頗有文采。嘗謁魯撫，撫某問以公子幾人。膠督曰：「某有數子。」因一一語以所業。撫大贊曰：「真犂牛之子哉！」膠督色變，卽問曰：「大帥公子有幾？」某一一告之。膠督曰：「然則鄙人於犂牛相去殊遠，公真爲犂牛矣！」某尚以爲贊美也，相與大笑。

小女子亦知稼穡

崇恩字雨舲，光緒朝嘗官山東巡撫。某年陛見回任，道出齊河，旅店壁上有齊河縣崔令詩云：「爲因相驗下西鄉，二八佳人割稻粱。□□□□□□□，打道回衙坐大堂。」他人見之必爲捧腹，而崇特於接見時，極力揄揚，且云：「崔大哥，汝詩必傳，但必得我崇雨舲代作詩序方可。」遂脫口曰：「齊國有崔大夫，勤政愛民，化行俗美，雖小女子亦知稼穡之艱難，故詩人作詩以美之。」

鐘撞和尚

有女學生某嫁男學生某，二人常以中國主人翁主人婆自命。一日，共論時事，慨然曰：「今日此事，祇有做一日和尚撞一日鐘耳。」妻曰：「吾之意，亦與君同，做一日鐘撞一日和尚耳。」蓋皆諷時之語也。

羣盜如毛

端方撫鄂日，順、直、秦、晉捐例大開，以候補道到省者一日數起，皆接見而厭其煩，謂人曰：「此真羣盜如毛也。」

端人不若是也

端方督兩江時，有刻薄者曾撰一聯誣之。其上聯云：「賣差賣缺賣釐金，端人不若是也。」以一事例之，有某者以知府得綜理財政局差，許感之甚，會端移節北洋，許特餽白金二萬以報之，美其名曰鹽敬。然許卒以中飽敗。下聯云：「買書買畫買古董，方伎何其多乎！」外間盛傳端在江南，曾侵吞賑款銀至二百餘萬兩之多，經言官揭參，固查無實據也。

五鴿道

咸、同軍興而後，以至光、宣之間，各省需次官員，流品極雜，而江南爲尤甚。有趙某者，父以總兵官領軍，戰没於圍攻金陵之役，詔照提督陣亡例從優賜卹。某遂以父蔭得道員，服闋後，仍發江蘇，歷任總督，以其忠裔，常畀以要差。某亦粗識之無，惟於筆畫稍爲重密之字，即不甚了了，然性黠甚。一日，赴同官之召，在酒樓西餐，侍者以菜單進。某茫然，因就座客五人點菜單中，各圈記一品，示侍者。侍者詢以尚需別味否，某大聲曰：「如是足矣！何必問？」侍者心異之，然不敢再詰，唯唯去。須臾肴進，則皆紙包鴿子也。座客相顧大駭，既而始各恍然，自是，人皆呼之曰五鴿道。

曷不流覽圖史

端方督兩江，時江寧將軍爲清某。一日，清謁端，見之於籤押房，房懸名人書畫，有錢大昕對聯，清詢錢爲何朝人，且誤讀昕爲斤。端以近代人物告之。清曰：「公好骨董，此聯有何可賞？」又指惲南田畫之署款「壽平」二字以言曰：「此甚佳，壽平隸何旗？」端曰：「壽平爲陽湖人，惲莘耘中丞之族祖也。」清曰：「今官何省？」端曰：「公欲識其人，亦何不可，惟不能久於任矣。今日畫省餘閒，曷不流覽圖史乎？」

死惜九年遲

當唐薇卿中丞景崧權撫臺灣時，七次電爭割地，臺人擁唐暫主民權。時有所聘志局纂修閩中鄭孝廉，貽書中丞，略謂謀人軍國，敗必殉之，書未達而中丞已出險。光緒乙巳，唐卒，鄭寄聯以輓之云：「死惜九年遲，回頭總統虛名，中史頓開民主局；論難千載定，放眼臺灣義舉，後人誰繼我公賢？」

一木焉能支大廈

城南書院山長陳本欽捐廉修理魁星樓，工未半而金已罄，不能竣事。院生乃將「本欽」二字拆之，作一聯云：「一木焉能支大廈，欠金何必起高樓。」

所貴者胃

京師有貴胄學堂之設，凡王公及一二品大員之子姪均得肄業，而以八旗子弟爲多。習於驕貴，不問課程，及講堂授課，雖亦就座，然或互相談譃，或大聲唱戲，教員之講授自講授，學生之談唱自談唱也。一日，歷史教員某授課，學生談唱自若，教員無奈，低聲曰：「諸君亦聞之乎？」學生若不聞，再三言之，始有某貝勒之子問曰：「君何言？」教員又言之，貝勒之子作厭惡聲曰：「既講矣，已畢乃事，何必問吾輩之聞不聞乎？」教員默然。

順天劉某爲堂中庶務員，一日，有友訪之，談次乃曰：「貴堂學生叫囂淩雜，絶無秩序，有類市井小人。而供給學生之肴饌，既精且盛，爲值至昂，每餐需銀數兩，其胃納甚健，食器輒罄。是貴堂學生之所貴者，脾胃而已。」

腹儲穢物

無錫施叔隅，名建烈，性嗜酒。嘗會飲某所，一貴官施施從外來，丹其頂矣。筵次，適有巨蠅餂酒，僵不能起，貴官固利於口者，借蠅諷施，曰：「若貪酒，貪酒則宜死。」施撮蠅至案上，謂曰：「若腹肥腦滿，戴紅頂，儼如二品大員，然腹中所儲，祇有穢物。」卽破蠅腹以眎貴官曰：「何如？」貴官大慙，拂衣逕去。

嗜好與俗殊酸鹹

某鹾賈暱一妓，將娶之爲妾，有成議矣。或贈以詩曰：「淡紅衫子淡羅裙，淡掃蛾眉淡點脣。祇爲一身都是淡，將來嫁與賣鹽人。金錢買得東施去，底事干卿夢不安。亦淡亦鹹風味外，惹人都爲一身酸。」此妓面麻鼻偏，眇一目而又傴僂，詩故以東施擬之。鹾賈嬖之甚，客詰之，則曰：「我固嗜好與俗殊酸鹹也。」

肴猶未到口先呀

飲食之人，人皆賤之，謂之饕餮。有易七麻子者，食量素宏，或嘲以詩云：「好喫無如易七麻，肴猶未到口先呀。嘗將一箸箝三片，慣聳雙肩壓兩家。嚼進嘴邊流白沫，撓穿碗底現藍花。酒闌人散無多事，閒倚欄干剔板牙。」

豬喫料理

光緒末，日本東京某鐵道學校有我國學生七人卒業，皆列優等，意得甚，約至精養軒，互相酌酒以爲賀。及門，下女鞠䠒以迎，入座，進食單，請擇肴，七人不識西文，皆茫然。一黠者劉某曰：「前列者必不劣。」衆以爲然。於是各如教，擇數肴，次第傳進，則皆龍蝦、青蟹、鶡鵝、山雞之屬，酒則上等香檳、勃蘭地之類，煙則錫包雪加，恣意狂吞，譁笑並作。餐畢，則人需日幣十餘元，合之近百元，各以所攜餅金畀之，尚不敷，乃分遣數人出外措資，餘留餐館以待。久之，始返而償之，連稱慚愧而出。詰朝《朝日新聞》揭載其事，題曰《支那豬ハ料理ヲ食》，譯之爲《中國豬喫料理》也。

得意風雲快馬蹄

縣署捕役，以緝捕盜賊爲專責，遇有要事，則騎而出，俗謂之曰馬快。某馬快者，充役久，富矣，新搆廳事，落成日，乞某名士書聯。名士怏怏，乃強爲書之，援筆落紙，大書「及時雷雨龍」五字，佯作色曰：「此下應『舒龍甲』三字，今誤將龍字顛倒，奈何？」馬快云：「先生書法高妙，雖顛倒無妨。」乃續書舒甲二字。其下聯爲「得意風雲快馬蹄」句，因亦倒寫「馬」字於「快」字之上焉。

衹爲一人歌有慶

孝欽后七旬壽誕，有人爲撰一聯，其上聯云：「今日幸頤園，明日幸南海，何時再幸古長安？億兆民膏血全枯，衹爲一人歌有慶。」下聯云：「五十割交趾，六十割臺灣，而今又割富朝鮮。四萬里封圻日蹙，欣逢聖壽祝無疆。」

賭鬼顔歡

江蘇諮議局開幕前，討論會場禮節，有謂須衣外褂者，有謂須衣方馬褂加一大帽者，爭辨頗久。及開局，副議長提出議案，有禁止雀牌一條，嗣因各議員反對而止。有人集此二事，作聯嘲之曰：「雀牌議案不須提，賭鬼顔歡，有教育界法律家數十人竭力維持，從此空勞禁止；馬褂問題何日決，旁觀齒冷，費諮議局籌辦處一二日悉心探討，臨時仍復參差。」

一半功名一半財

某省有顯者某以中年起家佐貳，洊至兼圻，擁資數百萬。滑稽者就其生平之事詠之，成一聯云：「三分村路三分土，一半功名一半財。」

能者下流

山東有候補知縣二人，一熊姓，一卞姓。熊屢得優差，卞忌之。一日，遇於友人所，乃拆熊字爲句以誚之，云：「能者多勞，跪斷四條狗腿。」熊曰：「我可對。」卞詢之，熊曰：「下流無恥，伸出一點龜頭。」拆卞字也。

禽獸相爭

某郡太守張某性愛鶴，署中常蓄數十隻。有一純白者，頸懸一牌云：「此鶴本府所愛，有犯之者受重懲。」一日，童驅鶴過市，突有猛犬至，嚙死之。詢知犬爲蔡姓豆腐店所蓄者，歸報太守，出票拘之。蔡求計於陳某，陳爲之作狀，中有云：「鶴雖有牌，犬不識字。禽獸相爭，於人何與？」太守無以駁之，叱之去。

魚龍變化

江北某校教員龔象衡以督課嚴，爲生徒所恨。有黠者，於夜中就其姓名以拆字法題一横額於其房門，曰：「魚龍變化。」又題一聯曰：「龜爲首，家爲身，不可與共；龍其頭，魚其腹，難以偕行。」

性情習慣皆在放任一方面

錢塘室女徐新華著有《彤芬室筆記》，中有一則云：「烟禁厲行，又禁纏足，而天足漸多，戒烟者百不一覯。無他，國人性情習慣，皆在放任一方面。卧而吸烟，放任也，不纏足，亦放任也。故一有效而一無效。」

諷世俗語詩

有集俗語爲七絶以諷世者，其詩云：「奸淫造孽杜唐王，一代做官七代娼。善惡分明終有報，從無強盜好收場。小人得志亂顛狂，不管旁觀說短長。千丈麻繩終有結，一身做事一身當。今日人心最不平，弗圖來世有人生。黄狼攢在雞棚裏，吸盡黄河洗不清。幾隻貓兒不喜腥，誰能拔去眼中釘。強人自有強人守，晦氣層層不找零。寅年要喫卯年糧，光打精來精打光。東手接來西手去，一雙空手見閻王。創業容易守業難，日求三飽夜求安。得閒且過今朝事，坐喫山空海要乾。事無難易在誠心，那怕山高又水深。如把工夫加十倍，何憂鐵尺不成針。火燒尾巴尚從容，燈盡油乾命運終。開好天牕說亮話，外頭好看裏頭空。滿地黄金又白銀，横財弗賦命窮人。當光喫浄誰來問，少了銅錢斷六親。終日奔波假作忙，前人種樹後人涼。喫了黄連無處話，好如雪上又加霜。」

速做官去

林琴南孝廉紓嘗於齋壁揭一文，謂：「凡爲人子，當盡孝。」人見之者皆弗解。林曰：「我有兩子，今我猶健，固無待其養我。書以曉之，爲晚年計也。」一子爲某省知府，偶以省親至，居不一日，輒揮之使去。曰：「若好做官，速做官去，弗留我所也。」

上臺終有下臺時

某劇場之戲臺後有一聯云：「凡事莫當前，看戲何如聽戲好；爲人須顧後，上臺終有下臺時。」

地棍

社會之於無賴惡少律所謂地棍者，輒加以特別之名詞，雖各省不同，而皆含有譏諷之意。曰地痞，曰痞子，曰青皮，曰撥皮，曰賴皮，曰混混兒，曰混子，曰闖棍，曰打溜，曰搭流，曰打流，曰爛崽，曰泥腿，曰野仙，曰田羅漢脚，曰聊蕩，曰濫聊，曰流氓，皆是也。

門上家人

江蘇甘泉縣邵伯鎮有王石平者，某督之紀綱也。以買得某姓族譜畫像，遂冒姓某氏，某督遂亦不以僕視之，由是起家，而購良田，置美宅。一日，以聯榜於門曰：「門有通德，家承賜書。」里中人有與之不睦者，潛於門字下添一上字，家字下添一人字焉。

此字見三字經

宣統辛亥，朱家寶撫皖。有某小道者，南人也，充洋務局坐辦。會巡警道卞柳門以愛子病劇，乞假不出，小道往省之。坐甫定，即言有名醫可療郎疾，曷速延之。卞曰：「幸甚！乞告姓名。」小道囁嚅良久曰：「醫爲陳某某，上一字音近影，其狀彷彿如類字，《學》、《庸》、《論》、《孟》中不經見也。」卞以指畫之數四，憬然曰：「此字豈見之《三字經》乎？」小道曰：「殆是矣。」卞復問下一字作何狀，小道曰：「此易解，蓋生化湯之生也。」卞之幕僚有諗小道者，曰：「其夫人昨夜産一女，醫者陳穎生曾囑其服生化湯也。」

君在臣何敢死

宣統辛亥八月十九日，武昌革命起事，親貴紛紛出都，天津、上海、青島、大連灣等外人之租借地，蹤跡殆滿，屋租爲之驟昂。好事者爲書一聯於某之門曰：「君在，臣何敢死；寇至，我則先逃。」

朱姓名副其實

世俗駡人之無用者，輒譬以豬，曰豬玀，玀同阿，見佛經音義。以其無能爲也。蓋唐玄宗嘗與安禄山夜宴，禄山醉卧，化爲一龍而豬首，左右遽告帝。帝曰：「此豬龍，無能爲。」終不殺。事見《太真外傳》。豬玀，殆豬龍之訛耳。至西人之以吾人首有髮辮，呼爲豚尾奴，而有以「豬玀」二字之徽號相加者，則實皮相之見。且西女好插鳥羽於冠，衣翻毛俗謂反穿者是。之皮服，吾輩若反脣相稽，謂爲衣冠禽獸，彼亦何以自解耶。又世之於朱姓者，偶爾諧謔，或目之爲豬，則惟以「朱」音同「豬」，無他意也。然非所論於周石友之於朱雲峯。朱，江右人。席父廕，饒於貲，粗識字，飽食終日，無所事事，惟吸鴉片烟。沉溺既久，蕩其産，乃以招摇撞騙爲生。家僅一妻，生育甚繁，得男女十三。男已婚，女已嫁，所産男女都凡六十餘人。周嘗以事爲朱所愚，恨之，一日，遇於友人許，談次，忽有口角，謂之曰：「子粥粥無能，而善生育。子爲朱姓，可謂名副其實矣。」蓋以豬之善於生育，一胎恆十有餘子，譬其爲豬也。

朝廷不用人而用鬼

世俗駡人之詞，輒曰鬼，如荒唐鬼、冒失鬼、糊塗鬼、刻薄鬼、衰鬼、淫鬼、賭鬼、酒鬼等，不可勝數。而於嗜吸鴉片煙者，則目之曰煙鬼。咸、同以降，煙鬼日多，然未有舉家全吸，一門之内，幾不見有一人而皆爲鬼如王某者。王曾任京秩，性貪。某年外簡，攜眷出都，道經某邑，邑令爲具供張，婪索百端，一一如命，猶未饜。瀕行，勒獻鴉片甚急，王固諳知邑爲出産罌粟之地也。令應之，始行。及啓程，令見坐車行李車之後别有一車，所庋置者皆煙具。詢其僕，曰：「中有煙鎗三十六枝，蓋自王而外，若所謂太太、姨太太、少爺、少奶奶、孫少爺、孫少奶奶者，無不吸煙。益以幕友家丁，適得《水滸》天罡之數。」令歸，與幕賓閒話，太息而語曰：「今時局如此，朝廷乃不用人而用鬼，宜世界之黑闇，至於此極也，又何言！」

煙消日出不見人

有曾爲顯宦者，宦成而歸，治園於西郭外，水木清華，亭館幽邃，爲一邑之冠。既成，大宴賓客以落之。酒半散步，蓋將吸鴉片煙也。客有從行者，至假山後之一斗室，主人就榻坐，笑而語客曰：「僕於此，將集成句爲楹聯，上句爲『山重水複疑無路』，尚未有下句也。」客見榻有煙具，乃曰：「以『煙消日出不見人』對之，何如？」

官吏現身説法

官吏經商，例有明禁，立法之意，略同泰西，蓋防其假公以濟私，非謂其身分高於商也。而官吏誤會其意，無不夜郎自大，賤視商賈，雖一命之夫，對於闤闠中人，亦復趾高氣揚，若有不屑與伍之意。同、光以來，人心好利益甚，有在官而兼營商業者，有罷官而改營商業者，殆欲於直接取民以外，復以間接之法，與民争利也。然肉食者鄙，目光短淺，於開掘鑛産、建築工廠之利，茫然無知。所營之業，約計之，爲古董鋪也，爲酒樓也，爲茶肆也，爲旅館也，爲車行也，皆不足以爲社會生利者也。有高民者聞之喟然，語其友王子密曰：「官吏所營之業，不啻現身説法，自爲寫照。其設古董鋪者，則皆陳舊之物，徒供陳列，若自言其無濟實用也。其設酒樓者，則一生饕餮，惟知食粟，若自言其飽食終日，無所用心也。其設茶肆者，則呼朋引類，竟日坐談，類於朝鮮人之煙茶消遣，若自言其將爲亡國之民也。其設旅館也，則來往無常，淹留不久，若自言其一官如寄，可以五日京兆視之也。其設車行者，則曳車奔走，惟恃足力，若自言其有終南捷徑，易於鑽營也。」子密曰：「君所言經商之官吏，尚爲主人，俗所稱東家者是也。今天下多故，若輩必有失其官之一日，當是時，求生不得，求死不能，雖曾躋道員、知府之列，充總辦、提調之差者，且恐欲求爲商之夥而不得矣，猶敢趾高氣揚耶？直將低首降心，患得患失，以諂事上官之術諂事巨商耳！」

高等游民

咸、同以降，捐例大開，納粟得官，遂相傳爲世業，其稍有貲財或力能假貸者，祖孫父子兄弟，莫不以捐官爲捷徑，藉得温飽，或且致富。光、宣兩朝，若輩尤夥，即以江蘇候補道言之，多至三百餘員。終日優游，無所事事，妄自尊大，有如夜郎，於是人皆謂之曰高等游民。歐美日本之畢業大學者，錫以學位，曰博士，曰碩士，曰學士，其上冠以所習科學之一字，如農學博士、工學博士、商學博士是也，餘可推類。我國相傳之四民，沿襲自古，曰士、農、工、商，别於農、工、商之外而曰士。士之名稱，謬誤已極，而所謂士者，乃竟一切不知，絶無所事，於是人亦謂之曰高等游民。

三多

華封人之祝陶唐氏也，一曰多福，二曰多壽，三曰多男子。此爲三多之嚆矢，由是遂有三多之名詞。京師有三多，曰多官，曰多相公，都人呼優伶爲相公，其年少貌美者輒爲龍陽君，以後庭賣淫。曰多糞。大道糞穢充斥，人與駱駝驢騾牛馬犬所遺也。江寧有三多，曰多道臺，宣統時候補道多至三百餘員。曰多驢子，江寧人每騎驢以代步，大街小巷所在皆有。曰多鹹鴨。鹹鴨爲江寧名産。蘇州有三多，曰多狀元，曰多妾，曰多名妓。蘇州婦女之美著稱於通國，舒鐵雲詩有「蘇州女兒嫩如水」句。西人亦贊美之，謂全世界之婦女以西班牙與蘇州並稱。是以妾與名妓皆産於蘇，各省娼妓且多託名蘇産也。上海有三多，曰多逃人，曰多煙鬼，曰多盜。上海租界寬廣，爲我國法權所不及，於是各罪犯皆恃此爲逋逃藪。而禁煙功令亦被阻格，吸煙者亦皆匿跡於此。以是二因，僑民遂多富室，爲盜所覬覦，遂有白晝持械行劫於通衢者。且會審公廨無判決死刑之權，故益蹤橫無忌。官之下繼以相公及糞，道臺之下繼以驢子及鹹鴨，狀元之下繼以妾及名妓，逃人之下繼以煙鬼及盜，蓋皆寓有譏諷之意也。

此地皮也

交河令周自怡以貪著，在官三年，爲巡撫所劾，褫職。去任之日，有耆民數人載泥贈之。周見而大怒，呵之，則曰：「此地皮也，慮公有所不足，故擔以來。」

宦裔

宦裔，仕宦者之後裔也。有陳孟庭者，好以閥閱自誇。父固天閹，與翁叔平相國同龢有同病，乃使其母僞爲有孕而生孟庭，實縣胥某之子，孟庭不自知也。一日赴公宴，遇林少琴，又自述其家世。少琴固盛唱平等之説者，聞而厭之，曰：「君果宦裔，吾輩知之久矣，又何言乎？」閹人爲宦官，而其父夙以天閹著稱，故以「宦裔」二字諷之，實別解也。

民壯何曾壯

州縣額設民壯，始於明正統間，本爲兵役。雍正甲辰，部議定額五十名，後准田文鏡議，以地之衝僻，定額之多寡，每人歲給六金。光、宣間，州縣各駐營勇，而民壯始僅爲本官出入跟隨、平日奔走之用。或諷以詩云：「民壯何曾壯，官肥牖腫多。一年銀六兩，養不活家婆。」

巡丁爲卡之代表

各省釐局，委員之下，有司事，有巡丁，皆委員所派也。委員所在爲總局，總局之外有分卡，分卡各事，司事、巡丁任之。司事略如幕僚。巡丁見委員，立而不坐，對於司事，則視若儕輩，與同卧起，論其分際，固不上不下也。俗呼巡丁爲籤亦作扦。子手，蓋商旅運貨過卡，巡丁查驗，輒刺鐵籤以探之。作威作福，悉恃此籤，人皆恨之，因呼巡丁爲卡之代表，蓋委員、司事，均須仰其鼻息也。

同冠顓臾

宣統時，蘇州創辦法政學校，以期造就專門人才，所延教員，泰半雄辯高談，睥睨一切。教員某善認別字，講義亦多誤解。某日登講席，誤言孔子爲魯同冠，而同時某商校教員，則讀顓臾爲顓臾，一時傳爲笑談。或贈以聯云：「孔子爲同冠，可憐法政學堂，偏要講二千年前故事；季氏伐顓臾，此等商科教習，還不如三家村裏先生。」

茶壺脱底

某校理化教習上課堂，發明茶壺之作用，以粉筆繪茶壺於黑板，旁註茶壺二字，乃誤書壺爲壼。學生某起言曰：「先生誤矣！壺字多一畫。」教習囁嚅曰：「筆誤，筆誤。」隨將壺字末一畫用粉刷拭之，成一帚字。合堂哄然，曰：「茶壺脱底，茶壺脱底。」

鳥界獸界

自學校盛興，設有外國文一科，青年學子，略諳愛皮西地，輒自炫於人以自矜異，而一切科學，既不精研，固有舊學，更不措意，若是者固所在皆有也。滇人王紹周爲某校學生，一日，貽書趙雲軒，有「接誦來函，備悉鳥界」等語。鳥界，西文言一切也。意蓋言鳥自空中下視，一切景物，無不入其目中。越翼日，雲軒往訪，贊之曰：「君入校未久，而已知有鳥界，可謂博洽。若再讀若干年，必可優入獸界矣！」

放屁狗

王少香嘗習爲詩，平仄且不諧，以所居僻左，遂以詩鳴，自謂爲詩人矣。某年入都，恆作詩贈人，李九溪見之，批「放狗屁」三字於上。或云：「君何作此惡罵？」李曰：「此爲第一等之評語，尚有二等三等者，乃爲惡罵。」或究其詳，則曰：「放狗屁者，人而放狗屁，其中尚有人言，偶放狗屁也。第二等爲狗放屁，狗非終日放屁，屁尚不多。第三等爲放屁狗，狗以放屁名，則全是狗屁矣。」

流學生

世俗於游學生輒呼爲留學生，筆之於紙亦然。蓋留學二字，爲日本之名詞，輸入最早，流傳已久，口耳間固習之矣。游學二字，乃學部所奏定，普通社會中人，尚鮮有知之者。趙翰卿有戚某游學歐洲，一日，貽以書，封面應有「中國留學生」字樣，而「留」字誤書作「流」。某得書，閱訖，置於案。沈序侯者，與某夙有隙，適過訪，見之，乃曰：「趙君書留作流，殆有深意。蓋謂君等學識閎通，人格高尚，固力爭上流之人，不至同流合污，墮入下流社會，與流氓之流，固截然不同也。」

游學費亦漏卮

自中外互市以來，商戰日競，洋貨日盛，日用各物，幾已盡爲舶來品矣。我國輸出之金錢，不可勝計。有周叔奇者憂之，謂爲莫大之漏卮，則以工藝不振，財有往而不可復也。周於吸鴉片煙者尤深惡痛嫉，以是項漏卮之更有害於社會家庭也。然於派遣游學生一事，亦深惡痛嫉，而以漏卮例之，亦實有激而云然耳。

余仲玉聞之，驟不解，詰其故。則曰：「吾自有說。日本、歐美游學生之學費，歲需若干，平均計之，在日本者，歲約需銀五百圓。宣統己酉學部奏定：入官立高等專門學校者四百五十圓，入官立大學者五百圓，祇習選科者四百五十圓。五年畢業，人需二千五百元。在歐美者，歲需銀二千圓。光緒丙午學部奏定：英一百九十二鎊，法四千八百佛郎，德三千八百四十馬克，俄一千六百二十盧布，比四千八百佛郎，美九百六十圓美金。金價時有漲落，平均折合銀幣每人每年二千圓。五年畢業，人需一萬元。益以整裝歸裝諸費，不論官費自費，所費不貲，固皆我國之金錢也。學成而歸，非置之閒散，卽用非所學，絕無可以發展能力之餘地，此實政府社會同尸其咎。蓋工藝不興，學生無可藉手，亦徒擲黃金於虛牝耳。此絕大之漏卮，與鴉片煙將毋同。」余曰：「君亦知政府之遣官費生也，固徒爲敷衍人民之用乎？家庭之遣自費生也，固徒爲裝飾門面之具乎？」周又曰：「君以游學費爲漏卮，誠哉是言，吾今思之，猶不止此。蓋若輩游學於外，宮室之美，飲食之豐，已久而習之矣。及歸，於宮室飲食以及一切日用之物，亦非西式不可。於是而國中多一游學生，卽多一洋貨之銷路，漏卮不塞，永無窮期，固不僅游學費之爲漏卮也。」

洋進士洋舉人

科舉時代之進士、舉人，略如歐美日本之學位。宣統己酉，學部奏酌擬考試畢業游學生章程，中有分等給獎一條，列最優等者獎給進士，列優等、中等者獎給舉人。各冠以某學科字樣，習文科者稱文科進士，文科舉人，他科仿此。頑固之人以若輩皆自東西洋游學而歸也，輒以異路功名視之，謂之曰洋進士、洋舉人。斯言也，蓋有彼哉彼哉之意焉。然其中亦間有不知本國情事而輒夜郎自大者，宜爲人所蔑視也。

游學生既經學部考驗合格，分別等第，於保和殿舉行廷試，即科舉時代之殿試也。廷試須作經義一篇，題由欽命。主試、襄校、監臨、監試、提調、收掌、彌封、庶務、監場各官，一切職掌，與向之鄉、會試情形大相類似。蓋朝廷之於學校，固仍以科舉視之耳。

實並無利於己

國之有游學生，原冀其學成歸國，出其所長，效用於世，以福我社會也。乃自考試合格，分別授職，觀政京署，其職爲翰林院編修、檢討、庶吉士，内閣中書，各部主事，七品小京官。又有以知縣分省試用者。然仍與科舉時代之浮沈郎署用違其長者，不甚相遠。其中非無學識閎通研精實業之士，而得以發展能力者，僅爲外國之語言文字，是亦何必遠航重洋，歲耗鉅款，以爲此空言無補之事哉。且其筮仕都門，月入二三百元，不爲不多，稽其出入，大率不能相抵，更須舉債以自給。蓋自光緒庚子而後，京官俸薪雖增，消費亦巨，益以百物之昂貴，日甚一日，而體面之顧全，聲氣之應求，又在在皆須多金。相習成風，不能自異，縱能力求撙節，而已日嗟困難。其家中人既未能多所沾溉，即其一己，亦惟勞心理財，謻臺高築，而自怨自艾之不暇。且若輩亦極思盡力社會，而實業不興，無可措手，所效用者，仍惟外國之語言文字而已。某主政亦畢業美洲大學，得博士學位者，有自知之明。嘗與其友李子剛太息言之，而又曰：「吾輩學成歸國，今惟自謀衣食，戀此一官。而按其實際，非惟無利於國，且無利於家，實並無利於己，徒爲外人增一種營業耳。」此固自諷之言，非實録也。

公自醫公卒

宣統辛亥十一月，禾中某醫卒，或作祭文以嘲之曰：「公少讀書不成，學擊劍又不成。學醫自謂成，行醫三年，無問之者。公忿，公疾，公自醫，公卒。嗚呼！公死矣！公竟死矣！公死而天下之人少死矣！」爰爲之誄曰：「公之用方，如虎如狼。公之習術，非岐非黃。服公之藥，無病有病。著公之手，不亡而亡。嗚呼哀哉！尚饗。」

人不如豬

世俗於人之無用者，輒譬以豬，蓋以其性蠢而不潔，惟供人之宰割也。然其肉爲肉食之常品，雖消化較牛羊等肉爲遲，而味美脂多，人恆嗜之。且毛可供織，脂肪可入藥，並可爲製造石鹼與蠟之原料，固非若庸庸者之飲水食粟徒爲社會之蠹也。故以比較言之，則人不如豬遠矣！人而有知，寧不愧死乎！

人而狼

狼頭銳喙尖，性猛惡，饑則襲人，常食哺乳類、鳥類動物。世俗於人之貪婪成性求得無厭者，輒曰狼貪，喻其恣取也。魏荔生者，以貧故，閒居三年，奔走南北，又數載，無所獲。久之，乃謀之於其友周楚卿，乞圖一噉飯地，時已斷炊數月矣。其戚黨頗有顯者，固未嘗爲之道地也，楚卿獨憫之，越翼日，爲薦之於某公司，充寫官，月俸銀幣二十圓。然荔生拙於書，春蚓秋蛇，差足擬之，公司徇楚卿之請，二十圓已優給矣。乃猶日聒於楚卿，欲丐其一言，俾增俸，嘗語楚卿曰：「公司中之吾輩，實以予所得爲最微。某也字較劣，某也常曠公，其月入皆較予爲鉅。公司用人不當，主者老眼昏花，寧能有所辨別，亦惟濫用私人耳！予有技能，奚患無樂郊之適，今亦安土重遷耳。君姑爲予言之，月增十圓，不爲巨也。不得請者，吾將逝矣。」於是楚卿又爲言之於主者，月益荔生以十圓，如其願。

越數月，荔生又叩楚卿之門而請曰：「以君之言而得事，又以君之言而增俸，甚善！甚善！然公司與敝廬，相距太遼遠，職員無宿舍，僕僕道途，腰脚不足以濟勝，而徒行既非可久，賃車之費，又無所出。君誠愛我，又深知我者，盍乘間再爲一言，俾得車資乎？」於是楚卿大恚，惡其再三之瀆也，拒之。荔生唏噓去。

荔生長身而頭鋭，似狼，且善鑽營，人争笑之，呼之曰尖頭奴。北魏古弼頭尖，太武帝常呼之爲尖頭奴。其口雖非如狼之喙尖，而語言尖利，亦爲人所憎惡，僉以尖嘴姑娘稱之。一日，有訪楚卿者，談次，臧否人物，縱論至於荔生。客亦識其人，乃曰：「斯人也，有狼形，而又貪婪成性，求得無厭，其殆人而狼乎？」

人而鳥

鍾子泰，鄂人；邱佩笙，粵人，與浙人駱菊舫善。駱工吟詠，豪於飲，鍾、邱亦如之。同居京師，詩酒流連，過從無虛日。及駱出京，僑滬上，未幾，鍾以道員次湘，邱以知府次吴，皆以能諂事上官故，據要津，得厚禄。駱時貽以書及寄懷詩，鍾、邱皆不一答。越數載，皆罣吏議，去官，而謀生於滬，皆詣駱，乞謀枝棲，駱允爲之介紹。乃日造駱廬，一如在都時。不數月，鍾、邱各得其所，遂與駱絶跡。駱太息而語人曰：「饑則依人，飽則颺去者，鳥也。彼其之子，亦可謂人而鳥矣！」

製糞機器

有華素臣者，九尺四寸以長，粥粥無能，食粟而已。腹大如五石瓠，一飯可盡數升米，蹣跚如豕，不良於行。嘗與友會食，友指其腹而言曰：「君字素臣，而腹笥便便，當以多貯窒素之故，此誠可謂爲製糞機器矣。」窒素，即淡氣也。糞含淡氣頗多，可爲壅田之天然肥料。

勸爲人父

馮竹齋爲窶人子，不自立，而與龔淵卿善，馮時有假貸，不責償也，積二十載，所負千金矣。某年秋，馮病痢，幾殆，龔時往問疾，且爲出醫藥資，旬日而愈。深感之，亟詣龔，叩首致謝，並道積逋未償之歉，謂願來世投生爲子以報。適有一客在座，與馮亦相識，聞之，笑而語馮曰：「君言昏矣！何貪得無厭，倚賴龔君，至於此極耶？」馮大愕，請其説。客曰：「君今生已負龔君多金，來生若爲其子，則自撫養以至成年，或將較千金而倍之，不更滋累龔君耶？吾向未見有父能食子之報者，父之於子，直爲作馬牛而已。以君之今生而揣君之來生，亦必闒冗無能，而仍須仰給於父，此可斷言，君果何忍再使襲作馬牛耶？質言之，君果有意報德者，不若及今自誓，請命閻羅，而爲其父，則凡衣食學婚之資，皆君爲籌之，所償者，豈惟千金之本息已耶。」

若輩可語

金奇中跅弛不羈，讀書擊劍，不屑屑章句。性好客，客常滿座。亦嘗舉於鄉，參戎幕，久之，納貲爲京官。見曹部諸人之奄奄無生氣，或且卑鄙齷齪也，不樂與伍，掛冠去，鬻文於滬以自給。自此恆杜門，經月或一出，然非花月冶游，則訪僧尼耳，蓋其生平固又耽禪悅也。或詰之曰：「君辟世，宜寂處，滬至喧，何居此？君辟人，既謝客而畏見人矣，娼妓僧尼，獨非人乎？」金曰：「滬多女閭，若輩猶可與語，固勝於今之士大夫萬萬也，矧又有可談禪者在乎？」

無廢物有廢人

竹頭木屑，皆爲有用之材，自古已然，於今爲烈。蓋自物質之學盛，而研求格致者，精於化分，易朽腐爲神奇，廢物利用，幾已纖悉靡遺，此所以有世無廢物之說也。人則不然，教育不振，游民日多，盈天下皆廢人也。徒見其嗷嗷待哺，消耗動物、植物、（充普通食品。）鑛物（充藥品者多。）而已。物皆爲人所用，固知天下之無廢物耳。金奇中有感於此而言曰：「天下固無廢物，有廢人，然以有用之動物、植物、鑛物而盡爲無用之人所消費，則物且因人而廢矣。」諸丹明曰：「不然，天下無廢物，有廢人。蓋物雖爲人所食，而化爲糞溺，糞溺有窒素，可作肥料，猶可增益地方，是物固尚不至於永廢也。吾固曰天下無廢物，有廢人也。」

亦公民也

一夫多妻，爲數千年來之舊俗，其見於《禮記昏義篇》者，則若周之天子有后一、夫人三、嬪九、世婦二十七、御妻八十一，可謂夥矣。而諸侯、大夫、士庶，亦莫不有妾。晚近富貴之家，恆有姬侍，多者至數十人，粤中尤甚。聞某地則反是，一妻多夫，兄弟數人相與共之，及生子，不專屬於一父。金奇中曰：「此可謂公民矣！」公民，人民之有公權得選舉議員者也。金則以有公共性質而稱之曰公民，別解也。

亦選民也

公民二字，爲日本所創之名詞。光、宣間，籌備立憲，定選舉法，初亦稱有選舉權之人爲公民，旋改曰選民，欲自立異而已，無所別也。金奇中嘗謂吾國人滿爲患，孳生日繁，欲有以淘汰之，亟宜抉擇最良之種，使之生育，永其遺傳。凡經甄選而留者，可稱選民。如是數年，則盈天下皆選民矣。

獎勵閹人

自權璫李蓮英、小德張貴盛用事，而士大夫皆崇奉之，歆羡之，或且曰：「生子願爲閹。」金奇中乃曰：「朝廷果能下詔獎勵閹人，自可減殺無算之生殖力矣。」

獎勵釋道

釋道爲游民之一，不耕而食，不織而衣，於社會之有益無害，固人人能言之，然不婚不嫁，實能減殺人類之生殖力也。金奇中嘗曰：「今以廣土衆民之故，教養乏術，且亦無可移殖也。爲今之計，莫若獎勵人民，廣給度牒，除家之有一子一女者外，餘皆使其爲僧尼道士，則數傳而後，人民漸少，欲施教養，自易措手。雖若輩或有私生子，然皆畏人知，有卽棄之，生而不育，亦何慮耶！」

論娼妓

娼妓不勞而獲，無手足之勤，享王侯之奉，爲人所歆羡者也。或惡之，目爲社會之蠹，金奇中曰：「非蠹也！今天下日憂貧矣，日憂人滿矣！其已長成者，固不能無故誅之也。娼妓不易受孕，與其殺之於成人之後，不如先殺之於未成人之時。」此戲言耳。果能普及教育，提倡人格，人人温飽，則娼妓自然淘汰矣。

貓有利於社會

貓面圓齒鋭，舌有細刺甚多，蹠附肉塊，藏鋭爪於内，隨時伸縮，行則以肉塊著地，故足音甚微。眼之調節機甚發達，瞳孔大小，隨光線強弱而變，晝間日光強烈，其細如絲，且暮正圓，夜能視物，最善捕鼠。

貓爲哺乳動物之一，亦胎生也。春秋冬凡三胎，胎輒四五子，雖少於豬，而視人之孳生蕃矣。然人世間惟見有人，不見有貓，且貓每産子，人輒輾轉乞取，爭寶貴之，無憎其多者，而轉以人滿爲患。蓋貓易生而易死，第其壽較長於蜉蝣耳。且國無教育，僅能食粟者十之八九，地不加增，農業不發達，徒消耗而已。政府社會，皆不知殖民，此所以有人滿之憂也。至於貓，則有捕鼠之能力，爲人除害，方珍惜之不暇，奚患其多！故兩相比較，非貓有利於社會人有害於社會耶？

諸蔭卿亦馬牛

西俗，富人死，恆斥其私財以與人，非若我國之專遺子孫也。其用途爲贈兄弟姊妹也，贈戚友也，贈奴僕也，爲公共事業之助也，爲慈善事業之助也。其子孫亦得分潤焉，然無全數之得繼承者。臨終遺囑，輒一一筆之於紙，使律師爲證人，子孫亦不得有後言。金奇中聞而是之，嘗以語于晦若侍郎式枚。

于曰：「吾仕宦數十年，薄有所蓄，今且無子，他日辭世時，亦當略師西法以加惠於人。」金曰：「君誠達人哉！吾嘗見世之富人矣，百出其計以求財，不惜喪道德，敗名譽，惟思積之以遺子孫耳。一旦不諱，子孫揮金如土，不數載而輒傾其家蕩其産者，比比皆是。及是時，子孫方怨其祖父，謂所積未豐，不足供吾之用也。有諸蔭卿者，其父桂堂以爲貪吏故，積金五十餘萬。桂堂晚歲欲歸田，將具牒上官乞退矣，蔭卿從幕賓許見牒稿，亟毁之，大怒，面桂堂斥之曰：『汝今尚矍鑠如馬牛，何忽萌退志？馬之御車，牛之耕田，乃天職也，當再爲我服勞耳。華山之陽，桃林之野，其在十年後矣。識之，勿復言。』桂堂囁嚅不敢答，乞退之牒，遂止不上。宣統庚戌十月二十日，桂堂卒於官，至辛亥十一月，未期年也。而桂堂遺産，所餘不及萬矣，蓋皆蔭卿揮霍以盡之也。」金曰：「蔭卿爲馬牛所生，亦馬牛耳。」

無底洞

貪婪成性者，實繁有徒，其終身伏處鄉里者，目光所及，僅咫尺耳，且惟知保守，不知進取。於一切財物，既入於己，即吝不與人。世稱欲壑難填者曰無底洞，案無底洞即無底壑。《列子·湯問》：「渤海之東，不知幾億萬里，有大壑焉，其惟無底之谷，其下無底，名曰歸墟。」俗語所謂無底洞者，蓋本於此。

汪穰卿諷世

錢塘汪穰卿舍人康年幼遭喪亂，中更家難，中歲以後，怵於時勢之危迫，欲有所設施而不得。姑以報章發抒言論，又迭爲官所奪，故常鬱鬱不自得，至傷其生。嘗改古語爲聯，以寓諷世之意。聯曰：「臣當此景，惟能說病 口不能言，對之以噫。」宣統辛亥冬，卒於京師。

金仲撝妄言真假賢愚

金仲撝好讀書，富審美觀念，負時譽。中年悟徹一切，嘗曰：「人生百年，終必一瞑，但求衣食自給足矣。蠅營狗苟，徒自苦耳。」杜門卻埽，惟事撰述，窮年矻矻，不稍輟也。一月常二十九日不詣人，偶或他出，則冶游耳，然亦未嘗卜夜也。懷獻侯舍人桂琛詢之，則曰：「萬事皆假也，世人紛紛擾擾，愚莫甚矣。」

王又文謂傭保可語

有王又文者，越人也。性穎悟，生平多嗜好，有文譽。弱冠以後，嘗一試爲吏，非所好也，又厄於同僚，不一載，棄官去。去而之上海，徙妻孥居之。滬爲四方游客所萃，又文故廣交，至者爭訪之，乃相與角逐於游嬉之場，日夕不稍厭，時或爲詩以自娛。或尼之，則曰：「飲食男女，人之大欲存焉，舉世風靡，吾亦何不可耶？」因賦自述詩一章焉。宣統己酉十一月，忽大病，幾殆，及愈，而折節讀書，杜門謝客，間或啜茗於老虎竈，貧人啜茶之所，兼賣熱水，蘇、滬有之。與傭保雜坐談話以自遣。嘗語其婦曰：「天壤間所可與語者，若輩而已。以其率真也，不差勝於韓陵一片石耶？」

金奇中願與古人晤對

金奇中以貧故，傭書於上海之某公司。勤於職，服務惟謹，晨往先於人，暮返後於人，日以爲常。主者勞之，則曰：「吾自求吾心之所安而已，他何問焉？」滬故豪華，多嬉游之地，女閭劇場，酒樓茶肆，所在皆是，輒有其同事之足跡焉，不則彼此相過從，以談諧博弈爲樂。而奇中不然，日之夕矣，則惟挾一小籐篋，戴一金絲眼鏡，不衫不履，彳亍而行，進一長弄焉。鄰人識之者，曰：「金先生歸矣。」

奇中既歸，則徜徉片時，間與其妻妾閒話，吸淡巴菰，飲苦茗，多至一小時，輒又伏案觀書，一如其在公司時矣。杜門卻埽，客至，輒託故拒之，久之，遂無一與往還者。或詰之曰：「君不避世，何避人爲？」乃囁嚅而答之曰：「舉世昏昏，無可與語，吾方恨不得與木石居與鹿豕游耳。人不避我，我亦將避人矣。且客之來也，所言無一是者，與今人語而徒爲違心之論，實不如晤對古人之可以啓發靈明，娛悅心志也。」

潘安笙甘得惡名

潘安笙嘗謂三代以下之人，惟恐不好名。李子明語之曰：「善名不易致也。」潘曰：「能得惡名，亦勝於無名耳，不流芳百世，亦須遺臭萬年。夫三十年爲一世，百世，亦僅三千年，爲善而名僅三千年，毋寧努力於惡，而轉多七千年之名也。且爲善之事，恆於金錢有關係，非以金與人，卽不能取人之金。若欲爲惡，則僅以貪而卽得大名，無論在朝在野，但效盜賊之行爲可也，且利既得而名亦隨之矣。」

專用洋貨者非國人

金奇中憤時嫉俗，多偏宕之論，殆亦有激而然也。蓋自晚近以來，習見工藝不振，惰窳成風，小民生計日益艱絀，洋貨進口日增月盛，人之起居衣食，無論富貴貧賤，幾無一人不用洋貨。卽以三者言之，日用之燐寸，來自日本者爲多；衵服之布，來自美利堅者爲多；調料之糖，亦來自日本者爲多，雖窮鄉僻壤，求之於市，必有所供。至於家居都會商埠者，則起居衣服飲食及一切日用品奢侈品，更無一而非洋貨，其心目中，固以爲非舶來之品，無一適用也。若而人者，雖猶黑其髮，黃其睛，而其心實已外向，卽謂之曰「非國人」亦不誣也。奇中則曰：「彼之父母，殆早已神交於外人，而故有此遺傳性歟？」

借洋瓷馬桶以變法

俗稱溲便之器曰馬子，初名虎子，以唐人諱虎而改爲馬，見《雲麓漫鈔》。而《通雅》則曰：「獸子者，褻器也，或以銅爲馬形，便於騎以溲也。」馬子之稱，殆沿於此。俗又稱曰馬桶，則始於宋《夢粱録》，云杭城户口繁夥，民家多無坑廁，只用馬桶是也。南人無溷軒，廁屋也。男女皆用馬桶。桶木質，髹之，越宿始傾脚頭，卽溲便也。置屋隅，雖有蓋，不免時有惡臭，以其穢深入木之腠理也。金奇中患之，知泰西人所製之桶，鐵質而加瓷釉，必較木製者爲潔，無紋理，穢不深入也，俗呼之曰洋瓷馬桶，因購而用之。然傾脚頭者必越日始至，未能如西人之即遣即傾也，室中之惡臭乃加甚，至不可嚮邇。一日大悟，語其友龍南徐伯英鹺尹宗達曰：「吾之用洋磁馬桶，吾之變法也。然此外皆不變，遂至多所扞格而不適於用。甚矣！變法之不可枝枝節節而爲之也，變甲而不變乙，亦徒見其有害而無利，其害或且加甚矣！」伯英深以爲然。而奇中自是亦不敢輕言變法矣。

先生不如鼠

鼠之所喜食者甚多，米與油燭則爲所尤嗜，無可竊，亦於故紙堆中討生活而嚙書籍焉。宣統時，杭州小營巷顧少嵐家嘗延一塾師，有「先生似鼠」之誚。此先生者，素貪小，其家與顧氏密邇，間數日一歸，歸必攜有數器，中所實者，爲米爲油爲燭。油燭爲供師之例物，撙節用之，以所餘者攜歸，猶可言也。米則甚奇，豈此先生者於常膳時，亦如牛羊鹿之反芻，能將食物入胃，復反至口中，可出而哇之乎？且所食者爲飯，非生米也，此真不可思議矣。以此，遂有人嘲之曰：「先生似鼠。」王立齋聞之而大笑，曰：「以吾觀之，先生猶不如鼠也。吾之藏書，恆爲鼠所嚙，鼠固尚有文字緣也。而此先生者，雖爲顧所信任，然識字無多，教弟子以《三字經》、《千字文》恐猶不能卒讀。其在塾也，日惟静坐昏睡而已，亦安能於故紙堆中討生活耶？先生直不如鼠耳。」

教員晝寢

光、宣之交，令小學校生徒讀《四書》、《五經》，遂列《論語》爲學科之一。某縣某校有教員某，固以私塾師而改爲之者，性好睡如宋之陳摶，每上講堂，不及一刻，即昏昏欲睡，不能植立宣講矣。校長患之，一日，遇教員，詢之曰：「比講何書？」答曰：「《論語》。」校長伺其上講堂時，令講「宰予晝寢」章。教員喻其意，乃曰：「宰者，宰羊宰豕之宰，殺也。予者，我也。晝者，日之方中也。寢者，睡也。」校長駁之曰：「大誤！大誤！宰予乃人名，分之，則割裂文義，而與事實不符矣。」教員曰：「割裂文義爲吾輩之常技，晝寢爲吾輩之習慣。君欲殺我，則殺之，欲我不晝寢，不可得也，何諷我爲！」

功同一將

吳人陳某某以曾醫孝欽后疾，遂爲富貴家所重，争延致之，屢至滬。一日，忽有贈以一匾者，則「功同一將」四字，蓋用古詩「一將功成萬骨枯」之意也。

頑鷂鷹

京師游手好閒之輩，好以養鳥爲消遣。養鷂子爲尤無用，故俗名無所事事者曰頑鷂鷹。

周明齋斷章取義

爲宫室之美，爲妻妾之奉，爲所識窮乏者得我，此實自利利他之人，爲世所稱曰豪俠者是也。而在戰國時，乃爲孟子所鄙夷，謂爲物欲所蔽，失其本心。降至晚近，宫室之美，妻妾之奉，固人人所馨香禱祝而欲得之，且百出其計，降志辱身以力求之者。一旦致身青雲，既富且貴，廣廈細旃，所居者華膴，粉白黛緑，環侍於左右，而貧賤之故人，卽反眼若不相識，更何分金之可言？蓋窮乏者得我一語，早忘之矣。周明齋者，其一也。

明齋初亦寠人子，以科目起家，官至方面，積資百萬有奇，建別業，占地三十餘畝，蓄姬侍至二十七人之多。養尊處優，顧盼自得，而少年杵臼之交，車笠之盟，則皆棄之如遺，曾不能沾溉其萬一，怨聲載道不恤也。懷獻侯曰：「明齋可謂讀書得間，而能斷章取義矣。」金奇中聞之，歎爲知言。

呼吸相通

晚近以來，禁煙頗嚴，市中煙館如俗所謂燈喫者，悉已歇業。然有設於人家作爲自喫者，周北湖向業此。至是，更異想天開，以授徒爲名，假一席地於宗祠，設煙具焉，旁近之癮君子紛至沓來，日不暇給。一日晨起，見有一聯揭於門，聯云：「與祖宗呼吸相通，方是香煙一脈；歎子孫詩書未讀，也曾燈火三更。」

某京兆叉麻雀

某京兆以好叉麻雀著。叉麻雀者，博之一種也。有詆其荒於嬉者，或曰：「事有甚於畫眉者，奚獨此之責？」旁一人曰：「吾今乃知古今人之相去誠遠矣。漢之京兆，尚知以畫眉自娛，今之京兆，則惟知叉麻雀而已。」

古貲郎多識幾字

有二士人者，相過從，每泛論古今，一曰：「今之從政者，文章道德遠不逮古人，惟治生差爲勝之。如西漢之張釋之、司馬相如，皆以貲郎起家者也。以二人之才，釋之有久宦減仲產之歎，相如謝病歸，家徒壁立，苟非異日有以自見，必致坎壈終身矣。今人一入仕途，即可取償十倍，何古今貲郎若是之不同也。」一曰：「古之貲郎，亦即因多識幾字耳。」

官之頂戴似蛋

京外文武各官，自一品以至未入流，皆有頂戴，其形則同，光間扁而圓，如荸薺，光、宜間尖而圓，如橄欖，蓋皆與時變遷也。其最初制定之式，實橢圓，略如蛋。有即以蛋例頂戴者，曰：一二品之頂，以珊瑚爲之，紅色，如紅蛋，俗所謂喜蛋者是也；三品之頂，以藍寶石或藍色明玻璃爲之，明藍色，如變蛋即皮蛋。中之響蛋，北方謂之松花，即彩蛋也。皮透明而微緑也；四品之頂，以青金石及藍色涅玻璃爲之，暗藍色，如普通之變蛋，皮深緑也；五品之頂，以水晶及白色明玻璃爲之，白色，如蒸熟之鴿蛋，色透明也；六品之頂，以硨磲及白色涅玻璃爲之，亦白色，如蒸熟之鵝鷄鴨蛋，色不透明也；七品至未入流之頂，雖曰金，實鍍於銅耳，皆黄色，無以譬之，譬之以王巴蛋而已。蓋南人王黄同音，以黄假作王也。林重夫曰：「七品以下得此稱，寃矣！宜捐納同知銜者之多也。」

官有奴顔奴性

《禮記》有「仕於公曰臣，仕於家曰僕」二語。僕，家臣也，與世之所謂奴者本異其解。後世無家臣，而以供使令効奔走之人爲僕，義亦自通。蓋《太玄經》有「小盛臣臣」一語，註：臣臣，自卑貌。《孟子》有「使己僕僕爾」一語，註：僕僕，煩猥貌。是則觀於「臣僕」二字之意義，其汚下可知。至仕於公之臣即官也，自廉恥道喪，習於卑鄙，遂無不脅肩諂笑而奴其顔，委曲將順而奴其性，至是而臣之與僕，固一而二，二而一矣。金奇中有慨於此而言曰：「凡有官癖有官氣者，即謂其爲有天生之奴顔奴性也，亦無不可。」

奴字之義，古時本爲罪人之女，從坐而没入官者，謂之奴婢，後則僕隸下人價買而依主人之姓者曰奴。至「奴才」二字之釋辭，即奴僕也，亦駡人鄙賤之詞。劉淵謂：「成都王穎不用吾言，逆自奔潰，真奴才也。」則晉時已有此語。至國朝入主中原，猶循滿洲軍旅之俗尚，凡在旗文武官吏及漢人之爲提鎮者，其於皇帝之章疏奏對，皆自稱曰奴才，譯音曰阿讀如曷字之平聲。哈，漢人則皆稱臣。至晚近而旗人亦改稱臣矣，蓋亦自知其名不雅馴而諱之也。

治國之以共和政體者，曰民國，言人人皆民而平等也。反是者曰帝國，專制政體則尤甚，以一人君臨於上，而率土之濱，莫非王臣，則如我國之號稱四萬萬人者，自一人爲君外，餘三萬萬九千九百九十九萬九千九百九十九人皆爲臣。臣卽僕也，僕卽奴也。然歷代皇帝郊天所上表文，其署銜之下，猶自稱子臣，是卽謂四萬萬人爲奴，而創一特別名詞，曰奴國，亦無不可。况捐例大開，販夫走卒，皆有冠帶，不幾已無一非官乎？

官不如丐

俗諺有云：「三年討飯，不願做官。」此足以表示吾人之野蠻自由思想也。蓋世之所謂官者，以仰事俯畜而藉官爲業，惟日孜孜，不得稍息，凡以爲利也，且閉置署中，深居簡出，出必辟人於道，起居動作，皆有人監視之，其束縛亦已甚矣，儗之於丐，實有霄壤之别。蓋丐無職業，無家累，日圖一飽而已。山巔水涯，形骸放浪，得絶對之自由，爲輿論清議之所不及，故曰官不如丐也。

狗官不僅宋搆貫

吾國自黄帝宰治以來，至宣統辛亥，易姓二十五，如除曹魏則爲二十四姓，南梁、南齊併爲一則爲二十三姓。歷年四千六百有八，固猶未脱離宗法社會也。所持爲家族主義，故自天子以至於庶人，莫不重視嗣續，此所以有不孝有三無後爲大之説。又以後爲男系，通國之人，乃皆重男不重女也。於是有男子子之誕生，輒以猫狗等字爲咳名，祝其長成之速如猫如狗也。然與古人之所謂豚兒犬子者，意義大異。豚兒犬子，言其蠢而不慧，謙辭也，譬以猫狗，則祝辭矣。蓋懼宗祧斷絶，祖宗及己將爲若敖之鬼，故冠以發語之阿字而呼之，不曰阿猫卽曰阿狗。而上流社會以上之人家，則惟以仕宦爲重，必於咳名之下，置一官字，曰某官。惟願孩兒愚且魯，無災無害到公卿，人同此心，心同此理，固不僅宋之蘇軾然也。且以簪纓傳世堂構承家之希望，尤懼其芝在室而先枯，蘭生庭而早刈也。於是申以多福多壽之祝，欲其耆而艾，萬有千歲，亦循普通之俗尚，而呼以猫官狗官矣，蓋卽大富貴亦壽考之頌辭也。

同、光之交，有宋狗官者，山左人，宦裔也。其父母愛之甚，逾冠而授室矣，猶以狗官呼之，蓋祝其壽考且貴也。然性頑劣，爲低能兒之尤，至舞勺，讀《五經》尚未卒業，父使習帖括，冀以科舉起家，致身皇路，而拙於作文。將應試，爲命名曰搆貫，以音近狗官，仍寓頌禱之意也。三應童子試，終不售，年二十三矣，不得已，爲入貲，得江蘇縣令。宣統時，曾一權劇邑，未半載，爲部民所控，江督詗其惡，奏參之，奉旨革職。解任日，鄉人入城送之，有至其輿前而大聲罵之者，曰：「狗官去矣，狗官亦有今日乎？吾輩來送狗官矣。」蓋以其名爲搆貫，以諧語斥之，初不知其原名狗官也。秀水董詢五鹺尹曰：「彼固狗官矣，然非搆貫之名而得狗官之實者，不亦滔滔皆是乎？」

賊官盜官

竊鉤者誅，竊國者侯，大盜不操戈矛，此何言乎？殆卽言晚近之官也，扶搖直上，致身青雲，不數載，捆載而歸，盈千累萬者，比比然也。然悖而入者，必悖而出，一傳而後，未有不終窶且貧者，子孫迫於饑寒而爲盜賊者且有之。李柏甫久於仕宦，有鑒於此，嘗曰：「民喦可畏，吾不欲吾民之被我以賊官盜官之稱也。」

官妓之比較

官與妓之流品不同，官貴而妓賤，然其揆一也。唐英仲嘗以滬妓例京官，頗可發噱。妓有既從良而又下堂，仍隸樂籍者，舉目皆非，無所取決，猶京朝之編修、檢討，得簡外任，刑名、錢穀，皆非所習，惟旅進旅退而已，一也。名妓居所，歲必數遷，各鴇羅致甚力，有緣此而鬩争者，猶能員爲疆臣所電調，彼此相奪，二也。妓有逋欠至鉅，每遇年節爲龜鴇所逼，迫入帳房，强令了債者，猶官之新舊交替，交代未清，不能回省，三也。妓有已嫁復出而仍爲妓者，官有被劾褫職而開復者，四也。妓有名震一時，忽藉辭休憩，閉門獨居而不嫁人者，猶河工人員遇有大汛，既獲搶險保舉，旋卽請假回省，別圖差事，五也。妓有以諂事狎客且及其同游之人者，猶官之以諂事上司且及其家屬戚友，六也。妓有本不知名而一旦見賞於客，爲之延譽，頓負時望，猶官之驟獲於上，得列剡章，七也。妓有適人而夫不堪其擾，聽其下堂者，猶御史之求放外任，日劾朝貴，爲朝貴所嫉，逐之外出，八也。

婦女服飾

自同、光以迄宣統，婦女服飾，以上海爲最入時，流風所被，幾及全國。富貴之家，莫不尤而效之，其人輒顧影自憐，私心竊喜，貧賤者亦步趨恐後，以力不足，自怨自艾而已。抑知滬之時妝，皆創於妓女，殆欲取媚狎客耳。喜者，自喜不得爲妓而得似妓也；怨者，自怨不得爲妓而并不得似妓也。金奇中嘗謂女子有天生之妓性，姚赭生茂才宗舜聞而大愕，詰之曰：「婦女之以貞節烈著聞者，不可勝數，君何作此讕言乎？持論若此，必爲女界所呪詛，而將不得善終矣。」奇中曰：「吾第就酷愛時妝者言之耳，非概全體也。即以居滬之婦女言之，潔身自好，淡妝尚樸者，亦頗不乏，君何尤焉。」

貪爲禍水

晚近以來，男子之爲官吏者，果處可得多金之地，非有心疾，無不冀獲橫財，或曰實女子之所害也。蓋男子之曾稍讀書者，不無天良激發之時，見利而思義，而其妻妾必旦旦而聒之，昔昔夜夜也。而聒之，謂不及時攫金，一日掛冠歸隱，將何以給朝夕豢子孫乎？而其妻妾之享用，乃突過於夫，且起居衣食之所需，一若非舶來品不可者，揮霍之豪，日甚一日。而其夫乃日以益貪，於是竭澤而漁，良心喪盡，雖至身敗名裂而不悔。凡此，皆女子害之也。女爲禍水，固不僅漢淖方成之言趙合德矣。余曰，貪爲禍水，不獨女子爲然也。

維虺維蛇

董詢五讀《葩經》至「維虺維蛇，女子之祥」而慨然曰：「女性恆毗於陰而多險，俗有最毒婦人心之說，宜其誕生之時，即有此兆也。」其說之是非，固可不論。至於虺蛇之別，蓋虺爲毒蛇，大者長八九尺，扁頭大眼，色如土，見人則昂然逐之，性極毒。至渾言之曰蛇，雖有有毒無毒之二大別，而其有毒者，則別具毒牙二，齒曲如鉤，而舌分兩歧。

女似狐

衛鶴亭娶一妾名之曰狐，於潛趙伯英廣文逢年，鶴亭之友也，聞而奇之。一日往訪，詰其命名之意義，鶴亭曰：「以狐喻婦女，最爲適當。蓋狐性多疑，渡冰河，且聽且渡，婦女固皆善疑也。且其性善媚，亦如狐之爲魅，媚悦以惑人。然可名狐者，寧獨一吾妾耶！」

女魃女禍與男色

金奇中與姚宗舜同客滬，一日，宗舜詣奇中，以創設女校事就商之。奇中曰：「滬地利交通，設校便，然獨不可以設女校。」宗舜請其說，奇中不答，微笑而已。宗舜出，奇中送之門，適有男女鬨於途，衆圍其旁，聲嘈雜，不可聞，遥矚之，覺此男女者裝束皆類學生，揣其年，一及冠，一及笄也。宗舜曳奇中趨而諦聽之，則聞男罵女曰：「汝，女魃也，女禍也。」奇中乃大笑。少頃，則聞女之罵男也，其言曰：「爾亦男色耳，何自大爲！」奇中又大笑，幾爲之絶纓。

宗舜以奇中大笑而質之，奇中曰：「女魃見《北史》，魏之先始均仕於堯，逐女魃於弱水北，人賴其勳，舜命爲田祖，是蓋以魃喻之也。女禍則見於《唐書》，自高宗至於中宗，再罹女禍，是必深受其害而故有禍水之譬也。若男色二字，則以言男子之以美貌見寵者，《漢書·董賢傳》贊云：『柔曼之傾意，非獨女德，蓋亦有男色焉。』此非言其爲彌子瑕、鄭櫻桃之儔耶。」奇中言至此，太息不已。宗舜乃大悟而言曰：「吾知之矣，宜君言上海之不可設女校也。」

女知勢利

龍游有章炳文者，家小康，席遺蔭，有負郭之田數十畝，衣租食税，差免於凍餒。嘗習帖括，得青一衿，以舅氏唐恭甫之力，爲夤緣於某保案，得爲江蘇候補同知。於是以官自居，出入里閈不步行，必以輿。已而其母以其齒逾冠，欲爲之議婚，則曰：「兒今已官矣，王侯將相之女，雖不可得，亦必於仕宦之家求之。兒爲母計，母亦受五品之封，稱太宜人，爲命婦矣，亦未可妄自菲薄，與田舍嫗作姻婭也。」母頷之。於是有以執柯之説進者，皆以時尚未至答之，蓋皆非宦裔也。

會鄰村有姜叔銘者，以需次鄂省之通判，移疾歸，有女曰蘭珍，年二十五矣，嘗三字人而夫輒前卒，故未嫁也。其三夫皆學賈。蘭珍以從宦武昌，習見叔銘之所與往來者，有晶頂挂珠之少年，輒羨之，三字而三賈，恆鬱鬱。叔銘亦以其齒長須嫁也，欲壻炳文，一日，示意於蘭珍。蘭珍曰：「信斯人也，既官矣，則必有厚福，兒之終身有託矣。」叔銘遂字之。陽湖楊赤玉主政瑜統聞之而言曰：「蘭珍謂官有厚福，蓋言其勢之利也。」蘭珍乎，其世之真知勢利者乎？

鄒月舫娶婦

中流社會以上之婦女，飽食煖衣，無所事事，烹飪縫紉之事皆不習，常日酣嬉，或且日以歡劇飲博爲事，間有一二稍知自好者，亦惟吟弄風月，一弄柔翰而已。有鄒月舫者，浙人，好飲啖，新學界之高才生也。恆以我國婦女之不學無術未能自立爲憾，嘗曰：「吾寧終身爲鰥夫，不願以冥頑無知者作儷也。」宣統己酉春三月，月舫游於滬，其友潘少侯以某女校之優等生美而才，爲之作伐。月舫有允意，繼而聞其所習爲文科，其校且無家政學，則曰：「是徒尚美術而不切實用，今何時也，豈猶以爲鼓吹承平之陳設品耶？」乃卻之。

已而文定沈氏女之名秀珍者，則其父爲庖人。父名通保，閩人，滬之名庖也。秀珍乃亦習烹飪，且美而豔。蓋月舫飲於酒樓，從傭保周中發知之，遂丐中發爲之媒。通保以月舫爲學生也，允之，逾月而娶。林滬生詢之曰：「君何降志辱身而娶庖人女乎？」月舫曰：「爾何知？飲食男女，人之大欲存焉，吾婦既能主中饋矣，而又非石女，女子之不通人道者爲石女，亦作石婦，《太玄經》「廓無子室石婦」，注：求室而得石婦，無復嗣續之道。則吾日夕之樂當何如。彼雖不知書，又何責焉。」

以女萎祝女壽

自歐美之學説輸入，言平等，言自由，而女權之説大昌。然以未嘗學問不知法律之故，遂至放辟邪侈，無所不爲，而爲通人所詬病。上海有女棍施玉娥者，居法租界，年已三十，宣統己酉秋九月，爲其設帨之辰，大啓筵宴。玉娥，固上海之女擦白黨也。以非法之舉動、恐嚇之手段引誘男子騙取財物者，爲擦白黨。裙屐少年之無賴者爭暱之，屆期咸往稱祝，有餽花以將賀者，效西俗也。嚴梅生者，嘗肄業某校，亦與之相識，欲贈一特異之花，苦無之，乃質於其師金奇中。奇中曰：「吾亦不知有特異之花也，無已，其草本之花乎？」

梅生曰：「何草也？」奇中曰：「是可以女萎貽之。女萎爲多年生之蔓草，野生，葉爲複葉，其小葉有缺刻，至夏日，開花於莖端，小而色白，知之者鮮，非特異乎？」一時吳縣趙兆圻文學達觀適在旁，俟梅生出，而詢奇中曰：「植物中地衣類之女蘿，蔓草中之女青，常綠小灌木中之女貞，不可擇一以爲贈品乎，何必女萎？」奇中曰：「君不知耶！今之昌言女權者，大抵不知義務之爲何而惟權利之是爭也，頑冥野蠻，至於斯極。吾實深惡而痛嫉之，方將冀其如草之至秋日萎也，豈猶望其緜延長壽而流傳謬種乎？故不祝之而惟詛之耳。」

大人非小人

大人爲有德者之稱。《易》「大人者，與天地合其德」，《孟子》「有大人者，正己而物正者也」。以此準之，大人，卽君子也，亦爲有位者之稱。《孟子》「説大人，則藐之」。至於小人，則謂細民也。《孟子》「有大人之事，有小人之事」。亦謂不肖之人。《論語》「君子固窮，小人窮斯濫矣」。

有位者之得稱大人者夥矣，而爲流俗之所最崇拜最歆羡者，則爲候補道，以其官秩較尊，而又可以捐納得之，爲人人所可希望者也。候補道既到省，各項差事，不論立法、司法、行政，皆得派充。今日立法，明日司法，又明日則行政，且有以同時而兼數事，若無所不能者，故俗有「道有萬能」之説。高晴川曰：「是卽君子也，大人而非小人也，名實固相副也。」

革面之革命

晚近以來，自日本輸入革命之説，有主種族革命者，有主政治革命者。然革命二字，我國古籍早已見之。《易》之言曰：「天地革而四時成，湯武革命，順乎天而應乎人。」第與今日革命之解異。蓋古謂天子受命於天，故王者易姓曰革命，言天命既改也，而與種族、政治皆無關繫。金奇中見革命之未從根本解決也，乃曰：「革命宜先革心，此之革命，雖非小人之行事而爲君子之豹變也。然舍本求末，則亦革面而已矣。」《易》有「君子豹變，小人革面」二句。又嘗語其友之從事革命者曰：「諸君行事，亦嘗通盤籌畫而計出萬全乎？所可慮者，畫虎不成反類犬耳。戒之戒之，慎毋爲革命先進之法美人所竊笑也。」

女爲女男爲男

女子所貴，須合自己之身分。蓋天地有陰陽，四時有寒暖，世界之事，要皆有相對之二者而運行之，遠心力之所在，必有求心力隨之，正電之所發，必有負電應之，波斯宗教謂天地以善惡二神而成者，即以此也。至社會之進步，常賴正負兩勢力運行之者，歷史所示，又彰彰在人耳目者矣。

人類有男女之分，則男子須剛毅勇廉，不愧爲男，女子須幽嫻貞靜，不愧爲女。不然，女子一旦模倣男性，自恃其剛，則必爲男子所棄，社會所不容矣。其結果也，縱令終朝奔走，盛唱女權，而終之目的不達，轉使勢力益縮，局促一生而已。是以觀於舊式女子，其恃己甚巧，乃有非今人所能及者。持幽嫻貞靜之德，内處家庭，外應社會，不必煩怒苦惱，而社會歡迎之，男子愛好之，凡今之新式女子所日夕希望而不能得者，彼乃不費一語，自然得之，而社會内部，鬱然積爲勢力焉，此其巧也。即論今日，舊式女子之女傑，多於新式女子者，亦以此也。試觀凡能忍耐艱難，勤持家政，以堅苦卓絶之行，使良人無後顧之憂，子女得教育之效者，無一非舊式女子。由此觀之，則真正不愧爲女子之人，反宜於舊式中求之，而新式者不足以語此也。

男子似女子

世界物理，有至奇者，如人類，四肢發達，則肋骨退化，試以人肋較獸肋，其不逮也遠矣。男女之間，亦有同此理者。晚近女子，大言大奔，事男子之事，言男子之言，然男子則學步婦人，漸成柔弱，馴至成爲不敢言不敢行之懦夫。近日男子之所以無志無行，令人見之可恥者，實女子過於大方使之也。若女子爲女子，男子爲男子，則社會健全矣。

財色

財色爲人之所嗜，非具有出世想者，孰能舍之？何晴峯尤好色，苟有所見，輒目逆而送之，曾不旁瞬。其友徐伯英嘗駡其爲意淫。晴峯曰：「此吾審美觀念之所表示也。且教育必以美感完成之，烏得而誚我？」一日，伯英得暇訪晴峰，則已出矣，輾轉覓之，始得之於妓寮，則方左擁右抱，意甚得也。見伯英詢何事，伯英曰：「欲邀君爲摴蒲戲耳。」晴峯大喜，亟從之出，及暮而散，則博進博勝所進之款也。且累千，自是乃日𪋅伯英，與共博，不作冶遊矣。伯英語之曰：「人之恆言曰財色，吾觀於君，而乃知財之所以先於色也。」

貪吝

吴中有九花娘者，妓也，以淫得此稱，實爲李蓮仙。齒長矣，望之如十七八好女郎，固雞皮三少之夏姬也。而猶夕狎數男，不厭不倦，則又如武則天。其與慶雨軒尤暱。雨軒善容成術，能昔昔御女，久亦畏之而退避三舍矣。金奇中訝而詢之，則曰：「吾爲蓮仙所嬲，每就宿，恆徹夜弗休，再接再厲，銳不可當，一宵之中，吾棄甲曳兵者數，而蓮仙曾無涓滴之報，蓋貪且吝者也。」奇中曰：「貪吝爲人之恆性，宜蓮仙之若此也。」

造弊廠

南北有造幣廠，一設於江寧，一設於天津，俗所稱銀元局者是也。總辦其事者，歲獲數十萬金，員司工匠，亦皆有所沾溉，最少者，亦可得數百金，凡此，皆窟穴於弊，以弊爲利者也。錢塘徐振飛文學新六曰：「是可名爲造弊廠矣。」其表弟吴縣趙兆圻文學達觀曰：「我國地大物博，造弊者豈獨此機關已耶？」

要錢要命

保險，防意外之危險而預保之也。以保險爲營業者，謂之保險公司。欲保險者，與公司立約，交納相當之保費，由公司書立保險單，遇險時，則由公司賠償其損害。生命保險，其一也，俗謂之曰人壽保險，歐美人之業此於吾國者甚多。保之者有年限，歲納若干，爲數甚鉅，遇有不測，亦可有巨大之收入。

投保者以達官貴人爲最多，蓋歲入不貲，非宦囊豐厚，力有不及，或且以觸犯刑章，至有生命之危險，則公司必爲設法保全之。山陰王子次茂才洪林曰：「傭保之力作，祁寒暑雨不稍避，蓋要錢不要命也。今觀官吏之熱心於生命之保險，乃始知其要錢而又要命矣。」

多手多腿

世有「文官多隻手，武官多隻腿」之説，蓋言文官要錢，武官怕死也。文官要錢之方法，或以鬻賣差缺而得之，或以枉法受賄而得之。蓋司法、行政混合之時代，其爲術正多，如取如攜，故必多一手而始有濟也。武官視之，瞠乎後矣，俸糈既不及文官之厚，而又不握財權，故求利之心爲較輕，而怕死之心則較重。雖文官亦有致死之道，而武官則遇有戰事輒易致命，臨陣而脱逃者，往往而有，欲疾趨以求活，自必多一腿而後可。此文官之所以多手，武官之所以多腿也。

晚近以來，則文官有多手而又多腿者，武官有多腿而又多手者，宦海之中，固時有所聞也。文官於鬻賣差缺、枉法受賄而外，於應解國庫之款，所售官物之資，靡不侵吞入己，時機一至，夤夜捲逃，而至天津、青島、上海、香港寄頓於外國銀行矣。其所得，往往有多至數百萬者，此所以既多手而又多腿也。武官不論漢、滿，但須統防營，練新軍，則於兵勇之餉，或截曠，或剋扣，所得已屬不貲，而軍械、服裝、糧食之采辦，移營、出征、獎卹之開支，冒濫尤甚，實爲大宗。一旦風鶴有警，卽挾其所獲，星夜逃逸，與文官同，多至數百萬者，亦所在有之，此所以既多腿而又多手也。至是而胼手胝足者流，則惟相率避道，委身於溝壑而已矣。

漏巵

彭子敏嘗客香港，其生平無他嗜，惟嗜冶游，嗜讀書，於赫胥黎之《天演論》朝夕瀏覽，不厭不倦也。金奇中嘗訪之，入其室，見一切用物，幾無一非舶來品，乃以保存國粹爲請，語之曰：「是漏巵也。今國力日匱，財一往而不復，果盡人如君者，民生之憔悴益甚矣，烏乎可！」子敏曰：「君亦知物競天擇優勝劣敗之學說乎？」奇中不服，與之辯難，子敏厭其煩，強之偕出。過西人妓館，奇中欲一游，子敏不可，逡巡入妓寮，則粤中之老舉也，語奇中曰：「此豈亦漏巵乎？」

書寓

以藝術、方技自炫而求鬻者，其稅駕之地，輒揭櫫於門，曰某寓，上海爲最多。或曰醫寓，或曰相命寓，或曰書畫寓，而又有所謂書寓者，則説書女子所居也。其人大率來自常熟，姓名之上，必冠以「琴川」二字，蓋柳敬亭、蘇崑生之屬，非妓也，俗謂之曰賣口不賣身。久之，而優等之妓輒託名曰書寓，即街市流妓亦間有襲此稱者矣。

宣統己酉，葛松泉以鬻書至滬，自署其門曰某某書寓。有呂孟蘋者，好冶游，每夕輒巡行里巷，經葛居，意必流妓所棲也，入焉，葛呵之，斥其瞽。呂曰：「爾固大書特書曰書寓，則已自儕於妓矣。且妓之於狎客也，不問誰何，皆稱之曰大人，曰老爺，曰少爺。若曹得錢賣字，雖屠沽傭保，亦悉稱以先生、仁兄，若曹鬻技爲生，與妓亦何所別耶？」

名帖

某省督署夫役，與武廟隔壁某乙結爲姻婭。文定之日，甲大書於帖曰「欽命頭品頂戴兵部尚書都察院左都御史總督某處地方節制提督軍門門下掃地夫愚弟某頓首拜」。乙張皇失措，就某紳商之。紳曰：「隔壁爲關帝廟，我自有法。」於是將回帖寫之，文爲「勅封關聖帝君漢壽亭侯隔壁愚弟某頓首拜」。

中人之官銜

吳俗，田房交易作中者曰螞蟻。有老翁業此多年，家小康，買竈下婢生一子，令星士算之。星士善諂，口多微詞，戲之曰：「令郎英造必大貴，君當作封翁。」翁曰：「我輩執業卑微，何得挂名仕籍？」星士曰：「是何言也？古者蝎號將軍，螢稱正字，蝶封香國粉侯，蜂擢花臺刺史，諸蟲皆貴，安見蟻命之獨賤乎？」翁不知其戲，述星士語誇示同儕，日以封翁自負矣。兒長，性憨，年十八，讀《大學》三頁，人問令郎讀《左傳》否，翁曰：「左傳已讀，今讀右傳矣。」蓋日聽其誦右傳首章、右傳二章故也。及年二十，頑鈍如初，翁恐前言不驗，復卜之星士。星士笑曰：「君頭銜已貴，何必倚佳兒博封誥哉？」翁問曰何銜，答曰：「中人科中人升賣田司主事外擢合同知府例封文契郎晉封草議大夫。」

能自治斯能自活

今之世，物競天擇優勝劣敗之世也，蓋欲求自存，必先有以自立；欲求自立，必先有以自治。宣統時，城鎮鄉地方各設自治公所，爲城鎮鄉議事會會議及城鎮董事會、鄉董事會辦事之地。其議事會選舉議員，於本地方所居之選民中舉之，每年一次，屆期投票，翌日開投票匭而檢之，以得票較多數者爲當選。有黃蓮舫者，當選爲某鎮自治公所議員。一日，貽書唐平卿，其封面應有某鄉自治公所字樣，乃誤書治爲活。平卿得書大笑，越翼日見而詰之。蓮舫曰：「一時筆誤耳。然自活者，生存之謂也。今之具有自治能力者有幾人耶？他不具論，姑以一事言之。某團體有職員二三十人，類皆講求新學可爲國人之矜式者也。其事務室旁設盥洗所，應用之巾盆咸具焉。有水管，開之則水至，盥既而水穢宜洩之，巾宜懸於桿，凡以便後至者之續盥也。余嘗以訪友而往，則頻見盆有穢水，巾在水中。即此推之，吾國人之無自治能力，不亦昭然若揭乎？物競天擇，優勝劣敗，循此不變，何以生存於世界乎？地方自治，今方萌芽，果有成績與否，尚難逆知，能自治，斯能自活。吾之筆誤，亦正以祝地方自治成績之良好耳。」

學而優則仕

武進談伯虎名寅，嘗爲上海某校學生，繼而棄去，從王鐘聲習文明新戲。其父小蓮從九理熙嘗斥之，懷獻侯曰：「戲亦有學也，且爲專門之科學。」小蓮曰：「何以知其然乎？」獻侯曰：「吾嘗聞之長洲王夢生矣，其言曰，學之爲言效也，凡事前創後賡，積數十世數千百人心思耳目所推闡裁成者，皆謂之學，何獨疑於戲？且聞西哲之言曰：『凡合數種科學以成爲一學科者，皆謂之專門之學。』若戲，則喜怒哀樂，心理學也；擡步技擊，體育學也；化裝扮演，審美學也；腔調節奏，音樂學也；時代人物，歷史學也。以言君臣政事，則通乎國家學；以言父子夫婦，則通乎家政學；以言朋友交際，則通乎社會學。凡斯種種，非合數種科學以成爲一學科乎？是故童年就習，謂之科班，劇本流傳，謂之科白，科之一字，實有當之無媿者。得一佳唱，貴與科名等，亦且精與科學抗矣。此摹彼仿，月盛日增，有自少至老數十年，積精研求而卒不能出類拔萃者，謂非專門之學，吾不信也，君何嫌於郎君而責之乎？」

小蓮聞之不答，若有不豫色然，蓋以爲獻侯諷之也。獻侯又曰：「子毋然，君之欲令郎君讀書者，非必有志於國民教育也，亦視之若科舉，欲冀其由中學而高等而大學而通儒院，得有出身官職，以筮仕於朝耳。孔子不嘗云『仕而優則學，學而優則仕』乎？習戲既久，學而優則仕矣，且卽以戲場作官場可也。人生行樂耳，袍笏登場，一呼百諾，亦極大丈夫之豪舉矣。戲場與官場，又何異耶？」

妓勝於官

李竹溪，浙人也，自號憂時子，僑滬久矣。有見夫時艱之日亟，吏治之日下也，謂末日卽在目前，當以醇酒婦人自遣，以是恆作冶游。一日，在周若蘭妝閣，與若蘭談時事，若蘭詢之曰：「君將何爲？屠沽纖兒，且相率入仕途矣，君亦及時自效乎？」

竹溪曰：「吾有自知之明，吾無才略，無學識，不可以從政，且以席先人餘蔭，幸有負郭之田五十畝，足以給饘粥，更無意於仕宦矣。然亦嘗爲他人計之，苟欲謀生，毋寧爲奴爲伶之爲愈也。即爲盜爲賊，害之所及，亦不甚鉅，至於官之爲禍，則可以亡國，可以滅種，自好者所斷不爲。吾雖不學無術，而天良未泯，雖凍餒至極，亦不願以官謀生。今且於卿而羡之，卿託業雖微，而人之於卿，可得精神之快樂，卿之於人，可助美感之教育，吾故曰妓勝於官也，卿不猶憶吾言乎？」

大學士驗看人才

宣統庚戌，保舉人才入京，經大學士驗看，加以考語，改授部曹，水南水北之向以山人名者，皆供驅使矣。李審言嘗有詩記之云：「南郡諸生説上京，《後漢書·申屠蟠傳》。東山果有濟時情。謝太傅。賓賢枉被羣公熱，吴，野人。是鏡能高處士名。是鏡，江陰人。萬柳新荷誰主客，馮文毅公溥事。一絲九鼎費將迎。黄魯直詠嚴子陵。坐中惜乏漁洋老，請誦當筵蛺蝶行。顧亭林事。」

傅曉淵自謂像人

諸暨有傅振海字曉淵者，以五品銜候補直隸州州同，需次江蘇，曾權太倉州州同，及瓜而代，還次於蘇。一日，謁上官，憩於官廳，僚友咸相視而笑，曰：「傅曉翁太不像官。」傅曰：「諸君以振海爲不像官乎？振海自入官，即以官爲不足貴，官而循良，乃爲可貴耳。所以時時省察，惟恐浮沈宦海，官派官氣，日久濡染而不自覺。今諸公籠以『太不像官』四字，則平日讀書談道，漸有把握，而不遽爲習俗所遷移。可知既不像官，或者尚像人也。」

今人性惡

性，生之質也，性善性惡，久無定論。周荀況之學説，謂人性本惡，必克治之，乃入於善，與孟子性善之説正相反。金奇中有見於晚近以來人心不古，太息痛恨而言曰：「古之人性善，今之人性惡，蓋自世道陵夷，詐僞相尚，卽有一二自好之士，亦爲社會所轉移，同流合污，而所生男女，其性得自遺傳，遂無一不惡矣。且自歐美學説輸入而後，誤會平等自由之説，習於猖狂恣肆，藩籬衝決，昔日偏而不全之道德亦遂蕩然無存，深可慨也。」

天良

某太守，浙人，嘗奉檄至滬，數作狹邪游，眷二女，妓院之女傭也，一曰阿毛，一曰阿土。旋入京，則與像姑名翠林、紅湘者昕夕過從，文采風流，傳播遐邇。嘗爲駢儷書致其滬上友人云：「食毛踐土，具有天良；倚翠偎紅，敢云至樂。」或謂某太守能作感恩語，亦饒有官氣也。

啞者之發聲

啞，瘖也，然亦能發聲，惟不成語耳，略如小兒之啞啞然。金奇中嘗遇一啞者於懷獻侯許，見其以手指天畫地，口中啞啞作聲，詢獻侯曰：「此君何亦能言乎？」獻侯曰：「渠固素不能言也。」奇中曰：「吾雖不知其所言爲何，然乍聆之，似與普通人所學不合法律不合道德之言相類，令人無從索解也。以視鳥語猿語，固較勝一籌矣。」

文明野蠻之雜糅

金奇中之好天足也，在天足會未創以前，趙伯英嘗詢其故，則曰：「今之婦女，既非如古代及歐女之束腰，其於頭也，亦惟飾其髮，塗其面，而亦不效非洲婦女之壓頭使扁，是固欲留其天然之美也，何獨於足而欲以人力矯之？頭大足小，徒覺其不稱而已。此與吾國之開化雖早，進化獨遲，文明野蠻雜糅其間而絶不相稱也，庸有異乎？吾所以深惡而痛嫉之也。」

附羶逐臭

滬爲五方雜處之地，自光緒末葉以迄宣統，社會之怪現狀，不可殫述。曩以爲文明之中心點者，漸易而爲野蠻之中心點矣，姑舉數端言之。姦淫也，拐騙也，捲逃也，盜劫也，私鹽私烟也，暗殺明殺也，竊犯賭犯也，賴婚重婚也，無日而無之，古之朝歌、勝母，或猶未若是之甚。而遷居於滬者，蜂屯蟻聚，紛至沓來，一若自滬以外，曾無一片乾净土足安其身者。或曰：「蟻附羶，蠅逐臭，滬上腥臊之氣，瀰漫四周，易於感召，宜其同流合污，如水之就下而歸壑也。」趙伯英曰：「滬爲萬惡之社會，可擬之於京師。」言雖刻酷，亦實有所見而云然耳。

權利之別解

權利爲法律名詞，卽一人之行爲，得據法律，使他人認爲正當之力也。例如於自有之地造屋，他人若置物其上，得除去之，他人不能抵抗也，其確解若是。且「權利」二字，亦世界各國人人所公認而不諱之物也。所別乎可不可者，公私而已。以公心言權利，雖強國家，福人民，可也；以私心言權利，雖覆國家，禍人民，可也。

國人對於「權利」二字輒有別解，而多從己着想。未得權也，不惜喪名屈節以求權；既得權也，又不惜喪名屈節以求利；既得利也，更荒淫奢侈，無所不爲，而其後權亦有所不顧。何以故？以既得利，卽無權，而我仍可安居行樂也。此乃國人富貴貧賤最劣之根性，苟不除之，他日之不爲奴隸牛馬也，幾希矣。

犧牲一己

人之恆言曰：「吾今以憂時之故，願犧牲一己矣。」晚近以來，幾合富貴貧賤之人而皆能言之矣。蓋卽本其己飢己溺之懷，舍身以救世也。犧牲者，謂捐棄一切，如云犧牲生命，犧牲財產，犧牲名譽，卽捐棄其生命、財產、名譽也。其語實本於《呂氏春秋》。《呂氏春秋》曰：「殷商克夏而王天下，五年不雨，湯乃以身禱於桑林，翦其髮，剬其爪，自以爲犧牲。」

陶希明者，亦以犧牲爲恆言，嘗游學海外，以入貲爲知縣，夤緣於要津，得司榷。橫征暴斂，以貪聞，不半載積金十餘萬。商賈怨之，一日，糾土棍數百人持械攻其局，屋毀，司事、巡丁皆被撻，死二人，餘亦垂斃，陶受棍傷跳樓遁，投金奇中家得免。金曰：「吾今乃知君之所謂犧牲者名譽而已，生命財產固皆不與焉。」陶曰：「吾作官之不恤人言者，初亦僅欲犧牲名譽而已。豈知生命亦將不保，財產亦有所失乎，予何言哉！」

金語之曰：「成仁赴義，人所至難，生命姑不論，財產實爲身外之物，黄金百萬，能悉納之於棺乎？亦惟爲子孫殖財計耳！蓋實拘於『不孝有三，無後爲大』之義而重視子孫也。是以平日之一舉一動，無一不爲子孫計，而絕不爲社會計，且并不爲一己計。惟專心致志於財產，遂至一己之名譽全然喪失，一己之生命或且不保，愚孰甚焉？君今亦悟否？能犧牲子孫，斯能犧牲一己以舍身救世耳。」

熱誠熱中

冰其淋亦譯冰忌廉，其淋之義，酪也，以牛乳、雞蛋加香料，如香蕉、檸檬等物，攪和入冰筒，運機旋轉，使漸凝結如冰。食之甘沁可口，西人於常餐時輒進之，冬日亦然，非若我國人之必於炎暑時始一嘗也。金奇中曰：「西人具熱誠，故內熱，須飲冰；我國人之食此者，富貴中人爲多，豈以熱中過甚，自知懺悔耶？」

無遠慮有近憂

國人之目多近視，文儒尤多，譽之者謂爲伏案功深之證。亦實以案爲平面，朝夕俯觀，頭低背傴而有以養成之，非若西人所用之案爲斜面，可端坐讀書，目與案之距離爲均等也。金奇中亦近視，一日赴宴，座客戴靉靆者十八人，皆當世之號稱第一流而與奇中有同病者也。奇中與十八人皆雅故，酒闌，奇中笑而言曰：「國人方以無遠慮有近憂爲世所詬病。而吾輩且皆近視，僅具咫尺之目光，將若何？」

憧憧之影

金奇中僑滬久矣，以滬無山，每屆重陽，輒登味蒓園之眺華閣，以西望龍華之塔。奇中目短視，宣統庚戌九月九日與友登之，爲登高之會，偶躓於石，靉靆墮地而碎，友曰：「君尚有所見乎？」奇中曰：「我雖短視，固未嘗瞽也。往來者之衆，亦見之。」友曰：「所見者何？」奇中曰：「憧憧之影也。」友曰：「往來者人也，君何疑爲鬼？」奇中曰：「頃飲於九華樓，吾醉矣。」

父母之年之喜懼

邵保民嘗讀《論語》而至「父母之年不可不知也一則以喜一則以懼」章，而以己意釋之曰：「噫，吾知之矣。喜者，喜父母之馬齒加長，去死不遠，旨甘菽水之資即可免除。懼者，懼父母之精力就衰，不能爲子生利，且一旦物化，須出巨資以營喪葬也。」此雖别解，然亦足見世人大多數之心理矣。

吳理安願爲犬馬

人子之能養父母也，什百中無一二焉，有之，則惟鄉曲之細民，欲於富貴家求之，殆千不得一矣。「今之孝者，是謂能養」，孔子所言，蓋在春秋時也。至於晚近，則習聞泰西父子别居之説，而何有於養，更遑言敬？

吳士忍者，以貿遷致富，聲色狗馬之奉，窮極侈汰。有父名理安，别居，距五十里而遥，然僅歲時一問視，歲致銀幣十二圓而已。父垂老矣，窮年凍餒，幾不能自存。一日，徒步五十里往叩其子之門，曰：「吾今欲自儕於犬馬之列，而得汝養，可乎？」士忍不答，但留其晚餐，俾一飽，與以鐙，使籠燭而歸。

符稚仁極端之發財思想

今之能養父也，固幾已百不一覯矣，然養母者則猶有所聞，蓋其壽較男子爲長耳。且婦女本難謀生，垂老之年，尤不得不坐食，子之養母，亦大率出於迫不得已也。符稚仁者，父殁矣，有後母吳氏，方少艾，爲其父垂老所娶者也。

自稚仁以父無遺産，有怨言，一日，忽語其母曰：「兒不肖，家貧，無以奉甘旨，母又方盛年，盍及是時而自爲計乎？」母不答。稚仁曰：「兒有二策。」母曰：「姑言之。」稚仁曰：「母而欲圖長治久安也，其別嫁乎？不然，則有趙某、沈某、楊某、唐某、蔣某者，皆好冶游，以母之年，母之姿，何患不見容於若輩耶？奇且母亦優游自適矣。」母大怒而號。稚仁之意，殆欲於再醮之聘金，夜度之資費，可有所沾溉也。中曰：「稚仁欲以後母易金，喪心病狂，誠狗彘之不若矣。」此亦發財思想極端之所表示者也。金

兄弟鬩於牆

吾國人民號稱四萬萬，實合漢、滿、蒙、回、藏及苗、瑤等族言之也。乃自種族革命之説興，而昌言排滿矣。然其警告大衆之辭，或發言，或作文，又輒曰四萬萬同胞，是則滿人亦在其列也。丹陽何陟封尹錫詩聞而詑之曰：「既親之爲同胞矣，而又排之，若必欲翦除異己者。甚矣，其自相牴牾也！吾是以大惑不解也。」金奇中曰：「是固兄弟之鬩於牆也，苟有外侮，必能通力合作而禦之矣。」

妻專制妾共和

青州陳少琴僑居於蘇，有妻曰孫蘭儀，杭人，世家女也。有妾曰王巧珍，蘇人，鄉農女也。蘇農之女習田事，以天足故，雜男子力作，勞苦惟均，然此實有男女平權、男女平等之精義寓於其中，巧珍亦若是也。少琴娶蘭儀之明年，偶至滸墅關，見巧珍力耕而美也，欲納之，使女傭將意，巧珍之父阿瑞諾之，遂娶焉。嫡庶相處無違言，巧珍賢，蘭儀亦不妬也。

蘭儀幼從宦，居其父之官廨十九年。父曰佩卿，以任子得官，官氣重，蘭儀習之久，故其馭下也，常寡恩而多威。巧珍固出自平民家者，則反是。金奇中曰：「此可以譬政體矣，蘭儀專制，巧珍共和也。」

積金爲子孫

金奇中嘗言人之欲積金者爲子孫耳，於己無錙銖之裨益也。湯頤瑣詢之曰：「君何所見而云然？」奇中曰：「晉之富室多藏鏹，非儲於窖也。鎔之於地，高如邱山，有自明以至於今者，子孫世守之，無或動，大盜至亦惟相對愁歎而已，不能取其毫末也，人因號之曰没奈何。苟非爲子孫者，則此没奈何之金，何以子又傳子，孫又傳孫乎？累代相傳，其子孫緜延不絶，則此藏金者，亦即緜延不絶，烏得有所滅乎？蓋亦子孫各爲其子孫之故也。」

被催眠術

催眠術者，能令人集注意識於一點，使成睡眠或喪心病狂之態也。初視爲妖術，至十九世紀法國醫士某用之以治病人，世始知重，近漸盛行，且及於我國矣。

光緒庚子以拳匪肇亂，至使聯軍來華，刼盟城下，大辱奇恥，莫此爲甚。國人至是宜若有所覺悟，發憤爲雄矣。而朝野上下之人，乃猶昏睡不醒，或且冥行狂走，流連忘反，卧於積薪之上，處於漏舟之中，幾無一人能瞿然警醒，幡然改圖者。徐新六憂之，曰：「是豈皆被施催眠術者所利用乎？」懷獻侯曰：

「不然，既無意識，曾何集注之有？冥頑一物，直木石耳，且鹿豕之不若也。」

人似河馬野蝙蝠

獸類之體大者，跋涉維艱，大都不能遷徙，而體大則力強，無有顧忌，得有食物充足之地，足以養其軀，則安之不去矣。譬之河馬，得有水及食物處，便即安居，不欲舍棄。非洲中部多長江大河，且地曠人稀，無獵戶，河馬成羣而居，恆在蘆葦叢生之水中，逍遥遊玩，牝者且攜其子負之於背，遊戲水中，自以爲閒適矣。野蝙蝠善飛，翼甚大，腹下有數囊，能蓄空氣，其身輕而飛極速，然性不喜遷，居於幽黑之洞，久而不移其處，蓋懷土也。金奇中曰：「觀於此，而可以知國人之不能變法，有似河馬、野蝙蝠也。」

願醉死不願夢生

王梧岡者，窶人子，幼而無賴，習木工，以建築致富，積貲十餘萬，時已中年矣。乃折節讀書，不兩載而通知大義，漸納交於士大夫，久而與之習。嘗博覽報章，欲大有爲，而所謂士大夫者輒尼之，乃喟然曰：「若是乎，斯人之不可與同羣也！」於是無意於世，而恣爲淫樂，與賓客爲長夜飲，飲醇酒，多近婦女。徐新六勸之，則曰：「吾將終老於是鄉矣。醉生夢死，滔滔者皆是，此吾願以醉死，不願以夢生也。」新六曰：「夢生何謂也？」梧岡曰：「不見世之行尸走肉者乎！漏舟積薪，沈迷不悟，非夢生而何？」

四書有十先生

有爲童子師者，一日講《論語》，至「自行束脩以上」句，曰：「小子聽之，孔門弟子皆賢人，束脩必自送，不必催。」且時有需索，主人惡之，嘗令介紹人傳語，諷其自辭。師不可，謂關約原訂一年，未可中輟。及歲暮，而猶冀來年之續聘也，乃探之於徒而問之曰：「《四書》之中所謂先生者凡幾見？」徒不能對，語其父。父知師意所在，因教之云云。明日，師又問，徒對以十見。令悉數之，乃曰：「『先生以仁義說秦楚之王』，『先生之志則大矣』，『先生以利說秦楚之王』，『先生之號則不可』，『從先生者七十人』，『見其與先生並行也』，『有酒食先生饌』，『待先生如此其忠且敬也』，『先生何爲出此言也』，『先生將何之』。」師聞之，嗒然若失。

書堆跑馬

兩國文字互相翻譯，既不可失之武斷，亦不可失之穿鑿。以華文譯洋文，尤不易也，必須精研兩國文字，並有專門術語，而又深知大意，融會貫通，所用名詞，一一脗合，方始極翻譯之能事也。有某舌人者，以國文譯英文，將「馳騁文場」四字譯爲「有騎馬於書堆而奔跑四周」者，英人某曰：「華人其真善於跑馬哉。」

烟槍銘

烟槍爲烟具之一，吸鴉片烟者以裝烟於斗者也。某嘗爲作銘，銘云：「酒之餘，飯之後，桂之馨，蘭之臭，榻上一點燈如豆。短笛無腔信口吹，可憐人比黄花瘦。」

嘲世歪詩

陶鑄禹善諧語，曾作十七字詩三首，題曰「嘲世歪詩」。一云：「獅子大開口，胡言不怕羞。一等大滑頭，吹牛。」二云：「到處亂唱喏，逢迎太肉麻。輕輕兩手叉，拍馬。」三云：「遇事善營謀，削尖和尚頭。運動稱老手，鑽狗。」

新名詞入詩

自日本移譯之新名詞流入中土，年少自喜者輒以之相誇，開口便是，下筆即來，實文章之革命軍也。某曾賦詩四首以嘲之，一云：「處處皆團體，人人有腦筋。保全真目的，思想好精神。勢力圈誠大，中心點最深。出門呼以太，何處定方針。」二云：「短衣隨彼得，扁帽學盧梭。想設歡迎會，先開預備科。舞臺新政府，學界老虔婆。亂拍維新掌，齊聽進步歌。」三云：「歐風兼美雨，過渡到東方。腦蒂漸開化，眼簾初改良。個人寧腐敗，全體要横强。料理支那事，酣眠大劇場。」四云：「陽曆初三日，同胞上酒樓。

一張民主臉，幾顆野蠻頭。細崽皆膨脹，姑娘盡自由。未須言直接，間接也風流。」

贈新人物詩

有人作贈新人物詩者，竭意描摹，寓規於諷。其詠學界者，則有「教習」、「學生」、「出洋學生」三題。教習云：「自道東瀛留學歸，圖謀聊借一枝棲。如今不説之乎者，换了新腔薩西司。」學生云：「不是從前酸秀才，學堂畢業氣雄哉。文憑一紙非容易，辛苦三年騙得來。」出洋學生云：「一歲千金價不低，衹因費重總難彌。單言衣服須雙套，一套華裝一套西。」

題李鐵拐像詩

某家藏古畫，所繪爲八仙中之李鐵拐像，乞文士某爲之題詩。某援筆題之，詩云：「葫蘆裏是什麽藥，背來背去勞肩膊。個中如果有仙丹，何不先醫自己脚。」

詠尼嫁人詩

湖州有尼曰静修者，與僧私通久矣，忽還俗，嫁張某。或爲詩以諷之，詩云：「短髮蓬鬆緑未匀，袈裟脱卻着紅裙。從今嫁與張郎去，贏得僧敲月下門。」

兄弟聯句詠雪

中州有兄弟二人，紈袴子也，僅識之無，而自命爲通品。一日賞雪，欲聯句，苦思不得，忽見一狗自雪中來，兄曰：「予得起句矣！」遂吟曰：「黄狗身上白。」弟大歎服，謂其心思之巧。繼而弟亦續吟曰：「白狗身上腫。」兄見之大驚曰：「爾我得此二句，竟成詠雪絶唱，不宜再作，非但恐貽狗尾之譏，且恐遭造物之忌也。」言畢相與大笑不置。

齋聯門聯

有自書一聯揭於齋壁者曰：「倩人抓背，上些上些再上些，知痛癢還須自己；對客猜拳，是了是了定是了，真消息原在他人。」語雖滑稽，實亦道破世情矣。其大門聯則八字，曰：「自由不死，國魂來歸。」相傳爲鄂人戢元丞所撰，以白紙書之，不知者方以其家爲有喪也。

松莊聯

金陵富翁蔡某，暴發户也，嘗於居宅之旁闢園圃，徧植長松，曰松莊。落成日，以巨金丐某名士譔聯，名士思有以戲之，爲集四子書二句云：「臧文仲居蔡，夏后氏以松。」

戲臺聯

某邑演戲臺有聯，寓規於諷。聯云：「事事如斯，裝一般打臉掛鬚，偏稱脚色；年年依舊，唱幾句南腔北調，就算改良。」又鄄謀曾撰傀儡戲俗名木人戲。聯云：「著幾件衣裳，也在舞臺充脚色；無半點血氣，全憑光棍頂人頭。」

廁所聯

有作廁所聯者，聯云：「到此方無中飽患，何人不爲急公來。」

變之時義大矣哉

自光緒戊戌以至宣統，朝野上下，亦屢言變法矣，有心人起視之，則曰國猶是而已，民猶是而已。客有善説變者曰，今之世事，誠萬變矣，變之時義大矣哉。「齊一變至於魯，魯一變至於道」。我國領土一變而爲外國之屬地，如香港、臺灣是也；又一變而爲外國之租借地，如澳門、廣州灣、九龍、膠州灣、威海衛、旅順、大連灣是也；又一變而爲外國之租界，如上海、天津、漢口等是也。

孫悟空之變也，善搖其身，於是後世之學變者，不惟搖其身，而且屈其膝，鞠其躬，奴其顔，凡小人之所能爲者，無不優爲之。變哉變哉，社會之轉移，能使有用者變爲無用，廢物怪物所在皆是。人種一變而爲猶太，國運一變而爲埃及、印度。變之又變，殆無所不用其變矣，可慨也。

害甚於洪水猛獸

大地各國，雖政教不同，治法各異，於保存固有之國粹，不忘天賦之本能，固初無二致也。而吾國乃有誤解共和真理，議論馳於極端者，謂前史所載聖經賢傳大本大原等名詞，皆以愚惑黔首，遂倡爲無秩序之平等，無法律之自由，邪説横行，人禽莫辨，踰法蔑紀，倫理蕩然，其害有甚於洪水猛獸也。夫國可由衰而盛，轉弱爲强，苟民德喪亡，縱地有二萬萬方里，人有四百兆之衆，亦必土崩瓦解，不能立國於天地之間矣。

均貧富主義之别解

社會主義，有指改革現代社會制度而言者，其意欲使社會各現狀歸於平等。廣言之，則政治上之虚無主義、無政府主義等，皆得目爲社會主義；狹言之，則專從經濟一方面立言。蓋歐洲近世，實業驟然發達，以致國中僅有大資本家與勞働者兩級，勞者利薄，逸者利厚，不平之念以起，於是昌言勞働之與報酬必須平等。所採方法，或謂宜以土地、資本歸諸公有，或謂宜公平分配於各人。其最爲極端之説，則有共産主義。謂不許私其私産，而當由公衆同任勞務，卽以其生産品供公家之用，有餘則爲公衆之儲蓄。自馬克斯以後，學説一變。此派不取共産主義，惟主張以産業機關歸諸國有，禁私人占有土地，而以土地所得分配各人，是爲近世社會主義。又俾斯麥一派之説，則謂救濟下級社會固爲急務，然不宜顛覆現代社會制度，但當變易國家政策，以改良産業、交通之機關，劑社會貧富不均之弊，如規定傭金率及限制勞働時刻之類，是爲國家社會主義。

貧富階級之懸殊，以我國與歐美較，固尚不若歐美之甚，而深知社會精義者，明知近世社會主義、國家社會主義之不適用於我國也，順人情以推之，當於盜賊、奴婢、優伶、娼妓，不禁止之而獎勵之，至是而富者之所有，移轉於貧者。劑貧富以使之平，舍是莫由，則亦均貧富主義之别解也。

富家翁與貴公子

世稱多金者曰富家翁，蓋原本於《史記》。沛公入秦宫，欲留居之，樊噲諫曰：「沛公欲有天下耶，將欲爲富家翁耶？」而於有官職者之子恆以貴公子稱之，則源於古諸侯之子曰公子之説也。一日，王、李二人遇於公宴之所，王富而耄，李貴而少。李以門地自矜，傲睨一切，談諧間作，於王多所奚落，王不能堪，乃亦反唇相稽。談某爲解之，目王、李而言曰：「兩公爲富家翁，爲貴公子，翁也子也，喋喋胡爲者？翁之於子，固當理遣情恕耳。」

尸口

光緒末，民黨中人以政府腐敗至極，不足有爲，爰創《民呼報》於滬，鼓吹革命。未久被封禁，因去乎字之二畫而爲《民吁》，乃未久而又被封禁。民黨堅持初志，冀達目的，於是有《民立報》之出版。金奇中曰：「報章之大聲疾呼，長吁短歎，非一日矣，而政府諸人酣睡不醒如故也。今欲令人民求所以自立之道，宜曰尸口。」

洪少山聞其言而大愕，曰：「吾未聞陳死人之能言也。」奇中曰：「吾人之以行尸走肉爲外人所訴病也，久矣。今以『尸口』二字爲揭櫫者，意欲起先覺於九原，詔告國人，以覺後覺。蓋蚩蚩者氓，篤於迷信，聞生人之言，習焉不察，若託爲幽冥之談，類似神話者，或尚能振其聵而發其聾。且於民吁之後而改尸口，亦以表示尸居者之尚有餘氣也。尸字加點，爲户，户口，即人民耳。」

金奇中日觀悲劇

劇有喜劇、悲劇之二大別，喜劇難工，而悲劇易工，猶之撰擬文字，摹寫萬惡之社會，取材多而象形易也。金奇中僑滬久，其婦柯默尹粗知文字，好觀劇，奇中則反是。一夕，默尹至劇場，觀演社會現形記，伶人現身說法，窮極世態，歸語奇中曰：「今夜劇大佳，君無周郎之癖，若偕往，則亦可以擴見聞增閱歷。惜哉！」奇中曰：「吾日與世人處，目之所見，無往而非悲劇也。雖無哀絲急管之悽楚，而傷心慘目，至於已極，亦何必多此一觀耶？」

蓋上海之地，雖爲黃歇浦濱之蕞爾一隅，而魑魅魍魎，羣集於是，上中下三等社會皆有之。繁盛之首區，罪惡之大藪也，萬怪千奇，不可究詰。皆若有師傅之衣缽，固有之窟穴，極其潛勢力之所及，全國爲之轉移。黑幕重重，觀者爲之目眩，實無往而非悲劇也。

優言官場不如戲場

諺云「官場如戲場」，證以某優之言，良信。其言曰：「吾黨中如浄末外老生，除休業外，無日不冠帶登場，儀從煊赫，顧盼自喜，可十餘年，而無風塵奔走之苦，患得患失之慮，憂讒畏譏之情，恐官場尚不如也。」

戴琴齋自知爲社會之蠹

戴琴齋商於蘇，挈其妻居冶芳浜，有年矣。其子曰蘭泉，行賈廣州，既娶婦，則賃屋於濠畔街，以琴齋之年耄而有足疾也，屢上書以迎養爲請。琴齋不許，答之曰：「兒意甚盛，第自他人觀之，將以予爲闒冗之尤耳。且予之所自歉者，虚生於世，分利而不生利，爲社會之蠹，兒亦社會之一分子也，何可分兒之利耶？是以滋不願也。」

精蟲噬人

金奇中曰：「俗有以所薙之胎髮、所落之殘齒而留以殉葬者，蓋於身體髮膚不敢毁傷之説，推闡之至於極也。獨於搆精之時，則任意棄擲，不稍顧戀，其視精液也曾髮齒之不若。」奇中之言蓋指恣爲淫亂之人而言也。又曰：「若輩固浪用其精矣，及精蟲之化而爲子女也，則珍惜愛護，惟恐不周，畏之如帝天，尊之如父母，曾不敢稍拂其意，他日受累，亦無怨言。此卽謂爲精蟲之噬人，無不可也。」

豢洋鼠

自黑死病傳染至華，而國人名之曰鼠疫，於是知鼠之當捕滅也，惡之益甚，不僅以其嚙物也。患鼠疫者，發強熱，身體生核，故又名核子瘟，死者十人而九也。然見有洋鼠，輒愛其毛白體小，靈敏如人意，則又豢之，以爲玩物。毛稚鴻曰：「此實以崇拜外人之故而及於其物也。」

畏洋狗

西人喜豢狗，恆挈之以出游，以口有鐵籠，不齧人，而華人以其狀之獰猛較甚於我國之犬也，尤畏之，遇之者輒讓道。毛稚鴻曰：「懾於外人之積威而及於物也，且若是。」

一龍一蛇

晚近以來，趨炎附勢之風日甚一日，拜老師結兄弟之外，有所謂義親者，則以己之子女謂他人父，謂他人母，而自身得與爲親家也。爲其義父義母者，必爲之命名，使儕於己之子女，並錫以覿金衣飾。至是，而其子女則曰某爲我之義父，某爲我之義母。鄒志道與龔器初不相識也，龔有聲於時，鄒慕之，強龔之鄰爲之介紹，而令其子認龔爲義父，意若一登龍門，聲價十倍也。吳録聞而語之曰：「龔君今六十歲，其生肖爲蛇，非龍門，乃蛇門也。況此二人者，固一龍一蛇乎！」蓋言其一則飛騰，一則蟄伏也。

量大福大

人之恆言曰量大福大，此亦遇有拂逆，旁觀慰藉之辭耳。金奇中反其意而言曰：「福大者量小。」湯伯遲請其説，奇中曰：「富貴者多吝，福大量小之證也。」伯遲曰：「然，且婦人之有姙也，腹便便然，大矣，而慳吝成性，非亦量小之明證耶！」

一笑千金

某與人語必笑，或叩之曰：「笑由喜而發，子何於不能喜不必喜之際而亦笑耶？」某曰：「笑豈必由喜而發？吾亦視爲酬酢之具。第未能以一笑博千金耳。」

國人亦知製造

中外互市久矣，我國輸出之物品，率爲原料，蓋國人固未講求製造也。外人購之，加以製造，輒輸入吾國，所易之金錢，遂不可以數計。朱少侯憂之，一日忽語人曰：「吾國人固亦知製造矣，不然，何於女子天然之足而加以人力耶？」

名口

我國民數之統計，載之者曰户籍，春秋時已有之，所謂版也，歷代不廢，特未精確耳。計男子之數曰名，若干人曰若干名，計婦女之數曰口，若干人曰若干口。楊子健曰：「男子有姓又有名，故曰名；婦女不皆有名，未嫁者從父姓稱某氏，已嫁者冠夫姓於父姓之上，稱某某氏，故曰口。且若謂婦女無所事事，仰給於男子，惟開口待哺而已。」

雄勝於雌

有倡男女平等之説者，持之甚力，謂巾幗丈夫，所在皆有，才學識三者，何遽不相若。魯岱生曰：「其然，豈其然乎？何以鳥之色麗者爲雄，蟲之善鳴者亦爲雄乎？試觀鴛鴦、蟋蟀而知之矣。「鴛鴦，體小於鴨，嘴扁平而短，趾有蹼，棲息於池沼。雄曰鴛，羽毛美麗，頭有紫黑色羽冠，翼之上部黄褐色，雌曰鴦，全體蒼褐色，胸腹灰白。蟋蟀，亦名促織，長六七分，全體黑色。雄者前翅左下右上相重疊，連接處有剛強之聲器，末端有尾毛二，較雌者爲長，雌者翅短。此非雄勝於雌之證乎？」

蘇州男女平等

金奇中嘗聞蘇州男女平等而皆易貴之言而疑之，繼而思之，乃曰：「男子以服官而貴，女子以因夫或子之封典而貴，事之常也。蘇州多狀元，潘世恩、陸潤庠且皆大拜，是誠貴矣，然猶爲他處之所有也。至於女子之貴者，則蘇爲獨多。一以世人置妾，必覓之於蘇，蓬頭跣足之田家女，以容貌之得天獨厚而姸麗也，一旦嫁爲人妾，遂得饜珍錯，被羅綺，役使奴婢，而躋於上流之列矣。一以蘇女爲妓者夥，與達官貴人易於接近，久之，輒有得爲篷室者，或且如尹文端公繼善之小妻張夫人，補行婚禮而爲嫡，此則爲他處之所不經見者矣。宜其皆易致貴而得處於平等之位也。」

妾婦教育

哲學家言，賢也，良也，佳也，善也，凡此名詞，皆比較的，故甲與乙比，甲優乙劣，而甲與丙比，則甲劣丙優；同是甲也，與乙比則優，與丙比則劣。何以故？優劣爲比較的名詞，本無一定之標準也。向之所謂善者，今或不復以爲善；今之所謂善者，後或不復以爲善，此進步之說也。

自光緒戊戌以來，發動力太驟，反動力因之以起，復古風潮汪洋澎湃，一瀉千里，其餘波之及於女界，乃受患尤深。宣統時，賢母良妻之聲，愈唱愈高，激急者至詆之爲妾婦教育。「賢母良妻」四字本無可議，教育家倡此主義者，其理想中之賢母良妻，亦決非以舊社會富於服從而略知書算之女子當之，固不與妾婦教育同其界說也，徒以桀與獨可同指爲日，鼠與玉可同謂之璞耳。新學家所言之賢母良妻，與舊社會所言之賢母良妻，其觀念截然不同，而莫能相喩。乃頑舊之徒，布滿朝野，新學家而不用舊名詞則已，一言及此，且聯想而及於歷史所有之舊人物，甚且以理想中之妾婦當之，於是合於其理想者，謂之賢良，不合於其理想者，卽不謂之賢良。而中人以下之女子，以希望賢良之名，遂不得不求合於妾婦之道，其爲進步之阻力，恐非倡此主義者所及預料。有言責之君子，可勿謹於其始耶。

多塵之點

某視學員至某校，觀地理教員上課，見其地球儀之積塵盈寸也，惡之，乃指地球儀曰：「此處之塵，足有寸許之厚。」教員答曰：「否，當厚於一寸。」視學員以銳利之聲問曰：「汝何言耶？」教員答曰：「非言薩哈拉沙漠耶？」

曹明毅治地理學

有父曾游庠而子畢業於學校者，自目不識丁者視之，以爲皆讀書人也。父曰明毅，子曰道宏，曹姓，佚其籍，殆邊省人也。明毅既入泮，卽束書不觀，席先人餘蔭，飽食煖衣，無所用心，性又健忘。鄰嫗有得其遠游之子所寄白話家信者，持以詣毅，乞講述，輒瞠目不知所對，乃屬道宏爲講述之。或有誚其不悦學者，林重夫曰：「明毅固治地理學者。」錢亮臣曰：「吾識明毅十年矣，未見其有伏案片刻之日，而乃以專門學著稱，吾甚惑焉。」重夫曰：「明毅之爲人，健於談天，是知天文地理也。常日游城市，周歷各地，是知地文地理也。好與不善人居，酒食徵逐，是知人文地理也。謂非地理學之專門家，不可也。」

今之學者爲人

己，身也，對人而言也。一身之外，卽以最親愛之妻孥而言，亦人也。高潤山讀《論語》至「古之學者爲己，今之學者爲人」二句，太息而言曰：「今日官吏之起家，或以科舉，或以學校，固皆號稱學者，而其初則布衣徒步來自田間之士也。一旦致身通顯，貴且富矣，惟日孜孜，無不爲其妻孥計安樂，謀封殖，而於一己之道德名譽，不遑顧及。是非專於爲人之證乎！」

官吏視民如傷

人之戴眼鏡也，非短視卽老花，繼而視爲妝飾之品，藉以壯觀瞻，曰平光，其取材普通者爲白色之水晶。又有茶晶、墨晶，短視、老花、平光皆有之。遇客必除之，以示謙，以示敬也，反是則爲傲。在任官吏之呵殿而出也，以未能盡辟行人，慮有識之者之難與爲禮也，端坐輿中，例戴墨晶眼鏡，一若非此不足以示威嚴者。金奇中曰：「此足以見其夜郎自大目無餘子矣。」懷獻侯曰：「非也，殆以痌瘝在抱，視民如傷耳。」

臨摹法帖

唐松泉工小楷，嘗爲人鈔書，而自辰至酉，僅千餘字。李芝生誚其手腕過鈍，金奇中曰：「松泉殆臨摹法帖耳。」芝生曰：「吾知松泉不諳文法，依樣畫葫蘆，何能速耶！」

財重於色

湯子平有妻曰李淑，有妾曰周慧娥，皆青年。淑不當夕，主家政，握財權而已。子平宿於慧娥所，夜以爲常，淑不問也，惟於慧娥衣飾之需，醫藥之費，輒吝之。金奇中曰：「財之重於色也，有如是夫！」

以身發財

有爲龍陽君者，娶婦而美，不一載，亦賣淫矣。或以無業譏之，則曰：「吾二人非坐食也，皆以身發財也。」

外交

滬有女子曰王小娥者，頗知書，且習洋涇浜話。洋涇浜話者，不規則之英語也。及笄而不字，遂營醜業以自給。小娥本粵產，以鹹水妹之可接西人能得多金也，乃居鴨綠路。一日，有舊識之施桂山過之，謂之曰：「卿已上外交之舞臺矣。」

如此下臺

再醮婦某氏屢嫁而屢喪其夫，最後適某甲，年耄矣。婚禮既成，卽入房，甲與高采烈，然年老力衰，亟思安寢。婦大憤曰：「如此下臺，固不如不上臺之爲愈也。」

官金二字之别解

宋王安石作《字説》，穿鑿附會，貽笑千古。今之弄筆，意在一粲，幸勿繩以小學正例可也。

官字从宀，从𠂤。宀者，交覆深屋，𠂤卽堆之正字。官之大者多深居簡出，以保威重，防炸彈，故从宀。𠂤有衆意，言入官與謀官者之多，常如𠂤積也。金字从人，从王八。王、忘音同，八，謂孝、弟、忠、信、禮、義、廉、恥也。人能忘卻八者，則常爲金所歸。

官迷

凡人之中無所主而爲外物所眩者，及中有所蔽而固結不可解者，皆謂之迷。迷之云者，有得之則生、弗得則死之義，有飢不擇食、眠不擇寢之義，世之嘖嘖稱於時者，曰官迷，曰色迷，曰財迷。

有擬一療治官迷之藥方者，其脈案則大書云：「終日奔走，兩腿酸痛。朝夕尋思，神經昏迷。夜卧不寧，時時夢囈。以致脣焦舌爛，面瘦肌黄，加以拍馬吹牛，肺葉已傷。危險萬分，勉盡棉力，立方候教。」

皮手套一副，拍馬用。肥缺一個，差役愈多愈妙，尖帽一頂，鑽營用。鏟刀一柄，刑具十副以上，以上四味先煎。喇叭一個，吹牛用。汽車一輛，假面一個，討好時用。外以鈔票十萬張燒灰，和金銀汁吞服。」

官病

專制與共和之大別，在其國人之虛榮心、權勢心何如而已。人人存此虛榮、權勢心，於是乎好做官，又媚官，又畏官，以爲官者虛榮、權勢之所寄焉者也。歐美之國，視其官若公司中股東所僱之一經理，且目之爲公僕，有何虛榮、權勢之可言？故其國人不願以非分求官，而亦不媚官，不畏官。

世間最易傳染之病曰鼠疫，曰黑死病，然未有如官病之甚者也。其病狀爲熱中，若顛若狂，如痴如醉，旁觀者危之，而身受者反以爲樂。及其病深，心日黑，手日辣，治之以笑罵，無大效，惟面發淡紅色，轉瞬卽滅。據深於醫道者研究之，謂患此者亟宜投諸水火，否則將流毒全國，甚至有滅種之虞也。

煤氣瀰漫於官界

煤氣者，設廠置機，以大鐵爐爇煤所得之氣也。無色，有特臭，含毒性。自地下所埋鐵管中分送他處，以供燈火或煤氣引擎之燃料，其副產物爲煤黑油。

觸煤氣而致死者，中其毒也。而吾國又別有一種無臭之煤氣，合陳腐、新奇之各種氣味變化而成，瀰漫於官界，觸之者雖不卽死，而或心爲之灰，或氣爲之餒，甚且名爲之喪，轟轟烈烈之人物觸之，亦未有不敗而與陳死人略有所異者。然熱中人猶不悟，且奮身以投入此煤氣中也。

建設破壞

人之恆言曰：「欲有建設，須自破壞始。」蓋革故鼎新之謂也。晚近以來，交通日便，於是滬市有旅館，而内地亦踵行之。旅館雖亦逆旅，其異乎昔日之所謂客棧者，則以備有衾枕，孑身之客，無慮不便。曠夫怨女，乃因以爲利，待字之閨秀亦羣趨之。且其屋率仿西式，閈閎高峻，陳設華麗。金奇中亦顧而樂之，惟歎曰：「此誠所謂建設也，然其破壞亦至於極矣。」

無道德者由於智識之不高

君子之所以異於小人者幾希，誠與僞之辨而已。君子無在不誠，小人無在不僞。晚近以來，有海外之新智識輸入，而適濟其奸，相率爲僞，間有一二自好者流，欲自勉爲君子，而爲羣小所搆，無可倖免。懷獻侯有慨於此而言曰：「近今人心不古，世道陵夷，道德之與知識，幾成反比例，智識長則道德消，智識愈高道德愈卑。環顧全國，苟非渾噩之鄉人，無不以詐僞相尚，且猶藉口於權術也。」金奇中曰：「不然，道德爲天所賦，孟子所謂性善是也。智識果高，自有真知灼見，不至爲習俗所移，而可保守道德於弗替。然此必上智之覃精哲學者方能語此，若普通之予智自用者，欺世盜名，彼此作僞，惟以僞相戰而已。心勞日拙，卒至失敗，實爲天下之大愚。其所以無道德者，實亦智識不高之所致也。」

成人自儕於兒童

光緒中葉，開通之士頗有知西人辦事之綜覈名實，欲從而師之者。天津某財團之治事，效法西人，有定時，職員晨集暮散，遲到早退者曰曠，竟日之治事爲七小時，是爲法定時刻，在此時內，不得治己事，而便旋俗名小便。遺矢俗名大便。則不禁，以迫於排泄，不能强制也。乃竟有以此偷閒，而僞爲如廁，甘受穢氣之薰蒸者，此與私塾之徒，但圖偶避其師習爲游嬉者，無以稍異。則是以成人而自甘儕於兒童也。

萬臭蟲

臭蟲爲人所最惡，以身扁能藏於隙，故爲人所不覺，且能久餓不死，有惡臭。卵白長而圓，孕卵一次，可六枚至五十枚，微隙之中皆可産卵，約七八日始成幼蟲，初時爲淡黄色，漸變深紅，約八日脱殼一次，脱五次，凡歷四十日卽成臭蟲。雖不飲不食，形亦不變，善於藏匿以保其生，每一脱殼食一次。其羣居之處約爲牀之四周左右，或舊屋多孔之處。喙微似蜜蜂，有四小針，利如錐，一著於人之皮膚，則針中發出長喙，以鑽刺而吸血，使人腫痛。防之之法：宜用鐵牀，或以堅木製榻，俾無容身之地。此外宜用煤油或松油及沸透之肥皂水洒入木器之縫，或焚硫黄等物使氣上蒸亦可。蓋臭蟲非特吸人膏血，並有種種疾病，爲臭蟲所傳染者，如複熱症等是，故欲免其患，宜思所以預防之。

萬松濤者，素無行，不齒於鄉里，人以萬臭蟲稱之，遇之於道輒遠避，若見不潔之西子，必掩鼻而過也。萬多子，其原配周氏產九人，繼妻李氏產七人。有妾二：王氏產五人，朱氏產十人。羣居終日，多行不義，其出也，咸相謂曰：「萬臭蟲之蕃殖，何亦類臭蟲乃爾耶。」

人禽之界限

某婦性慧，有口辯。一日，罵其子曰：「你這狗婆養的，其蠢無對，真是牛馬之不若也。」夫聞之笑曰：「『狗婆』二字，豈非自罵乎？彼既爲牛馬，汝豈非牛婆馬婆乎！」婦曰：「方今之世，對於人禽之界限，久已融洽，君謂今之人格，果大異於狗與牛馬乎？則今之攢狗洞、吹牛皮、拍馬屁者，不知凡幾。彼自命爲丈夫者，日日與狗牛馬相狎而不以爲嫌，予一婦人，卽作狗婆，亦何不可！」

金奇中慶弔弔慶

社會交際有慶弔，生子女也，婚嫁也，壽誕也，則宜慶；死喪也，則宜弔，人情皆然。金奇中於此乃獨異，有宜慶者則弔之。謂生齒日繁，已有人滿之患，而又長生不死，豈非家庭社會之大不幸乎！是宜弔。有宜弔者則慶之。謂人之所恃以爲養者，方患不給，今彼死而其家庭少一累，社會卽少一蠹，可不至有生計革命之禍，豈不大可喜乎！是宜慶。湯頤瑣聞之而語奇中之戚趙伯英曰：「奇中生於叔季，憤世嫉俗，以凡所聞見，皆具悲觀，故不覺有此偏激之言也。」

上海之聲

上海民居鱗次櫛比，一衖之中，衖宇相望，而衖中之聲最可厭者爲各種賣物叫唤之聲。每日自日高春至日下春時，紛至沓來，幾於震耳，而腕車之轆轆聲，馬車之得得聲，猶不計也。或聞此聲而愀然有感焉，意謂人烟之稠密，生計之艱窘，游手之日多，消耗物品之日以增益，一一於此聲中傳出，以視龔定菴之惡聞錫簫聲，定庵每於日斜時聞賣餳聲則病，亦不知其所以然也。殆有異焉。

自謂出言必信

某甲新雇一僕，詔之曰：「行事務誠實，勿虚詐，我之言汝必聽從。」僕諾。一日，戒其僕，謂如出遇索債者某乙，毋謂主人在家。僕出而果遇之，竟以實告。甲知之大恚，罵其不能從命。僕曰：「我固事無虚詐，所告於乙者，即主人之言也，我何嘗不聽主人之言哉。」

不識字人勿入内

地方議會開幕時，各市選舉議員，多有不識字人依樣描寫他人之姓名而入會投票者。某市管理人欲杜斯弊，而亦未審查選民也，但標書於市公所之門曰：「不識字人請勿入内。」

水性愛錢

無錫惠山之麓，有惠泉，吾國第二泉也。泉有二池，方圓各一，游人圍池觀水，取錢投之，驗錢之入水能否旋轉而下，以是水底積錢，時有所見。某學究語人曰：「水性固愛錢也。錢，泉也。錢可通神，錢不竭，則泉亦源源而來，池水自無淺時矣。」

深明其意

某老教員上講堂，睡魔忽至，頻點其首。及聞下課鈴聲，乃驚醒，拭其矇矓之眼，莊顏對學生曰：「我所授之課，汝曹已深明其意耶？」

不是東西

有董仲池者，善病，與醫爲緣，而篤信新醫術，醫非日本人卽德意志人也。光緒辛丑春，患瘍，德醫治之而愈。其年冬，病傷寒，或以華醫薦，則曰：「君休矣，此不是東西，吾不信也。」

吾與子其爲牛乎

衡陽曾季子善書，有晉人風，旣罷官，無以爲生。臨川李梅盦乃勸其鬻書以自給，語之曰：「子今不能以術取卿相，没人財帛以自富，又不能操白刃以刦人，爲盜賊，稱豪傑，直庸人耳。今老且貧，欲執册奉簡，口吟雅步，稱儒生，高言孔孟之道，此餓死相也。餓死，常也，人方救國，子不能自保其妻孥，不亦羞乎？且富者，人之性情所不學而俱欲者也，語云『求食者，牛不如鼠，鼠不如虎』，何也？牛服田力耕，以勞易食；鼠則竊處倉廩，無人犬之憂，長養其子孫；虎居深山，據大谷，上捕飛鳥，下噉野獸，何求不得焉？子力不如虎，巧不如鼠，吾與子其爲牛乎！鬻書雖末業，無飢寒之患，無刦奪之憂，無捐金之事，操三寸之觚，有十倍之息，所謂不齎貸之子錢以勞易食者也。太史公曰：『富無常業，貨無常主。』賣漿小業，張氏千萬；灑削薄伎，郅氏鼎食。它日吾與子起家巨萬，可與英美托辣司主者埒富矣。」

犬禦外侮

有僑居上海租界之北蘇州路曰周竹蓀者，其地與閘北之烏鎮路相接，距數十武而近。竹蓀役於洋行，蓄洋犬二，皆牝也，一名亨姆，一名喬麗，每出入，必挈以自隨。烏鎮路居民李天澤則蓄一牡犬，亦有名，曰駿。一日，駿方食，爲亨姆所見，趨之，奪其食，駿怒，嚙亨姆之項，亨姆奔，天澤喜曰：「駿能禦外侮矣。」

得天獨厚遺世獨立

犂牛之子騂且角，不僅春秋時之仲弓爲然也，今亦有之。其人爲陳秉昌，少年老成，學行卓著。余克齋見而異之，語懷獻侯曰：「奇哉若人也，謂爲得父母之遺傳歟？其父母不辨菽麥也；謂爲受社會之薰染歟？則社會固甚昏濁也。吾誠百求其故而不得矣。」獻侯固亦識秉昌者，知之諗，乃曰：「斯人也，其殆得天獨厚，遺世獨立者歟！」

冶游觀劇

上海之驕奢淫佚甲於通國，多娼寮，多舞臺，男子嗜冶游，女子嗜觀劇，凡中流社會以上之人，幾已悉有此嗜。冶游爲審美之作用，愛妓之色也；觀劇亦審美之作用，愛伶之色也。冶游者每於搆精時多留戀，觀劇者每於曲終後始起去，則皆以既耗金錢，必使盡興而後已，諺所謂撈本兒者是也。

以夫婦而有冶游、觀劇之嗜者，亦有之。夫爲誰？陶月舫也，大興人。婦爲誰？嚴儷英也，元和人。宣統辛亥秋，其家居公共租界愛文義路之道達里，懷獻侯曾與之結鄰，嘗語湯頤瑣曰：「自午後四時至十二時，過陶氏之門者，惟聞僕婢笑語聲，嘲罵聲，雜以彈絲吹竹聲，呼盧喝雉聲，而有時更聞氤氳之氣，不可嚮邇，蓋其子女三人皆吸鴉片烟也。吾之所以遷居者，避囂也，擇鄰也，以其常日皆如是也。」

平等

男女之不平等也，貴賤之不平等也，貧富之不平等也，金奇中者，夙持大同主義，方苦無以劑其平也。一日，忽憬然有悟而言曰：「王道不外乎人情，從民之欲，順其趨勢，則不平而自平矣。」懷獻侯曰：

「其道何由？」奇中曰：「今之人無不好觀劇，好冶游，果使人人爲伶，人人爲妓者，男女貴賤貧富，豈不悉臻於平等耶？」

位尊多金

丹徒劉季英嘗以龜甲贈金奇中，蓋殷商卜時所用之遺物也。奇中甚珍之，以甲爲石灰質之易碎也，乃鑲以白金之盤，置於紫檀之架，登之文石之几。或見之，歎曰：「此三千餘年死龜之軀殼也，何亦位尊多金如是耶？」

本官本員

世稱官吏爲官員。員，官數也，如設官若干人，謂之若干員。官之對於人也，有自稱本官者。而官員黷貨者多，則以員字加口爲圓，卽爲銀圓之圓故也。洎宣統時，而有議員出焉。議員者，諮議局之代議士也。其發言時，則於自稱本席之外，或又自稱本員。而黷貨者之多，乃亦如官，林滬生曰：「員之時義大矣哉！」

同流合污

吳子蒼好啖餅餌，然必擇市招之有官禮名點字様者而購之。其出行也，汽船必官艙，旅館必官房，而就浴於肆，亦必惟官盆之是求。一日，至某鎮之某浴室，則僅有澡池，見衆人裸逐於中，乃歎曰：「吾不能自失體統，以同流合污也。」乃遽拂袖而出。

鄉人聞官話而生畏

官話爲正音，流俗不察，以爲必官吏而始有此話。北人之普通語言，頗似官話，非若吴越語言之爲古時南蠻鴃舌之音也。吴越人乍與北人遇，聞其言，輒以官話目之，敬禮之心，不覺油然而生，此亦奴性表示之一端也。

然此所謂吴人者，就江蘇之蘇州、松江、常州、太倉而言，鎮江以北如揚州，如通州，如淮安，如徐州，及江南之江寧，雖亦爲吴，而其語言大異，類似官話。吴越巨室，每傭北人爲司閽，取其發言之似官，可以威嚇鄉愚，使之聞而生畏也。北人不可得，則傭揚州等處之人爲之。

光緒初葉，吴人周廿卿入都，自清江浦遵陸而上，聞道旁男女之發言類官話，歸而語人曰：「北人多智，雖三尺之童，皆操官話，不待學而能也。」

大騙小騙

滬上拐匪之熾，日甚一日，設局誘騙，無奇不有。高晴川傷之，林滬生曰：「今之世界，實大騙局耳。甚且有假法律而行其欺騙之手術者，與拐匪較，乃大騙小騙之分耳。」

和尚大樣

廣東海珠寺塑金剛，與彌勒同坐，聯云：「莫怪和尚們這般大樣，請看護法者豈是小人。」

病夫國

外人稱我國爲病夫國，聞者斥之，然有實例焉，未可倖免也。衞生之道不講，欲求完全健康之人，百無一二，以是戚串朋好，書札往還，必以健康爲頌禱。而繁盛都會之商肆，醫藥獨多，豈非病夫國之明證耶？

戴明軒自言所食

有戴明軒者，初至金陵，困於酒食，李善齋詢其赴宴之地點，明軒曰：「昨所食爲内國之昔日外國餐，今所食爲外國之他日内國餐也。」善齋瞠目不解。明軒曉之曰：「昨飲於教門館，回人之肴也。回紇在唐始入版圖，非昔日之外國乎？今飲於大餐館，西式之肴也。瓜分之説，終必實行，非他日之内國乎？」

父子之間不責善

有縱其子爲不善者，曰周舜民，於其子之行事不一過問，佯爲不見不聞而已。林滬生語之曰：「君有子而不能教，『中也養不中』，將何以自解乎？」舜民曰：「吾年雖耄而尚未健忘也。幼時嘗讀《孟子》矣，孟子不云乎：『父子之間不責善，責善則離，離則不祥莫大焉。』」

學拜年

有懼内而下跪者，或改《千家詩》一首嘲之曰：「雲淡風輕近夜天，傍花隨柳跪牀前。時人不識予心怕，將謂偷閒學拜年。」

贖當頭

有質錢赴博局者，提貫而言曰：「萬事不如錢在手。」旁有一人應聲曰：「一年幾見贖當頭？」

校字二音適相反

有何桂勝者，旅困於滬，久之，始得一事。一日，遇蔣少明於道，少明曰：「君比作何事？」桂勝曰：「近方爲明正學校校對書稿。」其言時，於學校之校讀如嬌，於校對之校讀如效，校字二音適相反也。少明鄙之，語之曰：「君讀音宜審，若人人盡如君者，將呼君爲烏龜生矣。」

牛鳴馬不應

滬多蘇女，自僑居之大家閨秀小家碧玉外，爲妓者有長三，有么二，有野雞，有花煙間，爲傭者有娘姨，有大姐。蓋壤地相望，一葦可杭，團體固結，彼此援引，在滬人數之多，可與廣州、寧波之商人相提而並論。知吳語者，試一行通衢，入僻巷，側耳聽之，固所在皆有鶯燕之聲也。

湯頤瑣以蘇人而久旅於滬，固重鄉土之觀念，持博愛之主義者也。嘗語金少川曰："吾蘇女之美，爲歐人所贊，至比之於歐洲之意大利，歐人嘗曰歐洲婦女以意大利爲最美，亞洲則蘇女也。其美可知。吾則謂吾蘇婦女，實可以美字概之。雖蓬頭攣耳，齞脣歷齒，旁行踽僂，又疥且痔，千百中亦有一二，然詳審之，則固無不饒有姿致，不待粉澤，我見亦憐，他處之女，則萬不能及。吾故以爲吾蘇之女無一不可愛也。"

少川曰："君蘇人，而於蘇女贊不容口，亦阿私所好也。"頤瑣曰："女無姿致，則爲木偶人，尚何美之足云？古人之言美女者，不嘗云儀態萬方乎？不又云柔情綽態乎？凡可稱爲人者，固無不知之，不知蘇人之美者，是無目者也。君以審美自矜，而并此不知，非牛鳴而馬不應歟？"夫牛鳴而馬不應者，異類故也。見《列女傳》，此則借用。

尖先生

外人之謂吾國也，初則曰老大帝國，繼而曰幼稚國。老大也，幼稚也，絶對相反，兩不相容者也。

果老大歟？果幼稚歟？雖旁觀者清，恐外人亦不能下正確之判斷也。而林滬生則曰：「皆是也，亦老大，亦幼稚。國既有老大幼稚之徽號，則爲其民者，皆可稱尖先生矣。」尖先生者，滬人以稱亦老大亦幼稚之妓，言其不大不小也。

扶得東來西又倒

醉人不可扶，扶之，則愈若醉而倒矣。金奇中久具厭世想，有舉世皆醉我獨醒之概，雖居滬，常杜門謝客。一日，偶以事出，遇戚子珍、唐善卿，見其彳亍於道，蓋皆自酒樓大醉而出也，至九江路，二人大吐。子珍仆於地，奇中亟扶之起，則善卿倒矣，乃扶善卿，而子珍又仆。奇中歎曰：「扶得東來西又倒，奈何？不可爲矣。」於是呼馬車送之歸。

嫂夫人

稱人之妻曰夫人，尊之之辭耳，不必問其是否爲得有一品二品封典之夫人也。或加以嫂字，曰嫂夫人，則以對於其夫，既視之如兄，對於其妻，自視之如嫂矣。駱少秋與曹松舟善，旬日必過從，松舟妻王氏甚賢，少秋至，輒具酒饌，使松舟與少秋對酌。少秋感之，恆語松舟曰：「夫人賢哉，君得內助矣。」越歲而王卒，又越歲而松舟續娶魏氏。魏亦賢，少秋至，亦治具飲之。一日，設河豚，少秋食而甘之。時松舟有友穆小溪亦在座，飲畢，少秋連聲贊之曰：「夫人賢哉，夫人賢哉！」小溪曰：「君誤矣！何不稱以嫂夫人乎？吾以爲吾輩之所稱者，惟嫂夫人爲最當耳。不加嫂字，烏乎可！」松舟聞言，變色而起。蓋松舟之繼配，即其新寡之次嫂，俗所謂叔接嫂者是也。

小而臭

喜大而惡小，喜香而惡臭，人情之常也。而獨於婦女之足，則不然，惟欲其小，不厭其臭。高晴川曰：「若而人者，是真別有肺腑，異乎酸鹹者矣。」

貪歡受累

生齒之繁也，生計之絀也，蓋以承平日久，漏巵日多而然也。於是比年以來，無告之窮民日益加甚，甚且有一家之父子兄弟皆一無所事，而欲爲盜賊，則無膽無勇，欲爲棍騙，則無口無術，惟知乞憐於人。而猶孳生不已者，意謂子女成立，必有人爲之謀食也。被其累者每苦之，金奇中即其一也。

奇中性耿介，不干人，而又慈祥愷惻，於無告之窮民，輒視之如己飢己溺。王明卿者有二子，累奇中有年矣。蓋其父子三人，以愚故，雖得枝棲，人終必擯之。奇中歲爲之營幹，作微生乞鄰之舉而干人，竭盡心力，久亦厭苦之，乃歎息而言曰：「人貪歡，一晌貪歡，見《李後主詞》。我受累矣。」貪歡者，蓋言若輩之飽食恣淫也。

所樂不同

楊、榮、壽、孫、金、李、王七人皆僑津，服務於官署，晨集暮散，既散而各有所以爲樂者。楊石友喜觀劇，樂在目也；榮伯高喜聽書，樂在耳也；壽蘭生喜飲酒，樂在口也；孫梧堂喜鬬牌，樂在手也；金仲搗喜看書，樂在心也；李季玉喜狎妓，樂在屌也；王少川喜散步，樂在足也。戴叔康聞之而歎曰：「若輩所樂不同，金之所樂，高人一等矣。」

做戲看戲

金奇中客滬，服務於坊肆，任撰述，窮日夕之力，伏案搦管，矻矻不稍休。嘗著社會小説，雖温太真之燃犀，吴道子之寫生，不是過也。其婦柯默尹頗知書，讀而善之，語之曰：「子何不撰爲劇本之贈梨園，使予可得一常年優待免費之券，常日觀劇，不費子一錢乎？」蓋其婦固酷好觀劇也。金答曰：「予撰社會小説，描摹世情，窮形盡相，嬉笑怒駡，無不備具，與做戲何異？我既做戲，則卿亦看我之戲可矣。且卿亦已現身於我之戲中，我爲正角，卿爲配角，雖不看他人之戲，庸何傷？」

共和

自革命之説起，青年學子無不欲摧專制而建共和，其意固甚盛也。有年少佻達之黄立夫者，聞之而尤喜，語其友朱銘齋曰：「城西之沈秀娥者，君不嘗遇之於邑廟乎？固吾二人所中心悦而誠服之者也。共和實行，吾輩可爲共同和姦刑律有强姦、和姦之別。之行動矣。共和乎，共和乎！吾固馨香而禱祝之者也。」立夫、銘齋皆僑居海上，同學於某校，每於課暇，相將至公共租界之廣西、貴州、雲南各路，物色人材，亟欲求得一當以爲快者也。

不如半開化之爲愈

機械變詐之心，每隨文明之程度而俱進。蓋知識日闢，藝術日高，自足以輔助其波譎雲詭之千端萬倪之伎倆而不爲他人所覺，道德之墮落，羣若視爲當然者矣。懷獻侯曰：「是不如半開化之爲愈也。」

金奇丁勝於四不像

金奇中有族弟曰奇丁，自號似而先生，蓋自言其似是而非也。其似是而非也若何？則似公子，似貴介，似達官，似名士，似新黨也。似公子者若何？其尊人冷官也，而奇丁獨無寒酸氣，不知者且以爲公卿大夫之子弟也。似貴介者若何？其從兄爲京朝官，以其幼時之聰穎，獨鍾愛之，優待之，奇丁乃亦能露頭角而有以自異矣。似達官者若何？奇丁嘗以納貲得官，而起居動作，絶無絲毫齷齪委瑣之狀。似名士者若何？奇丁雅好文藝，頗能與當世之騷人墨客相周旋。似新黨者若何？奇丁雖不通外國文，而嗜譯本書，與人談話，頗多新名詞。奇中語之曰：「子生於非驢非馬之中國，有此五似，勝於四不像多矣。」四不像者，獸名，麈之俗稱，黑龍江之鄂倫春有之，人役之如牛馬，有事，哨之則來，舐以鹽則去。

楊景秋夜郎自大

自大人之稱謂濫，自洋人之勢力盛，而鄉愚無知見有異言異服者，不問其爲厮養也，爲乞丐外人亦有在華行乞。也，皆以洋大人稱之。京津小兒習聞之矣，嬉於市，輒爲之謡曰：「洋大人，無限威權在自身，咱們偏做中國民。」蓋以光緒庚子八國聯軍之至，懼被誅戮而爲此媚外之語也。有粤人楊景秋者，醉心仕途，初至津，一日過宫北估衣街，聞有呼洋大人者，以爲呼己也，遂應之，自是而後，一舉一動無不摹擬官僚矣。越翼日，馬竹軒遇之於途，語之曰：「子勿自以爲大人也。説大人則藐之者，吾也。且子之五官四肢，亦猶是人耳，夜郎自大，果何爲？」

公僕之自嘲

有爲省城附郭之首令者曰洪子澄，以達官貴人沓來紛至，苦於送迎之煩，輒咨嗟太息，欲告退。謂：「終日奔馳，望塵而拜，雖非奴顔婢膝，究亦同流合污，吾不爲也。」林滬生聞之，語之曰：「歐美人謂官吏爲公僕，君之僕僕道途也，宜哉！」

四賊窮無所之

余季考隱居蘇州虎邱之山塘，且讀且耕，殊自得也。中年始娶婦，婦爲農家王氏女，曰秀雲。既于歸，則從季考從事於田作。客有過斟酌橋者，每於夕陽將下時，見其扶鋤耦耕，徒跣泥淖間，雙笠影斜，時或並肩而語，誠一幅天然圖畫也。其所居雖爲縕樞甕牖，而甚修潔，農具之外，雜以文具圖史。鄉里小兒目光隘，疑其有所蓄也，爭瞷之。某歲暮春，有二賊穴後牆進，季考方夜讀，驚而逸。翌日季考出擔糞，秀雲亦芸草於田，乃有一賊入其室，衣及釵失矣。越旬餘，秀雲方歸寧，夜深，季考寢矣，一賊自梁上而下，攫衾去。及秀雲歸，季考具告之。秀雲曰：「吾家固無長物也，何四賊之惠然肯來，不我遐棄乎？」季考曰：「噫，此四賊也，固窮無所之，亦其父母之能生之而不能教之之所致耳，又何言！」

金奇中自歉

金奇中居滬久，常鬱鬱不樂，林滬生問之曰：「君何所不慊乎？」奇中曰：「他姑勿論，即言三端可矣。人之有求於我者三：借錢也，薦事也，作伐也。我爲謀之而恆不能忠，方自歉，何所樂乎？」滬生曰：「何也？」奇中曰：「借錢與人，萬貫不爲多，百文不爲少。然雖僅百文，我固已盡力矣。蓋我亦窶人子，人亦諒我也。爲人介紹而作曹邱生，以我之力微，彼之技劣，而不能月得巨資。然彼固尚有所獲，慰情聊勝，我之力亦已盡矣。至於執柯，則必得兩造之同意而後可。今則女多於男，天壤王郎，且不可得，以執柯相委者多矣，百不一成，無可致力，此吾之所以自歉也。」

柯默尹謂金奇中說夢

金奇中以其婦柯默尹之好觀劇也，嘗誠之曰：「人生如戲耳，何必耗時失業，疲精費神，以觀此戲中之戲耶？」默尹曰：「人各有癖耳，觀劇，吾之癖也。子豈一無所癖乎？」奇中曰：「吾與明顧文端之癖同耳。」默尹請其說。奇中曰：「文端，名憲成，無錫人，嘗自言平生有二癖：一爲好善癖，一爲憂世癖。此兩種癖所爲，爲天地立心，爲生民立命，文端之言如此，卿尚何言？」默尹曰：「子之玩世不恭，亦已甚矣，乃猶正襟危坐而說夢耶？休矣，毋污吾耳也。」

柯默尹謂金奇中好行其德

有抱樂器而奏之，且歌且行，蹀躞於坊陌，以售技自給者，凡繁盛之都會皆有之。金奇中好山水游，暇則手一卷，不入劇場，然當閉户夜讀時，聞聲，輒召之入，使歌，且觀書，且聽曲，不以爲囂也。奇中之婦柯默尹以其歌之劣也，厭之，語奇中曰：「滬上劇大佳，子不往觀而樂此，好惡拂人之性矣。」奇中曰：「吾非嗜此也。徒念若輩爲無告之窮民，日得薄值，將以資俯仰耳。且自我出此些須之費，固無損，我伏案展卷，亦未奪我之日力也。」默尹曰：「信若斯乎，子亦好行其德矣。」

上場容易下場難

自提倡文明新劇之說盛，於是上海社會之中年人士，亦皆熱心救世，而號召於衆曰：「此固輔助社會教育之一端也。彼年少失學者，誠能日觀新劇，濡染既久，自必有所觀感而羣思爲善矣。安得有熱心者，投身劇場，而現身說法乎？」曾子英習聞之，乃從提倡新劇之人而習焉。擇日登臺，觀者座滿，於時笙歌一奏，袍笏而出。孰知門簾方啓，而臺步已亂，鼓板不靈，喝倒采之聲大作。高晴川曰：「上場容易下場難，有如是夫！」

捐員

捐官之外有所謂捐員者，捐議員也。官吏一稱官員，入貲爲官曰捐官。蔣禹洲者，浙之鄉人也，饒於貲，以捐官之可以稱雄於鄉里也，欲納粟者久矣。一日遇周子平於廣座，卽以捐官事託之，而談次忽誤言捐官爲捐員也，子平哂之。座客有朱和雄者，乃曰：「處今之世，與其捐官，毋寧捐員之爲愈。」子平詫而問之，曰：「何謂也？」和雄曰：「今之議員，皆以金錢運動而得，費數百金，卽可爲之。他日所獲，必倍之，或數倍之，無需次之苦，有取償之道。且議員爲出類拔萃之國民，雖有銅臭，於高尚之人格，固無損也。」禹洲韙其言，乃不捐官而捐員。

良心

自革命之説起，而口頭書面輒有「熱心」二字，其誤解者一意盲從，雖於非理之事亦必自表其熱心。蓋其人實乏判斷力，事之是非，固不辨也，故凡所作爲，無不踰越範圍。林滬生曰：「是蓋無良心上之主張也。」良，音同涼，心既熱，自不涼矣。」

機械之心

金奇中嘗自上海乘滬寧汽車以至江寧，朝發而夕至也，又嘗自漢口乘長江汽船以至上海，三日而已達也，神之，語懷獻侯曰：「機械之作用乃如此耶？外人何智，吾人何愚？」獻侯曰：「國人亦何嘗無機械之心耶？用之不當耳！」

九頭鳥

九頭鳥，《太平廣記》引《嶺表録異》曰：「鵂鶹乃鬼車之屬。或云九首，曾爲犬嚙其一，常滴血，血滴之家則有凶咎。」今人以九頭鳥爲不祥之物，本此。又張君房《脞説》，時人語曰：「天上有九頭鳥，人間有三耳秀才。」按《續搜神記》，兗州張審通爲泰山府君所召，額上安一耳，既醒，額癢，果生一耳，尤聰俊，時號三耳秀才。蓋時人以九頭鳥能預知一切，故以之比聰俊者。後更轉以譏狡猾之人，而曰：「天上有九頭鳥，地下有湖北老。」蓋言楚人多詐故也，其實亦不盡然。

狗有警察學識

陳蝶仙嘗曰：「吾國之犬，富有警察學識，每見異言異服者，必吠而逐之。」外人初入內地，殆無不爲狗所困，故必以杖自衛。說者謂手杖之用，實等於打狗棒耳。

人樂我憂

許閣濤善育兒，有男子子七，女子子九。婦卒而續娶馬氏，其歲爲宣統庚戌，閣濤齒未四十也，逾年得孿生子二，粲粲成行，總計爲十八矣。閣濤以力不足贍之而常以爲憂。一日薄暮，訪其妻弟趾祥，趾祥雖有妻，而僅一子，且與之別居。時將晚膳，趾祥留之飯，則共餐者九人，皆門下食客也。閣濤乃笑而言曰：「吾家食指之繁，自作孽，不可逭也。君何事而亦受人口腹之累耶？」趾祥曰：「人之樂，我之憂也。」蓋趾祥亦貧，固筆耕而食，亦常患不給者也。

生利分利

金奇中嘗自以虛生於世，飽食終日，分利不生利而自歉也，恆鬱鬱不樂。林重夫曰：「吾輩不農不工，皆無益於社會，分利之謗，自不免矣。然仰事俯畜，萃於一身，猶能以勞心之所獲，沾丐一家，就在家而言，固實爲生利之人也，又何歉焉？以視闖宂之鬚眉丈夫，徒知食粟，而轉賴其婦女以爲養者，不已較勝一籌耶？」

兩個呆人

師問學生曰：「一加一是幾何？」生曰：「三。」師艴然曰：「汝真呆人，譬如汝與我，是幾人？」答曰：「是兩個呆人。」

未完之稿

有女學生嫁爲人婦者，不能主中饋，其夫爲購烹飪雜誌。婦受而讀之曰：「嘻，得之矣，烹飪之法乃若是其易，於我乎何有？」明日夫令作饌，則半熟不能食。夫曰：「噫，此何饌也？」婦曰：「此饌乎，製法悉遵雜誌，惟爲未完之稿耳。」

囚徒待決

漢口有某團體，每歲暮，放假三日，然於治事之末日午後，輒有袖手静坐，寂無所事，惟待時至即行者。李子和曰：「是殆如監獄待決之囚徒，知死期將至，故無所事事也。」

清稗類鈔

詼諧類

火災可賀

國初有沈子均者，從朱近修游妙峰菴，遥望棲鳳村火災。棲鳳村者，故沈所居。人爲沈弔，沈曰：「可賀也。」詰其故。曰：「國破矣，家未亡也。家亡矣，身猶存也。侘傺至此時，庸何弔？以世俗言之，身不死，便可賀。賀不加於弔，弔不加於賀也。」

齊脱貂裘猞猁猻

國初定制，三品以上，得衣貂及猞猁猻，乃任葵尊爲御史時所疏定也。王漁洋戲爲詩曰：「京堂銓翰兩衙門，齊脱貂裘猞猁猻。昨夜五更寒透骨，舉朝誰不怨葵尊。」

枋頭之敗垓下之誅

姜垓字如須，華陽人。夙與長洲徐昭法孝廉枋善，嘗客吴中，一日，偕入市，姜顧徐曰：「桓温一世之雄，尚有枋頭之敗。」徐應聲曰：「項羽萬人之敵，難逃垓下之誅。」相與大笑。

狀元歸去驢如飛

順治開科狀元，爲東昌傅相國以漸。相國曾扈駕，騎蹇驢歸行帳。世祖在高處眺望，寫其形狀，戲題云「狀元歸去驢如飛」。畫幅二尺許，設色古茂。

一顧再顧

順治初，吏部諸司郎官，最爲清要。吴郡顧松交名予咸，顧蒨來名贄，俱以吏部郎解職里居，賓客輻輳。一日廣坐中，一客忽曰：「二公所謂一顧傾人城，再顧傾人國也。」

我身乃兒生之

沈稽中，名儒，青浦人，論《尚書》甚精。其父君化，於順治時，有怨家詣軍門，誣以大逆。時方治反獄，誅殺日數十百人。吏到門，舉家惶懼，稽中挺身出曰：「我即君化也。」訊時，顔狀不變，詞理條暢，竟得釋。君化歎曰：「兒之身，我生之。自今日以往，我之身，乃兒生之。」

翦取吴淞半江水

順治甲午，張爾唯學曾自京曹出守吴郡，同官孫北海承澤、龔孝升鼎孳、曹秋岳溶三人設宴爲别，各攜所蓄名蹟相玩賞。張因出江貫道《長江萬里圖》誇客，相與贊羨不已，欲裂而分之。張大窘，孫集古句戲之云：「翦取吴淞半江水，惱亂蘇州刺史腸。」

入夢出夢

萊陽宋荔裳、新城王西樵、嘉善曹顧庵同游杭州西湖，一夕，看演邯鄲盧生事，酣飲達旦。曹曰：「吾輩百年間入夢出夢之境，一旦縮之銀鐙檀板中，可笑亦可涕也。」

歲在龍蛇

陸麗京嘗遘危疾，宛轉牀第間，猶喜滑稽。一夕，語陳際叔曰：「奈何歲在龍蛇。」陳慰之曰：「正恐吴中高士。」

筮短龜長

順、康間，有龔、萬二郎中，同舍相狎，龔長而萬短。一日，同僚畢會，龔復以短小爲謔。萬徐曰：「左氏云『筮短龜長』，殆爲兄發耳。」

朱移尊徐家筵

禾中朱竹垞、徐勝力爲康熙己未宏博同徵友，竹垞居梅里，勝力居城東角里。勝力嘗邀竹垞飲，或竹垞移尊勝力家，彼此嘗以名相戲，有「今日朱移尊，音同彝尊。明日徐家筵音同嘉炎。」之謔。

駝水駝湯

湯西厓少宰未遇時，與姜西溟太史同客都下，每出，則從西溟借馬乘之。一日，西溟投以詩云：「我馬瘏郎當，崚嶒瘦脊梁。終朝無限苦，駝水復駝湯。」

是蝌是鼇

黄唐堂嘗飲范笏溪所，范舉宋人語「二螯八足一團大腹」，曰：「君姓是蟹。」黄舉《禮記·檀弓》語「范則冠而蟬有緌」，曰：「君姓是鼇。」范大稱賞。

有龍有鳳

松江錢舍人葆紛，康熙戊午曾舉博學宏詞者也。問董孝廉蒼水曰：「君家有龍，何也？」董曰：「猶君家有鳳耳。」

差勝肉林

董蒼水之子晴川臞，林南華肥，夏日裸坐，林曰：「真骨董。」董曰：「差勝肉林。」

朋友得夫妻之樂

太倉吴元朗暻、海寧查聲山昇、仁和湯西厓右曾，爲康熙戊辰進士同年，並負詩名，同官京師，恒唱酬竟日夕。某夕，社集聲山寓齋，時值初春，天寒雪甚，因下榻焉。漏已三商，聲山、西厓同榻先寢，元朗猶推敲未已。聲山戲於枕上屬對云：「孤吟午夜，文章有性命之憂。」元朗應聲云：「雙宿春宵，朋友得夫妻之樂。」聲山聞之，戲拍西厓肩云：「湯婆子，吾儕速睡休，勿令若人攪清夢也。」三人皆爲之軒渠。

立得手痛寫得脚痛

京朝各官，以儤直内廷爲榮，然實不勝其苦，咫尺天顔，垂手侍立，久之，則氣血下注，十指欲腫。若派寫進呈書籍，則終日伏案而坐，兩脚不得屈伸。康熙朝，王宫詹圖炳直南書房有年，嘗奉命書《華嚴經》全部，出語人曰：「伺候時立得手痛，鈔録時寫得脚痛，此苦豈外廷所知。」

山頭蓋起水晶殿

宣城施愚山侍講閏章愛才如命，其督學某省時，有一名士入場，作「寶藏興焉」文，誤記其句在水下，録畢而後悟之，自知必被除名，乃作詞以書於上曰：「寶藏在山間，誤認卻在水邊，山頭蓋起水晶殿，瑚長峯尖，珠結樹顛。這一回，崖中真跌殺撐船漢，告蒼天，留點蒂兒，好與友朋看。」施閲至此，和之曰：「寶藏將山跨，忽然間在水涯，樵夫漫説漁翁話。題目雖差，文字卻佳，怎肯放在他人下？常見他登高怕險，那曾見會水淹殺。」

尚書少庶子多

康熙辛未，奉旨開局專修《尚書》，華亭王司空頊齡爲總裁，纂修、協修諸員皆特簡。一時薈萃名流，支給官物，按卷進呈，及夏秋則封達熱河行在。東華珥筆，中禁蜚聲，稽古之榮，不可一世。惟《尚書》卷帙無多，竣事易而撤局速。又司空頗蓄姬侍，皆有所出，平日堅持雅操，雖洊躋清要，而宦橐顧不甚豐，其長君圖炳官春坊庶子，恒以分産不給爲憂。或戲爲撰聯云：「尚書祇恨《尚書》少，庶子惟嫌庶子多。」

京職各署之比儗

京諺云：「翰林院文章，太醫院藥方，光禄寺茶湯，鑾儀衛轎扛。」又云：「吏科官，户科飯，兵科紙，工科炭，刑科皁隸，禮科看。」蓋各言其職守也。又巡城御史諺云：「中城珠玉錦繡，東城布帛菽粟，南城禽魚花鳥，西城牛羊柴炭，北城衣冠盜賊。」蓋各言其所巡之地，華樸喧寂，迥不同也。又稱翰林院講讀學士云：「無事日有事，有事日無事。」詹事府衙門云：「開印日封印，封印日開印。」蓋遇翰林院直日，講讀學士遞無事摺，如有應奏事件，則由掌院學士具摺而學士弗與也。至於東宫官屬，則政務清閒，用印日少故也。

吏部之喜怒哀樂

吏部有公宴，司員咸集，或語之曰：「公等一舉手間而人之喜怒哀樂隨之矣。」衆愕然，叩其故，則曰：「文選司掌選補、推陞及班秩、品級諸典，故曰喜。考功司掌考察、降罰及引年、稱疾、給假諸例，故曰怒。稽勳司掌喪制、終養、復姓、更名諸事，故曰哀。驗封司掌封爵、誥命、贈廕、敍功、吏員考職等事及真人、土司承襲，故曰樂。」

康熙癸酉鄉試謡言

康熙癸酉鄉試前，御史有參翰林部曹不可提督學政一疏。相傳京堂謀出督學，故凂臺臣出疏。都下謡言沸羹，一時小説流行，有《小京堂密謀翻大局》、《死御史賣本作生涯》、《老郎中掣空籤望梅止渴》、《窮翰林開白口畫餅充飢》四劇。

惱煞老父東江

太倉唐實君考功孫華，别號東江，最鍾愛其次子頤。康熙戊子省試，東江屬望綦殷，而頤以違式不終場，遂逗撓白門，不敢歸。有吴孝廉樞者調之曰：「前有項王，後有唐郎。一箇百戰無功，羞見江東父老；一箇三場不利，惱煞老父東江。」語末四字，回文巧合，可謂善戲謔兮。

楊朝麟批詞

康熙己亥，三韓楊朝麟爲江蘇布政使，其批呈詞，脫去窠臼，記其一二如下：批女尼訟其徒孫嫁人者云：「小尼姑脫卻袈裟，便穿衲襖，正佛家所謂不二法門也。爾獨何心，乃欲使之老死空門乎？爾如見獵心喜，不妨人云亦云。」又判以髮妻被佔控者云：「前陸元公一案，某以謀佔來告，本司庭審之下，乃是一個烏龜。今爾亦來告，本司仔細想來，必定也是一個烏龜。某人現在枷號示衆，爾於某人放枷之日，速即來此，本司即將枷某人之枷，枷爾之頸，免得又污本司一面新枷也。」又判賣古董被騙者云：「爾自謂善識古董，騙人財物，今亦遭人騙。觀戲場上，大騙小騙，甚至鬍鬚多被割去，其下場時，不過大哭一場而已，幾曾見其告狀。爾何不攜陋巷之瓢，捉叩脛之杖，負曾子之簣，向東郭墦間，乞祭餘以驕妾婦，否則吹伍子胥之簫，行乞吴市中，豈無捨太公九圜錢者，儘可謀生，不必興訟。」

得卿來作掛帆人

方南堂，名貞觀，康熙癸巳，以族人望溪侍郎事牽連，隸旗籍。雍正癸卯放歸，屢客揚州，興化縣令嘗薦之於大吏，將使應博學宏詞科，辭不就試。著有《南堂詩鈔》。其《戲示小婢》詩云：「可能便結垂簷子，自顧將爲就木身。好似遠行舟楫具，得卿來作掛帆人。」

來見者何必知爲誰

嘉興錢文端公陳羣居京時，有舉子求見者，必極力贊揚。貌瘦，則贊其清華；體肥，則贊其福厚；至陋劣短小者，亦必謂其精神充足，事業無窮，各使得意而去。一日，送客歸，方解衣，子弟問客何人，尚書凝思良久，曰：「忘其姓名矣。」子弟曰：「大人如是稱許，何遽忘之？」尚書笑曰：「彼求見者，不過求贊耳！贊之而已，又何必知爲誰也。」

翁仲

乾隆時，某詞臣奉敕撰墓誌銘，誤將「翁仲」二字倒置，坐降通判。瀕行，高宗爲賦一絶云：「翁仲如何説仲翁，十年窗下欠夫工。從今不許歸林翰，貶爾山西作判通。」蓋每句末二字均顛倒也。

酒祭廷朝

某祭酒出試題，誤以「琱弓」作「弓琱」，太學生某嘲之曰：「琱弓難以作弓琱，如此詩才欠緻標。若使是人爲酒祭，算來端的負廷朝。」此每句末二字亦顛倒也。

有字不如無字好

桂林陳宏謀退養林泉時，每與鄉中父老聚談爲樂。至除夕前數日，鄉人多有以春聯索書者，陳笑而受之，命人各標識於紙背。然絶不一書，亦不命書記代作。屆期，鄉人來索聯，各以故紙還之。鄉人大駭，問何不寫字？陳曰：「有字不如無字好。」鄉人各欣然攜歸，各貼門首。或問曰：「何無字？」鄉人告曰：「陳公云：『有事不如無事好。』故不用字也。」陳聞之，亦大笑。

僧有兩妻

高宗南巡，駕次毗陵。一日，遊天寧寺，聞住持某僧有不規名，因詢之，曰：「汝有幾妻？」僧以兩妻對。帝異其言，又詢之，則曰：「夏擁竹夫人，冬懷湯婆子，寧非兩妻乎？」帝一笑置之。

一瞽一跛

汪巢林、樂慶夫，皆金冬心布衣農之友也。巢林老而喪明，慶夫亦患足疾，不良於行。冬心作詩慰之曰：「蹇處卻勝屈膝，閉時即是垂簾。可喜靈臺不昧，何憂蓬户常潛。」又曰：「此後已辭傾險路，從今不見尋常人。一春花福仍消受，弄影聞香各占新。」

滿朝皆忠臣

高宗循衛河南巡，舟行倚窗，見道旁農夫耕作，爲向所未見，輒顧而樂之。至山左某邑，欲悉民間疾苦，因召一農夫至御舟，問歲穫之豐歉，農業之大略，地方長官之賢否。農夫奏對，頗愜聖意。尋又令徧視隨扈諸臣，兼詢姓氏。羣臣以農夫奉旨詢問，於上前不敢不以名對，中多有恐農夫採輿論上聞致觸聖怒者，皆股栗失常。農夫閱竟，奏曰：「滿朝皆忠臣。」上問何以知之。農夫奏稱：「吾見演劇時，淨脚所扮之奸臣，如曹操、秦檜，皆面塗白粉如雪，今諸大臣無作此狀者，故知其皆忠臣也。」上大噱。

阿堵物付流水耶

朱文正公珪喜詼諧，乾隆乙丑除夕，客有訪之者，問歲事如何，因舉胸前荷囊示曰：「可憐此中空空，壓歲錢尚無一文也。」有頃，閽人以節儀呈報曰：「門生某爺某爺節儀若干封。」文正因謂客曰：「此數人太呆，我從不識其面，乃以阿堵物付流水耶！」

老蛟精

張孟詞名騰蛟，福建寧化人。家近蛟湖，乾隆中，頗負時名，朱文正公嘗以老蛟精呼之。文正詩云：「三千文士校雄雌，第一應推張孟詞。」

教讀原來是下流

興化鄭板橋大令燮，少貧，嘗爲蒙師。既達，作詩自嘲云：「教讀原來是下流，傍人門戶過春秋。半飢半飽清閒客，無鎖無枷自在囚。課少父兄嫌懶惰，功多子弟結冤仇。而今幸作青雲客，遮却當年一半羞。」

新詩和到是明年

尹文端公繼善詩才敏捷，督兩江時，與門生袁子才太史校倡和，每得句，必快馬飛傳，袁頗憚其神速。某年除夕，已三鼓矣，袁遣人持一詩至曰：「知公得句便傳箋，倚馬才高不讓先。今日教公輸一着，新詩和到是明年。」文端大笑。

束脩奉弟子

袁子才爲尹文端代擬對聯，文端貽書答之，並以風肉一盤爲報。書中有「謝代筆之勞，兼謝在旁磨墨者之勞，佳人聞之，必嫣然一笑也」等語。又云：「自行束脩以上，爲弟子奉先生而言。今自行束脩以下，又爲先生奉弟子而言。」似改《論語》作倒裝文法矣。

錢塘蘇小是鄉親

袁子才嘗言：「士大夫，杭人也，工書畫，有「錢塘蘇小是鄉親」印，恒於紙尾鈐之。

青躬道人

仁和王健庵，袁子才甥也。家貧，以諸生老，晚年自號青躬道人。或問其故？曰：「無米無穴，精窮而已。」

總而言之曰窮

萊陽李蕚喜詼諧，歲試屢列前茅，而貧甚。嘗自爲楹聯云：「廩增附三生有幸，更有進焉者貢；少壯老一事無成，總而言之曰窮。」

只當小病一場

鉛山蔣心餘太史士銓嘗以所撰《藏園曲》示袁子才，子才不喜。心餘曰：「只當小病一場，試讀之。」子才無奈，強爲過誦。越數日，心餘問及之，子才曰：「我已盡讀一過，别無佳句。惟『儘由他恁地聰明，也猜不透天情性』二語，略有風致耳！」心餘大笑曰：「先生是詩人，非詞人也。詞中所長，却不在『尖刻』二字。」子才唯唯而已。

赤頂翠翎

河東河道總督無錫嵇滌園，名承志，其先嘗爲長蘆鹽運使，不久引疾歸。一日，偶與其妾戲曰：「吾不欲作顯宦耳。若出山，珊瑚頂，孔雀翎，有何難哉！」妾曰：「妾不敢信。主公若得赤頂翠翎，妾願作緑珠、紅拂以事主公。」乃交相拍手爲證。自此出山，已而果然。

以文比神仙鬼怪

武進管韞山侍御世銘嘗與同里諸子論文，目周宿航爲仙，趙法伍爲鬼，沈佩蘭爲怪。或戲曰：「韞山，君自作何品題？」宿航曰：「管大英風浩氣，固當以神明目之。」一時里中遂有神仙鬼怪之目。莊虛庵詰韞山曰：「何以處我？」韞山笑應之曰：「君當是聲聞、辟支耳。」

鬢抱不白之寃

陳句山太僕兆崙年逾耳順，鬢尚全黑，裘文達公日修戲之曰：「若以年而論，公鬢可謂抱不白之寃矣。」

打點飢腸喫劍潭

乾隆間，揚州鹽商方盛，名士多往依之。有好客之商數家，曰方笠亭，曰汪劍潭。值粱昭明太子生日，會於文選樓，時諸名士方館於方，而汪於席間邀諸名士過其家，羣諾明日移榻，因相與聯句，成一詞與家君大有緣。」

曰：「笠亭雖好，怎好天天擾？明日初三，打點飢腸喫劍潭。昭明太子，保佑我們休餓死。太子開言，爾

君是蜂腰

獻縣紀文達公昀會試時，出孫端人宮允人龍門下。孫豪於酒，嘗憾文達不能飲，戲之曰：「東坡長處，學之可也，何併其短處亦刻畫求似？」文達典試，得葛臨谿太史正華，酒量冠一世，亟以書報孫。孫覆札云：「吾再傳而得此君，聞之起舞，但終憾君是蜂腰耳。」

夫人之夫字讀如字

紀文達公夫人某氏卒，高宗命侍衞致祭，殊典也。紀謝恩，高宗問曰：「汝負海內文豪之譽，且伉儷素篤，悼亡之作，必多佳著。」紀曰：「臣年老矣，衰病侵尋，文字亦頹唐，不足登作者之堂。然六十餘年結髮，鼓盆之痛，其曷能已！僅鈔襲古人陳言以塞責。」遂朗誦《蘭亭序》「夫人之相與俯仰一世」，至「死生亦大矣，豈不痛哉」一節，高宗聞而大笑，曰：「王逸少《蘭亭序》祇被汝將『夫人』之『夫』字讀作『如』字，便是一段哭妻祭文矣。汝真善鈔藍本哉！」

老頭子

紀文達體肥而畏暑，夏日汗流浹背，衣盡溼。時人直南書房，每出，至直廬，即脱衣納涼，久之而後出。高宗聞内監言，知其如此，某日，欲有以戲之。會紀與同僚數人方皆赤身談笑，忽高宗自内出，皆倉皇披衣，紀又短視，高宗至其前，始見之，時已不及著衣，亟伏御座下，喘息不敢動。高宗坐二小時不去，亦不言。紀以酷熱不能耐，伸首外窺，問曰：「老頭子去耶？」高宗笑，諸人亦笑。高宗曰：「紀昀無禮，何得出此輕薄之語，有説則可，無説則殺。」紀曰：「臣未衣。」高宗乃命内監代衣之，匍匐於地，高宗厲聲繼問「老頭子」三字何解。紀從容免冠頓首謝曰：「萬壽無疆之爲老，頂天立地之爲頭，父天母地之爲子。」高宗乃悦。

人間四季夏秋冬

紀文達嘗於退直遇一内監，曰：「適有一聯，乞公爲足成之。」出句云：「榜上三元解會狀。」文達應聲云：「人間四季夏秋冬。」内監問何故脱却春字，文達笑曰：「君當自問其爲何故也。」

其下無之矣

紀文達在直廬待漏，方與同直者諸謔，忽一小閹至，曰：「公等所説笑話，可得聞歟？」文達曰「無笑話，惟今有一人」，語至此，默然。小閹曰：「其下如何？」文達曰：「其下無之矣。」

劉玉樹小住芙蓉庵

紀文達有陸士龍癖，每笑，輒不能止。嘗典某科會試，試畢，左右傳新科狀元來謁。狀元名劉玉樹，卽請見，晤後，首詢其寓何所。劉對云：「現住芙蓉庵。」紀聞此語，忽笑不可仰，旋卽退入內，久不能出。有頃，命請狀元暫歸府第。劉退，惴惴然。他日再見，探其故，始知是日成一聯云：「劉玉樹小住芙蓉庵，潘金蓮大鬧葡萄架。」借用小說回目作下句，而屬對絶工，深自贊喜，故遂至是耳。

片雲孤月

紀文達屢掌文衡，門生頗多。一日，有二生同謁，一額有黑瘢，一左目已瞽。文達見之，大笑不止。二生請其故，曰：「吾偶集得杜句一聯，分贈兩君。」蓋一爲「片雲頭上黑」，一爲「孤月浪中翻」也。

今日門生頭觸地

某生謁紀文達，一見，卽跪地叩首。文達忽大笑，或問之，曰：「吾憶夜來事，得一佳對。」其對語卽「今日門生頭觸地，昨宵師母脚朝天」也。

雞飛旋於芭蕉之側

有名林鳳梧者，謁紀文達，文達問其命名之義，林誇曰：「生時母夢鳳棲於梧桐，故名。」文達歎曰：「太夫人之兆，可謂佳矣。設若夢一鷄飛旋於芭蕉之側，則足下之名，便不堪入耳矣。」

平平仄仄仄平平

紀文達新製蟒袍，與其戚某戲曰：「昨親家母來舍看女，見弟新袍，徘徊熟視，弟曾有詩贈之。」某曰：「願聞佳詠。」遂吟曰「昨宵親母太多情，爲看花袍繞膝行。看到夜深人静後」，誦至此句遂止。某曰：「還有結句。」文達曰：「無矣。」某曰：「如何無結句？」文達曰：「結句無非是平平仄仄仄平平而已。」

平上去入

有山陰平太史者，在京師續娶，紀文達所贈賀禮，中有詩韻一部，凡四册，分題以「之子于歸」四字，平不解。既而赴讌，酒半，平從容問曰：「昨蒙寵賜，内有詩韻四册，及所題之字，皆未識命意所在，今願竊有請也。」文達曰：「無他，詩韻者，平上去入而已。之子于歸，自應是平上去入耳。」

望月彈琴

紀文達有中表牛稔文者，其子坤娶婦，贈一聯云：「繡閣團圞同望月，香閨静好對彈琴。」牛大賞之，以其雋雅也。明日，文達往賀，指此聯曰：「吾用尊府典故，何如？」

女子小人寡婦鰥夫

或以「惟女子與小人爲難養也」句令紀文達屬對。文達曰：「有寡婦見鰥夫而欲嫁之。」蓋欲使女子小人、寡婦鰥夫作偶也。

飲馬馱人

陸耳山學士錫熊驅車謁客，便道過紀文達，語之曰：「適飲馬四眼井，此五字以何爲對？」文達曰：「即以閣下對之，可乎。」蓋「馱人陸耳山」五字也。文達固以陸爲馬以戲之耳。

文治日光華

紀文達與王夢樓太守交莫逆，夢樓名文治。一日，退直獨早，忽忽至王寓所，遣家丁寄語其夫人曰：「頃在南書房，奉旨封王文治妻爲光華夫人，特來賀喜。」夫人疑信參半。夢樓歸，夫人語以故。夢樓曰：「若爲曉嵐所紿矣。」夫人詰其故，夢樓不語。蓋其時都下春聯有「皇恩春浩蕩，文治日光華」句也。日字之音，蓋借作□耳。

是狼是狗

紀文達宴於某尚書家，同座有某御史，亦滑稽者流，見一狗從庖前過，乃佯問曰：「是狼是狗？」「侍郎」與「是狼」同音，意指文達也。文達急對曰：「是狗。」尚書問曰：「何以知之？」文達曰：「狗與狼有不同者二：一則視其尾之上下而別之，下垂是狼，上豎是狗；一則視其所食之物而別之，狼非肉不食，狗則遇肉喫肉，遇屎喫屎。」蓋「上豎」與「尚書」同音，「遇屎」又與「御史」同音也。

疣太守

某太守嘗謁紀文達，文達見其左額有疣，大如胡桃，訝曰：「君擁連城，統僚屬，纍纍者何以儀衆？某市有某醫能療此疾，顧甚秘其術，必先具厚禮，徐告以情，乃可。」某如言，既見，則此人額亦有疣，乃悟爲所戲，恚而歸。

神行太保靴筩走水

紀文達酷嗜淡巴菰，頃刻不能離。一日當直，正吸烟，上忽召見，亟以烟袋插入靴筩中趨入。奏對良久，火熾於襪，痛甚，不覺嗚咽流涕。高宗驚問之，則對曰：「臣靴筩内走水。」蓋北人謂失火爲走水也。乃急揮之出。比至門外脱靴，則烟餤蓬勃，肌膚焦灼矣。先是文達行步最疾，每入朝同僚咸落後，彭文勤戲語同人曰：「曉嵐確是神行太保。」文達應聲曰：「雲楣不媿聖手書生。」比遭此厄，不良於行者累日，文勤又嘲之爲「李鐵拐」焉。

謫居猶得住蓬萊

紀文達爲人書聯，其上聯，必用「聖代即今多雨露」句，下聯亦集唐詩爲之，然絶不重複。一日，有丐其書聯者，則以詞林洊擢卿貳旋又奉詔回原衙門行走者也。上聯仍用舊句，下聯則「謫居猶得住蓬萊」七字也。

中書君什麼東西

乾隆某年，工部署被火而燬，高宗命侍郎金簡朝鮮人。鳩工修復。有作上聯者曰：「水部火災，金司空大興土木。」久之，無有對者。一日，紀文達遇一鄉人之爲内閣中書舍人者，談次，中書述上聯。文達曰：「是不難，第恐累君耳。」中書詰之。文達曰：「北人南相，中書君什麼東西？」

進士皆牡丹亭脚色

乾隆庚辰一科進士泰半英年，京師好事者以其年貌各派《牡丹亭》全本脚色。如狀元畢秋帆爲花神，榜眼諸重光爲陳最良，探花王夢樓爲冥判，侍郎童梧岡爲柳夢梅，編修宋小巖爲杜麗孃，尚書曹竹墟爲春香。諸同年每呼宋爲小姐，曹爲春香，宋、曹竟應聲以爲常也。更有奇者，派南康謝中丞啓昆爲石道姑，漢陽蕭侍御芝爲農夫，見謝、蕭者，無不失笑。

是太公的令兄

滿人法某以滑稽聞，尤長於文事。督學某省時，某考生有書「員」爲「負」者，法斥之，某不服。法援筆批其後云：「私和句勾，吉去吕台，汝若再辨，革去秀才。」某乃心折。有某童生，年且七旬，法憫其老，恩給秀才，戲作《寶塔歌》曰：「翁，古童，時運通，白髮蓬鬆，是太公的令兄。」

説起窮來不算窮

吴山尊學士鼒初官太平訓導，一日，宴於郡齋，即席口占二律云：「諸公莫説教官窮，説起窮來分外窮。兩個對頭稱正副，一年餬口仗生童。可憐歲考猶難免，縱有優差也不豐。不信但看鹽典例，三錢倒有二錢銅。」「諸公莫説教官窮，説起窮來不算窮。中轎居然安七尺，上台也只打三躬。老夫子叫人人是，外翰林稱個個同。日上三竿猶未起，勝他多少磕頭蟲。」其他有自撰楹聯，或嘲或諷者，如李時庵大堂聯云：「掃雪呼僮，莫認今朝點卯；轟雷請客，都知昨日逢丁。」傅芝堂聯云：「百無一事可言教，十有九分不像官。」屠筱園聯云：「教無可教偏稱教，官不成官卻是官。」陸定圃聯云：「近聖人居大門徑，享閑官福小神仙。」沈秋河聯云：「讀書人惟這重衙門，可以無妨出入；做官的當此種職分，也要有些作爲。」

多年不得詩書力

仁和厲樊榭孝廉鶚，詩集甫刊行，海内即有繙本。有刻書於楚中而以印本寄之者，刻書者與厲不相識，於姓旁誤增「力」字作「勵」。厲賦詩寄之云：「展卷風前睡眼醒，何人不辨六書形。蕭生有系知非鄮，温尉如存笑帶令。旅食欲添雙鬢白，鄉書祇説兩峯青。多年不得詩書力，早晚烟波買釣舲。」

敝姓曾連顧孟平

嘉善黄霽青大令名安濤，咸、同間詞人也。同年生某投札致候，誤書「黄」爲「王」，乃答以詩曰：「江夏琅琊未結盟，廿頭三畫最分明。他家自接周吴鄭，敝姓曾連顧孟平。須向九秋尋鞠有，莫從四月問瓜生。右軍若把涪翁换，孤負籠鵝道士情。」

割耳剥皮

有周某館於陳氏，周呼陳爲東翁，俗尚然也。陳不解，以爲己姓明明爲陳，何呼我以東？思有以報之。一日，忽稱周曰吉先生。周曰：「我姓是周，非吉也。」陳乃曰：「我姓是陳，非東也。汝既割余之耳爲東，吾不得不剥汝之皮爲吉。」

馬盧兩姓相並

有知府馬姓、知縣盧姓二人會銜出示，幅小而字多，兩姓相並，府先縣後，距離絶近。一鄉人閲示者，卒然曰："『驢字何反寫也？』"旁觀者莞爾而笑曰："『他日者，吾邑侯不次超遷，官階在太守上，則驢字當改正矣。』"

字義之好者皆從羊

某太史一生不講《説文》，一日宴會，進羊肉，客有不食者，太史曰："「此品最美，何不食耶？試看古人造字之由，『美』字、『鮮』字、『善』字、『羹』字皆從羊，卽吉祥字亦從羊。凡字義之好者皆從羊，非言其美乎！」"

大花面

涇縣包愼伯大令世臣嘗於上大府禀中用「小柴胡湯」四字，以是罣彈章。晚年談鋒更厲，滔滔不竭，或以拄杖指天畫地，人稱爲包大花面。好事者撰聯戲之云："「説話渾如大花面，罷官祇爲小柴胡。」"

拜佛佛無知

某太史一生不信佛，然愛寺院風景，輒往游玩。僧人請其拜佛，輒不應，乃自書五言偈於扇頭云：

「逢僧必作禮，見佛我不拜。拜佛佛無知，禮僧僧見在。」

教演女兒兵

和珅好詼諧，所言多市井語。一日，乾清宫演禮，王大臣咸集，中有薰香傅粉之少年，珅笑曰：「今日正如孫武子教演女兒兵矣。」

而今跳出圈圈外

山陰童二樹以畫梅著稱於世，嘗題云：「左圈右圈圈不了，不知圈了有多少。而今跳出圈圈外，恐被圈圈圈到老。」童嘗應道試，方入場，隸搜其身，恐有懷挾也。卽拂袖歸，曰：「朝廷竟以盜賊待士子乎？」自是遂絶意進取，此卽所謂跳出圈圈外也。

此亦妄人也已矣

松江張星爲諸生，有才名，嗜酒而狂。嘗以夏日浴於泮池，門斗禁之，弗聽也。後聞於正副兩廣文，出而呵責之，張以污泥浮藻覆面，赤身立水中，兩手擊水以拒之。廣文怒，命門斗拘之尊經閣，令作文，以「此亦妄人也已矣」句命題。張援筆立就，其後二比，出股云：「此其人不可以教諭者也。」對股云：「此其人不可以訓導者也，此亦妄人也已矣。」兩廣文愈怒，欲斥革之，愛其才，釋焉。

認祖宗

嘉慶初，常熟蔣因培官山東知縣，以好詼諧觸大吏怒，落職。時相國蔣攸銛總制兩粵，雅重其才，亟招之入幕，爲記室。一日，蔣談及蔣氏宗派，意在與因培聯譜也。因培避席對曰：「蓬蓽安敢妄附華胄？中堂乃《水滸傳》中蔣門神之苗裔，若因培者，不過《金瓶梅》内蔣竹山之一嗣孫而已。」

舍節鉞而爲令

阮文達督粵時，有屬吏欲求劇縣，託某道地，文達曰：「官可自擇乎？則吾舍節鉞而爲陽朔令矣。」某問故。文達曰：「陽朔、荔浦山水奇秀，甲於寰區，吾於閲兵時經過，今猶夢寐不忘也。」

秦檜夫婦追悔

阮文達平蔡牽，得兵器，悉以鎔鑄秦檜夫婦鐵像，跪於岳忠武廟前。好事者戲譔一聯，製兩小牌題之，作夫婦二人追悔口吻，其一繫秦檜頸上曰：「咳，僕本喪心，有賢妻何至若是！」其一繫王氏頸上曰：「啐，婦雖長舌，非老賊不到今朝。」文達謁廟時見之，不覺失笑。

帝德皇恩

京師人家，例揭春聯於門，其最普通者，爲「帝德乾坤大，皇恩雨露深」二句。此蓋市肆寫以求售，主人不善屬文，輒購以張之者也。除夕巡行里巷，所見者大率如此。譃者則謂官僚受恩雖亦深重，終不若移揭於皇后宫門之形容入妙耳。

作無品官

文官流品，自正一品至從九品，凡十有八，最下者爲未入流，言其不入流品也。典史亦未入流之一，某典史嘗題聯於廳事云：「作無品官，行有品事；讀百家書，成一家言。」

馬上得之馬上失之

上海趙謙士侍郎由監生起家，在懋勤殿行走，官至户部侍郎，仁宗巡幸熱河，輒隨駕較射，得孔雀翎。嘉慶辛未，以恭繕御製詩，誤書「駐」字爲「注」字，業已刻石進呈矣，大懼，亟入奏，自行檢舉。上以其素醇謹，不加罪，僅拔去花翎。都人有譃之者曰：「趙之翎，可謂馬上得之，馬上失之矣。」

云云

乾、嘉間，鉅鹿某令稟覆直督一事，稿案送稿時，内載奉憲諭之下，凡照例之處，只寫「云云」二字，候謄寫時補入，此向例如此。乃抄胥竟忘謄寫，遂只作「督憲云云」。方制軍觀承批之曰：「吏云云，幕云云，官亦云云，速將該承辦書辦提解來轅，仰候本部堂當堂云云。」

師也過商也不及

全椒金棕亭博士兆燕廣交游，當教授揚州時，四方往來知名之士無不接見，文酒流連，殆無虚日。且肴饌至豐，或有誚其過侈類於鹺商不似廣文苜蓿者。桐城吴太守逢聖時爲與化教諭，則笑而言曰：「師也過，商也不及。」

嘲校對實録大考之詩

嘉慶間，修《高宗實録》，龍子嘉駕部汝言、顧渚茶中翰英暨某均充校對官，每稿本成，必敬謹恭校，恐有錯誤。然進呈御覽之本，訛脱甚多，且高宗廟號之「純」字亦誤書。仁宗震怒，將以大不敬論。諸校對官下刑部，總裁英、陳兩侍郎俱革職待罪，龍等三員發新疆効力。未幾，而姚伯昂總憲元之以開坊翰林大攷三等降編修，朱詠齋尚書開列名次，本不在先而忽擢春坊。有好事者合而成詩曰：「這回提調太荒唐，斷送英陳兩侍郎。出口可憐三校對，碰頭空惱八親王。某王曾爲乞恩，故邀寬典。一封緘奏推卿相，五月還官笑伯昂。開列儘先都是夢，詠齋今日竟春坊。」

江寧貢院演戲

青浦諸聯與其友莊如璋諸人赴金陵，應秋試。舟過蘇州之滸關，鄉人疑爲梨園子弟，大聲問曰：

「君輩至何處演戲？」僕從答以將往江寧貢院中演之。莊乃大笑而言曰：「予等皆傀儡，特未知何人能演一場好戲也。」

糊塗疙瘩

瑚和齋名圖禮，汪瑟齋名廷珍，同時爲國子祭酒。瑚首課題「得天下英才而教育之」，汪首課題「德之不修」一節。監中爲作一聯曰：「糊塗三樂，疙瘩四憂。」「糊塗」、「瑚圖」同音。汪項有瘿，人稱爲汪疙瘩也。

經學少一畫三曲

曹雪芹所撰《紅樓夢》一書，風行久矣，士大夫有習之者，稱爲「紅學」。而嘉、道兩朝，則以講求經學爲風尚。朱子美嘗訕笑之，謂其穿鑿傅會，曲學阿世也。獨嗜説部書，曾寓目者幾九百種，尤熟精《紅樓夢》，與朋輩閒話，輒及之。一日，有友過訪，語之曰：「君何不治經？」朱曰：「予亦攻經學，第與世人所治之經不同耳。」友大詫。朱曰：「予之經學，所少於人者，一畫三曲也。」友瞠目。朱曰：「紅學耳。」蓋經字少𡿨，即爲紅也。朱名昌鼎，華亭人。

官之做法

京都向有「小官大做、熱官冷做、俗官雅做、閒官忙做、男官女做」之謡，蓋嘉、道間事也。德州盧南石蔭溥爲儀曹郎，而氣宇軒昂，議論宏暢，雜之各長貳中，幾無以辨，故曰大做。龔闇齋麗正值樞垣，不以奔競趨走爲事，故曰冷做。楊蓉裳芳燦由縣令捐入户部，而與名流唱和無虚日，故曰雅做。周采川儀曹錫章專以應酬爲事，終日奔走不暇，故曰忙做。蔡浣霞鑾揚好作豔體詩，時復顧影自憐，故曰女做。

作兒子部民

歸安張蘭渚侍郎師誠撫閩時，兼攝閩浙總督事。其封翁在家，親故往賀，翁曰：「我不意作兒子部民，君何賀耶？」

嘲軍機章京

有作八股二比，狀軍機章京者，頗切合，蓋嘉、道時此中人作也。其文云：「辰初入如意之門，流水橋邊，换去衣包於廚子。解渴則清茶一椀，消閒則畫燭三條。兩班公鵠立樞堂，猶得於八荒無事之時，捧銀毫而共商起草。未正發歸心之箭，斜陽窗外，頻催抄摺於先生。封皮則兩道齊飛，垂手則雙行並寫，八章京蟻旋值屋，相與循四日該班之例，交金牌而齊約看花。」

文劉互謔

文二與劉三少相狎。一日，相將出游，見藥肆懸大龜殼，以硃書「刘」碼於殼面，蓋價銀九角二分也。文見之，笑曰：「此殼姓劉，俗書劉爲刘。君之族也。」劉亦笑曰：「彼明書文二，蓋君名耳，與我何涉。」

蔡大龜也

震澤倪師夢幼而穎悟異常，七歲時，與蔡某同塾讀書。蔡亦聰慧，舉《四書》註「倪，小兒也」句以戲之。倪應聲曰：「蔡，大龜也。」

文仲居

潘某與蔡某友善，而相狎也。每聚首，諧謔間作。一日，蔡欲懸額於齋，潘爲題「文仲居」三字。蔡知其以大龜爲嘲也，乃引用潘金蓮事，撰聯以報之曰：「紫石街前世澤，翠屏山下家聲。」

品愈趨而愈下

鎮平黄香鐵釗，道光時舉人，大挑一等，得知縣。初到省，謁總督，例須跪拜，釗獨長揖。總督心嗛之，遂被劾，改教職。官某邑教諭數年，正己率人，士習丕變。後遷翰林院待詔，官雖升而品則降矣。

尋謝病歸，著有《讀白華草堂》初二三各集。或贈以聯云：「七品八品九品，品愈趨而愈下；一集二集三集，集日積以日多。」釗愛其語有風趣，笑而受之，即以懸諸廳事。蓋知縣七品，教諭八品，待詔九品也。

非爲全廢之物

道光朝，湯溪訓導諸暨壽春亭，名于敏，和藹可親，喜詼諧，年九十二，視聽不衰，同僚中坐無車公不樂也。府試監場，例留教官二人司稽察，然必選年力強壯者。咸豐紀元，太守和齡忽以命壽，壽大喜，揖謝曰：「公知我尚屬有用之材，非爲全廢之物。」於是端坐堂上者竟日，不稍跛倚。

厄於陳蔡飽欲死

壽春亭年老而健飲啖，以送考至金華。一日，遇同僚公宴，海寧陳子莊與蕭山蔡二風強之飲酒食肉，進一巨觥，則侑以肉一大臠。壽盡三十餘觥，起而笑曰：「昔孔子厄於陳蔡，飢欲死。今我厄於陳蔡，飽欲死。古今人真不相及也。」

有鰥在下

仁和龔定庵寓京師仁錢會館魁星閣下。一日，書一聯於柱曰：「告北斗星君，有鰥在下；奉西方佛教，非法出精。」

夫人可望得差

内閣中書之起家甲科者，例得考差，有典秋試主文衡之望。龔定庵既補中書，某科，亦考差，而拙於楷，不中程式。或語徐星伯曰：「定庵嶔崎自喜，如得差，出其門下者，必多異人。」星伯曰：「定庵不能作小楷，斷不能得。其夫人若與考，則可望矣。」蓋定庵之夫人夙有書名，著稱於日下也。

隻履如飛鳧

錢塘陳曼生司馬鴻壽嘗與馮放山同舟赴粵，偶登舵樓，馮忽失一履。陳贈以詩云：「舵樓看月上，隻履如飛鳧。從者廋非也，徒人誅可乎。我家赤脚婢，只配黄頭奴。若但跣一足，決踵還勝無。」

塞心孝廉載重

侯官沈文肅公葆楨喜諧謔，以會試赴京師，時海舶猶未通，自閩北行，必踰仙霞嶺而道浙江。沿途有關，過者，有貨物必納税，惟應試公車，雖船户輩載，例須寛假。一日，沈舟過竹崎關，關吏以旗招之，船户應聲而答曰：「孝廉船。」關吏既放行，復揶揄曰：「果爲孝廉船，何載重乃爾？」沈顧同行者笑曰：「我輩皆塞心孝廉，無怪載重。」閩諺詆文墨不通曰塞心，蓋喻其茅塞也。

昨夕眼淚爲多事

沈文肅嘗與友乘衢、嚴之江山船，船有妓，沈亦偶與調笑，同行者羣病爲佻達。迨過桐廬，則同舟諸人亦皆牽率爲歡，莫能自禁，而沈獨岸然不動。及抵錢塘，客與妓咸戀戀，或有涕泣相向者。次日，舍舟登陸，以付資，妓與客計較不已，至出口相詬駡。沈悄然曰：「吾之所以不動者，蓋早知必有此。故既有今日之詬駡，則昨夕之眼淚爲多事矣。」

温儒林外史

張文虎字嘯山，南匯人，好詼諧。晚年居錢氏復園，爲其校勘書籍。丹鉛餘暇，輒步行出園，至西門外茶寮小憩。茶寮無雅座，流品混淆，或語之曰：「此間煩囂乃爾，君何耐之？」則曰：「吾嘗閱全椒吳敬梓所撰《儒林外史》，其書於人情世故描寫盡致，此間形形色色，悉能肖之。吾至此，不啻重温此書一過也。」言畢大笑。

册貢老壽星

松江郭友松放蕩不羈，以狂名著。郭之妻父，貢生也。六十壽辰，郭畫一壽星，旁立二僮子，一手執册籍，一手執貢卷。人問其命意，則曰：「册貢老壽星也。」與吳諺之「撤空老壽星」同音，猶云空諸所有耳。

九轉雙全

季仙九探花覆試、殿試、朝考皆第三；杭人聞之，即以爲聯。聯曰：「覆試第三，殿試第三，朝考第三，三三見九；季仙九九轉成丹。」時有杭人許子雙名珏者在座。許方嘗錢肆，即有人指之而言曰：「此何難。盍對以『元寶幾兩，紋銀幾兩，圓絲幾兩，兩兩成雙，許子雙雙全如意』。顧不佳歟？」

高心夔對矮脚虎

高碧湄名心夔，捷南宮後，改官知縣。令吴縣時，適童試。高出，坐大堂，點名給卷，諸童繞之三匝。有在人叢中效禮房聲口唱曰：「高心夔。」一童曰：「何不對《水滸傳》之『矮脚虎』。」碧湄聞而大贊曰：「好極好極。」衆閧然鼓掌。

謂吾爲龍

恭忠親王嘗與寶文靖公嬳戲，以兩手合作橢圓形，示文靖曰：「外間都云君是此物。」意蓋謂龜也。市俗相誚以龜，輒合手作橢圓形。時王服團龍褂，而兩手作形，適當胸際團龍。文靖佯爲不省，笑指團龍而應之曰：「謂吾爲此耶，不敢不敢。」

龍生九子之一

寶文靖嘗偕恭王游太廟，見負碑之屓屭，雕琢精工，王戲之曰：「君試觀之，是何寶貝？」寶知其意，徑對曰：「此是龍生九子之一。」王大慚而罷。

二沈縮頭不出

陳姓兄弟與沈姓兄弟相友善。一日，二陳出行遇雨，過沈所居巷，亟叩門，欲趨入以避雨也。而二沈適皆有要事，未出見。二陳久坐書齋，雨止，歸。他日遇於友人許，因作句嘲之曰：「大雨沉沉，二沈縮頭不出。」沈報之曰：「狂風陣陣，兩陳拔脚難開。」

絶無良心科

曾文正性嚴正而好諧謔，嘗於退食之暇，與幕僚閒話，談及才難，因太息久之。乃曰：「遺大投艱，固非常人所能，然亦未可概期之賢者也。當於德行、文學、言語、政事四科之外，别設一科，曰『絶無良心科』。」善化何應祺時亦侍坐，遂起而言曰：「明公果設此科，其以晚生爲弁冕否耶？」文正大笑。

鴛鴦無獨宿之時

郭意城爲湘中名儒，中興諸老咸與交好，争欲羅致幕下。郭戀愛其婦，不能遠離，力辭不就。曾文正嘗寄書諓之，中有云：「知公麋鹿之性，不堪束縛，請屈尊暫臨，奉商一切，並偕仙眷同行，當飭人掃榻以俟。」迨郭至，曾乃命其遄返，書則曰：「燕雁有代飛之候，鴛鴦無獨宿之時，此亦事之可行者也。」郭得書，一笑置之。

自稱曰不以言

張文襄公之洞發解後，大宴賓客，自撰一聯，懸之中庭。其聯云：「上巳之前，猶是夫人自稱曰；中秋而後，居然君子不以言。」蓋縮脚語也。妙在不出《四書》，其構思之巧，真有令人不可及者。

小童

「夫人自稱曰小童」題時文二股云：「凡物莫不有大小之分，吾大也乎哉？吾小也。吾今雖大，吾昔則小也。凡人莫不有童女之别，吾童也乎哉？吾女也。吾前雖女，吾後則童也。」

無情對

張文襄早歲登第，名滿都門，詩酒讌會無虛日。一日，在陶然亭會飲，張創爲無情對，對語甚夥，工力悉敵。如「樹已半枯休縱斧」，張對以「果然一點不相干」，李蓴客侍御慈銘對以「蕭何三策定安劉」。又如「欲解牢愁惟縱酒」，張對以「興觀羣怨不如詩」。此聯尤工，因「解」與「觀」皆爲卦名，「愁」與「怨」皆從心部，最妙者則「牢」字之下半爲「牛」，而「羣」字之下半爲「羊」，更覺想入非非。最後，張以「陶然亭」三字命作無情對，李芍農侍郎文田曰：「若要無情，非閣下之姓名莫屬矣。」衆大笑，蓋「張之洞」也。

出將入相

咸豐間，粵寇擾楚南，長沙既閉城，設桔槔及長梯於城東北，以上下行人。時賽尚阿由桂遁之湘，欲遵此以入，諸將卒出戰者，則縋以出。羅繞典好詼諧，乃曰：「此出將入相之門也。」

鼇局大財神

胡文忠公當駐軍黄州時，一日，念及餉事，取白紙，草書數行，付之印刷，加關防，付驛馳遞。文曰：「開口便要錢，未免討人厭。官軍急收城，處處只説戰。性命换口糧，豈能一日騙。眼前又中秋，給賞更難欠。惟祈各路鼇局大財神，各辦鼇金三萬串。」此紙驛遞不十日，錢船遂絡繹而至。

者回新婦禮難成

學使按臨各郡，例有考試教官之舉，然皆攜卷以歸，非扃試也。咸豐癸丑，萬藕舲尚書青藜視學浙江，忽改爲扃試，於是年老荒疏者皆大懼，乃預訂同僚之年少未荒者某代作，某代書，以期完卷。萬亦頗慮其曳白也，乃合優生與教官爲一場。又下令曰：「若老師目昏手顫，不能端楷，可交優生代謄。」於是大半託優生捉刀矣。試至金華，九學教官正副十八人。試之日，人給方桌一，列坐堂上，優生則散坐廠中。文成，交卷，教官尚得例宴，飽餐而散。秀水陳星垞廣文皋言文素敏捷，一揮而就，又作七律一章以呈同僚。萬微聞之，亦一笑而已。其詩曰：「接談散卷久通行，誰料今番忽變更。高踞考棚方桌子，俯求優行老門生。牢籠一日神都倦，安枕三年夢再驚。共説阿婆都做慣，者回新婦禮難成。」

鄉試落卷批條

科場定例，凡硃卷之進内簾者，不中房考官程式，概不呈薦。卷批往往預爲擬就，恆以籠統兩三字如「欠妥」、「欠穩」之類了之。有一士子領落卷，批爲「欠利」二字，於是題詩云：「已去本洋三十圓，利錢還要欠三年。」又一卷批「粗」字，又題云：「自憐拙作同嫪毒，一入卿房便覺粗。」又有一卷批條竟貼「猪肉一斤、鷄蛋三十枚」等字。蓋此等批，房考並不自貼，但命僕人隨手黏之，誤以向供給所採辦物品之條混入批條也。

腹中滿貯馬絆筋

左文襄公體胖腹大，嘗於飯後茶餘，自捧其腹大笑曰：「將軍不負腹，腹亦不負將軍。」一日，薄暮，顧左右曰：「汝等知我腹中所貯何物乎？」或曰：「滿腹文章。」或曰：「滿腹經綸。」或曰：「腹中有十萬甲兵。」或曰：「腹中包羅萬象。」文襄皆曰：「否，否。」忽有小校出而大聲曰：「大帥腹中無他物，皆矢耳。」文襄有喜色，曰：「斯言近之矣。」言未已，又有一小校曰：「將軍之腹，滿貯馬絆筋耳。」文襄乃拍案大贊曰：「是，是。」因拔擢之。蓋馬絆筋，草名，湘人呼牛所食之草爲馬絆筋。文襄素以牛爲能任重致遠，嘗以己爲牽牛星轉世。曾於後園鑿池其中，而左右各列石人一，肖織女與牛郎狀，并立石牛於旁，隱寓自負之意。及聞小校言，適與其夙志符合，故大賞之也。

其貌可知

長沙老儒丁果臣崖岸高峻，而好觀友人姬妾，有新納寵者，必多方覯之。咸豐朝，湘潭王壬秋太史闓運買妾於南寧，旋攜之歸，丁往賀，王呼妾出，拜於堂。有頃，欲强丁入繡闥，丁固卻之。他日，或詢王以妾貌何若，王曰：「丁果臣且不欲再見，則其貌可知矣。」

君子不哭

穆宗就傅時，好嬉戲，傅諫不聽，繼之以哭。乃取《論語》中「君子不器」句，以手指掩下二口字使傅讀之，則「君子不哭」也。傅亦爲之胡盧。

不能預爲後任作馬牛

代州馮魯川廉訪志沂豪於飲，善詼諧。備兵廬鳳時，隨皖撫喬勤慤公鶴年駐壽州，主持捐輸營務之報銷，羨餘歸公，不稍侵蝕。或曰：「公清矣，何不爲後任地乎？」馮曰：「吾何人？不能預爲後任作馬牛也。」

能不竊酒足矣

楊見山太守峴與馮魯川友善，嘗薦陳少塘於馮，司會計，於馮之私財侵漁無算。或告馮請斥之，馮曰：「吾私財何足論，彼掌吾酒，能不竊酒，足矣。」

留陰功與誰

馮魯川權皖臬，冤獄多所平反。有頌其積陰功以貽子孫者，輒笑曰：「吾無子，留陰功與誰？或天不靳吾年，俾吾多飲可耳。」

極貧可賀

捷」。咸、同以降，捐例廣開，冗員需次，大率不得差委，每歲終，藩司輒籌資以給各貧員，中分極貧、次貧二種，亦必請託而得之。極貧銀較多，謀亦不易，若輩有得者，其儕輩見之輒賀云：「恭喜老兄，今年又得極貧。」

沙壅水淹

翰林院有沙堆，刑部有白雲亭，地最低，雨後水深一二尺，故有「沙壅翰林院，水淹三法司」之謡。

螬食鴞聲

咸、同間，李申甫布政湖南，時幕中有梅姓者，頗見信用。或戲爲聯云：「螬食尚留井上果，鴞聲啼殺墓門花。」臺諫摭入彈章，遂坐免。李雅有文才，留心經濟，特以通脱不羈，鋭身任怨，爲人所搆，識者惜之。

南北東西君臣上下

官場公牘字義多不可解，相沿既久，莫之能改。嘉應湯某游幕南陽時，戲作聯語云：「勞形於詳驗關咨移檄牒，南北東西；寓目在欽蒙奉准據爲承，君臣上下。」

銜參情形

各省之需次人員，自道府以逮佐雜，多者至數千人，每逢朔望，例有銜參，其情形大可發噱。有編爲戲劇者，分十八齣，一《烏合》，二《蠅聚》，三《鵲噪》，四《鵠立》，站班。五《鶴警》，六《鳧趨》，七《魚貫》，八《鷺伏》，九《蛙坐》，十《猿戲》，十一《鴨聽》，十二《貓廳》，十三《蟹行》，十四《鴉飛》，十五《虎威》，十六《狼餐》，十七《牛眠》，十八《蟻夢》。

先酌鄉人

各直省府州縣缺概歸酌補。某大吏對於鄉人多所遷就，僚屬爲之語曰：「酌則誰先，曰：『先酌鄉人。』」

候補無期

某年元旦，開封文武百官詣撫署賀歲，中丞延見，謂曰：「此邦舊有一對聯，出句爲『開封府開印大吉，封印大吉』。今爲對之曰『黄沁廳黄水安瀾，沁水安瀾』。諸公以爲何如？」咸謂巧合，而又吉祥，非大福澤人不能道也。一候補縣令隅坐，似有所誦，中丞曰：「足下殆亦有佳對乎？」對曰：「卑職適亦得一對，不敢言耳！」固問之，乃曰：「候補縣候缺無期，補缺無期。」

隔江猶唱後庭花

忠州李芋僊大令有才名，工詩詞，集成句對，不煩思索，脱口而出。嘗客遊河南，周翼庭太守方居祥符，因述在都時集句贈諸伶，皆暗藏其名。翼庭曰：「吾號殊不易對。」李曰：「何難？」即舉《長恨歌》一語曰：「在天願作比翼鳥。」良久不言，客亟詢之，李以手拍其股曰：「尚有一句，『隔江猶唱後庭花』。」舉座大笑。翼庭不悦，後李行時，所贈甚薄。李告人曰：「爲一聯巧對，換我三百金也。」李好哭，曾文正戲呼爲李文哀公。文正卒，後二年，李罷官居滬以老。

開口嗚呼

有鄧伯昭孝廉者，每談及世風奢靡，人心澆薄，輒皺眉唏嘘不已。李芋僊呼之爲「五代史」，言其開口即曰「嗚呼」也。

御搬指者發痔

有西藏喇嘛僧某初入京師，見王公大臣之指多御搬指，不解其故，以詢譯人。譯人戲之曰：「此間婦女經期到時，則御戒指以戒房事。而京中多重優伶，好男色，其御搬指者，乃發痔時也。」

儒果何以坑之

同治中，武英殿焚，書版燼焉。相國李文正公鴻藻入見，穆宗謂曰：「書已焚矣，儒果何以坑之？」焚書坑儒本成事，而北人方言則以受窘辱爲坑也。李爲之莞然。

和尚那得食肉

揚州僧蓮溪善畫，雖披剃爲僧，而飲酒食肉如故。時兩淮都轉爲定遠方子貞，與相善，蓮溪入見，每留飲。一日，於衆人宴集時，戲謂蓮溪曰：「汝既爲和尚，何得更食肉？」蓮溪故莊其容以對曰：「敢問明公，和尚不食肉，又誰當食肉者？」方爲之莞爾。

雙手托住軍機大臣

同治庚午科，濟寧尚書孫文恪公毓汶典試四川，順德李芍農侍郎文田副之。考官例馳驛，會秦、蜀間寇氛未靖，改道泝荆湖西上，由宜昌遵陸赴萬縣。山路絶險巇，有地名火風箐嶺，尤斗峻無倫，文恪肩輿，竟於是傾跌，輿後二夫亦墜崖致斃。幸輿前有綷夫十六名，併力撐持，賴以不墜，輿前二夫亦幸免。其後，侍郎嘗語人，當時情形奇險，幸山神有靈，雙手托住軍機大臣，僅乃無恙。是夕，駐節荒村，庖人無以爲饌，於山家得一雞，醢以羮粥，侍郎食而甘之。自後，非雞粥不飽也。

白身督撫

劉武慎公長佑官至雲貴總督，連章乞休，不允。最後請入覲，乃奉諭旨。及至都，兩宮慰勞殷勤，時以雲南報銷被劾，而竟未提及。留京數月，堅乞歸，中途忽奉降二級另候簡用之命。蓋武慎在官不名一錢，於内廷絶無餽贈，不悦者多。當時疆臣多承恩眷，如賞宫保銜、穿黄馬褂、紫禁城騎馬之類，不一而足，武慎皆無之。在雲貴，已六旬矣，亦未蒙賜壽。嘗戲言己爲白身督撫。及薨，遺疏上，始開復任内一切處分，賜祭葬，予謚。

武慎在官，歲惟封印後入宿於内，平時寢食，不離簽押房。每五日一入内，與夫人談家事，少頃即出。

天而既厭周德矣

吴縣周伯蓀太史蘭，同治中，嘗督學陝甘。既歸，則囊有餘蓄，乃傾資與伶人狎。有張天元者，與周尤暱，因從之習詩字，過從無虚日，周戲呼之曰「天兒」。後因事有違言，蹤跡漸疏，而奉新許仙屏河帥振禕亦方自陝甘學差歸京，天元遂棄周而事許。一日，有人戲問周曰：「比亦見天兒否？」周太息曰：「天而兒而同音。既厭周德矣！吾其能與許争乎？」

四大金剛八小鬼

光緒初，臺諫以敢言名於時者十二人，滑稽者有四大金剛、八小鬼之稱。四金剛之一曰何金壽。

八小鬼之二曰程儀洛，曰宜子望。而三人皆先後守揚州，何以正直稱，程以清厲著，宜以嚴峻名。

自擬駱駝

光緒初，恭鏜赴陝西西安將軍任，以孝欽后重左文襄公宗棠，乃謁之甘肅。左設宴待之。酒酣，大言曰：「昔聖祖、高宗戡定絶域，所用將帥，皆駱駝耳！」意蓋諷左也。時材官數十輩侍立左右，左指之曰：「此輩亦駱駝，稍負重，便竭蹶。」又自指曰：「我亦駱駝，然差勝若輩者，能負重而不竭蹶耳。」恭結舌不能答。

三人爲犇

丁雨生中丞日昌嘗撫吳，幕中有客能鼓琴，嘗招俞曲園、潘玉泉、吳介山三人同聽之。曲園不解音律，問潘、吳曰：「君等知之乎？」皆曰「不知」。曲園笑曰：「然則吾三人者，合成『犇』字矣。」相與粲然。蓋俗有「對牛彈琴牛不入耳」之諺也。

三個牛頭人

彭而述家居，幼時，有父執朱青雷往詣其父，適他出，不遇。青雷夙知彭之慧黠也，出一偶語，令屬對之，語曰：「彭老者一身土氣。」蓋言「彭老者」三字皆有土字也。彭應聲曰：「朱先生三個牛頭。」蓋言

「朱先生」三字皆爲牛頭也。

老斗高陞

京伶扶雲，瑞安黄漱蘭通政體芳頗賞之。一日，在酒座中，有客指黄而言曰：「扶雲老斗。」蓋京諺稱狎伶者爲老斗，伶人又有相公之稱，故目其客爲老斗，卽門斗之意也。黄應之曰：「指日高陞。」一客乃起立而大呼曰：「老斗高陞。」

丈人腰斬老中堂

内閣中書有名吳鋆者，以堂官寶文靖公名鋆，因改己名爲均金。後其壻某得内閣中書，有人撰聯云：「女壻頭銜新内閣，丈人腰斬老中堂。」

邱墓之間

端忠愍公方有藏石之癖，其京邸書室中，四壁皆庋漢、唐諸碑，入其中者，陰森欲絶。中庭立宋碑一座，黝然而黑，高與簷齊，遠望之，頗類屏風。某太史嘗過其居，謂之曰：「不揣譾陋，願留一額。」端喜，拱手請教，太史曰：「可題爲『邱墓之間』。」

青春作伴好還鄉

光緒中葉，山東有尹琅若編修琳基者，官詞館久，不開坊，悒悒弗自得，乃縱酒自遣，醉輒謾駡座客，以是與其鄉人鄭侍御溥元齟齬。鄭遽摭尹陰事劾奏之，人皆不直鄭。旨下，尹、鄭皆休致。是日，樞臣述旨既退，寶文靖公鋆語同列曰：「『白日放歌須縱酒，青春作伴好還鄉』兩句，可移贈尹、鄭兩君矣。」

擔驚勞神

南安令謝芷慶明府賡雲以事貽書其友，後附數語云：「某某到任及今，逐日目不停視，手不停揮，口不停説，猶覺案牘纍纍。簿書鞅掌之餘，戲擬得『年少才疏、力輕負重、賠錢嘔氣、擔驚勞神』十六字，自謂可以概括現狀也。」

銃手

志鋭字伯愚，瑾妃之兄，萍鄉文芸閣學士廷式之弟子也。文以其鋭字形似銃，嘗以銃手呼之。

堂堂乎張也

衡陽女士何承徽，部郎張通典之淑配也。幼承家教，績學工詩。結褵之夕，烟視媚行，自是新人常態。通典調之曰：「悵悵其何之？」承徽應聲曰：「堂堂乎張也。」

張氏二表八表

俗謂時計曰錶，錶與表同音。南皮張文達公之萬枋國時，其人直也，嘗佩時計二枚，一大一小，同僚曰：「得一足矣，奚以二爲？」文達曰：「吾僅二表耳，舍弟且八表。」舍弟，謂文襄公之洞也，於文達爲昆弟行。文襄久持疆符，聲績昭著，光緒甲申中法之役，文襄由晉撫移督兩粤，到任謝恩摺，有「身繫一隅，敢忘八表經營」等語，故文達節取「八表」二字以爲言也。

宰相合肥司農常熟

翁叔平相國同龢長户部時，某年，適田穀不登，而李文忠公鴻章方以直督遥領文華殿大學士，爲節相。有人撰聯云：「宰相合肥天下瘦，司農常熟世間荒。」蓋李籍合肥，翁籍常熟也。

當頭有棒反面無情

婺源江峯青曾令嘉善，判牘多諧語。時有李氏婦者，設煙館，初私識一僧，已又有所歡。僧忿而毆婦，婦乃揪之至縣，訟之。江援筆立判云：「婦女開煙館，其人可知；和尚過房親，其事可想。不道徐娘老去，俏賣風流；那堪佛印重來，更逢露頂。兩雄不並立，何分舊好新歡；一語未投機，遂至摩拳擦掌。金剛已相爲努目，菩薩又不肯低眉。孫悟空仗佛救而潛身，豬八戒被魔纏而入笠。津迷醋海，興波卽在須臾；水溢藍橋，孟浪而投冰案。旣廉恥之盡喪，實法律所不容。在逃者另候訪拿，到案者先行懲辦。佛法當頭有棒，合予笞臀；婦人反面無情，理應鞭背。此身不是三摩地，能容幾許蒲團？方盤托出大西瓜，又了一重花案。該氏著當堂具結，永熄煙燈；該僧本鑽穴餘生，裝成寶相。編玆穢史，污我彩毫；凡爾沙彌，毋爲和障。此判。」

便宜若輩

翁叔平以天閹故，無姬侍，年五十餘，尚無子。一日，同僚某造見曰：「公爵位名譽，無與倫比，所憾膝下尚虛，何不納妾爲宗祧計乎？」其時旁侍僕從甚衆，翁微哂，以手指僕輩曰：「我若娶妾，則便宜若輩矣。」相與大笑。

追你這忘八旦

京伶劉鴻聲好詼諧，爲淨角時，嘗與某邸串演《鎖五龍》。邸飾單雄信，敗走時，劉飾尉遲敬德，追之曰：「追你這忘八旦。」邸大怒，卽以鞭痛擊其足，折脛，後遂步履不良。

潘文勤批語之奇

某科會試，潘文勤公祖蔭充總裁。有一卷，薦而未售，評曰「欠沙石」。及輾轉託人致問，文勤曰：「其文日光玉潔，因恐風簷寸晷，未必有如此磨琢工夫，或係代槍所致，故抑之。」又一卷批一「矮」字，衆皆愕視，文勤曉之曰：「矮者，謂其不高耳。」

人不如龜

洪文卿學士鈞客死京師，或告潘文勤公祖蔭，談次，及其愛妾賽金花之逃也，太息久之。文勤笑曰：「君何不達乃爾？人之死也，無所聞，無所見，身後之榮辱，有何可言！此所以有死烏龜之諺也。且古人多以龜字命名，龜爲四靈之一，龍猶列於其下。若麟，若鳳，若龍，世人頌美之辭，輒以取譬，何獨於龜而遺之？今吾方新搆一齋，當顔以『龜厂』二字，並將爲之説焉。」

未幾，齋成，宴客，出釋龜文傳觀，自署「龜厂老人」。酒半，復令以「龜」字行令，笑而言曰：「龜厂者，龜居之，龜出入之，非我族類，屏之遠之，今之出入者爲誰乎？且龜壽可千歲，人生僅百年，即此以言，亦可知人之不如龜也。」

四靈除爾鳳龍麟

京曹官公餘宴集，輒於韓家潭伶家。有朵雲者，寓齋尤精雅。一日，閩人置酒召客，酒闌，或爲句曰：「三鳥害人鴉雀鴇。」鴉，謂鴉片煙。雀，謂麻雀牌。鴇，則指妓院之鴇也。沈吟久之，方苦無可屬對，王可莊太守卽指案上綠毛龜而言曰：「四靈除爾鳳龍麟。」蓋麟、鳳、龜、龍爲四靈也。

戊安卯鑒

尺牘中有全用干支字者。或曾戲擬一通，其最妙者曰：「敬請戊安，伏維卯鑒。」戊在干支中屬狗，卯在干支中屬兔也。

二公一元大武

楊廣文烈臣，性豪爽，善詼諧，官鍾祥，某爵帥召飲，座中有將軍二，廣文三。楊曰：「今日勝會難再，有絶好對聯一副，爲公等壽，可乎？」衆咸稱善。楊曰：「四座八品廣文。」言至此，不肯畢其詞，衆促之曰：「請言其下聯。」楊指上座曰：「二公一元大武。」上座兩將軍，起立拱手，連稱不敢不敢。

放榜詩

光緒乙未，科舉已廢，有人作《懷春闈放榜》詩，頗滑稽，詩曰：「乾鵲朝啼樂不支，賃傭門廡立多時。者番風鶴多疑警，似學元龍有卧痴。停箸忽教低躡足，耐吟故解笑拈髭。個中情事今知否？局外參研絶妙詞。曈曈曉日逐春街，帖子泥金望眼賒。塞馬不辭翁失策，游龍直走客看花。低徊玉漏商量晚，問訊瓊樓輾轉差。翩若驚鴻歸去也，禮曹端整放官衙。飛出名條第一人，開筵驚喜踏紅塵。車從閣道馳初遠，鑼促都門聽不真。九曲珠穿猜蟻似，千金布諾笑鶯嗔。城南並馬歸來晚，曲苑箏琶有季倫。廣場葦箔識神仙，彈指初三月已圓。半晌牙牌推造命，數繙齒録認同年。丁寧僮僕留春飯，子細文章索謎錢。未免素心甘角逐，不平鳴處暫隨緣。」

邇安遠至

某令宦粤東時，勘案博羅，館於縣廨之四榕堂，四隅各有古榕一，枝葉葱鬱。邑侯陸某蓄異鳥數十，籠架列兩廊，綷羽錦章，嬌音嚦囀，如發竹絲，更疊唱和。露朝花午，陸自出，分俵食料，羣鳥拍翅争鳴以歡迎之。一日，有一鶴翹立樹顛，鷙颸吹墮階前，陸飼之，亦馴馴就哺。數日後，翮健，軒舉而去，然深感主人推食之恩，時來集止，甚戀戀也。某因戲謂陸曰：「使子爲鳥官，不患不邇安遠至矣。」相與鼓掌久之。

八十文買頂

江蘇巡撫恩壽字藝堂，甚風厲，司道以下，莫不受其斥辱。每接見，必先問曰：「君之頂戴自何處來？」一日，見發審局委員陳季生大令，亦以此相問，陳茫然，不能對，而汗如雨下矣。既而忽大聲曰：「卑職之頂，在玄妙觀舊貨攤中，出錢八十文所買。」恩大笑而罷。尋署某縣篆，同寅皆以笑話知縣呼之。

孔子立借據

光緒中，山東高密縣教諭尹某，以修葺文廟，借學堂底款京錢五百千，時邑令爲張某，令立借據。其據云：「立借據人大成至聖先師孔子。因屋漏抱愧，歲修費缺，屢向學堂告貸，經管帳紳董傅君等會議，幸蒙縣尊關說，將學堂懸擱不用之款，借出八底銅元五百千，以濟固窮，並承諸紳董讓免利息。如此周急，實深銘感，斷不敢久假不歸，貽羞廟貌。恐後無憑，立字存據。廟祝尹押，代字張押，見證傅押。」

中庸其至矣乎

宗室盛伯熙祭酒昱好清談雅謔。一日，讌客於京師陶然亭，其所延塾師直隸李某與焉。俄添酒，語次，漫引《中庸》「其至矣乎」句，讀若「豈止一壺」，李瞿然避席曰：「侮聖人之言。」言之色甚莊，四座愕眙久之，盛無如何也。

講古勿蹈翁氏覆轍

端忠愍公方嘗嘲王文敏公懿榮曰：「君講古，勿蹈翁氏覆轍。」王曰：「常熟身爲宰輔，可以大事相責備。若我則南齋侍從，除詞翰外，無所事，正我之職任，特恐上不好古耳。」時盛伯熙在坐，聞之大笑。

以老佛爺作題目

德和園聽戲，東五間，西五間，孝欽后顧而樂之曰：「今日滿、漢一家，可不說異種矣。」羣臣齊呼萬歲。奎俊念佛經曰：「大慈大悲，是普渡衆生也。」肅王好詼諧，乃曰：「老奎此話，好類時文，竟以『老佛爺』三字作爲題目。將來老佛爺到西藏成佛時，四川爲熟路，自必在後相從，是隨鑾，又是回任也。」

願貴人勿效常人

光緒戊戌春，德國皇弟亨利親王來華覲見德宗。時適恭親王奕訢薨逝，貴州夏同龢以第一甲第一人殿試及第，協辦大學士軍機大臣常熟翁同龢適奉開缺回籍之旨。翁，咸豐丙辰狀元也。好事者爲聯云：「德親王至，恭親王薨，對活鬼宜思死鬼；夏同龢來，翁同龢去，願貴人勿效常人。」夏，貴州人。翁，常熟人也。

杜煎龜鹿諸膠

藥肆市招，例有「杜煎龜鹿諸膠」等字樣。杜煎之杜，與杜撰之杜同一解釋，言自煎諸膠，非販自他人也。濱州杜氏有設藥肆者，開市日，循例宴賓，酒數巡，定與鹿某至，既入座，談諧間作。鹿語主人曰：「君何事不可爲，而乃以膏自煎乎？」蓋以「杜煎龜鹿」諧之爲「龜鹿」也。主人曰：「吾所煎者，龜鹿諸膠耳，君爲此言，得毋嫌相煎之太急乎？」

許許馮馮

某省京官公宴許應騤、馮文蔚於湖廣會館，或撰一聯揭於戲臺之楹曰：「許應騤伐木許許，馮文蔚削屨馮馮。」

陳陳徐徐

光緒戊戌，湖南巡撫陳寶箴及其子主事三立，學政徐仁鑄及其父侍郎仁靖，均革職。好事者爲作一長聯云：「陳陳相因，徐徐云爾，不孝男罪孽深重，禍延顯考，兵部侍郎，禮部侍郎；侃侃而道，遲遲吾行，維新黨潛通消息，參摺中語。勾引奸邪，撫台父子，學台父子。」

蹩浪漾徐徐

季某喜作游戲詩。一日，塾師命題曰「魚戲蓮葉東」得「魚」字，衆方伏案苦思，季忽拍案呼曰：「我有妙句，諸君試聽之。」衆曰：「諾。」季乃朗誦曰：「蹩浪漾徐徐。」衆爲之鬨然。蓋此五字，以吳音讀之，極可笑，蓋蘇州俗語也。

強奸香濤一次

光緒己亥冬，孝欽后立溥儁爲大阿哥，將廢德宗，而外人有違言，孝欽微聞之。且東南督撫方電稱死不奉詔，遂暫緩。時粵督爲李文忠公，江督爲劉忠誠公，鄂督爲張文襄公。此電主稿者，李也，劉、張從而署名耳。然事前固未商之於張，蓋夙知張膽怯，恐其持異議，至電發而始告之。他日，李語所親曰：「老夫此舉，不待香濤同意而卽行之，實不啻強奸香濤一次也。」

人不知而不愠

某學究年假歸，以所得束脩陳於几，驕其妻曰：「此乃從『學而時習之，不亦悦乎』來者。」妻聞言，亦從櫃中出錢若干陳於几，與之相炫。學究見妻之所陳，較己束脩多十倍，問所從來。妻曰：「此乃從『有朋自遠方來，不亦樂乎』來者。」學究大怒，與其妻争。其父在門外聞之，乃曰：「此細事，何必争，『人不知而不愠，不亦君子乎』！」

卑職不敢説

外省同通以次各員之於道府輒稱之爲大人，自稱卑職，非獨現任，卽彼此需次者亦然。某二尹性詼諧，與某觀察善。一日，觀察命其談可笑之事。二尹曰：「今日實無可談，惟頃見二小孩，相争不已，繼之以毆。詢其故，則年幼者告曰：『他駡我爲烏龜。』卑職實憫其年幼之不可理喻也。」觀察曰：「若輩皆小孩，豈果能作烏龜耶？君可告以『烏龜，須大人始可爲之』。」二尹卽應聲曰：「此乃大人自道，卑職不敢説。」

君乃有二父耶

某以獃名，其父名穀，偶讀《魯論》至「舊穀既没，新穀既升」句，以避父諱，遂改誦曰：「舊父既没，新父既升。」或云：「君乃有二父耶？」

閒雲尤月

光緒初，某寺有僧名閒雲者，自號漁父，善吹笛，與某庵尼尤月私。好事者嘗撰聯贈之，中嵌閒、雲、尤、月四字云：「此地迥非凡，閒聽一曲漁歌，留雲久住；夕陽無限好，尤愛三更人静，待月歸來。」

老鼠哥哥

江建霞京卿標嘗爲人畫紈扇，作二鼠，旁有一胡桃及花生數枚。題其上曰：「老鼠哥哥，你底事終宵鬧我。臘燭已殘，油燈又破，忍使俺無端悶坐。剛到新年，福橘烏菱，早飽哥哥肚。只賸得幾莢花生，還有胡桃一個。些些桐子，不值今宵小喫，恐教受餓。勸哥哥明日還來，預備乾糧，細嚼五更鼓。」

刮地皮

李文忠公督直隸久，傲睨僚屬，有洗足見酈生之風。光緒壬辰冬，霍邱裴伯謙以翰林改官廣東知縣。過天津，上謁，甫就坐，李倨身而揚聲曰：「汝欲刮廣東地皮耶？」已亥冬，李出鎮粤，裴調南海，謁李。李曰：「汝再任首邑，政將奚先？」裴正容對曰：「先刮南海地皮。」李曰：「十年尚不忘此語耶！」裴曰：「公之命，公之戒也。」李輾然曰：「地皮須刮得盡。」皖語呼匪人爲地皮，南海多匪，李首重捕匪，故作此隱語也。

排五排六排七見客

光緒時，京師梨園丑角首推劉趕三。趕三演劇以善詼諧得孝欽后歡，謔浪笑傲，無所不至。一日，演《秦淮河》一劇，高聲呼曰：「排五的排六的排七的都出來見客呀。」蓋指惇王、恭王、醇王也。都中妓院，其妓以次行而無名字，故趕三以是相謔，宮人莫不掩口胡盧，即孝欽亦樂聞之。惇王聞之怒，立叱侍者擒下，杖四十。

剥黄馬褂拔三眼花翎

劉趕三赴湖廣會館堂會，所演爲《探親相罵》。趕三每演是劇，輒乘其所豢黑衛，以博歡笑。是日登場，又牽衞而出，以鞭指之曰：「爾勿動，否則卽剥爾之黄馬褂，拔爾之三眼花翎。」一堂爲之閧然，蓋指李文忠也。李方督兩廣，其時李之長子伯行兄弟俱在座，聞之，怒不可遏，因屬家丁數十人，伺於湖廣館門首。須臾，趕三演畢出，及門，李之家人蜂擁而上，拳足交加，幾斃，衆和解之，始釋。其徒舁之歸，比至家，已不省人事，一夕而死。

錫茶壺

張文襄督兩湖，起居無節，號令不時，其待遇屬員，往往有使人難堪者。一日，有候補知府某稟見，文襄閲履歷，知爲監生出身，乃命左右取紙筆至，書「錫茶壺」三字示之。曰：「做官必須識字，汝認得此三字否？」某曰：「此錫茶壺也。」文襄大笑送客。次日，卽將某咨回原籍，咨文中有「該守能識『錫茶壺』三字，尚可造就，著讀書五年，再來聽鼓。」

周瑜固未送客

梁鼎芬守武昌日，嘗設筵於黄鶴樓，宴督撫藩臬司道，酒闌，梁不知何往。詰旦，張文襄責梁曰：「昨日何以不送客？」梁曰：「大帥亦觀《黄鶴樓》之戲乎？周瑜請劉備討荊州，劉備卽從趙雲而行，周瑜固未送客也。」張爲之大笑。

黄鶴一去不復返

張文襄赴京陛見，僚屬在黄鶴樓設筵公餞，梁鼎芬獨設席於伯牙臺。張與議，謂此二處將何往。梁曰："「黄鶴樓萬不可到，崔灝詩云『黄鶴一去不復返』，若輩乃咒大帥不能回任。」張爽然若失，乃命駕至伯牙臺。

錫良鐵良

張文襄在京，爲某尚書所招讌，座客有錫清弼、鐵寶臣兩尚書。張曰："「幼時記得一笑話，諸公願聞否？」衆曰願聞。張曰："「吾鄉有一塾師，性極嚴厲，其徒憾之甚，思所以報復之，乃捕得泥鰍二，置諸夜壺。夜半，師起溺，壺中兩鰍跳躍作聲，師大驚，擲壺於門外，壺應手碎。次日，居停爲之易一錫夜壺，其徒潛於壺底鑽一細孔，師不知也。溺畢，被褥皆溼，師大駡。其居停又爲之易一鐵夜壺，於是始保無事。一日，師與居停談及夜壺之比較，居停曰："『瓦夜壺與錫夜壺孰良？』師曰："『錫良。』『然則錫夜壺與鐵夜壺孰良？』師曰："『鐵良。』」

遠山近水各淒涼

張文襄有侍姬二，一名遠山，一名近水，皆得寵幸。及薨，某部郎作輓聯云："「魂兮歸來乎，星海雲門同悵惘；死者長已矣，遠山近水各淒涼。」蓋以梁星海、樊雲門均爲其得意門生也。梁名鼎芬，官湖北按察使。樊名增祥，官江寧布政使。

野侍郎

于式枚侍郎晦若博達典章，不諧時好，初由京卿擢郵傳部右侍郎，意殊不樂，語人曰：「昔朱竹垞應博學宏詞科，得授檢討，時人目爲野翰林。今承乏郵傳，世得毋目余爲野侍郎乎？」蓋其時之郵傳部乃新設也。

併吞御史倒挂中堂

榮慶長學部時，左丞爲喬樹枏，綽號喬禿子；右丞爲孟慶榮，字黻臣。有人戲撰一聯云：「禿子併吞雙御史，黻翁倒掛老中堂。」雙御史爲高枏、高樹，皆川人。喬名樹枏，故曰併吞。榮爲協辦大學士，孟名慶榮，故曰倒掛中堂也。

諸公滾滾

張文達公百熙未辦大學堂前，明知諸多窒礙，嘗召執事諸員而謂之曰：「此學堂能辦好，是袞袞諸公；不能辦好，即諸公滾滾。」

曲靖曲全

光緒時，闞榕祚以劾某大僚失歡於孝欽后，遂外簡。德宗語王大臣曰：「使彼至曲靖府，是曲全彼之意。」時人摭余壽屏事成一聯云：「余成格無思恩思想，闞榕祚以曲靖曲全。」余名成格，時方簡思恩府知府而不願赴任也。

大人不失赤子之心

倪善字子真，席父蔭，以道員需次某省，時年甫弱冠也。跳盪自喜，到省後，無所事事，朔望衙參之外，寂處邸中，惟與其弟妹僮婢以放風筝踢鞬子爲戲。一日薄暮，戲於中庭，方在興高采烈之際，一父執之以縣丞需次者，詣之。閽人入報，縣丞隨之進，見其方嬉戲也，逡巡不敢前，爲倪所瞥見，則正襟肅容而言曰：「大人方有事。」倪笑而答之曰：「大人者，不失其赤子之心也。況余之姓，固以小兒二字所合而成乎！」

天干道台

光緒朝，甘肅有候補道九人，好事者以天干配之，天然成文，如鑄九鼎。有霍某者，由科甲出身，曰甲道。有向某者，由乙榜出身，名之曰乙道。胡某年老多病，曰丙道，則同聲之假借也。署理甘涼道某，由生員報捐。時涼州守王步瀛以給事中外放，藐視之，譏其目不識丁，某遂以丁道稱。署理巡警道某最得總督長庚信任，人以二總督呼之，遂以庚道稱。伊某係蒙古籍，名之曰辛道，取伊尹耕於有莘之野而樂堯舜之道之義。王某善風鑑，其案頭相書常滿，因以壬道著名，以其擅三壬六甲法也。黃某年少，患吐紅症，美其名曰癸道，則取天癸之義也。其中有孫某者，獨得兩字名號，孫以甘省候補人員兼奉膏捐大臣札委，總辦甘肅土稅。人謂其一人而兼主客，可稱雙料道台，應占雙分字様，遂錫之封號曰戊己道。蓋世俗以戊己屬土也。

新婚聯

有贈新婚者聯云：「水流花謝，時聞鳥聲；柳陰路曲，是有真迹。」又聯云：「芳草萋萋，兔起鶻落；殘花點點，燕舞鶯啼。」又有以新郎新婦均學校畢業生，爲撰聯云：「嬌揎紅袖研生理，笑脫青衫試體操。」又聯云：「國事維艱，卧榻豈容酣睡夢；時機已至，舞臺大好造英雄。」又聯云：「不破壞焉能進步，大衝突乃有感情。」又聯云：「方針直達中心點，團體同登大舞臺。」又贈花旦新婚聯云：「安能辨我是雄雌，想華月金樽，也曾脂粉登場，爲他人作嫁；畢竟可兒好身手，趁椒風錦帳，莫把葫蘆依様，舍正路弗由。」又有方某精疇人術，某年結婚，其同學贈以聯云：「形學須從三角驗，測量初到幾何深。」

娶妻當如王秀雲

泗州楊蓮甫制軍士驤督直隸時，值五十初度，羣僚醵金，召鞠部以爲壽。津門習尚，男女合演。時女優王秀雲色藝噪一時，楊召之入，演《賣胭脂》、《小上坟》諸劇，冶艷絶倫，觀者神蕩。有某貴人者，見之而太息曰：「娶妻當如王秀雲。」而秀雲身價自是遂益高。

弟子服其勞

廣州俗尚娶妾，稍足自給者，即欲效法齊人，左擁右抱。某塾師尤好色，妻猶少艾，而先後納四姬。及夕則相争，聲聞於外，其生徒之寄宿者，輒譁笑之。一夕，某被嬲不已，乃設一計，謂各人必引《四書》成語一句以定優劣，優者得之，劣者失之，皆唯唯。於是妻曰：「君子用其一緩其二。」妾曰：「焉得有其一以慢其二哉？」第二妾曰：「天下有達尊者三。」第三妾曰：「必先此四者。」第四妾曰：「尊五美，屏四惡。」某以所言皆善，依違不敢決，乃大聲呼曰：「吾老矣，不能用也。」其徒在外室應曰：「有事，弟子服其勞。」

孔子反在珠子下

某家設壽筵，賀客麕集，中有朱姓者年少，孔姓者年長，主人定席，匆促間，乃位朱於孔之上。孔悻悻，酒闌，出上聯，屬朱對之。曰：「眼珠子，珠與朱同音。鼻孔子，孔子反在珠子下。」朱沈思有頃，語之曰：「鬢先生，鬍後生，後生却比先生長。」

琴皇帝

朱啓連，字棣垞，善詼諧，發言往往雋妙，傾倒一座。晚年酷好琴，自謂精意獨得，千古無二，可稱琴皇帝。其友聞之，因鐫一玉章以勸進，其文曰「卿以自娱」。蓋剌取《趙佗傳》中語以調之也。

自題小照

某好滑稽，嘗自題小照云：「我道你是誰？原來就是我。是你的收成，是我的結果。只怕我後輩兒孫，也都認你不認我。」又有趙沅芷者，嘗自題小照云：「此人姓趙，沅芷爲號。恐後無憑，立此存照。」

盡其所有

某生縣府試屢舉案首，不售，家赤貧，於路旁建廁屋，藉收糞以售貲。上懸一扁，曰「盡其所有」。又懸一聯曰：「但願你來我往，最恨屎少屁多。」

可容搔癢倩麻姑

有某宦者，其夫人性妒，年五十，尚無子。初，某有友，將贈婢以延嗣，某不敢承，遂止。逾數載，知尚乏嗣，曰：「不可緩矣。」盡出諸婢，置帷幄中，各伸一手，從牖中出，令檢之，合意者以環約其指。某見一婢，手白如脂，以環約其指，出之，麻面婢也。友爲置奩送之，某載歸，夫人見其麻，不復置問，然止服役，不使抱衾裯。其友因調以詩，中有「哀向吼聲求柳氏，可容搔癢倩麻姑」之句。

道士喫笋燒肉

江南姚某，令某邑，有政聲，其折獄，多以詼諧出之。時有道士自遠方至，喧傳知未來事，惑之者甚衆。令聞之，命僕持刺往，延入署，託言太夫人欲問休咎。道士以令之召也，欣然往。至，則令出迎，延上座。有頃，卒然問曰：「練師亦知相邀之意乎？」道士曰：「太夫人有事見召，已知之矣。」令曰：「相邀無事，請喫笋燒肉耳。」言畢，呼左右曳道士於階下，命笞臀四百。笞已，令復問曰：「爾知本縣復笞爾乎？」道士哀求曰：「青天開恩，必不復笞。」令喝曰：「再笞四百。」笞已，令拍案曰：「爾知未來事，何以笞爾，而猶不覺乎？妖言惑衆，罪至於死，姑念爾初至，誤觸禁令，亦不深咎，速他徙，毋逗留。」判畢，命差役縱之去。

垂竿頓觸釣魚心

屬員上書大吏，籤上必寫大人鈞稟。某縣令稟撫軍，鈞字漏寫一點，則爲鈎字。撫軍題詩於籤還之云：「未必他年秉大鈞，垂竿頓觸釣魚心。可憐一勺廉泉水，分贈同僚總不勻。」

兩個漁翁揪打

某撫蘇時，將軍總督藩司等宴於臨江某酒樓，即席聯句。總督出句云：「舉酒上危樓。」某接云：「天高一色秋。」次藩司云：「江邊無限景。」最後至將軍，瞠目不能贊一詞，適兩漁夫鬨於艇，將軍拍案曰：「我亦有矣，『兩個漁翁揪打』，可乎？」藩司笑曰：「詩限五言，不如删打字，叶韻更好。」將軍掀髯大喜，歸署，徧告幕友。某幕捧腹曰：「該打該打。」將軍曰：「打字原有，可惜爲不通之藩司删去矣。」

天錫純蝦

鄞縣某富户以漁起家，年七十矣，其子孫爲之介壽。或贈以幛，其四字曰「天錫純蝦」，蓋「天錫純嘏」之訛也。黠者某見之，大笑，謂其關切漁户之巧合也。

日之夕矣君何

有設旅店於燕趙間者，其地爲孔道，遵陸入京者恆由之，其主婦貌都麗，以是生涯殊不惡。某年除夕，有人爲題一門聯云：「日之夕矣君何往，鶏既鳴兮我不留。」此固切合逆旅，然無他意也。有滑稽者見之，潛就其上下聯各去一字，曰：「日之夕矣君何，鶏既鳴兮我不。」

正定府十四屬聯

直隸正定府屬十四州縣，好事者各綴二字，曰：正定將軍，行唐使者，元氏夫人，阜平老人，晉州客人，獲鹿道人，井陘童子，靈壽仙官，贊皇丞相，無極大帝，平山大王，欒城公子，新樂公主，藁城草寇，如小說中之稱謂，然頗覺連貫。山左戴紫垣集成對句，頗見巧思，更衍之爲聯云：「公子何翩翩也，喜仙官暗繫赤繩，於是夫人議婚，老人主盟，彼童子無知，但憑使者行媒，聘定藏嬌公主；大帝其巍巍乎，賴丞相借籌玉箸，因而客人亨利，道人服教，雖草寇竊發，可卜將軍報捷，削平恃險大王。」

俗語聯

有集俗語成聯者，如：七合升兒八合命，五花腸子六花心。打虎還是真兄弟，騎驢撞見親家公。龜頭有志終須貴，朝裏無人莫作官。

一萬六千年前酒債

林有任工滑稽，嘗與友飲村肆。酒闌，肆夥以帳進，而杖頭錢不敷，將令其筆之於册，夥不允。林曰：「希臘天文家言，世界歷一萬六千年而還原一次，一萬六千年後，吾儕仍集於此。今暫記之，他日可并償也。」夥曰：「可。惟一萬六千年前，君尚有未償之酒債，今當先償之耳。」友聞之，皆胡盧，林亦大笑，乃貸於友而償之。

陰曹五殿陽世三間

丹徒包黎先茂才性通脫，嘗客揚州。世俗於改歲之際必換春聯，包因年事匆促未及書寫，遂以沒字之聯榜於門外。真州吴某見而異之，遂代書八字曰：「陰曹五殿，陽世三間。」

現身說法

有自稱儒醫者，一日出診，中途渴甚，詢輿夫以鄰近茗肆之所在。輿夫答以無，惟云前村有一學塾，而塾師喜弄文，有往謁者，須先試對聯，能對，始招待。醫大喜曰：「我儒醫也，儘可往。」既至塾，師詰來意，醫告之。師曰：「能屬對否？」醫曰：「予亦試爲之。」師即示一聯云：「碧桃萬樹柳千條。」醫不假思索，即對以「紅棗二枚薑三片」。師奇之，烹茗款待而去。閱數月，又經其處，師又示一聯云：「避暑宜尋深竹院。」醫即對以「傷寒應用小柴胡」。師喜其敏捷，待之甚優。再閱數月，出診，忽遇大雪，不得歸，迂道借宿於塾。師觴之，飲至半酣，師出一聯云：「大地無分南北，遍灑梨花。」醫始悟及其妻，湊成一聯云：「小妾有件東西，似懸藥碾。」師贊美不絕，復鼓掌大笑曰：「先生現身說法，真可謂大公無私矣。」

秋海棠

有蕩婦名秋海棠者，因奸殺案訟於官，定讞後，解臬司過勘。臬署有甲乙兩幕友，名士也。甲偶言秋海棠之名，頗不易對，時庭中有山藥一株，垂實纍纍，乙曰：「夏山藥三字似可爲對。」甲謂：「對誠工矣，然祇此三字，未免枯寂，今閒暇無事，不妨層累加之。」因曰：「帶葉秋海棠。」乙曰：「連鬚夏山藥。」甲曰：「一枝帶葉秋海棠。」乙曰：「三寸連鬚夏山藥。」甲曰：「斜插一枝帶葉秋海棠。」乙曰：「倒垂三寸連鬚夏山藥。」甲曰：「鬢邊斜插一枝帶葉秋海棠。」乙曰：「褲下倒垂三寸連鬚夏山藥。」甲曰：「佳人鬢邊斜插一枝帶葉秋海棠。」乙曰：「大漢褲下倒垂三寸夏山藥。」甲曰：「紅粉佳人鬢邊斜插一枝帶葉秋海棠。」乙曰：「黑麻大漢褲下倒垂三寸連鬚夏山藥。」甲曰：「江南紅粉佳人鬢邊斜插一枝帶葉秋海棠。」乙曰：「關西黑麻大漢褲下倒垂三寸連鬚夏山藥。」

活死人

歷代大行皇帝梓宫奉移時，試演黄槓，由内務府特派大臣，將鸞轆安置槓上，中支以板，諸大臣羣坐其上，以實驗其低昂輕重焉。觀者闐溢，相與語曰：「此活死人也。」

卿真苦死

窶人子某衣食不給，對泣牛衣。婦死，乃以聯輓之云：「算來半世夫妻，喫也無，著也無，歎卿真苦死了；放下千斤擔子，天不管，地不管，比我倒快活些。」

先死先生

某師以其弟子死而作聯以輓之，聯曰：「先死先生，呸；斯人斯疾，唉。」

說我就來

有申、趙、周、李、成五人相友，結爲異姓昆弟，皆莫逆。不數年，而申、趙、周相繼化去，僅存李、成，遂益密。未幾，李亦殞，成至是惟形影相弔矣，乃輓以聯云：「座中僅有兩人，悲君又去；泉下若逢三友，說我就來。」

不得了了不得

某善滑稽，一日，有友死，往弔之，入門，則哭聲甚厲。其中有「了不得，不得了」二語，爲某所聞，乃爲書一聯曰：「不得了，了不得，了也不得。」書至此，又聞死者之妻撫柩大號，一老嫗勸之曰：「怎麽哭，哭怎麽。」即續書下聯曰：「怎麽哭，哭怎麽，哭又怎麽？」

訃文對試策

或以訃文首數句並殿試策末數句摘出爲一聯，頗爲天然巧對。其聯云：「罪孽深重，弗自隕滅，禍延顯考，末學新進，罔識忌諱，干冒宸嚴。」

戴冕不垂旒

鄭曉江大令好詼諧，有友張某，頭大而有鵝形，因戲以詞贈之曰：「戴冕不垂旒，細辮子，大門樓。弟兄結拜人六個，嚼蛆趁熱，下雨不愁，行瘟發暈皆難受。莫學油，二十一指，難比此顆頭。」

寒士閒事

李森廬某歲在家，地方公舉爲團總。次日，書數語以辭之云：「我本寒士，不管閒事。倘有閒事，來投寒士。莫怪寒士，不探閒事。如問閒事，永世寒士。」

私塾師長於科學

泰順有私塾師張佩卿者，嘗以科試入泮。其邑僻陋，黌舍諸生，略能識字而已。張之制藝，已能完篇，且能作試帖，遂爲邑中翹楚，設帳授徒，從之者如歸市。某年，偶至會垣，爲友人招飲。座客有曾出洋留學者，友以此公科學甚精告之，張不解所謂，瞠目相視。久之，乃自指其鼻準而言曰：「我亦長於科學者。」隔座一客遽就而問以科學名目，張默然，徐曰：「我固於光緒甲申，大宗師祁世長督浙學時，科試所取入學之生員也。」

塾師寄婦詩

光緒時，有李森廬者，以教讀爲業。某年，逼歲除，不能歸，有寄其婦詩十首云：「今年館事太清平，新舊生徒衹數人。寄語賢妻休盼望，想錢還帳莫勞神。」「父無佳館子閒居，命不如人總是虛。今歲家中宜省儉，老糠喂鴨菜淘豬。」「我命從來實可憐，一雙赤手硯爲田。今年恰似逢乾旱，衹半收成莫怨天。」「家中定要買棉花，手内無錢衹自嗟。我有一言分付汝，不妨姑向鳳翔賒。」鳳翔，鄰居李姓富翁也。「賒得棉花作速彈，更頭此際要連翻。婆婆打雜姑姑紡，媳婦旁邊莫躲艱。」「零星鋪帳布柴錢，虧空今年要汝填。曾記俗人言一句，貼夫之半賴妻賢。」「所在言談要使乖，逢人切莫倒招牌。但云今歲盛前歲，支扯方能駕得來。」「幾度思量欲戒煙，此身猶恐病牽纏。早晨吞個芝蔴泡，晚上開燈要一錢。」「每日堆花要半斤，燈油烟酒並開葷。算來攬用非輕恕，一百銅錢缺數文。」「果然苦盡自甘來，何患今生不發財。但得麟兒能入泮，相從誰不羡紅梅。」俗云，楊梅紅，有人從。

過去未來之妙品

某乙性吝，多詐。一日，其中表某甲五秩壽誕，乙具禮物一器，遣使賫往。甲揭視之，乃鷄卵四枚，附有說明書，曰：「此未來之肥鷄也。兄千秋令節，爲時過早，若可遲三月者，一羣鳳雛，行將引吭而啼矣。」甲見之，不笑亦不怒，直受之。翌日，甲折柬招乙，乙欣然往。至，則見燈燭輝煌，肆筵設席，座客已滿，別有一種酒肉香味充雜空氣中，度入鼻觀，直沁心脾，覺甘美無倫。乙至此，饞涎欲滴。甲與寒暄畢，肅之，趨堂東，憑空案，使獨坐。乙待良久，不見肴饌，正企盼間，忽覩甲手持青竹一竿至，置於案，謂乙曰：「此過去之嫩筍也。弟來何其遲，如早數月者，鮮肥之筍，尚未成竹，正可下酒也。」語已，自去。

蘋果瘡

李蘋香，上海名娼也。閱人過多，染黴毒，俗呼楊梅瘡者是也。有某傖眷之，至親暱，其友偵知蘋香之隱，舉以告，勸與之絶。傖略不爲動，微笑應之曰：「彼，蘋香也。縱有毒，亦蘋果瘡耳。於楊梅瘡何與哉！」

願爲人子

長沙某茂才以貧居書院，歲終，債主環迫，乃至古廟避之。同時有一友，境遇相若，亦與焉。盤肴尊酒，相對黯然。酒微酣，一友曰：「友朋在今日，不亦聚首，我等得此，亦天緣也，不可不賦詩。」乃吟曰：「『柴米油鹽醬醋茶，無錢去買又無賒。思量只好將身賣，問徧長沙不要爺。』」一友曰：「吾當和之：『米鹽柴布鷄鴨豬，八口之家不可無。思量只好將身賣，問徧長沙不要夫。』」某笑曰：「二君詩甚佳，然爲人父爲人夫者，亦多有難言之隱也。吾意當爲人子，似較父夫爲優。」乃吟曰：「爺做官來子享福，我無福命怨阿誰。如今只好將身賣，怎奈官家不要兒。」二友曰：「君真想入非非矣。」乃相與鼓掌。

八竅妙判

山左劉爲幹守廬江時，郡民盧仁娶妻姬氏，甫三日，忽告官乞離。詰所犯何條，以不能生育對。問燕爾方新，何以知其不育。初尚囁嚅，堅鞫之，潸然曰：「人皆九竅，彼缺其一，便遺皆從一處出。」氏母爭曰：「我亦八竅，女即親生，何害？」乃令官媒引母女入內宅，屬夫人督僕婦驗之，良信。盧始願領歸，劉判曰：「蓋聞竅分上下，七陽而二陰。質秉乾坤，三奇而六耦。然大地非無偏缺，而刑天絶少具形。厥有蚩氓，初諧婚媾。不圖良匹，竟類人痾。但覘玉洞桃花，未覩後庭瓊樹。漁郎問渡，澄涇共濁渭同流；神女爲雲，鳥道與羊腸莫辨。奠我疆於南畝，何從界判鴻溝。啓秘鑰於北門，勢且鑿殘混沌。慮乏鄧攸之後嗣，遂效翁子之當年。公庭謬託乎詭詞，虛衷用致其窮詰。瑟琴伊始，胡爲伉儷情乖？歲月幾何，安見熊羆夢杳！譙訶莫解，夏楚將施。含意難伸，直陳不諱。婦則撫心無忝，嫁鷄志在隨雞。媼則説法現身，雛鳳形同老鳳。母既載生而載育，女還宜室而宜家。無煩鍊補於媧皇，但乞後堂犀照。姑允質成於周姥，果然下體象賢。本縣教始彝倫，化先怨曠。在姬氏尾閭偶闕，無虧種玉之田。則盧生息壤可耕，焉用不毛之地。無犯出條之七，當援不去之三。未許鸞分，斷從璧合。傳其好事，風人增雌兔之詩；廣此羣生，訟牒絶男妾之案。」

改神童詩

「久旱逢甘雨，他鄉遇故知。洞房花燭夜，金榜掛名時」四句，見於世俗流傳之《神童詩》，極言人生之樂事也。有以爲不足者，於每句各增二字，曰：「十年久旱逢甘雨，萬里他鄉遇故知。和尚洞房花燭夜，教官金榜掛名時。」或見之，猶以爲未盡其樂，又改曰：「千年久旱逢甘雨，球外此言地球之外，游於他行星之中也。他鄉遇故知。三世洞房花燭夜，言相思三世，至今始得結婚也。黑奴金榜掛名時。言黑奴得免沈淪也。」此蓋極意形容其樂也。然又言其似樂非樂者，亦以《神童詩》改之，於每句下注二字，曰：「久旱逢甘雨，一滴。他鄉遇故知，債主。洞房花燭夜，石女。金榜掛名時，副貢。」

詠駝子詩

有詠駝子者，詩曰：「哀哉駝背翁，行步甚龍鍾。遇客先施禮，無人亦鞠躬。有心尋地孔，何面見蒼穹。仰卧頭難看，俯眠腹又空。蝦身窘且縮，龜脊聳還豐。雨不沾懷內，臀常曬日中。娶妻須凸肚，摟妾怎偎胸？划石差堪慰，斷環略亦同。小橋稱雅號，新月肖尊容。赴水如垂釣，懸梁似掛弓。生前偏跼蹐，死後亦謙恭。」

詠矮子詩

有詠矮子者，詩曰：「某某先生太不高，矮人隊裏逞英豪。搭棚只用齊眉棍，上陣常攜解手刀。未必蠶衣能作帽，居然馬褂可爲袍。一朝擊鼓升堂去，百姓都從桌下瞧。」

詠禿子詩

有詠禿子者，詩曰：「頂上無毛一禿鶖，天然潤澤似揩油。曲詞喚作光光乍，卻異花叢衆滑頭。」又曰：「圓光頂上禿如鶖，枉費許多生髮油。若叫此人做和尚，不須披剃自來頭。」

詠黑女詩

有詠黑女者，詩曰：「黑有幾般黑，惟卿黑得全。淚流如墨汁，屁放似窰煙。熟藕爲雙臂，燒梨作兩拳。夜眠漆欖上，秋水共長天。」

詠麻女詩

有詠麻女者，詩曰：「公主明妝額點梅，芙蓉人面繡成堆。贈卿一鏡臨窗照，蘸著些兒麻上來。」

詠婦女裝大脚詩

有詠婦女裝大脚者，詩曰：「小脚而今不雅觀，強裝大脚也難堪。皮鞋半塞棉花絮，撇去歪來總覺寬。」

寄語劉郎莫問津

劉恕皆有婦水静嫻，工詩，晨昏伏案，縛意吟詠，頗得倡隨之樂。然恕皆恆宿外室，不常入内，婦亦厭牀笫之事，輒聽之。一夕，恕皆入繡闥，静嫻即書一絶與觀，有「小溪新漲桃花水，寄語劉郎莫問津」之句，蓋實託故卻之也。

不教胡馬度陰山

上海名妓有姚七、姚八者，皆具殊色，某暱之甚，同時有胡某、馬某者，亦垂涎焉。某恃强，日盤踞其家，胡、馬不得間也。或詢某，某爲誦唐詩曰：「不教胡馬度陰山。」

相公相丫鬟丫

有少年夫婦，體皆肥碩，自日本留學畢業而歸。其友某見之，戲作一聯以贈，辭意滑稽。聯云：「相公相，肥而胖，頭且然，而況；丫鬟丫，粗又大，嘴若此，其他。」

磕睡讀書

某嗜讀，好睡，黎明即起，伏案觀書，日暮即就枕矣。嘗自撰一聯，揭於書齋之楹。聯云：「有打磕睡的豪傑，無不讀書之神仙。」

夫子自道

「酒酣或化莊生蝶，飯後甘爲孺子牛」，某名士自撰之聯，蓋夫子自道也。某嗜飲，醉輒寢。起，則導其幼子嬉戲於庭，自爲牛，而使幼子爲牧童，曳之使行，蹒跚庭中，不稍拂其意。世之爲兒孫作馬牛者，固甚夥矣，然每不自承，若如某名士之能自道者，固絶無僅有也。

老父無能卻更尊

衡山之俗，每當仲夏時，居民必迎神賽會，謂之避疫，仿古儺禮意也。城南爲馬王會，城西爲康王會，兩會爭奇鬭勝，積不相能。所裝故事，亦多按南西二字，如取西川、征南蠻之類。一日，馬王會出賽，裝孔子像，横書「萬世師表」四字匾額，以爲無能出其右者。康王會中人聞之，乃飾孔子父叔梁紇出遊，撰聯懸於旁。聯云：「吾兒有志雖稱聖，老父無能卻更尊。」馬王會人見之，瞠目而返。

大小王霸兒子

某廣文與某二尹爲同僚，甚相契，朝夕過從，談諧間作，偶以對聯爲酒令。廣文因出對曰：「老教官，窮教官，老當益壯，窮當益堅，老大窮堅教官。」二尹方沈思，瞥見其兩子戲於庭，即曰：「大兒子，小兒子，大則以王，小則以霸，大小王霸兒子。」

仲姓宜爲調人

居兩方間之調人，或證人，俗謂之中人。而燕、趙、齊、魯人士之讀「仲」字，其音輒如「中」，筆之於紙，亦復混淆，如「連中三元」，輒寫作「連仲三元」。嘗有延仲昴庭居間調處一事者，昴庭不允。請之者曰：「君姓仲，仲之義訓中，且日本謂中人曰仲裁。調人之責任，君自負之，勿固辭。」昴庭乃笑而諾焉。

百鳥百獸圖

馬某宴客，客爲烏、鳳、燕、雞、鴻、鵠、牛、羊、鹿、狼、豹、熊、虎、彪十四姓。或曰：「此《主客圖》唐張爲嘗作《詩人主客圖》。也。可擴之爲《百鳥圖》、《百獸圖》，與上海廣學會所出版者，並傳於世矣。」

風馬牛不相及

馬子春嘗挐舟入剡，訪其友牛舜初。渡曹娥江，遇逆風，舟不得前，泊一晝夜。及至，而牛適亦以訪友先一日他出，遂不遇。馬歸，語其婦曰：「此真所謂風馬牛不相及也。」

雲龍角逐

雲子遠，粤人；龍念軒，湘人，皆嘗客金陵。一日，偕游鍾山，雲年少先登，龍躡其後追之，至其巔，則以行急而氣喘。坐定，語雲曰：「君平步青雲，誠得風雲之際會矣。」雲曰：「吾兩人亦雲龍角逐耳。」

滿飯喫得滿話説弗得

俗有「滿飯喫得，滿話説弗得」之諺，蓋戒人説大話也。宣統時，革命勢盛，競唱排滿，固以在野黨爲多，然亦間有隨聲附和之官吏。蓋若輩狡黠性成，知革命潮流大漲，必有推翻政府之一日。故雖食朝廷之禄，不敢獲咎黨人，談論所及，絶無帝德君恩字樣，殆於「滿飯喫得，滿話説弗得」二語而偶爾誤會也。

半夜三更打我鑼

警察已徧郡縣，然以不敷分布，故擊柝守夜者，尚所在皆有。或爲詩以贈之，中有云：「清風明月無人管，半夜三更打我鑼。」管、鑼假借作對，不着痕跡。

親之曰兄

友朋輩行相等，輒相呼曰兄，不計其齒。向子平年四十許，一日，遇陳伯元，以兄呼之。陳之齒已逾耳順矣，或語向曰：「君宜稱陳爲丈以尊之。」向曰：「『尊之不若親之，』『親之曰兄，字曰孔方』，此見晉魯褒《錢神論》，亦正以見吾之親陳也。」

天下之大老也

有兄弟二人學生，其友往往誤認。一日，遇其兄，遽呼之曰二老。旁有知之者，曰：「渠，大老也。」友曰：「總是一般，『二老者，天下之大老也』。」

生子之本色諧語

詼諧語，必須本地風光，方可解頤噴飯。有筆賈舉子，甚豐碩，或戲之曰：「羊毫兔毫，加工選料。此家用貨，非比賣門市者，安得不佳？」又有書客舉子，貌酷似父，或戲之曰：「原板初印，神氣一絲不走，其非翻刻贋本可知。」又有庖人舉子，膚色甚黑，或戲之曰：「此非炭火煙煤之氣，即是油鹽醬醋之精。」

製造人民子孫

餘姚高雲鄉，名民，少業賈，旋爲童子師以自給。生平嗜學，頗讀譯本書，且能爲詩古文詞。而口吃，好詼諧。某年，失館家居，適生子，彌月，設湯餅筵，一賀客詢以今歲何所事事，則曰：「爲國家製造人民，爲祖宗製造子孫，非莫大之事業乎！」

施玉軒勸楊伯隱勿作馬牛

施玉軒，皖人，有子，名源深，幼聰慧，好學，及歲而學成，能自立矣。乃其歲入，亦僅足自給。玉軒向爲諸侯老賓客，至是，猶作客如故。同幕李伯隱年五十餘，長於玉軒者五歲，尚無子，恆以爲憂，見源深之成立而歲入多金也，深羨之。一日，語玉軒，謂今已垂老，亟欲納妾以育子。玉軒曰：「君休矣，吾方羨君家累之輕，君乃以望子而欲置妾。即果生育，亦須驟增兩口之用，而子之衣食學婚諸費，尤爲不貲。待其弱冠成立，不必倚賴於君，且能以所獲資君，而此二十載中，君之所耗金錢，實已不可勝數，豈不較今日擔負之重，倍之而又倍之耶！彼時君已七十餘矣，七十老翁何所求？亦奚必自尋煩惱耶！況其成立猶不可知，或竟闒冗無能而仰給於君，不更終身作馬牛耶？且即以僕言之，年未五秩，而豚兒已能治生，然於僕何補？此非君所目擊者耶？」伯隱聞之，大悟，納妾之議遂寢。

金中壘自恨不爲拐匪

自咸、同間，粵、捻亂平，以至光、宣，承平數十年，生齒日繁，生計日絀，衣食不給無以自贍者，所在皆是。赴滬謀生之人，紛至沓來，逆旅爲滿。有金中壘者，杭人也。僑滬既久，廣交游，待人有肝膽，於稍能自立者，得其一言，輒有噉飯之地。章實甫粥粥無能，然其年甫成童也。一日，丐於金，謂欲得一餬口之所，且爲奴亦不恤。金太息曰：「人多事少之狀況，年來日甚一日，雖下至厮養，亦苦無容身處，將若何？」乃給以餅金，章叩頭謝。

章將行，而金之友汪明齋至，聞談，縱論至謀生之事。金即指章而言曰：「彼哉彼哉，誠可太息痛恨者也。彼方當求學之年，而一再逃塾，絶無所能，其從何處覓生活耶？惜吾未爲販賣人口之拐匪耳！

不然，則吾既可得多金，而彼又獲棲身之所。雖及成年而不能自立，爲其父母者，亦必衣之食之，可終身無凍餒憂矣。」汪愕然。金又告之曰：「粤人以族大丁多爲尚，潮州尤甚。稍有力者，輒廣置姬妾，以期孳生之衆，而猶以爲未足，更出資購之於外。光、宣之交，上海拐匪充斥，赴粤商輪，時有大幫幼童出口，蓋卽拐匪挈之往粤以求售者也。」

城中盡是饅頭餡

古語云：「縱有千金鐵門檻，終須一箇土饅頭。」謂墳也。後人又有句云：「城外多少土饅頭，城中盡是饅頭餡。」蓋言人之必有死也。

吁嗟闊兮

杭州某富翁卒，出殯，其車馬儀衛之盛，窮極侈靡，或以告人曰：「今日某家喪事，向未見有如是之闊者。」杭俗以盛爲闊。座客曰：「此所謂吁嗟闊兮，不我活兮是也。」

舍魚而取熊掌

曹子章，晉人也。曾舉於鄉，爲主事。以家無恆產，乃參戎幕於津沽，博升斗養母。久之，不獲於府主，遂入官京師。未逾歲，棄職而走。至滬，鬻文爲生。蓋其人貞介絶俗，生平別無嗜好，惟視色與書若性命。愛滬上風景之佳，居數月，即移家焉，則以筆耕餘暇，可恣覽載籍，且作冶游也。滬之女閭未昌，書肆闐溢，爲全國冠。曹每於薄暮孑身入市，非閱書於坊，即至其所眷處，然輒以書自隨。嘗曰：「余好色，而滬地之姝麗觸目皆是。余好書，而滬坊之圖籍悦心者多。色，猶魚也。書，猶熊掌也。二者不可得兼，舍魚而取熊掌也。然亦焉能竟忘情於魚耶？」其友姜枕流戲之曰：「吾爲君計，他日再入輪迴，可請命於閻羅，以兩眼分布於面部之前後，則前可覩色，後可觀書，而人亦必以雙方之獨具隻眼譽君矣。」

海上逐臭夫

上海縣以濱海得名，謬託風雅者，輒稱之曰海上，其實瀕海之地，皆可以是稱之。此亦類於姑蘇志、金陵志之名稱不當也。上海居民繁盛，士女耒昌，冶游置妾之徒乃遝紛沓，然皆於句闌中求之，亦以妝飾入時，易炫俗目耳。

錢塘金仲撝，風雅士也。有特識。嘗謂滬江名姬，泰半爲蘇之鄉女，與娘姨、大姐皆女傭也，未嫁者曰大姐。之出身正同。而俗無真賞，但見其靚妝刻飾，便嬛綽約，八字見《上林賦》。即從而悦之。於天真爛漫雅潔自好者，略不措意，此皮相天下士者之所以日多也。一日，趙伯英強之作狹邪游，小飲於名姬秦若蘭妝閣，遇女傭阿珠，亂頭粗服，彌美而豔。酒闌閒話，詢知爲蘇鄉甘露農家女，至滬甫半載，向從其母事田作，固亦胼手胝足者。因語伯英曰：「此小妮子不假修飾，乃姣好若此，較之若蘭，奚若？且凡百女傭之若此者，實不可勝計，而君但知妓之美，何不知別擇乎？」伯英平視久之，乃語仲撝曰：「君能賞識於牝牡驪黃之外，真具正法眼藏也。」滬俗，人家溺器，儲溲溺之器。輒於清晨由女傭挈至門外，使擔糞者傾之。自是，伯英恆於清晨獨行里巷，惡臭觸鼻，亦不之顧。一日，仲撝以謁客晨出，與之薢茩，曰：「君真可謂海上逐臭夫矣，何矯枉過正，竟一至於是耶！」

醬油豆腐乾

有爲淮南業者之孔康，設肆於蘇州山塘，所沽菽乳至佳。俗呼菽乳爲豆腐，加以醬油而乾之，曰醬油豆腐乾。康有女曰阿媛，黑而媚，陳仲勤見而好之，方思求爲偶。逾月，介友通殷勤，則已嫁包氏子矣。乃悒悒，而作《黄鶯兒》詞以誌之曰：「愛你素中珍，紫棠容，白玉身，温柔細膩端方正。馨香可人，聞味動心，清茶美酒常相敬。但只恨相逢布袋，包住了卿卿。」

娣肉二字之別解

熊子英工詩，好作諧語。一日，作卽事詩，中有「娣胸三白假，肉頂一黄真」二句。適其友邵菊屏過訪，見之，愕然不解，請其説。熊曰：「上句言吾妹當胸之鼻針，有白色假金剛鑽三粒，下句言吾婦插髻之黄色簪，乃真金所製。蓋以娣字拆之，爲女、弟二字，以肉字拆之，爲内、人二字也。」

如君二字之别解

世俗稱人之妾，輒曰如夫人或如君。如夫人者，擬之於妻，亦原本於《左傳》「齊桓公内嬖如夫人者六人」句也。如君之稱，則以《論語》有「夫人自稱曰小君」一語，《漢書》有「歸遺細君」一語。且母以子貴，則曰太君。夫人既可稱君，妾既無所不如，自得稱如君矣。趙子義大令嘗納一姬，寵專房，大婦粗通文翰，好詼諧。一日，瞥見案上有曾梅臣致趙書，有「夫人如君」字樣，語趙曰：「君者，一國之主，皇帝是也。曾君書函，於我稱夫人，而稱姬爲如君，是以彼爲一家之主，尊貴擬於天子矣。子亦甘爲其臣下否乎？」

妬律

妬律爲廣野居士述，凡八條，雖屬游戲，亦頗有組織，因全録之，以資笑噱。

名例。一，凡婦梳頭臨鏡架，言從鏡中見夫與婢目挑，遂生嗔毒罵，併及丈夫者，擬坐以斷罪不以律例，杖七十，徒一年半。判曰：「迷網沉淪，聞蟻聲而驚夢。疑團莫解，飲弓影而成痾。是以披畫圖而含哀，詢洛神而赴水。羣狐滿腹，載鬼一車。以莫須有之情，比將毋同之律。罪由自召，人亦何尤？」

一，凡婦允夫宿妾，日間反覆議明，及至更深，猶復令妾針紉，若或忘之者，擬坐以公事應行稽程律，笞二十，遲至三更者，加一等。判曰：「春秋盟會，成事定於一言。戰國縱横，趨向決於片語。爾乃拘牽薄務，似存退悔之心。演習虛文，無非出納之吝。雖曰健忘，當不至此。爰引律法，猶覺從寬。」一，凡夫與婢有染，妻乃去婢小衣，以秦椒等辛辣之物，納入婢女私處，比照以穢污入人口律，加等，發黑龍江，給披甲爲奴。判曰：「荳蔻猶含，殊苦鹽梅之味。牡丹初放，何堪薑桂之投。卽蛇蝎以爲心，無此毒也。本豺狼而成性，豈其然乎！按律無可援引，加等從嚴究擬。」

吏部。一，凡婦見夫外人，故拈針線，兀坐不語，及再三詢之，一推而起，擬坐以無故不朝參公座律，杖八十，徒二年。判曰：「慵拈倦繡，祇念遠人。默坐低頭，爲懷遊子。未有室家靜好，琴瑟和諧，見良人而轉嗔，聞温言而添恨者也。婦德無極，女怨無終，律以朝參，正斯壼範。」一，凡婦有病在牀，沈沈藥餌，仍令腹婢稽查丈夫與妾偶語等情，擬坐以納交近侍官員律，杖一百，流三千里。判曰：「珠沈玉碎，肯使鸞鏡塵埋。柳折花殘，不許鶯簧舌囀。卽曰關心者亂，奚須壁後置人？若云在家必聞，夫豈沙中偶語？今乃展轉反側，殊多密探之煩。而迷夢沈吟，祇塵他山之慮。官箴有玷，自當屏絶於遐荒。壼範斯懲，勿致悍成於跋扈。」一，凡婦每見人之內眷，必苦勸不可令夫納妾，娓娓不倦，擬坐以同僚代判文案律，杖八十，徒二年。判曰：「畫樓祕閣，共談閫內之私。密室柔情，細訴胸中之壘。聯牀握手，附耳訂謀。豈誠永漏話長，祇爲深閨計遠。老璫衣鉢，官家忽使空閒。少婦傳燈，阿郎決難二色。比目何堪瘤贅，並頭那許駢枝？第彼婦各具肺腸，漫勞人別參帷幄。家有制度，事屬越庖。自謀已非，代人難恕。」

户部。一，凡婦每同婢妾鬭牌點韻，嘻笑一堂，忽聞主人聲息，悉皆屏去，擬坐以脱漏户口律，杖六十，徒一年。判曰：「紫罽平鋪，象牌齊翻玉筍。霞箋試展，斑管漫揆瑤詞。乃老子興復不淺，而羣芳吹散因何？是豈楚卒聞歌，競解中宵之甲。抑亦蘇生挾策，惟深兼併之防。罪坐發縱，奔逸免救。」一，凡婦值夫偶宿妾室，便偃卧不起，只推有病，及再三安慰，不覺盈盈淚下，擬坐以户役不均律，杖八十，徒二年。判曰：「自是桃貪結子，故尋樹底留紅。原非浪逐癡兒，疑作花間戀蝶。不知樛木下逮，方可螽斯衍慶。爾乃鳥唬殘夢，憐春色之將闌。花擾獨愁，恨秋梧之早落。猶然心懷固寵，念舊愛而情傷。志切專房，分新恩而腸斷。菀枯頓異，徒杖有歸。」一，凡婦容夫納妾，限夫往妾所，止以一更爲率，遲歸則怨望詈駡，擬坐以丁夫差遣不平律，杖六十。判曰：「命將出師，最忌從中掣肘。濟人利物，應須忘分推心。如其箝制尅期，恐致功多限促。必欲束縛計晷，定然此怨彼嗟。苟發縱之不公，當援律而予杖。」一，凡婦無子，畏人清議，陽爲娶妾，私禁冷室，不令丈夫見面，擬坐以田地荒蕪律，杖七十，徒一年半。判曰：「歷歲深耕，既無薄穫。憎人多口，爰挾陰謀。縱不學司馬公夫人，飾之入院。何至如白太傅內子，不使進幃？鴉過長門，夢斷朝陽日影。魚封永巷，魂消巫峽雲蹤。女有罪而幽囚，郎何辜而乏後？荒我田疇，罪難輕貸。」一，凡婦見妾生子，故將家業施捨僧尼，搬運母家，併與出嫁女狼藉無度，擬坐以盜賣田宅律，杖八十，徒二年。判曰：「珠非蚌出，奚憐金穴銅山。篋自我操，即欲沙揮泥洒。綺丸蔽野，翠玉成塵。神誕佛生，結福緣於渺渺。老嫗少婦，填谿壑於年年。甘心若敖之鬼，寧惜叔孫之兒。惡其縱恣，律以攘竊。」一，凡婦聞親戚朋友娶妾，即行毒駡，併自咒以及丈夫，擬坐以把持行事律，杖八十，徒二年。判曰：「城門失火，未嘗殃及池魚。滕國防危，便爾憂先築薛。含沙射影，足徵鬼蜮之衷。

打草驚蛇，預作綢繆之計。罪狀似難比擬，情形那可姑容！律以把持，實爲允協。」一，凡婦無子，恐夫買妾，強立己姪，或抱螟蛉，擬坐以斬人宗祀律，杖一百，刺配寧古塔，絶産没官，父母兄弟不行解勸，連坐。判曰：「妒蚌難胎，久慮蛾眉之入室。牝狐幻術，陰營螺負之良圖。乃欲代馬以牛，更恐以武繼李。科其罪狀，投豺虎而誰憐？揆厥私衷，餒祖宗而莫顧。擬減等於大辟，宏施法外之仁。藉絶産而入官，詎資異姓之孽。在昔設謀決計，事雖首自妖姬。然而黨惡模稜，罰難逭於醜類。禍因滋蔓，連坐非苛。」一，凡婦歸寧父母，必將丈夫愛妾挈之同往，擬坐以拐帶人口律，杖七十，徒一年半。判曰：「情懷水火，原非蘭茝之和。意介干戈，素乏壎篪之雅。攜手同歸，是何心也？與子偕往，保無他乎？察其略取之情，治彼杖徒之罪。」一，凡婦與夫議明，或三六九，或二八日，分潤於妾，乃至期齟齬，不令夫往，擬坐以收支留難律，笞五十，再犯者加一等，三次者杖六十，徒一年。判曰：「三分有二，宜加服事之誠。取二用三，古有貪殘之戒。爾乃渝盟割地，輒懷猶豫之衷。役志侵漁，漸現饕餮之態。當與不與，律固有條。初犯從輕，再犯加等。」一，凡婦故令陋婢強夫枕席，以塞娶妾之念，擬坐以良賤爲婚律，主婚者杖七十，徒一年半。判曰：「錦衾璀璨，自宜軟玉温香。繡帳氤氲，可無穠桃翠柳？雖實命不同，允共葑菲薄采。而承恩非貌，奚堪魑魅偕歡。因濁酒麤布之謡，豈醜妻惡妾之解？進以匪匹，實爲亂羣。責有攸歸，誰職其咎？」一，凡婦使婢年已長大，不令蓄髮，恐丈夫有見獵之喜，擬坐以嫁娶失時律，杖七十，徒一年半。判曰：「芳草無情，隨春來而漸茂。緑楊何意，因時至而垂絲。惡竹笋之銜簷，删其鳳羽。嗔薔薇之踰架，剪彼蓬心。自崔夫人不許麗服，而袁紹妻遂使髠頭。乃虞擲果而禁偷桃，未詠標梅而歌冰泮。不疑他意，祇問失時。」

禮部。一，凡婦年已衰邁，猶然脂粉翠鈿以固寵幸，擬坐以服飾違式律，笞五十，逐出，免供。判曰：「翠鬟香雲，豔質曾邀帝寵。柳眉桃靨，嬌姿凖擬人看。不知出塞明妃，顏華已非舊日。抱痾婕妤，形容頓異當時。乞憐未必希恩，掩袖殊令增惡。態固難堪，情猶可憫。」一，凡婦蓄妾，原非得已，乃自誇賢德，冀人贊美，擬坐現任官輒自立碑律，杖一百，徒三年。判曰：「膏雨和風，令望應流於萬里。深仁厚澤，芳譽自播於千年。故口碑載道，逢人惟説峴山。而尸祝由心，至今詠思棠芾。何乃事因情近，名與實違。詡向人言，攘爲己德。苟傳聞不察，幾欲勒之貞珉。久假不歸，竟爾廁於賢哲。盜名有禁，功令宜遵。」一，凡婦暗令腹婢借名罵奴僕，因及其夫妾，併有子之妾，擬坐以公差人員役欺淩長官律，杖六十，徒一年，主婦辨非主使，記過一次。判曰：「浪蝶狂蜂，奚顧新蓓嫩蕊。暴風驟雨，那管細果花胎。猶如狐假虎威，豈惜鼠投器忌。雖護身有符，苟犯法無赦。主婦記過，牙爪必懲。」一，凡婦買妾入門，必使魔鎮，或挂已褌於門首，或置棒槌於門限內，種種不一，擬坐以禁止師巫邪説律，杖一百，流三千里。判曰：「玉顏未入，輪迴九轉之腸。象管初吹，聲斷百年之夢。不用千金買賦，陰求片鐵鑄符。一紙硃書，宜投蛛網。數行祕籙，忽墜迷途。性情制以鸜哥，精爽攝爲虎倀。是蓋幻而無跡，即或殺之泯蹤者也。淫覡邪巫，痛懲遠屏。」一，凡婦因夫買妾，便設經堂，修齋禮懺，惟同僧尼往來，擬坐以左道惑衆律，杖一百，流三千里。判曰：「楊柳新栽，昨夜幾番風雨。荼蘼初架，曉來無數葛藤。蛾眉入而粉黛衰，鴉鬢添而鸞鏡掩。妝閣因而繡佛，琴堂用以繙經。寄怨毒於瞿曇，發幽憤於般若。淫豔姑尼，藉禪和而入室。貪癡釋子，披緇戒而踵門。閨閫從此踰閑，性情由之難制。是用履霜杜漸，故爲首禁嚴懲。」一，凡婦嫉夫有妾，從旁嫁禍，造作流言，擬坐以術士妄言禍福律，杖一百，流三千里。判曰：「深情厚貌，鬢眉誤中其猜嫌。伏阱隱機，脂粉亦忘其忮忌。是以不言掩鼻，鄭袞以巧愛而斃楚姬。覆被殺兒，武曌以忍心而殞唐後。臨風搧毒，向影吹沙。不第讒言離間，蓋實溺陷死生者也。所當滿杖，遠配遐陬。」一，凡婦每夜卧，必將床前暗製桌椅等物，周帀布密，以防夫有他適，擬坐以假宿衛人儀仗兵部。律，杖一百，徒三年。判曰：「秦王宫裏，未失狐白之裘。漢后禁中，誰通豬馬之跡？不虞竊符之魏姬，特恐偷香之韓壽。豈乏防意如城之謀，爰效入苙招豚之計。坐以假借，罰其愚騃。」一，凡婦因夫夜起溲溺，不行通知，卽疑其私婢，生嗔毒罵，擬坐以夜禁不嚴律，笞五十。判曰：「牀内青銅，原屬懷姦之具。枕邊玉盒，用爲護身之符。乃崇垣何處飛奴，簾外勿驚人影。醒來夢話，郎已夢到高唐。醉後消魂，身逐魂遊楚館。彼固失告，此則疎防。」一，凡婦使用婢女，不許面粉鬢油，止令破衣敝履，充作夜不收，打聽丈夫外事，擬坐以私渡關津律，杖八十，徒二年。判曰：「粉黛三千，既無藏嬌之屋。金釵十二，屈爲下陳之材。況羅刹夜叉，分途勾攝。而山精水怪，匿影潛窺。出入自有關防，内外豈容飛越。爰書有禁，城旦何辭！」一，凡婦見夫入妾房言語，卽假借公事突入衙散，擬坐以擅闖轅門律，如止諢擾，不作嗔狀，引例末減，笞五十，免供。判曰：「翡翠牀前，方調鸚鵡之舌。水晶簾外，忽來獅吼之聲。不徒花上晒衣，未免腹中藏劍。有心心術不端，無心見識不到。」一，凡婦度妾與夫正值綢繆之際，忽喚妾起，屬以他事，擬坐以擅調官軍律，杖一百，發邊遠充軍。判曰：「酣戰方深，浪子春風一度。金牌忽召，夫人號令三申。既撤白登之圍，詎有黃龍之望？蹴功西徼，先軫之唾固宜。掣肘東廳，長舌之罪難貰。宥以生命，猶爲寬典。」

督捕。一，凡夫入妾室，妾慮主母之嗔，因而逃入妻所，妻遂閉之，不令出戶，擬坐以窩隱逃人律，杖一百，流徙尚陽堡。判曰：「桃源有路，本期接引漁郎。梅子多酸，未便相延洞口。效紅拂之宵征，非得已也。豈文君之私奔，意何爲乎？爾乃冥心已會，故托於李上蔡逐客之書。妙諦全窺，竟不學魯男子閉戶之美。汝既有意於窩逃，吾將按律而問擬。」

刑部。一，凡婦見夫與妾就寢，故意不臥，隔房頻問瑣屑事務，擬坐以聽訟應迴避不迴避律，笞四十。判曰：「鴛夢初諧，正慮窺簾鸚喚。蝶棲未穩，何堪聒耳蛙鳴。既干迴避之條，難辭撓法之譴。量從薄儆，以蔽厥辜。」一，凡婦設榻於自己臥房，妾侍夫寢，必抱衾裯以就，即使合歡，不令暢遂，併不得讅語一字，擬坐以不應禁而禁律，杖六十。判曰：「臥榻之側，本非鼾睡之鄉。忌者之前，又豈詼諧之地？桃花三級，猶虞浪動潛鱗。鶯囀一聲，更怕驚翻宿蝶。是宜通禁，允此嚴懲。」一，凡婦因夫偶飲妓家，遂令端跪牀前，自仍假寐，更餘不允發放，擬坐以告狀不受理律，杖一百，徒三年。判曰：「蛺蝶偶入花叢，原非貪宿。蜻蜓薄游水際，未免沾濡。況風過帶香，何關薄倖。而衣沾剩粉，聊以娛情。爾乃頓發嬌嗔，罔顧黃金之膝。居然假寐，任憑玉漏之催。真變羊之巫可誑，而逆鱗之怒難批矣。懸案過情，杖遣不枉。」一，凡夫調婢，婢極力洒脫，以致頰紅肉顫，妻乃不察，仍撻婢毒打，擬坐以官司故出入人罪律，杖六十，以增減輕重論。判曰：「狹路相逢，幾餌身於豺虎。投梭峻拒，得幸脱於鷹鸇。顫斷香肌，蓋爲雲横烟鎖。紅堆粉面，豈關雨後霞生。不申法於強梁，反宣威於弱質。故出故入，按律何辭？」一，凡夫與妾寢，且入妻房，妻乃託故啓釁，需索首飾衣服，擬坐以因公科斂律，計贓從重論，贓未入手者，杖六十。判曰：「終年交頸，曾無感於寸衷。一旦分甘，遂矜懷於大賚。翠環金縷，非可要挾而求。寶鈿繡衣，務在隨宜而錫。爾需索既出於機心，將擬罪應同於科斂。」一，凡婦因夫娶妾，假病卧牀，不喫茶飯，其夫委曲勸解，仍忿言詬駡，及腹婢私進飲食，則啖之，人至，輒復藏匿。擬坐以夤緣作弊律，杖一百，流三千里。判曰：「銀牙正辟，何心翠釜紫駝。繡户無人，輒啗金虀玉粒。若彼陰險之情，爲鬼爲蜮，業已覘其一斑。矧其閉藏之跡，如虺如蛇，寧能防之久後？縱茲不治，長此安窮？」一，凡婢薄有姿色，見其悄悄修容，輒以誘漢痛詆，擬坐以故勘平人律，杖八十。判曰：「桃花沐雨，夫豈有意呈嬌。梅子含酸，遽謂揉脂獻媚。必丫頭盡屬花面，卽毒口見其蛇心。爾太多疑，罪同故勘。」一，凡婦看戲，見有演及妾妓者，輒嘵嘵不止，併駡點戲之人，以及自己丈夫，擬坐以決罰不當律，笞五十。判曰：「雅劇新聲，不過逢場偶作。芳姿豔質，藉以合席同歡。事争選靡麗之情，詞必出佳人之口。爾乃覩花容而色沮，聞鶯囀而神傷。觸目驚心，當歌疑讖。誰家薄倖，故開作俑之端？郎實猖狂，冀效跳梁之習。衾裯鼎沸，媚友波騰。鼓焰無端，笞懲有律。」一，凡婦責婢慣及下體私處，擬坐以決罰不如法，於人虚怯處非法毆打律，成傷者笞四十。判曰：「前代腐刑，爰書久削。編民閹割，憲典嚴懲。在男子而已然，況女子乎何有！爾乃借公洩忿，聲罪討於包茅。乘輿宣威，肆戈矛於夾谷。如驗有傷，按律究擬。」一，凡婦值夫外出，即將夫妾併有娠之妾陰賣，並不擇人論價，迨妾知覺不從，或以燒香等事誑騙出門。擬坐以監守自盜律，杖一百，發尚陽堡，同謀杖一百，流三千里。判曰：「小往大來，本蓄分甘之怨。母以子貴，愈深固寵之憂。詎料君子之遠行，恰值紅顏之薄命。一副狠心辣手，早定調虎離山。拔去眼釘，推入火坑。辱當罏而不惜，雖換馬亦欣然。傷情極矣，慘何如之？其最毒之元凶，固應遠徙。即爲從之惡黨，勿令網遺。」一，凡婦端坐，令夫跪受刑杖，如不依從，即號哭不已。擬坐以威勢制縛人律，杖一百，徒三年。判曰：「毒龍飛怒，白日晦而海水揚。乳虎橫行，谷風生而狐兔伏。吼聲至厲，鼻息敢舒！彼既肆無忌憚，我持律以重懲。」一，凡婦多蓄婢女，每同夫對飲，不許婢立己後，恐美目之盼，向夫傳情。擬坐以誘人犯法律，杖一百，流三千里。判曰：「錦繡成行，勿使肉屏障後。鴛鴦羅列，莫教花陣當前。蓋防對面芙蓉，密訂同心之約。燈前秋水，暗邀月下之期。不知慢藏之招，實爲冶容之誨。爾故陷之，罪還責爾。」一，凡婦毒打婢女，其夫一言勸解，便謂私婢，愈加鞭笞，擬坐以寃屈平民爲盜律，杖六十，徒一年。判曰：「毒手老拳，勢難坐視。纓冠披髮，跡涉嫌疑。乃詞以情遷，卦因變動。貪非盜璧，浪指懷春。屈法枉贓，擬徒決杖。」一，凡婦不能容妾，反飾嗔作喜，以市賢名，顧稱姊妹，無分大小，及妾入門，非禁即賣，擬坐以欺詐官私取財律，杖八十，徒二年。判曰：「夢中之蘭玉未占，被底之鴛鴦難共。琵琶隔院，聲已遠而莫疑。鸚鵡異籠，語屢調而毋覺。顧耳屬於垣，趾不旋踵。王丞相之驅車，爲淩諸婢。戚少保之肉袒，奚獲二雛。爾乃蜜裏藏刀，必欲花間逐蝶。狡亦甚矣，罰豈容輕！」一，凡婦與夫小有間言，便呼兄喚弟，肆行強橫，以壓制夫妾，擬坐以假冒官兵律，杖七十，徒一年半。判曰：「日麗雲閒，風忽變而成颶。波恬浪静，石偶激而生瀾。巧令如虎如狼，鬨然吠聲吠影。駭當猛鷙搏鷹，不啻羣鴉噪鳳。蠢兹醜類，法所必懲。孰爲主謀，訊明發遣。」一，凡婦舉動恣肆，因夫稍違，輒指稱聽信婢妾之言，哭訴妯娌鄉黨，擬坐以越訴律，如汙人名節，杖一百，發烟瘴充軍。判曰：「冀握大權在手，先以訾語警人。蓋因蠱惑於心，奚啻含沙於口。不知盜嫂之事，猶可解也。至若通妹之誣，豈能堪乎！天譴難逃，王章莫貸。」一，凡婦見夫有恙，便歸罪婢妾，醜言播告衆人，擬坐以假公營私律，杖六十，徒一年。判曰：「紙帳呻吟，遽稱此風之始。竹牀偃仰，遂生爲厲之階。豈知閨閫之事，甚於畫眉。乃以中冓之言，指爲牆茨。意欲如將軍體憊，因人言而驅姬。恐難同太傅暮年，以老病而放妾。假借釁端，誣詆加等。」一，凡婦打罵婢妾，吼聲震外，併罵及親友者，擬坐以辱罵尊長律，無服笞二十，有服笞五十，期親同胞杖一百，伯叔師友各加一等。判曰：「虎牙横噬，豈避賢豪！烈火蔓延，寧分玉石？西楚大呼，鐵騎重圍辟易。河東一吼，柱杖落手茫然。魚無耳而深藏，鳥高飛而色舉。蓋司晨之牝，非特門内之奴已也。就族黨之尊卑，定科條之輕重。量從分别，予以自新。」一，凡婢年稍大，婦恐夫沾染，即行鬻賣，另買小者供用，擬坐以畧賣人口律，杖八十，徒二年。若畧賣至三口以上，枷號一個月，發邊衛充軍，並追價入官。判曰：「絲柳初垂，便關心於黄鳥。夭桃未放，早留意於遊蜂。以防微杜漸之懷，作出陳易新之舉。刈緑竹以植黄楊，驅修翎而蓄蚱蜢。律以畧賣，允蔽厥辜。」一，凡婦見婢垂髫，夫或屬意，竟不謀之於夫，擅配家奴，擬坐以屏去人服食律，杖八十。判曰：「桃花含蕊，何須便嫁東風？蜂孕猶胎，豈遂揚輝北渚。預作納履之猜，何其遽也。陰爲擠襲之計，不亦泰乎！擬以重杖，抑彼機心。」一，凡婦知妾有娠，故使勞力，以致墮胎，並令產中飲食失時，擬坐以窩弓殺傷人律，杖一百，徒三年。判曰：「海棠新放，將有色而無香。荳蔻初含，幸漸開而結實。滿園春色，誰是宜男？共祝天孫，若爲乞巧。甫徵蘭夢，旋起鴆謀。致使瓜未熟而蒂已離，木向榮而心先蠹。覆巢豈容完卵，殺母必更傷兒。詎止暗地害人，是且明欲絕後。置之徽纆，大快人心。」一，凡婦因事與夫反目，即架言寵妾，身投尼室，經宿不回，擬坐以背夫逃走律，杖一百，流三千里。判曰：「久蓄疑猜，苦無半隙。稔懷怨恨，巧架片言。禪關藍室，允爲解脫之門。祆廟淫祠，本是藏姦之藪。縱非紅拂之奔，難洗緇流之辱。投之有北，永絕南還。」一，凡婦爪碎丈夫面皮，併嚙傷肌膚者，擬坐以妻妾毆夫律，杖一百，徒三年，願離者聽。判曰：「情緒偶乖，笑裂千端錦繡。幽思乍觸，怒敲七尺珊瑚。狂飈發而松柏摧，驚濤轟而蘭蕙損。金閨虎坐，玉洞羊眠。既昧三從，須嚴七出。」一，凡婦特令腹婢私行窺探，互相談論，以致婦之面色，忽白忽青，微微冷笑，擬坐以竊盜不得財律，笞五十，免刺。判曰：「紗牕隙底，潛聆蟻鬬之聲。脂粉場中，化作鵰張之態。百螢惑眼，千祟蠱心。蜀碎芙蓉，吹上桃花之面。南香含笑，如唬漢女之妝。薄笞少懲，姑免深究。」一，凡婦聞妓女送夫扇巾等物，必搜尋裂碎，擬坐以毀棄器物律，准竊盜已行而不得財律，笞四十。判曰：「采蘭贈芍，雖屬淫風。煮鶴烹琴，殊虧大雅。況適情引趣，非盡溪水之紗。貽管呈憨，誤認江皐之珮。留之增爲韻事，毀之自取其尤。」

工部。一，凡婦置妾衾裯牀第，故令窄小，止堪一人獨卧者，擬坐以造作不如法律，笞四十。判曰：「花萼誼重，曾傳大被之風。燕雀情深，夙著聯牀之美。即眉公之新式，未聞狹彼規模。非楚宮之細腰，何故減其繩尺。既稽古而無徵，曷據律以示戒。」一，凡婦因夫欲往妾所，乃身先誘敵，及酣戰良久，已挫其鋒，始令就妾，擬坐以虚費工力採取不堪用律，坐贓論罪，杖一百，徒三年。判曰：「嫩柳堪折，方圖良夜佳期。老蚌饞涎，反欲争先奪食。壯哉鋭進之氣，此處不饒。休矣罷乏之兵，彼將何補！罪不止於阻撓，律應坐以虚費。粤稽贓跡，雖城旦而猶輕。究厥姦謀，迅決杖以發遣。」

生子之毒

俗以男子子爲子，女子子爲女。而古人對於所生，不論男女，輒曰子。蕭石友與鄭松軒産同里，賈同方。鄭挈眷僑滬，有年矣，一妻一妾如齊人，而多子。蕭孑身，好冶游，久之，染黴毒，俗名楊梅瘡。幾殆，德醫以去毒藥水注射之，得不死。然病三年，醫藥之費不貲。一日，語鄭曰：「吾以病致貧，甚矣憊。」鄭曰：「惡，是何言也？予之憊，尤甚於君。」蕭大愕，請其故。鄭曰：「君惡疾已瘳，今果悔過自新，不再狎邪，所入足自給，則後此皆優游之歲月矣，復何憂！況君未授室，毒亦及身而止，不至遺傳子孫也。且食色，性也，不足病。予則何如，男女九人，皆未成童，衣食學婚之需當若干。此九人者，幸而成立，則亦已耳，然予已受終身之累矣。否則及其長成，各有孳乳，生生無窮，遺害社會，永爲巨蠹。生子之毒，蔓延若此，不又倍蓰於君之黴毒耶？故與其娶，毋寧嫖。」

竭力致身

金奇中，某縣人，邑故僻陋，古之在夷者也。邑人常老死牖下，罕有至旁郡國者，都會士女之丰昌，不得見也。奇中從其父居於鄉，年及冠，乃讀性理書，既婚，頗持不二色之戒，且足跡不出五十里。及壯而有戚至自都會，導之出游，謂可一擴見聞也。乃南游江淮，上會稽，探禹穴，窺九疑，浮於沅湘，北涉燕、趙，觀光於上都。既而航海東南行，及於滬，止焉。稅駕逆旅，漸出而游覽。滬故多女閭，顏色之姚冶，衣飾之麗都，爲通國冠，游者歎觀止。奇中亦顧而樂之，日與其戚涉足焉。凡長三，么二之妓，及其娘姨大姐，靡不有所眷，蓋幾人人而悅之矣。居三年，所眷逾百人。

戚有友湯頤瑣，端人也，亦嘗讀宋五子之書。一日，遇奇中於途，與之談，甚洽。自是恆相過從，越三月，疏矣。奇中惟日以狎邪爲樂，或語之曰：「子幼時入塾，不嘗讀《語論》乎！『賢賢易色』何謂也？」奇中曰：「予亦惟以事父母之道竭其力，以事君之道致其身耳。」

天足

宣統朝，天足盛行。天足者，婦女不纏之足也。然有昔已纏而今弛其纏者，驟觀之，與天足無異，實則束縛已久，十指不舒，其形銳，未能屈伸自如也，辨其行步，卽知之。金奇中曰：「此非天足，乃天足耳。」天，狀其形也。然已纏而放，究亦自好者之所爲耳。

排泄

排泄，發舒之謂也。人體之所排洩者：炭氣也，痰也，汗也，精也，糞也，溺也，屁也，月經也，皆是也。金奇中好滑稽，與諸丹民雅故，每過從，輒諸謔。一日，諸語金曰：「君以厭世而憤世，所語多不平，是亦排泄之一也。」蓋竊笑其放屁耳。金曰：「予之言自口出，君之言非亦自口出耶，排泄之謂何？」

生產事業

晚近以來，朝野上下，以國富日減，財源日涸，無論爲公爲私，輒有舉借外債之說。金奇中習聞是說而憂之，有年矣。謂貸資以興生產事業，如開礦山，設工廠則可；反是，則有害而無利也。宣統己酉春二月朔，爲奇中長子納婦之日，奇中家固貧，先期貸人千金爲婚費，方引以爲憂，與懷獻侯言之。獻侯曰：「郎君將製造國民，來年君可抱孫矣，則亦生產事業也，與開礦山設工廠無以異，庸何憂！」

蘇嘉人之情誼

江蘇各屬之在江南者，爲蘇州、松江、常州、鎮江、太倉，曰蘇五屬。在江北者爲江寧、淮安、揚州、徐州、通州、海州，曰寧六屬。浙江號稱兩浙，人之恆言，於寧波、紹興、台州、金華、衢州、嚴州、温州、處州八屬曰浙東；於杭州、嘉興、湖州三屬曰浙西。江蘇蘇五屬與寧六屬，以風俗言之，大異。其人民相遇，遂至情意隔閡，而彼此視若途人矣。

蘇州、嘉興分隸兩省，而壤地相接，風俗語言，固無不類似也。姻婭師友，彼此互有之，相親相愛，其心目中不視之爲兩省也。

至若蘇人之視江北，嘉人之視浙東，輒以風俗語言之截然不同而多所扞格。大庭廣衆，彼此觮齬，輒淡漠視之。而蘇、嘉人乃轉暱，蓋風俗語言相類之故也。蘇州戴藝郛太守錫鈞官吏部時，嘗語嘉興吴調卿廣文仁均曰：「吾蘇人之於嘉人，情誼相聯，若有服之中表兄弟也。江北各屬，則視爲無服之族兄弟而已。」吴曰：「吾嘉人之於蘇人及浙東，亦如是。」

以禾音讀毛詩

宣統時，朝野上下，盛唱振興教育之説。然學校實未徧設，類以私塾改之。嘉興北門外有塘灣鎮，密邇郡城，户口繁盛，有初等小學校焉。學童十數人，環坐左右，一師督之。一日，有客過其門，聞書聲，駐足聽之，有三句，若曰：「王八騎馬，親家騎驢，就是騎你。」異之，意初等小學國文教科書之字句雖通俗，似亦太不雅馴，亟進而與師言，相問答，就視學童所誦之書，則《毛詩》，非國文教科書也。三句爲「黄駁其馬，親結其褵，九十其儀。」蓋禾音固如是耳。

客帝客官

光緒庚子以後，排滿之説日盛，見之日報雜誌者，不可勝數。章太炎著《訄書》尤斥之，至稱德宗爲客帝，蓋言其以滿族而入主中夏也。蕭山姚赭生茂才宗舜聞之，乃曰：「惡，是何言也？今方有昌言大同主義中外一家者，何所嫉於滿而客之，況族異而種固同乎？且卽以其本非國人言之，亦自無害，蓋官吏之不能筮仕本省，在明已然。準以此例，則宰治全國者，自不能求之於大多數之漢族中，而必外國人矣。雖爲滿族，亦奚害焉？今惟責其改良政治，斯可矣，客帝之名，甚無當也。且帝而曰客，則各省官吏，皆可稱之曰客官矣。」俗以他省之官吏因事至此省者稱之爲客官，别於此省固有之官吏也。此則借用。太炎，名炳麟，一字枚叔，浙江餘杭人。

集四書爲新婚趣聯

有爲塾師者，曰胡苕湄，設帳數十年，性好詼諧，耄矣，記憶力頗强，而四子書尤爛熟於胸中。蓋授徒既久，於《大學》、《中庸》、《論語》、《孟子》，日夕聞其學童之誦讀也。一日，其友許星齋納婦，往賀之。及夕，開宴，苕湄酒酣興至，輒作一聯以贈之。聯云：「有婦人焉，赧赧然，强而後可；我丈夫也，洋洋乎，欲罷不能。」蓋集成句以爲之也。

學俞曲園拚命

德清俞曲園學使樾著作等身，曾文正嘗言其拚命著書。有馬鳴伯者，善讀書，常得間，有所獲，輒筆之於册，一日十二時恆伏案，晨五時已起，夕十一時始寢。興之所至，雖夜已三商，輒起而篝燈，不假思索，奮筆疾書，滔滔不自休，若決江河，沛然莫之能禦也。有時輒咿唔作聲，蓋自吟自賞也。其婦苦其擾，不得睡，嘲之曰：「卿欲學曲園之拚命，一旦不諱，亦自貽伊戚耳，夫誰尤？其如我之不願爲未亡人何！」乃强曳之寢。

暑假

晚近士大夫，頗知仿效西法，其團體之治事也，有定時，以某時始，以某時終。雖不必有寒假，而暑假則類有之，以其時炎歊逼人，宜事休憩也。某年，暑假中大雨時行，可御袷衣，一人曰：「今歲無暑而有假。」一人曰：「此誠可謂之暑假矣。」其意若曰此時之暑，假而非真，亦暑假也。

清風徐來

有自稱徐二先生者，其名卽爲徐，字不速，僑居寶山之江灣。江灣鐵道達吳淞，有夜車。吳淞有賓萌周任甫者，徐之友也，久不見矣。宣統己酉夏六月之某夕，徐忽附夜車訪之，周大喜，曰：「君真不速之客也。」因留之信宿焉。一日，周與之散步於曠野，時當斜日西下，歸鴉在林，時徐手持大葵扇，彳亍江濱，周語之曰：「君徐徐而行，宜清風之得以徐來也。」

林氏多材

徐秀民嘗與林重夫閒話，談次，臧否人物，而忽太息曰：「何人才消乏之至於斯極也？」重夫曰：「惡，是何言也？第言寒族，人才亦自不乏，林文忠公固尤著於時者也。即以林爽文而言，雖爲乾隆時之亂黨，而能號召羣氓，進陷彰化諸郡，固亦草澤之英雄也。晚近以來，則有名宦之林啓，陸軍之林述慶，文學之林紓，政法之林萬里、林長民，且伶界有林顰卿、林步青，妓界有林黛玉，非亦爲世所稱者耶？吾林氏之多材材與才同，《書》：「任官惟賢材。」若此，以一姓而概萬姓，尚何消乏之是憂乎？」秀民曰：「君家之多材，以姓林耳。林字去一捺爲材，宜賢材之多也。雖然，君家文忠之所以克享大名爲婦孺所知者，亦以名則徐耳。則徐者，固效法於寒族也。」

回湯豆腐乾

豆腐，以黄豆爲之。造法：水浸磨漿，濾去滓，煎成，澱以鹽鹵汁，就釜收之，又有入缸以石膏末收之者。相傳爲漢淮南王劉安所造，名曰黎祁，一曰來其。既成爲豆腐矣，加以醬油而煮之，即縮而硬，曰豆腐乾。杭州天竺山市所售者，頗著名，進香之士女恆購之。至日暮不售，則再煮之，曰回湯豆腐乾，質益硬，味益佳矣。余伯奇嗜之，每至杭，輒購之以貽湯吉甫。吉甫亦啖而甘之，恆以爲下酒物。嘗語伯奇曰：「食回湯豆腐乾而不以爲美者，真天下之不知味者也。」

吉甫初與伯奇同在某公司爲秘書，未幾，吉甫以故引退，閒居於津，有强其筮仕者，卻之，其天性固高尚也。然以貧故，又不能家食，伯奇乃爲之言於公司之主者，謀使復理舊業。主者曰：「此君姓湯，若再來，非回湯豆腐乾乎？」伯奇曰：「回湯豆腐乾，質雖硬，味自佳，君試嘗之。」主者諾。於是吉甫遂爲「回湯豆腐乾」矣。

張冠李戴

京師内外城之街道，有官廳，爲汛弁辦公之地，受轄於步軍統領，俗所稱爲廳兒上或堆兒上者是也。有兵役，司灑埽，廳前必懸數帽，夏羽纓，冬緯纓。蓋兵役時或他出，居守者輒僅一二人，遇步軍統領及左右翼總兵並各上級官至，必站班，而倉卒間不能得多人也，則强執途人使立於帽下。所懸之帽本甚低，人行近之，適覆其首，乍觀之，不辨其人之是否冒充也。陽湖楊赤玉主政瑜統，在京時，一日，乘車出，至鬧市，居守之人語其御者曰：「二哥都人儕輩相呼必曰二哥，以大哥有所諱也。借光。」於是卽頂帽而立，俟顯者過，始駕車行。赤玉曰：「此真張冠李戴矣。」

湘人量大

傢本音象，今讀如家。伙，俗以言器物也。喫傢伙者，言人之被撻於市朝也。飲與食皆曰喫，有受人之意。以撻人每用械，故曰喫傢伙。俗又謂器物曰東西，則見之於《免園册》。蓋以物産四方，約言東西，正猶史紀四時，而約言春秋耳。然東西二字，大小之器物皆賅之，傢伙則多言大而少言小。可喫之物，必曰東西不曰傢伙，而長沙俗諺之於喫物也，則曰喫傢伙。林滬生曰：「於此，可見湘人之量大也。」

始祖鳥

祖一飛有足疾，必匍匐而行，就診於西醫而愈，然猶延緣壁間，未能植立也。一飛好詼諧，一日，遇一客於友人許，問其姓，曰：「孫。」其人還叩之，一飛曰：「吾不敢言，言之滋不安。」其人固請，一飛曰：「吾姓祖，對於君，則不敢言耳。」孫曰：「君字一飛而未能沖天，殆始祖鳥乎？」蓋始祖鳥者，爲最古之鳥類，其化石於中古侏羅紀中發見，大如鳩，形狀在今之鳥類與爬蟲類之間，兩顎有圓錐形之齒，脊椎骨形狀亦異，尾椎多至二十一，椎各二翼，翼各三指，指各具爪，故持進化論者據以爲鳥類自爬蟲類進化之證。孫以此譬之者，謂其不良於行，有類爬蟲耳。

富貴不能淫

懷獻侯嘗言黄保如太守之於其婦相敬如賓，夜常宿外室。某勸其置姬侍以自娛，則曰：「吾遇婦女曉妝散髮時，心中輒作惡也。」然保如實天閹，此飾辭耳。某退而語人曰：「富貴不能淫者，爲大丈夫，黄君足當之矣。」

一樂一痛

宣統己酉秋七月，善化陳某新婚。其友章某善詼諧，集晉王右軍《蘭亭序》句爲聯以贈之，聯曰：「信可樂也，豈不痛哉！」

蔣少卿欲推陳出新

蔣少卿，寒士也。方三十餘歲時，以寢興衣食需人侍奉，納一妾，曰陳楚楚，非徒爲娛樂計也。越十年，以其妾漸老而厭之。或以增購一姬爲勸，輒搖首弗答。詰之，則曰：「余之財力精力皆患不足，焉能有所增益乎？楚楚果能背余而逃者，則在彼固別有自由，而余亦可推陳出新，以羊易牛矣。」

囡娘

貧婦就傭於人，以乳哺主家之子女者曰奶娘。蓋俗呼乳曰奶，即以古之嬭字通之也。然奶字實當作囡，音乃，乳也。奶娘之文言曰乳母。舊律以父妾哺乳者爲乳母，見朱子《家禮》三父八母服制條。母字，固對於父而始有此稱也，受傭之乳婦，實不宜以乳母稱之。

施省吾有六子，一妻所出也，傭乳婦六人，皆蘇鄉之少艾，美而豔。客有訪省吾者，見之，疑爲其姬侍也，問之曰：「君何修而有如夫人者六人？」省吾大詫曰：「余惟守一夫一妻之制耳。」客曰：「此六人者，非尊寵耶？」省吾曰：「是皆兒輩之乳母耳。」客曰：「父妾哺乳者爲乳母，彼既爲令郎哺乳矣，君即目之爲妾，亦奚不可？」

桐鄉誤同鄉

同鄉，同里之人也。其後擴而充之，凡同省者皆稱同鄉。浙江人之在江蘇也，嘉興府屬與温州府屬，雖道途相距千里有奇，語言風俗，亦皆隔閡，然同在江蘇，彼此往來，固皆認爲同鄉也。董詢五鹺尹宗善，爲嘉興之秀水人，以生長於桐鄉之梅涇，遂操桐語。及長而僑居江蘇之上海，亦有年矣。宣統己酉秋七月，赴其友延秋之會。席次，遇永嘉周某，既展問邦族，周曰：「吾二人爲同鄉也。」董亦從而和之曰：「同鄉。」席末有魯人俞姓者，雖與董相識，然僅知其爲浙人也。至是，乃語董曰：「君固桐鄉人，宜操桐語。」董曰：「敝縣實秀水，惟嘗僑居桐鄉，今與周君言同鄉者，謂同爲浙人耳。」蓋俞以同鄉而誤爲桐鄉也。

臨況

況鶴山與林翔仲善，同居漢皋，旬日必數晤。忽以事，有違言，不相見者三閱月，蓋宵小所搆也。已而況悟爲奸人之讒，欲修舊好，遂策騎訪林。林大喜，坐定，語況曰：「君今臨況，幸甚。」越日，林答謁，方入門，況曰：「今日君來，誠所謂臨況矣。」蓋又以林與臨之音相同也，乃相與大笑，盡歡而別。

大小前後

金奇中好滑稽，林重夫與之習，久而效之，亦喜作諧語矣，且每互謔而互諛也。奇中與重夫嘗服務於某局，局之辦事室後有偏舍，爲同人大小遺之所，做西式。一日，重夫方奏廁，奇中以溲往，遇之焉。奇中曰：「子大而我小，即此見之矣。」重夫曰：「豈敢，子前我後，子絶塵而奔，我終望塵莫及矣。」奇中曰：「子何謙也，我倨而子恭，我滋恧焉。」

門中一龜

王某與陳某善，一日，王倚門眺遠，陳過其門，趨而與之言，又問之曰：「今日事大急，因有人析產，託予代書分單，析產時必拈鬮，鬮字如何書寫，倉卒忘之，敢問。」王曰：「門中一龜是也。」

五官七竅之妙用

有某者，喜滑稽，嘗言人之五官七竅皆有用，惜所生之地不當，眉當生於指，可作牙刷；耳當生於腰，可懸囊橐；鼻當倒生，可插箸；眼當以一在後，可作兩方面之觀察；肛門當生於背，雨中行路，可插傘，不至累手。

人皆笑我老

有字梅軒者，佚其姓名，嘗有自述詩，滑稽可喜。詩云：「人皆笑我老，我亦不計較。寄語少年人，應慮無人笑。」

贈跛人聯

有爲聯以嘲跛子者，頗極形容之致，聯云：「世路盡羊腸，行行又止；先生移鶴趾，飄飄欲仙。」

贈阿毛聯

上海有林桂英校書者，名噪一時，滬諺所稱時髦倌人者是也。其侍婢曰阿毛，貌絶佳，一時名士與結不解緣者有八九人。某太史與阿毛尤稱膠漆，太史曾戲以兩聯贈阿毛，其一曰：「史記深入不，詩云德輶如。」其一曰：「萬古雲霄争片羽，幾人性命等輕鴻。」

贈大鼻者詩

有爲詩以贈大鼻者，詩云：「大鼻人間有，先生獨不同。巍然一寶塔，倒掛兩烟囱。親嘴全無分，聞香大有功。湖南發噴嚏，江北雨濛濛。」

改李白詩句

唐李白詩有「小時不識月，呼作白玉盤」二句。或戲改之曰：「小時不識雨，只當天下痢。小時不識雷，只當天放屁。」

滑稽謎

陳鐘梵嘗設謎社，有二題，皆射四子書。一云「淫婦」，射「善與人交」一句。一云「尋花問柳邂逅美人」，射「弔者大悦」一句，弔字作弔膀子之別解耳。弔膀子者，男女相悦，眉目傳情，以相挑逗之謂也。

賢者樂此

有老年脱齒者，一日，赴友人宴，同席某好詼諧，見其食時脣翕張，而中央之齒無矣，戲之曰：「天下固有無恥之徒耶？」其人笑而應之曰：「賢者然後樂此，不賢者雖有此不樂也。」蓋以「恥」叶「齒」，以「樂此」叶「落齒」也。

小兒沈友蘭

漢醫之分科也，其二大別，曰内科，曰外科。析言之，曰婦科，曰兒科，曰眼科，曰喉科，曰瘍科，曰傷科，曰毒門科。以醫爲業者，其市招必大書特書某某姓號也。某科。

兒科，一曰幼科，又曰小兒科。沈友蘭者，小兒科也。懸壺於京，有年矣。一日，有人延診，遣伻走

書告之。書之封面，備書小兒科沈友蘭字樣，匆匆下筆，漏寫科字。伻亦喜作諧語者，入門時，大呼曰：「小兒沈友蘭在家否？」友蘭怒，拳之，伻指封面示之，曰：「非我慢君也。」友蘭始無言。

杜撰杜造

俗以事不合格者爲杜撰。杜之云者，猶言假耳，如自釀薄酒曰杜酒是也。蓋以《道藏》五千餘卷，惟《道德經》二卷爲真，餘皆蜀道士杜光庭所撰，故曰杜撰。後又轉而爲杜造，則不專言假，而有以杜釋自之意義矣。藥肆市招曰杜煎諸膠，毯肆市招曰杜織毛毯，猶言自煎之膠、自織之毯也。濱州杜某嘗挈其八齡之子訪友於濟寧，一日出行，遇周某、王某二友。王不知八齡兒之爲杜子也，詢之周，周曰：「此杜造者也。」王曰：「貌不甚肖其父，得非杜撰者耶？」

楊朱墨翟

上海楊東山孝廉逸善畫，長於山水，涇縣翟孟舉文學翥善書，遠追漢魏。烏程周夢坡廣文慶雲嘗介其友某以縑素分致，乞楊作著色圖，乞翟作盈丈聯。蓋某與楊、翟故相識也。某乃語周曰：「楊朱墨翟之道行於周矣。」蓋圖之著色必施朱，聯之作字乃加墨也。

城北徐公

徐玉弓僑寓上海，屢易其居，十年而九徙。其寓廬輒有門條，大書「城北徐公館」五字。城北徐公四字連書，館字之上空一格。城北徐公，齊之美麗者也。見《國策》。趙伯英異而詢之，曰：「君何自以爲美也？」玉弓曰：「噫，是何言也！吾向持平等主義，雅不喜如世俗之以爵秩自炫而自稱公館。然人情勢利，非此稱，又恐爲他人公館之奴僕所藐視。「公」字、「館」字故不相連屬也，若曰徐公之館耳，不作爲公館解也。」

壽頭

有壽某者，頭長而額長，額之上端突如也，略如世俗所繪之壽星，古貌古心，見之者疑爲羲皇上人，而無不肅容對之也。裘吉甫好諧，語趙達觀曰：「彼雖壽頭，實具壽者相也。」

詠眼鏡詩

晚近以來，戴眼鏡之人日有增益，有人詠之云：「長繩雙耳繫，横橋一鼻跨。」或云：「終日耳邊拉短縴，何時鼻上卸長枷？」

身有時憲書

有年老病多者，遇節氣輒發，人謂其身有時憲書，蓋一年二十四節無不發也。

身有自鳴鐘

吸鴉片者日久癮深，日不能間，卽時刻亦不能稍差，人謂其身有一自鳴鐘也。

仰事

仰事俯畜者，上以養父母，下以養妻孥也。宣統時，物價日昂，生計日絀，其恐慌情形，幾徧於通國矣。於是中下社會之人，竭一身之歲入不足自給者，十而八九，遂有藉妻女賣淫之資以爲補助者。金奇中聞而憫之，且曰：「此亦仰事之別開生面者也。」

稻香村

新城秔稻，風吹之，五里聞香，見魏文帝書，商店之以稻香村名者以此。稻香村所鬻，爲糕餌及蜜餞花果、鹽漬園蔬諸食物，盛於蘇，蘇人呼曰青鹽店。金奇中曰：「蘇鄉婦女美而豔者十之九，亂頭粗服，楚楚有致，以天足故，皆從事田作，稻花自因之而香，不僅可聞五里也。」

知白守黑

湯伯遲以徐仲山之眷一姝，美而豔，長身天足，而膚色甚黑也，爲之命名曰黑娟，作詩以贈之，且曰：「仲山可謂知白而守黑矣。」詩曰：「蟻徑閒穿九曲珠，羨君出手便成盧。貽來玖玉之黑色者曰玖。佩逢真賞，詠入緇宜與俗殊。漫事防閑宜罯鰂，墨魚也。非關愛屋只緣烏。微勞獨冀垂青眼，秬鬯期爲二卣圖。秬，黑黍也。秬鬯、二卣斷章取義於《尚書·洛誥篇》。」蓋全詩均切黑字也。

一舉兩得

鄭子展以其婦有孿生子，設湯餅筵。客有善謔者往賀之，入門，揖子展而言曰：「君真一舉而兩得也。」

偷兒行樂圖

有詠梅花詩者云：「三尺短牆微有月，一灣流水寂無人。」或見而笑曰：「此一幅絕妙偷兒行樂圖也。」

童子美人

昔有「童子敲桐子，桐子不落，童子不樂」之絶對，後忽有人對云：「美人做米人，米人弗肖，美人弗笑。」

力求平等

儕輩書札往復，通稱仁兄。晚近以來，乃有子稱父爲仁兄者，某大令廷試之留學生授縣令者。是也。有父稱子爲仁兄者，某太守江西候補知府。是也。金奇中聞而大愕，或曰：「是何足奇，四萬萬之爲同胞，人之恆言也。且耶教牧師之演説，不又嘗曰諸位兄弟姊妹耶？殆亦力求平等耳。」

最親暱之同胞

四萬萬之稱同胞，蓋統男女而言之也。姜次村則曰：「同胞中之最親暱者爲夫妻。蓋他人僅同坐、同立、同行、同飲食而已，夫之與妻，則又同眠於一榻也。」

朱源於孔

錢塘朱劍芝二尹景彝有子曰祖懋，字酉二，幼聰穎，好學。孔然齋愛之，字以女。金奇中聞其結婚而語劍芝曰：「紫陽、曲阜，宜室宜家，孔道至是，得朱子而當益昌矣，孔之時義大矣哉！」因撰聯以賀之，聯曰：「居室爲人之大倫，一脈真傳，朱源於孔；宜家乃日有餘慶，百年偕老，夫賓其妻。」讀者試以上聯詳味之，當自悟。劍芝爲杭州大井巷朱養心藥室主人書家研臣提舉大勛之子。然齋，名憲榮，鄞縣人，杭州清河坊孔鳳春香粉店，其所設也。入夕，有人鬧房，或爲聯曰：「舞臺上大起風潮，講男女平權，演柔軟體操現象；戰鬬員研究倫理，有密切關係，振國民強種精神。」又曰：「或取諸懷抱，晤言一室之內；或因寄所託，放浪形骸之外。」

鴛鴦鸚鵡

某叟有子，自幼聾啞，恐無與聯婚者，乃抱一幼女爲養媳。及長，行合巹禮，某集唐詩爲聯以賀之曰：「鴛鴦生小曾相識，鸚鵡前頭不敢言。」

母配孟德

有以母壽設宴受賀者，或贈以幛。其幛文曰「德配孟母」，蓋置於匣中之四金字也。懸時，顛倒其文，則爲「母配孟德」矣。

開户同牀

有男女學生皆畢業於學校之文科，而以文學優美著稱於時，自訂婚嫁者。合巹之夕，相約以本地風光各述成語，代定情之篇什。女曰：「牢人開户。」男不待思索而隨口應之曰：「與我同牀。」此二句，皆見漢人焦贛所著之《易林》，妙語天成，且甚切合。

人賤物貴

價多曰貴，價少曰賤，宣統時之物價，較之同、光之交，間有貴至逾倍者。甬人周春泉，生於道光壬辰，同、光間，賈於滬，歲獲傭值千金。光緒己丑回甬，至宣統庚戌，年七十九矣。貧不能自存，又無子，復作滬游，覓生活，久之無所就，困頓逆旅中。一日，將買油灼檜代午餐，詢其值，則云錢十文，爲之撟舌不下而歎曰：「吾曩在滬時，三錢可得之，今何若是之昂耶？吾以謀食來，乃欲求數金之月俸而不可得，諺固有『人老珠黄不值錢』之語。然卽人賤物貴，何亦竟至是耶！」

人人親其親長其長

攀援依附之風，俗所恆有，而官場爲尤甚，是以官場之親戚爲最多。「親戚」二字，古人於父子兄弟皆稱之，後則專以母黨妻黨之戚屬爲親戚，然亦就直接者而言也。若間接者，則鮮以姻相稱。至於官場，則卽間接而又間接者，亦皆以姻稱之。例如趙錢孫李周吴鄭王八姓，趙與錢，錢與孫，孫與李，李與周，周與吴，吴與鄭，鄭與王，各爲直接之親。而趙之於王，乃亦以姻稱之。慈谿沈師橋之沈氏，子姓繁多，男丁可十萬人，有「十里不問姓」之諺，言十里内皆沈姓也。有名同仁者，好結納，而記憶力甚佳，於慈谿一邑之人無不以姻聯之。蓋於某房之與何姓有連，皆知之也。又老伯之稱，必施之於父及胞伯叔之友朋，晚近以來，則於與族伯叔之相交者亦稱之。然此爲同姓，猶可言也。李某以中書官京師，一日，赴公宴，遇宋某，問李以貴衙門，李答之，宋即肅容而稱之曰老伯，李愕眙。宋曰：「吾之師王某亦中書，公與吾師同官，分在則然耳。」王與李本不相識，更何論於宋，乃亦從而老伯之。金奇中曰：「合二事觀之，殆亦人人親其親而長其長之别解也。」

徐徐而行

有徐仲文者，從其兄孟平訪高晴川，皆徒行也。高之廬距徐之舍半里而近，越橋二，入一巷，而孟平不見仲文矣，蓋其行甚迂緩也。孟平至晴川家，坐定，而仲文始至。孟平讓之曰：「子何遲也？」仲文囁嚅而言曰：「《孟子》不云乎『疾行先長者謂之不弟』，弟久聞之矣，不敢忘。且弟之於昆弟行也，次居二，徐徐而行，亦當然之事也。第二徐字爲重文，古書於重文，恆於下一字作二，弟爲徐二，自徐徐矣。」孟平聞言，乃大笑，晴川則語仲文曰：「君可謂恪守弟道矣。」

金亦保説笑話

金亦保好滑稽，談次，每諧謔雜作，機之所觸，不覺銜口而出，蓋舌尖而脣滑也。儕輩遇之，輒嬲之説笑話以爲樂，如閹人之於紀文達也。一日，林重夫薛苫之於懷獻侯許，詢之曰：「今日有笑話否？」亦保不應而微笑，重夫聒之，獻侯亦起而應之。亦保至是，乃狂笑，重夫、獻侯則同聲詰之曰：「君何笑而不話乎，今日果有笑話否？」亦保始曰：「笑話已有矣。」重夫、獻侯皆大愕曰：「君未發言，何笑話之有？」亦保又笑曰：「我笑而公等話，非笑話乎？」

施少蘭看洋廣雜貨

上海北四川路之僑民，以東西洋人及廣東人爲多，其婦女皆天足也。自餘各省，亦間有之，土著則絶少。有施少蘭者，好天足，落拓不羈，常至北四川路三多里口之茶肆品茗，然不於樓上而於樓下，以來往之婦女多，可作劉楨之平視，不必倚樓俯察，以耗目力也。或問之曰：「君亦上流社會中人，盍不上樓品茗，而自褻乃如此乎？」少蘭曰：「吾在此，看洋廣雜貨也。」洋廣雜貨之肆，北四川路亦多。

陳鶴卿自願常年病痁

有病痁而久未瘳者，曰陳鶴卿，已五閲月矣。其友汪牧村往視之，鶴卿好詼諧，語之曰：「吾之疾久而不愈，固亦厭苦之，今日自揣，其將爲常年之痁乎？果能半年發冷，半年發熱，而冷熱不相間，且冷熱進行之期，適與天然之寒暑相反，夏則吾冷，冬則吾熱，則吾不惟不畏痁，且喜有此痁而於御暑禦寒之具，悉可屏除，非亦寧人息事之一法耶。」

舅舅

周叔康喜詼諧，而又好上人。一日，遇程又文於王伯陶許，語又文曰：「君宜稱我爲舅舅，不當以平輩之稱謂相加也。」蓋叔康以俗稱婦之兄弟曰妻舅，而妻舅之妻舅爲舅之舅，故欲其稱舅舅也。

母許招貼

凡巨室之有峻宇雕牆者，每有「毋許招貼」四字揭之於壁，蓋禁止商肆之往貼市招也。然以「毋」字誤寫作「母」者，往往有之。一日，有持市招而往貼者，主人見而怒曰：「汝不見牆上字耶？」則曰：「君家母夫人已許我矣。」又有一人貿貿然登其堂，主人出阻之，問將何爲，其人曰：「君家母夫人明明揭有廣告，招我至此，而尚可予我以津貼也。」主人大怒，呼警兵逐之。

召祖

曠安宅而不自居待人往賃者，必以「召租」二字揭櫫於門，以便問舍者之進而相屋諧價也。然誤書「租」字爲「祖」字者，所在有之。江寧朝陽門内有王姓者，詩禮之家也，亦誤書「租」爲「祖」。一日，有頒白叟自鄉至，詢賃值，對答間，王有倨傲之色，叟詈之曰：「灰孫子，何藐視我！」王曰：「子何言？」叟曰：「汝固明明標明召祖也，我今至矣。汝非灰孫子而何！」

君子自重

有龍陽君至京師，以爲北人好男色，必不虛此行也。一日，就浴於澡塘，欲得利市。浴畢，隨衆裸坐，方薰香剃面，極意自炫，瞥見便旋處揭櫫一紙，有「君子自重」四字，曰：「休矣。」悒鬱而出，蓋誤解也。

補缺

俗稱候補官吏之得真除者，曰補缺。滎伯華美丰姿，以佐貳需次於粤，十七年而未得題補一缺。侘傺無聊，惟日以散步坊巷自遣。一日，過一家，見有中年婦方倚門，遇滎，睨之而笑。滎惑焉，訪之於其鄰，孀也。越翼日，又遇之，招之入，留賸焉，託以終身，自是遂時相往來。期年，而實行再醮矣。伯華乃語其友成仲福曰：「予今日補缺矣。」

陰陽男女

曆有陰陽之別，而俗以男女分屬陰陽。有旅居南洋之荷屬爲甲必丹者，曰招庸，以與荷人往還，故每遇陽曆改歲，輒與外人往來酬酢，爲賀年之舉。而其婦狃於中土之習慣，必至陰曆新年始出而謁客。姚宗舜曰：「男以陽曆賀年，女以陰曆賀年，陰陽各得其宜，不相混也。」

疑年

宣統辛亥冬十二月，楊理齋年七十六矣，與蔣松孫遇於滬上之青蓮閣茶肆。理齋問其年，松孫曰：

「吾自亦疑年矣。」理齋曰：「何謂也？」松孫曰：「聞將有明詔改陽曆，若以陽曆計之，吾爲七十七，然今固猶行陰曆也。」

老小婆

老婆，猶言老婦。宋王晉卿詩：「老婆心急頻相勸。」謂老婦之主持家事者。今俗稱妻曰老婆，則亦以其持家故也。而又有稱人之妻曰大夫人者，若小夫人，妾也。見釋法顯《佛國記》，恆水上流有一國王，王小夫人生一肉胎，大夫人妬之。

妻稱夫人，妾自可稱小夫人；妻曰老婆，妾自可稱小老婆矣。金奇中有妾曰季巾，北産也，性聰穎，識字，給事左右，能如其意，嘗爲其整理圖史。一日，爲奇中代書信函之封面以與其友，其友見而問之曰：「此殆君之小夫人所書乎？」奇中曰：「老小婆耳。」蓋以其年長，故不曰「小老」而曰「老小」也。

各以一人試之

王菊軒娶妻久不育，將娶妾，商之於妻，妻不答。一再商之，則曰：「此不知是誰之過，其各以一人試之，可乎？」

令尊小兒

甲謂乙曰："吾輩頃無事，盍在此作手談。"乙答曰："人數不足。"甲曰："令尊我，小兒你，非四人乎？"

禱阿爺爲龜

兒問母曰："世之最長命者何物？"母曰："莫若龜。"兒曰："然則吾禱阿爺爲龜。"

胥債

世俗於晚輩之稱謂必加賢字，如師之於弟，則稱賢契；翁之於壻，則稱賢倩是也。賢倩之稱，別有解釋，蓋賢字去六爲胥，倩字增六爲債，故賢倩者，胥債也。

我朱孔陽

朱酉二既娶孔保如爲室，三朝，客有鬧房者，誦城東七十七翁題春册詩以告之曰："乾坤大父母，二氣相絪緼。洪鑪雖未開，橐籥先具陳。摩盪任其勢，元牡丹水温。否泰會其時，融洽身中春。一絲絶不掛，聖賢露其真。無此大撮弄，世界焉有人？鴻濛開闢日，造化費經綸。奈何癡兒女，昧兹生死根。"誦甫竟，旁有一客繼起而述一聯曰："吾嘗聞一賀新婚之聯矣，其聯曰：『相對殖民，自由研究；雙方同意，積極進行。』孔子之道大矣哉！"酉二聞之亦大笑，乃述《詩經》語以答之曰："我朱孔陽也。"孔，大也。

陽，鮮明也。

時勢造英雄

名伶時慧寶生男，彌月，開湯餅筵，賀客致辭祝之。或曰：「此真時勢造英雄也。」

馬不奇

某甲善詼諧，席次，遇客，問何姓，客曰：「姓馬。」甲曰：「奇哉，奇哉！」客曰：「馬姓非僻，何奇之有？」甲曰：「馬不奇，騎字諧音，下同。尚誰奇耶？」

楊梅窗

有楊某者，乞某名士題號，以字雅爲囑，某曰：「雅莫如梅。古詩云：『一窗晴日映梅花。』雅甚，字曰梅窗，可乎？」曰：「可。」人乃合其姓而呼之曰楊梅窗。

飲鴆

新劇家將登場，劇有宴會一幕，因語後臺經理曰：「今夕願君特備真食品，恣吾飽啖，幸勿更以木片紙團相餉也。」後臺經理曰：「諾，惟末幕中君須飲鴆而死，亦須以真者上場否耶？」

生吞仇敵

某甲貧甚，日食惟豆腐一簋。或問曰：「君日食豆腐，恐三月不知肉味矣。」甲曰：「肉乎，肉爲仇敵，豆腐乃視如性命，日食不厭，實愛憎之所係也。」他日，鄰人召飲，甲恣啖肉，而於豆腐則不下箸。或又問曰：「君以豆腐爲性命，以肉爲仇敵，今乃反是矣。」甲曰：「否否，仇敵當前，誓生吞之而後快，雖性命有所弗顧也。」

寫照者

畫師爲其友繪小影，手攜一犬。畫成，因題其上以戲之曰：「此卽君之寫照。」友得圖，懸之壁，設筵宴客，見者無不笑，畫師意大得。及審視之，則已添一者字矣。

放大

某久病面瘦，服滋補品而未效，求計於友。友曰：「盍不往照相館，令其放大耶？」

不能發言

某童新入校，師謂之曰：「課室規則，上課時不能發言，其識之。」童承命而退。其後上課，問以所授功課，再三不對，師乃厲聲曰：「爾其聾乎，胡不答？」童曰：「師固云『上課時不能發言』也。」

一一成三

算術教員教兒童以加法曰：「一與一相合，則爲二。」童曰：「先生誤矣，是將成三耳。」師叩其故，童曰：「吾家一兄與一嫂相合，未幾而添一小兒，非三而何？」

瀑布噴發

地理教師語學生曰：「地球之有赤道，猶人身之有腰帶也。腰帶以上爲赤道北，腰帶以下爲赤道南。」又曰：「半島者，半端連大陸，半端無所依附者也。」又曰：「瀑布者，凌空之泉水也。」生一一識之。一日，生欲溲，作坐立不安狀，師詢之，生曰：「赤道以南之半島，將有瀑布噴發耳。」

牛皮作用

某生問物理學教員曰：「凡物，有於冬日澎漲者乎？」教員曰：「熱漲冷縮，物之公例，要惟水與牛皮，遇冷則漲耳！」生乃出其凍瘃之手曰：「然則予手何一漲至此？」教員支吾曰：「是殆牛皮作用也。」

毛子水子

南昌有妓二，一名毛子，面微有痳；一名水子。羅伯誠戲集《毛詩》成聯語贈之，毛子云：「毛猶有倫，上天之載，無聲無臭；子興視夜，明星有爛，將翱將翔。」水子云：「水哉水哉，胡然而天也，胡然而帝也；子兮子兮，如此良人何，如此良夜何？」

清稗類鈔

種族類

華人爲黄種

我國合漢、滿、蒙、回、藏五大族及番族、苗族、黎族而稱華人，泰西人種學家謂爲蒙古利亞種，與日本同爲黄種。自有歷史以來，卽因種種之關係組合，組成亞洲最大之强族，混合同化，歷數千年，本無種派之可言。惟區域至廣，交通未暢，四方風氣，往往不同，其習尚遂有殊異，至其性質，則泰半爲勤儉、忍耐、保守。

漢滿蒙回藏五族同源

漢、滿、蒙、回、藏五族人民之血統，同出於一。何以言之？滿洲起自東方，原卽古之肅慎氏。肅慎系出顓頊，見《路史》。蒙古起自北方，乃秦、漢以來之匈奴。匈奴爲夏禹之子淳維之裔，載在《漢書·匈奴傳》。回疆、藏衛，確爲商、周以來之氐羌。羌戎姚弋仲，乃舜少子之裔。略陽氏酋西涼王吕光，系出單父，爲齊太公裔，並見《晉書·載記》。蓋四千餘年前居住各省之漢族，本自西北高原，循黄河流域而東來，及既入中原，其聖帝明王之子孫，北渡沙漠，西踰崑崙，東移遼海，別爲一族者，又不知凡幾，此上古五族同原之始也。

秦、漢以後，匈奴、鮮卑、突厥、今蒙古。高句驪、今滿洲。契丹、今滿、蒙之間。吐魯番、吐蕃今回疆、西藏。諸族，不時入邊，所掠漢族，動以萬計，而東西北三方漢民，歷代逃亡入各部落者，又不知凡幾。至兩晉之交，五姓並起，金、元迭興，南北通道，其民族之遺留中原，而中原漢民相隨出邊者，又不知凡幾，此近代五族渾合之蹟也。

又如以民族言之，愛新覺羅氏譯文爲金趙，愛新譯金，覺羅覺字北音近交。譯趙，言居金之趙氏。說者謂北宋靖康之難，太宗之裔舉族北遷，分置遼左各城，故金爲地名，趙爲舊姓。愛新覺羅實爲趙宋之後裔居金京者。而新疆之土爾扈特王，確爲宋理宗之裔，尤爲近而有徵。故以民族言，五族之萬派一源，班班可考，不必致疑也。

又如以地理言之，漢族原循黃河流域而東來。上古之世，較現今疆域，西北有餘，東南不足，南不踰大江，東不及東海，而北包沙漠，西極喜馬拉雅山。藏衛即三危故地，遼東乃營州舊區，足徵滿、蒙、回、藏各方隅，固與漢土同一區域。四千餘年以來，東南日闢榛蕪，西北轉形收縮，然秦城故址，尚及遼陽，後之長城乃高齊改築。王母瑶池，可徵崑頂，人皇陵在波斯之域，女媧墓在沙磧以西，海志山經及歷史地志，固彰彰可考也。

又如以宗教言之，宗教流傳，以道教爲最古。黃帝訪道於廣成子，說者謂爲崆峒之山，實在西域。

蓋宗教之傳，固自西而東，其來遠矣。儒教發原，實從道家推演以出而擷其神。上古有道無儒，中古道、儒始分而道家日衰。孔子不稱宗教，《論語》、《孝經》多言人事，然《易》之《十翼》，爲孔教微言大義所在，實與道宗佛理息息相通。儀徵周大谷演三教同原學派，一傳爲泰州學說。姚伯蘭相與倡和於江淮間，迄今東南學者頗守師說。將來其學大昌，可收宗教大同之效。老子入函谷，度流沙西行，時正佛教萌芽，説者謂釋迦牟尼佛與老子殆一人異名，衍於東土者爲老氏祖，昌於西方者爲釋氏宗。回教之興最晚，謨罕默德生隋開皇時，唐初，隨波斯人東游我國，精研孔、釋遺文，歸而入山著書。書成，服從者衆，悉掃火祆，猶太諸教，遂爲阿拉伯國王，載在西史。試考其創世記，根據耶穌天堂地獄諸説，博採釋氏，一畫開天之旨，則本諸大《易》，金陵劉智譯其書，名曰《天方性理》。左文襄西疆奏議有云「回教明心見性，微言不出吾書」，此見天方學派之闡明心性，尚在我國宋儒之先，蓋無論爲儒，爲佛，爲回，其不同者儀式，所同者本原。凡宇宙間成一宗教，無不有根據所在，流衍所由，始祖之先，更有太祖。上世文明乍啓，心性之原理，殆發源於四千年以前高原之地，其後種族遷移，遂齎其文明哲理，分注東西，於是宗教儀式之分以此，宗教原質之同亦以此。竊嘗謂儒家宗《周易》，佛理本《歸藏》，回教近《連山》，其不祧之祖，原諸教所同。特子既生孫，孫又生子，遂若枝分派別，各不相謀，不知溯厥由來，固初無二本也。

全國户口

我國人口，自雍正以來，永停編審，以丁糧攤入地税曰地丁，全國户口遂無確數。地方官造報户部，類多意爲增減，不足依據。迨宣統庚戌，民政部始彙各省所報，編纂户數清册，其地方區域，爲京師内外城，爲順天府四廳，爲奉天二十八屬，爲吉林全省，爲黑龍江全省，爲直隸全省，爲江寧各屬，爲蘇州各屬，爲山東全省，爲山西全省，爲河南全省，爲陝西全省，爲甘肅全省，爲新疆全省，爲福建全省，爲浙江全省，爲江西全省，爲湖北全省，爲湖南全省，爲四川五十五屬，爲廣東全省，爲廣西全省，爲雲南全省，爲貴州全省，爲京城二十四旗，爲内務府三旗，爲京營四郊，爲左翼四處，爲右翼五處，爲東陵所屬各旗營，爲西陵所屬各旗營，爲馬蘭鎮各營，爲泰寧鎮各營，爲熱河蒙旗，爲直隸提督所屬驛站，爲察哈爾所屬，爲密雲駐防，爲山海關駐防，爲江寧駐防，爲青州駐防，爲綏遠城駐防，爲西安駐防，爲深州駐防，爲伊犁駐防，爲福州駐防，爲荆州駐防，爲成都駐防，爲廣州駐防，爲烏里雅蘇臺所屬，爲塔爾巴哈臺所屬，爲科布多所屬，爲西寧所屬，爲庫倫所屬，爲川滇邊防所屬。

以上各區域，都凡正户四千九百九十三萬二千八百三十三户，附户一千一百五十五萬一千四百三十二户。其未經列入者，尚有奉天之二十七屬，四川之八十九屬，及熱河之各府州縣，杭州、乍浦、京口之駐防。此户數之大略也。至於人口，則大多數固未查報，度其總數，必在四五億之間，大抵佔世界人口三分之一，得亞細亞洲人口之半。人口之數三倍於俄，八倍於德，七倍於法，十一倍於義，六倍於美，十倍於日本，四十倍於朝鮮。較之英吉利全國尚多一億。以全國平均計之，每一英方里有九十五人，本部爲十八省，居民尤稠，每一英方里，平均計之，爲三百有七人。

人口密度，以内地爲占多數，内地又以江蘇、浙江、山東、安徽、福建爲尤多。

人口速率之增加，不可思議，今姑舉江蘇之青浦一邑以爲比例。順治朝，僅三萬一千五百二十五口，時方在有明鼎革生民蕩析流離之後也。乾隆丁未，已增至五十四萬六千二百三十九口，其中有男丁三十萬一千四百二十六口，婦女二十四萬四千八百十有二口。順治至乾隆，百數十年耳，而户口增進之速率已如此，若由嘉、道至光、宣，其遞進之率，自更不可勝數。一邑且然，合各省計之，則如何。

歸化各族

歸化人種錯雜，五族具備，商賈爲漢人，喇嘛爲滿洲人、蒙古人，亦有西藏人廁其列，而回人亦頗衆。

新疆各族

新疆廣袤二萬餘里，人類紛厖，各爲禮俗，今别其族，曰漢，曰蒙古，曰纏回，曰布魯特，曰哈薩克，曰甘回。其宗教，則曰回，曰佛而已。

青海各族

青海之東部，漢、回、蒙、番雜處，以通婚媾，血統泰半混雜，幾難以人種分析之。番族之羌渾種、北蕃種，蒙古之和碩特種、土爾扈特、綽羅斯等種，更不必論。即以南部言之，有蒙，有番，有藏，亦不能一一析之也。惟柴達木之土著，悉爲蒙古和碩特一種，漢、回、番、藏、纏回及土耳其人之流寓者，無不有其固有之眷屬，其種今尚未淆也。

青海各族中，漢、回容貌語言最易辨別。其睛淡黑，額削，顴骨突起，髭鬚疏而微鬈，膚黄者，爲蒙人。其睛黑而突，濃眉，鬚連於鬢，顴骨突起，鼻平，口廣，脣薄，膚黄而粗者，爲番人。其睛小而黑，鬚疏，顴骨闊，鼻平，口廣，脣薄，膚黄而粗者，爲藏人。其鼻高而眉低，目深睛大，鬚連於鬢，膚蒼粗，而男身長腹大，女身短眉連者，爲新疆之回人。俗呼纏頭回回。其隆準深眶，身量頗偉，膚色黄白相間者，爲土耳其人。

太祖太宗之於滿蒙漢

天命乙丑，太祖諭諸貝勒，有「滿、蒙、漢人今如同室，然惟和洽，乃各得其所」之訓。太宗則云：「朕於滿、蒙、漢人視同一體，譬諸五味調和，貴得其宜。」

上諭謂滿漢非同族

吏、户、禮、兵、刑、工各部各署皆有匾，上書某年諭滿大臣等，宜時至大内某宫敬謹閲看某朝所立御碑。後各部多失去，其存者，亦大率以紙糊之。光緒時，某部尚書某以其署翻造大堂，乃見之。旋知宫中所立碑，乃專諭滿大臣，略謂本朝君臨漢土，漢人雖悉爲臣僕，而究非同族，今雖有漢人爲大臣，然不過用以羈縻之而已。我子孫須時時省記此意，不可輕授漢人以大權，但可使供奔走之役而已。

蠻子韃子

河套工人皆春出冬歸，其留居者，乃地主大户也。冬時，則集其傭人，以胡麻榨油，入關而販之。其傭人中，有蠻子，有韃子，通力合作，耦俱無猜。蠻子者，漢人之通稱也。韃子者，滿、蒙人之通稱也。蠻子與韃子，漢、蒙語言皆能互通。有時亦往往自稱爲蠻子、韃子，猶之各稱其鄉貫，畧不含有他意也。蒙人相語，嘗呼漢人爲喀特拉，爲契丹之轉音。蓋蒙古初興，嘗分漢人爲八種，而滅宋所得者，猶不在內。契丹本爲八種之一，後乃舉以被諸全體耳。

旗人

徙居内地之旗人，有滿洲、蒙古、漢軍三大别，世皆知之。且知屬於滿洲、蒙古者，爲其各本部落之人民，屬於漢軍者，爲歸附之漢人。然有以滿洲改漢軍而後仍爲滿洲者，王國光是也。國光先世爲滿洲完顔氏，曾隸漢軍正紅旗，乾隆癸酉，高宗命其子孫及同族仍入滿洲正紅、鑲白二旗。有以滿洲改漢軍而以一支仍爲滿洲者，佟國綱是也。國綱先世爲滿洲，曾隸漢軍，國綱以仍隸滿洲爲請。部議謂佟氏官多，應仍留漢軍，惟令國綱一支改歸滿洲。有以蒙古而改滿洲者，莽鵠立是也。莽本蒙古正藍旗，其後擢入滿洲鑲黄旗。有以蒙古而改漢軍者，和濟格爾是也。和本蒙古烏魯特人，後隸漢軍正白旗，爲何氏。

旗人擡旗

徙居內地之旗人，有以建立功勳或上承恩眷而由內務府旗擡入滿洲八旗，或由滿洲下五旗擡入上三旗者，皆謂之擡旗。然僅限其本支子孫，雖胞兄弟不得與。皇太后、皇后之丹闔在下五旗者，皆擡旗。丹闔，滿語謂母家也。

漢族

漢族，一稱巴克族，就古史略考之，其最初根據地似在崑崙山。即巴顏喀刺山。五千年前，循江河之源游牧而至，以漸拓殖，居內地之西部北部，戰勝三苗、九黎種人，闢其地而有之。蓋先在黄河兩岸，漸盛於江淮之間，以至南海濱。黄帝以後，秦、漢及唐最强，明初，武勇亦盛。兵力直至黑龍江入海之口。惟右文之習太深，故積弱至此。其人頭顱圓，額顴平，眉目斜秀，頗有美鬚髯者。

其人居所，以十八省爲主要地，延布於滿洲、新疆及境外之印度支那半島、馬來羣島、臺灣島一帶，占全國人數之十九，代握文化之中樞。衣食習尚大都相似，惟南北風土異宜，性情亦不無差别。河域人民，軀體偉碩，勤儉耐苦，純朴質直，耻爲欺詐苟且之事。其在上游高原者，穴居儉嗇，在下游平原者，强悍好鬭。河，黄河也。

江域人民，軀幹稍小，思想縝密，通達事理，善於仿效，學術工藝，頗能深造有得。三峽以西，偏於保守，少活潑氣象，三峽以東，則爲商業通衢，貿易既繁，奢靡亦甚。江，揚子江，即長江也。閩、粵人民剛健活潑，腦力充鋭，濱海之區，習於波濤，勇於冒險，移殖海外，勢力甚强。上游高原，民貧地瘠，交通未便，風氣較塞。

語言獨立，河域多用京師語，即雜居開封之少數猶太族亦操此語，蓋二千年來，已爲漢族所同化矣，江域多用江寧語。皆與文字相近，可通情意，而京師語尤爲正音，通用於上級社會。至若方言，則幾於十里小異，百里大異，惟河域之大平原可稱千里一致。閩、粵則因山嶺叢雜，通曉最難。

文字始於倉頡，用孳乳相生法。正俗文字殆有五萬，常用之字不過十一。字體則由篆而隸，由隸而楷，由楷而草，益趨捷速。然皆上下通行，絶無歧異，故方言雖甚錯雜，而仍於文字收統一之效，合羣之道，端賴此也。

至漢人二字，則自典午不綱，九州鼎沸，劉元海奮起晉陽、汾澗之濱，思紹漢業，以孚人望，乃始有此稱謂。及五季之亂，契丹强盛，漢族之勢甚微，當時乃以漢子爲賤者之稱，南宋時猶相沿不改。元時又以宋人爲南人，其所謂漢人者，皆遼、金遺族也。

漢族之混合於苗族者亦有之。其故，則或入贅，或冒充也。

海外華僑人數

我國以生齒之繁，生計之窘，瀕海人民，遂多有移住國外者，而以美爲最多，世稱之爲海外華僑，皆漢族也，滿、蒙、回、藏、苗、黎之人殆無一焉。自咸豐乙卯至同治丁卯，歲有六千人，自同治戊辰至光緒辛巳，歲有一二萬人，壬午，則達三萬三千六百十四人之多。於是美國禁阻之議起，而重課以人口稅，壬午，遂減爲三百八十一人，丙戌，僅有十七人，戊子亦然。此二十年間，美於華僑，專施强暴之阻力。又英屬之科倫比亞及澳洲，亦課以苛重之人口稅。我國雖有公使、領事，不能力任保護，滋可慨也。

宣統辛亥所調查在外之華僑人數如下：臺灣，二百五十萬有奇。香港，二十七萬九千四百有奇。澳門，七萬四千五百八十有奇。日本，一萬八千有奇。朝鮮，三萬七千二百有奇。安南，十二萬二千有奇。暹羅，二百四十六萬一千有奇。南北美洲，二十六萬九千有奇。澳洲，二萬九千有奇。非律賓，八萬六千四百有奇。爪哇，九萬七千有奇。歐洲各國及俄屬西伯利亞，四萬三千一百有奇。其餘各小島，一百八十四萬五千有奇。

華僑以在臺灣者爲最多，暹羅次之，南洋羣島、馬來半島及俄屬西伯利亞又次之。省籍以隸廣東、福建者爲最多，浙江、江蘇次之。

巴巴新客

南洋羣島之華僑約分二種：一稱巴巴，自其先人卽已移住，中有能操馬來語而不解漢語者，然仍漢裝，其性情則已大變；一稱新客，爲新自内國移殖者。

溝民

溝民居黑龍江，雜處於黑津韃子之中，蓋皆漢族之掘人參者及内地逃人也。中有老大哥爲之長，羣聽令焉。

小姓

徽州有小姓。小姓者，别於大姓之稱。大姓爲齊民，小姓爲世族所蓄家僮之裔，已脱奴籍而自立門户者也。間或出外爲賈，若與大姓同肆，亦平等視之；及回鄉，則不與抗行矣。

九姓漁船子孫

九姓漁船，惟浙東有之，人有謂爲陳友諒部曲之子孫者。凡九姓，不與齊民結婚。始以漁爲業，繼而飾女應客，使爲妓，仍居舟中，間有購自良家者。蓋友諒敗於鄱陽，其部曲九姓悉遠竄，至嚴州之建德，而挐舟往來於杭州、嚴州、金華、衢州也。

墮民

墮民者，寧波、紹興、金華皆有之，不與齊民齒，執賤役。齊民家有婚喪大事，輒往供應，間有作小貿易者，惟不許考試。光緒季年，弛其禁，自爲婚姻，所居別有村落。或謂爲元蒙古人之後，或謂爲張士誠部將之後，而浙人心目中，則皆以漢族視之也。

蜑人

蜑人，惟閩、粤有之，俗呼爲曲蹄，以其常處舟中，曲其膝，故以名狀之也。一説曲蹄作乞黎，謂不齒齊民，類於丐也。其人常水居，以舟爲家，以漁爲業，姓多翁、歐、池、浦、江、海之屬，蓋取漁翁、鷗鳥及所居之地之義也。間有置宅於陸者，然亦不業商賈，不事工作，習於賤役，異於平民，而娼寮多有假託其名者，俗呼白面厝爲曲蹄婆厝，是也。

或謂蜑族爲色目人種。元末時，閩人斥之不使踐土者。或又謂元末閩人約於除夕燒火柴爲號，殺盡韃子，中有一家被酒忘其事，而韃子之郭、倪二姓遂乘間逃水濱，欲借舟而遁，事爲人所覺，欲殺之，以其力求免死，遂許其在水中討生活，終身不得登岸，後遂成爲蜑族者。或又謂蜑族爲李自成舊部，流入閩中而自儕於奴隸者。或又謂蜑人採海物爲生，且生食之，能入水睁視。合浦珠池蚌蛤，惟蜑人能没水探取，旁人以繩繫其腰，繩動摇則引而上，先灼毳衲，使極熱，俟出水，急覆之，否則寒慄而死。或遇大魚蛟鼉諸海物，爲其鬐鬣所觸，往往潰腹折支，人見血一縷浮水面，知其死矣。蓋即古之所謂鮫人者，然世人皆以漢族視之也。

光、宣間，閩人呈遞説帖於福建諮議局，請准與平民平等，諮議局以不平等乃習慣之相沿，非法律所規定，置否決。

客族

四川成都多廣東嘉應人，其入蜀也，始於粤寇石達開之率衆西行。石敗，衆潰散，石軍多嘉應人，遂旅蜀不返，娶妻生子，比於土著矣。惟其語言則數十年來沿用不改，故成都人羣稱之曰「客族」。然嘉應人在其本州所操之語，粤人謂爲客家話，蓋亦非嘉應土著也。

滿族

滿族，一稱通古斯族，亦稱秃忽思，義爲涼。又稱東胡族。其先出於女真，女真出於靺鞨，靺鞨出於挹婁，挹婁出於肅慎，肅慎與鮮卑同種，鮮卑出於東胡，東胡卽通古斯。故泰西人種學家謂滿洲、蒙古同出於通古斯。其人額微削而顴起，髭鬚不多。

其人起於長白山、松花江之間，夙以射獵爲生，與蟲蛇猛獸相角逐，風餐露宿而無苦，故世祖挈之以馳驅中原，遂成大業。語言别爲一種，爲雙音語根。文字直下而右行，蓋就蒙古文加以圈點，以滿洲音讀之者也。字體整齊，凡十有二字頭。俗呼字母爲字頭。及定鼎，遂分布各省，使其駐防，膏粱豢養，寖且惰弱，言文習慣，多與漢族同化矣。

滿族有混合之他族

泰西人種學家不言血統，蓋以世界固無純一不雜之人種也。自世人視之，凡占有滿洲旗籍得享同一權利者，皆爲滿族，然實有別族焉。滿洲在昔已分數部，秦、漢以後分國尤多，土著之留遺是否出於一系，殊難稽考。就其所列檔册者論之，舍本族外，尚有多族集合，而以漢與蒙古及鮮卑人爲最夥，印度回族波斯亞剌伯人及内地回族。亦頗有之，究其實，固非純一血統也。

蒙古族之雜入滿洲旗籍者約二十餘，如巴爾呼人、鄂勒特人皆是也。其非著族而姓氏無聞者，尚不可勝計，而蒙古旗所編制者亦不與焉。

鮮卑族，本卽東胡遺裔，東胡雖出自高辛，亦爲黃帝之後，然謂滿洲有其遺種則可，謂本族爲通古斯種，則非也。與滿洲境地相連，轉徙錯雜，混入滿洲旗籍者，則有達瑚爾人、錫伯人、索倫人索倫人中又雜有各族。諸族。元人稱金人曰乞觧，卽契丹也。當時金人中蓋鮮卑族已不尠矣。

印度及回族之居滿洲者，則始自新羅盛時，當我國唐代。或由傳布宗教而來，或自海道互市而至，人民因之移住，後遂占有旗籍。且廣州駐防之滿人中，本有回族羼入，馬領事廷亮馬卽廣州駐防旗人。嘗爲人言之。故無論號爲伊徹滿洲者，有他族之混合，卽號稱爲佛滿洲者，亦決非純粹之滿族，國初賜姓之覺羅稱民覺羅者，亦不盡滿族也。

東北邊小部落之人

東北邊有小部落，曰挐耶勒，曰革依克勒，曰裕什克哩，均住虎爾哈河及松花江兩岸，謂之異齊滿洲。異齊，漢言新也。曰穆連連，住烏蘇里江兩岸。曰欺牙喀剌，住伊噶河源。曰剃髮黑金喀喇，住松花江、黑龍江兩岸。曰不剃髮黑金喀喇，住烏蘇里、松花、黑龍三江會流左右。曰飛牙喀，在其東北。曰欺勒爾，濱大東海。

魚皮韃子

赫哲族爲魚皮韃子，蓋以魚皮爲衣履，故有此稱。俄語謂之高爾的，猶言土人也。爲女真之支裔。一名黑津韃子，或曰徽欽韃子。以「黑津」乃「徽欽」二字之訛音也。乾隆朝，始入旗籍，屬於三姓副都統，故稱三姓爲京師。後多聚處伯力、雙城子、拉哈蘇蘇、三姓一帶，貌似蒙古，皆垂辮，有已剪髮者，有蓄髮如朝鮮人者，如拉哈蘇蘇等處，皆已立學校，教其子弟。其人男女皆嗜烟，昔年以獸肉及魚爲糧，近亦兼食黍麥。崇信巫覡，不知醫術，人口因之日減。

所食之魚，曰達布哈魚，牙最利。食小魚，類內地之烏魚。或以爲脯，或以爲麪。煮熟，先盛以大碗奉之入內，則人知其有親也。食時，狗蹲於左右，骨出，即以飼狗。狗有時急欲食，則攫於其人口邊。其人愛蟒衣，懸而不著。得蟒衣，則張於其門，多者以爲富。其水曰戊子江，蓋海汊也。冬時水凍，坐扒犁，駕狗而行。五日或七日、十一日、十三日，行可六七百里。狗之領而前行者曰狗頭。狗頭一，可值銀四五十兩。蓋行時，頭前行，知有虎豹則回。其知也，以聞氣而知也，人視以爲備，故貴之。

業漁之外爲業獵，人體極健，尤善擊射，雖婦女孺子，亦能乘騣馬，即無鞍之馬。馳騁山谷，與猛獸戰。其根據地，在索倫山北内興安嶺一帶，與俄屬僅隔一江。性嗜飲而健啖，所需酒品，皆以所採樺樹皮及獵得之禽獸乞俄人換之。故皆能操俄語，而漢語則格格不通，漢文更無論矣。惟其彈擊之精，膂力之强，不惟漢族罕有其匹，即俄國著名之哥薩克騎兵遇之，亦當退避三舍。

蒙族

蒙古族，一稱蒙兀，或有稱之曰韃靼者，本室韋之别部也。室韋出於鮮卑，鮮卑出於東胡，東胡聲轉通古斯。俄國西伯利亞有通古斯河，西流入葉尼塞河，其初地蓋在於此。當南宋時，有成吉思汗、斡歌歹汗、忽必烈汗父子祖孫相繼而起，世界爲之大震，舍日本及阿剌比亞半島外，幾全據亞洲而有之。又役屬東部歐洲，且嘗侵入歐洲之中部。今之德意志、義大利皆嘗被蒙古兵。自明興而内地蒙古之跡絶，自俄羅斯崛起而欽察王國亡，自波斯復興而哈烈王國亦亡，自英吉利商會占奪五印度而蒙兀兒帝國亦亡。中亞細亞遂僅存布哈爾、機窪兩汗國，皆成吉思長子朮赤之後。在俄人保護之下，且夕待滅。漠南北之部落，則二百年前已合併於我。其别種之準噶爾，雖嘗崛起於天山北路，侵入南路及青海、西藏，且掠有漠北，然不旋踵而潰敗。於是蒙族政治上之團結，歐、亞兩洲間，先後土崩瓦解矣。

其人目睛灰色，額微削而顴起，髭鬚不多，面作古銅色，身之膚色較白。然因成吉思汗之子孫分藩遠征移徙地方者甚多，故與漢族、滿族及外國之突厥、波斯、俄羅斯等族，血統已有少半之混合，惟漠南北之喀爾喀族及賀蘭山之一部，青海之和碩特部，猶具本族之特質焉。軀幹雖不甚長，而體力之强健，往往爲歐人所不及。既以游牧爲本業，故無論男女，皆善騎，且最好競馬，各部落常舉行之。惟以久處專制政體之下，並爲喇嘛所感化，其獨立不羈、自由平等及寬以容衆，勇於戰鬬之特性，漸已變遷，徒以迷信蓐食、怠惰不潔等習，使近世人種學家據爲口實，良可慨矣。

元亡，其遺族分二派。南徙者即察哈爾支，爲敖漢、奈曼、巴林、札魯特、克什克騰、烏珠穆沁、浩齊特、蘇尼特、鄂爾多斯等九部，所謂内蒙古也。在漠南，其留故地者，總稱其部落曰喀爾喀，分建七旗，以左右翼統之。右翼爲土謝圖，左翼爲車臣、薩克圖，所謂外蒙古也。在漠北，此外又有額魯特蒙古。其在漠南者，曰河西額魯特，在漠北者，曰金山額魯特。若在昔日，則額魯特蒙古本分四部：一曰和碩特，和碩特，有福之謂。博爾濟吉特氏，成吉思汗弟哈撒兒之後，爲純粹之蒙族；一曰準噶爾；一曰杜爾伯特，皆綽羅斯氏，即赤那思，義爲狼。爲蒙之分族；一曰土爾扈特，爲突厥種。

蒙族以内外蒙古爲根據地，延及新疆東部、青海北部，皆以游牧爲生，耐飢寒，善馳逐，故成吉思汗挈之以蹂躪歐亞，所向披靡，其勇悍善戰之風，實爲吾國歷史之特色。語言别爲一種，文字有字頭十五，出於畏兀兒，即回紇。每一字頭有七音，書法自左而右。散居各省者，多與漢族同化。

蒙人生殖力

蒙古各旗掌户籍之官曰掌蓋。一掌蓋轄五十人。凡有掌蓋之部落，鄂託八十三，烏審四十二，達拉特四十，準噶爾四十五，杭錦三十七，郡王二十四，加薩十五，此猶其最初編制也。宣統辛亥，人口消耗，一掌蓋所轄，或不及三四十人。依此核計，伊克昭全盟不過一萬四五千人。烏蘭察布盟人口尤少，計其全旗僅五六千人，亦足駭人聽聞矣。蓋蒙古婦人之生殖力不甚繁碩，一母所孕不過一二，如漢族之蕃衍至三四者，則甚少也。

蒙族之生殖既不及漢族矣，而喇嘛教又從而耗之，是以人之消滅愈速。惟土默特、準噶爾、達拉特三旗以近於漢地，婚葬多用漢禮，故喇嘛教之迷信以減，而人口以漸繁。然夫婦之倫常不確定，女子尤多習於淫亂，故漢、蒙之通婚嫁者，猶不多覯也。

烏蘭察布伊克昭兩盟之人

東蒙古，卽內蒙古之烏蘭察布盟、伊克昭盟，屬於喀爾喀族。雖非所謂軀幹長大者，而體强壯，面扁平，膚帶赭色，勇悍耐勞，幼卽薙髮，其人口實無可據之統計，而綜合中、俄人士之傳説，乃知其中尚有漢、滿人之混合種也。且沙漠及游牧地帶，人煙頗稀，惟隣接內地者，則較密耳。

準噶爾自諱爲蒙族

準噶爾，本蒙古厄魯特人，元時嘗置駝、馬、牛、羊四部，分駐西北邊。準，其牧馬部也。至本朝，則外藩有四十九家，中多元之後裔，其語言文字皆同蒙古，然嘗自諱爲蒙古人。

伊克明安公旗氏族之微

齊齊哈爾有伊克明安公一旗，爲額魯特蒙古，不置札薩克，直轄於黑龍江將軍，與歸化城之土默特部同。伊爲厄魯特種輝特部之別派，最微弱，夙役屬於其同種之準噶爾汗。仁和龔定庵謂其移徙於乾隆甲申，即平定準夷之歲。當時未有編旗明文，宜行文查補。其實此旗終亦未設佐領，未編旗，移牧東來。在雍正時，準部方强，特畏其侵逼，乃叩關來庭，遂安置之於此，惟公爵猶承襲未替耳。光緒某年，曾呈請江撫頒鑄印文，朝廷撫御羣藩，編管建置之法，隆殺有差，獨此部錯居別處於滿洲，若贅疣然。或謂朝廷殆以其氏族本微，又出於厄魯特降虜，而故殺其禮歟？

新疆之蒙古人

額魯特、察哈爾、土爾扈特、和碩特四者，皆新疆之蒙族也。游牧於伊犁天山南北，及塔爾巴哈台、阿爾泰山諸境，逐水草，遷徙靡定所。冬窩曰玉木種，夏窩曰錫林。牧所謂之窩。

滔哈

哈薩克本爲蒙古族，元之後裔分封於其地者也。初本不奉宗教，分封以後，子孫蕃衍，有徙居天山北路者，久之，與回族同化，則奉回教；有徙居東土耳其斯坦境内者，則奉基督教；其在外蒙者，則又相習而奉佛教。雍正丁未，恰克圖界約及咸豐庚申中俄續約定，乃劃歸於俄。哈人以其地嚴寒，常潛行南來，在科布多、烏梁海、塔爾巴哈台等處，借地游牧，此潛哈之名所由昉也。

蒙族有漢族回族羼入

同治癸亥，有臨隆阿者，嘗從忠親王僧格林沁勦捻於雉河集，擒張洛行，以功，洊擢至副都統，賞穿黄馬褂，編入蒙古旗籍。然其人實爲湖北咸寧之裴元。少時，從其父賈於鍾祥，咸豐時，爲粵寇所擄，輾轉投僧軍，供刈芻拾馬通諸雜役。一日，爲僧所見，喜其貌秀，令給事左右，及擒洛行，益契重之，爲命名臨隆阿，以義子畜之。其後，僧督師至光山，有捻乞降，諸將慮其蹈降捻宋景詩復叛之故轍也，持不可，臨抗議納之。乙丑，僧自勦捻於曹州，時軍中有降捻，潛與外捻約，爲内應，不戰而潰，僧戰殁於陣。穆宗聞之，追原禍始，臨遂奉旨革職拏問，大懼，乃變姓名，遁歸鍾祥。又馱毛達子有因犯法而逃青海者，則變回爲蒙矣。

回族

回族，一稱土耳其族，源出突厥，其先本平涼雜胡，後魏太武帝滅沮渠氏，有阿史那者，以五百家奔茹茹，居金山。今阿爾泰山。金山之形似兜牟，彼土方言，謂兜牟曰突厥，因以名其部。當隋、唐之際，奄有漠北，其地東西萬里，後分東西二部，自回紇興而突厥亡，科布多、新疆、青海、額濟納等處之土爾扈特皆遺裔也。其餘衆西徙者，至明景泰朝，滅東羅馬而有其地，即歐洲之奧拓蠻帝國也。其人曰突而克，漢文譯之譌爲土耳其。泰西地學家猶稱天山南路曰東突厥斯單，葱嶺以西曰西突厥斯單，而我國向稱之曰回回。其散居內地者亦然。其人頭形端而廣，面帶長卵形，間亦有蒙古眼者，鬚多，顴骨隆起，脣厚，鼻直而略高。

其人以宗教爲聯合之具，自西亞而來，初蕃衍於內外蒙古，後則新疆南部最多，陝甘次之，川滇又次之。語言別爲一派，爲連結語。文字則橫衍右行，有字頭二十八。生業兼耕牧，其散居黄河上游東南各省者，已與漢族同化久矣。所得知識，則東取華夏，西取猶太，兼襲古西域遺風，惟恃其團體堅固，輒與他族有競爭。

甘回

甘回者，漢裝回多從河湟遷徙，故別之曰甘回。突厥種人也。鼻高而眼微陷，男剃首，女纏足，居食衣服，皆從漢俗。惟入寺禮拜時，戴六稜冠，上鋭下圓，五色皆備，嘉峪關東西道上，往來者不絕於道。或謂回多聚居山嶺，其婦女之强悍者，嘗赤足裸上身，隱於小坳，伺漢族男子之清俊者，輒攖負以去，不如其意，卽擊殺之，棄尸於路隅。

伯德爾格

喀什噶爾之回民，中有伯爾德格一種，夙以販運爲生，絕無恆産，歲例稅金十兩，金絲緞二疋。初僅八十餘户，乾隆庚子，增至四百餘户。

漢裝回

漢裝回，泰半爲回鶻之裔。回鶻者，唐書謂匈奴部落，故雜有匈奴、氐、羌諸種也。唐時回紇内亂，其衆有入居陝甘等省者，漢族以其衣服語言皆與漢同，故呼曰漢裝回，一曰漢回，亦稱之曰小教。間有逃回入漢者，彼族謂之反教。

纏頭回回

纏頭回回，因以白布纏頭而得此稱。居新疆，實羌人也。

馱毛達子

青海柴達木西部之纏回，其改從青海蒙古籍者，謂之馱毛達子。

布魯特

布魯特者，漢烏孫、休循、捐毒諸族人也，東布魯特爲烏孫西鄙地，西布魯特爲休循、捐毒二國地。散處於喀什噶爾、英吉沙爾、蒲犂、葉城、烏什諸邊境。其人好利喜争，尚牧畜，事耕種，與纏回同教，頗畏法。

番族

河西所在多番族，回紇種也，久居内地者，號熟番。大族蓄馬牛羊至千百蹄，織毛毯爲屋，瀰漫山谷，遠望若魚網然。婦女面目多獰惡可憎，常受傭於漢族，計其工資，日僅可購升粟而已。其服亦多毛織，首飾雜白金爲之，綴以車渠，編髮如歐人。處女以髮數十根爲一辮，細膩整齊，離離可數。

青海番族

青海之番族本漢時鮮水諸羌也。唐以前爲吐谷渾，唐末并入吐蕃，繇是佞佛成俗。始隸衛藏，有巴海、臨蕃、巴哇等十三番族。明初，置西寧、河州諸衛，領以酋，給印敕。以其崇尚佛教也，授以國師、禪師名號。以其强大易亂也，使分部不相統屬。時北沿甘涼，西接回部，南界川滇，番族衍至二三百部，皆吐蕃種。正德以後，厄魯特自北邊横越侵之，番民多爲所戕滅，餘皆遠徙散落。其附之者不能自存，反爲所役，陷於奴隸之境，蒙古則變爲地主，番民納租供牧，但知有蒙古，不知有中朝也。

國初，青海蒙古尤專横，與西套西域諸部聲息相通，脅制番族，犯邊無已時。雍正初，和碩特羅卜藏丹津敗，内地大軍深入青海，追各寺所藏明代國師、禪師印敕，限其廟舍毋過二百楹，每寺喇嘛毋過三百人，並禁藏兵器。蓋以前酋均喇嘛，寺院之主，各轄番人如土司，番族多削髮，寺僧無定額，遂致僧民混淆，良莠不齊，寺院即爲逋逃藪矣。自是仿土司，設番目，改隸道廳衛所，以分厄魯特之勢。定其貢市之期與地，三年一貢，分三班，九年一周，定互市於日月山。厄魯特遂不敢窺青海，其勢亦日就孱弱，而數十年間，番族以生養休聚，渡河而北，大肆刦掠，蒙古不能禦，至畏西番如虎狼矣。

道光朝，經邊吏派兵勦辦，河北肅清，又除漢奸，斷糧茶，而番勢遂蹙，投誠乞命，乃編户口，責成頭目定貿易之所，限糧茶之數，而番患始息，此河南八族投誠之由來也。然當初受羈縻時，尚知遵守法令，後復擾及沿邊。咸豐間，又將河南八族野番招安，移近青海一帶住牧，派員清查荒地，又劃分蒙古曠土，與八族番均分地界。賞其頭目千户、百户等職，鈐束其衆。歲在青海大臣處請票，在丹噶爾採買糧茶，歲給千百户青稞倉斗一千零二十石，石例價五錢，合銀五百兩有奇。且於歸附之野番所辦口糧，每石日給市量青稞一合，每户月給茶一封，每歲運糧三次，每次限以四個月糧，地方文武官會同驗明人數糧數放行，擇要設卡稽查。其後人口蕃衍，生番漸熟，率皆富少貧多，亦無力能辦大宗糧茶，其請票亦虛應故事，沿卡稽查禁物而已。綜計投誠番子八大族，管四十小族。蓋汪什代克族，管小族十二；剛咱族，管小族十一；千布彔族，管小族十一；都受族，管小族二；完受族，管小族一；曲加洋冲族，管小族一；公窪他爾代族，管小族一；拉安族，管小族一。後又分上下拉安二族。又剛咱族、千布彔族、完受族、公窪他爾代族，拉安族等，置千户五，別有總管二。剛咱族曰剌麻拉夫炭，汪什代克族曰完托，百户入册者十六，百總亦稱副百户。三十五，什長一百六十八。番族凡七千八百三十二户，男女大小一萬八千四百二十口。其副千户、百户、百總、散百總等，由疆吏隨時賞給，不入部册者不與焉。以上八族，皆已編爲熟番，遷居河北。而其族之留於河南者，散而復聚，河北番又稍稍歸附之，户口遂數倍於昔，蜂擁狼突，變爲野番。千户勢不能聚其民爲一處，有仍歸故土收聚舊族而不復北還者，則河北番族無主統馭，又變爲野番矣。若河北郭密九族及阿里克族，河南魯本科十七族及果洛族，皆世所稱西寧番者也，耕牧兼業，差同於漢族。

千布彔族之分地最近，地名倒淌河，原爲蒙古陀莫公遺地。其舊地在黄河南薩莫楞地方，本管小族十有一，移居於此。逾六十年，族衆散處河南者尚夥，大半流爲匪徒。河北一部，户口稀少，正副千户以下，僅設百户一人，安居樂業，已歷數世，而人稱之曰哈目番，譯之乃爲野番，蓋爲河南同族所累也。千户秀氏名班瑪，副千户名盆巴，百户名丹科。其人睛黑而突，濃眉，鬚連於鬢，顴骨突起，鼻平，口廣，脣薄，皮膚黄色，身量中等，似吐蕃人，與内地之番異。蓋内地之番與漢族雜處，久服水土，私通婚媾，血統混淆，形貌已難辨别。外番則不同，然亦擇漢男爲偶，撫漢孩爲嗣矣。語爲西藏語，亦雜蒙古音，文爲唐古忒文，書頁爲梵經貝葉形，外用木板夾之。

青海之庫車庫爾，居大山中，漢番或耕或牧，其前後有番三大族，故其地之土著，番占十之八九。三族者，北爲公窪他爾代族，中爲都受族，南爲曲加洋冲族，皆河南投誠八族之番安插於此，僅數十年。惟公窪他爾代有世襲千户，都受、曲加二族僅有百户，皆受轄於公窪他爾代之千户，兩族有應辦之務，青海辦事大臣必告之千户，如蒙旗之盟長然。三族分地，於蒙番中爲最遠，人丁最寥落，毘連河南土司，時虞強鄰侵擾，械鬭之案歲有數起。千户名青阿零，常游牧於柴達木以避之。

郭密據黄河南北之關鍵，爲青海全屬精華所萃。番族歸化最早，世稱西寧番之一也。内分尕讓族、江拉族、多剌族、登楞族、煥木族、賀蓋族、作什納族、當加卻呼族、賀爾加族等九種。賀爾加族在黄河北岸，渡河南至貴德城十里近。今輿圖均以此族載在貴德南境，尚在哈克河以南。然彼處番户有拉安、完受諸族，無賀爾加族也。

中惟賀爾加族有地界，餘八族混在一處，每族百户一人，總屬於尕讓千户。千户名吉亥買爾多吉，副千户名先巴。郭密分上下二境，中有卻卜藏溝，北接葉隆山，南通黄河，上下以此分界。所謂下郭密者，有二十餘莊，大者曰尕讓莊、賀爾加莊，北至索羅格山，接千布彔界，地瘠民貧，土人半以遊獵爲生，牛羊尚蕃息。所謂上郭密者，即曲乃亥、哇立關是也。哇立關不知爲古之何地，而古城之蹟有三四處，村莊約有四十餘，大者曰郭密香卡，郭密大莊，膏腴之地不下數千頃，漢番且耕且牧，沿河一帶，樹木成林，可樵可獵，南與千格和蒙古地相連。大抵下郭密地段居十之三，居民重牧不重耕，上郭密地段居十之七，居民耕牧並重，西寧府屬及四川民人争往墾荒，河南無主之番亦往投之。風俗介乎漢番者，爲熟番，衣冠語言雖異，與漢族耦居無猜。若散處游牧忽來忽去者爲生番，其人眼突多鬚，身短，皮膚蒼而粗，半係川滇倮儸種，貪狠嗜殺，無一不匪。所謂番匪者，此種最多。千百户不敢收納其衆，間有收納者，必得番族公認而後可。漢族居其鄉者，悉從其俗。又有贅於番族者，生子即爲番，不復還漢籍矣。惟回民絶跡其境，間有之，土番亦必百出其計以驅之。

藏族

藏族，一稱唐古忒族，亦稱番族，即吐蕃人。西藏爲古三危，康、衛、藏三地也。漢稱西羌，在魏爲禿髮，唐爲吐蕃，西人稱曰圖伯特。吐蕃出於黨項，黨項出於鮮卑，黨項爲鮮卑八部之一。鮮卑謂后土曰拓跋，故北魏、西夏，均以拓跋爲氏。晉時，河西鮮卑禿髮利鹿孤，實爲西藏吐蕃之祖。禿髮、吐蕃，皆拓跋二字之聲轉。唐時有都播國，在今俄屬西伯利亞之托波兒斯克，是則托波兒克實爲吐蕃之初地也，明矣。吐蕃、蒙古同出鮮卑，故蒙古人記載，自謂與吐蕃同族，而歐人亦謂藏人乃蒙古種中特别之族。然據希由克所記，則其人眼小而黑，鬚疏，顴骨突出，鼻平，口廣，脣薄，上流社會之膚色似歐人，常人則黄色，身量中等。其人常快樂而甚慈惠，勇於戰鬭，惟迷信甚深。畜牧者爲犛牛、驢、馬、綿羊、山羊，工紡織，善陶埴，並樹藝各種農産物之與土地相宜者，又知采掘貴金屬。至其人口，或謂僅百五十萬，或謂當過五百萬，生齒之少，實因地味瘠薄，氣候不和，喇嘛太多，及一妻多夫之習，有以致之也。

其人以西藏爲根據地，分布於西康一帶，間有入居雲南、甘肅者。體質強，性情樸，兼營耕牧兩業，在昔亦稱強族。語言雜梵音，漢語、蒙語、印度語皆有羼入。文字有字母三十，亦曰唐古忒文，出於希伯來，與畏兀兒文同。畏兀兒，即古之回紇也。

甘巴

甘巴爲藏中著名之族，其性活潑，喜游戲，他人所不忍居之慘境，彼怡然居之，不以爲意。且事佛之心較藏人淺薄，未嘗有遺子弟入佛寺之事。此族初自喀木移此，專事旅行，轉徙四方，不憚跋涉，且遠至克什米爾，然亦有從事農業之人。

苗族黎族

苗族、黎族在湘、蜀、黔、滇、兩粵之間，曰蠻人，曰夷人，曰瑤，曰僰人，曰仡佬，曰倮倮，曰倮儸，曰倮儸夷，曰俅夷，曰仡僮，曰佯僮，曰佯僙，曰僚，曰峒人，曰倖姥，名稱不一，皆古三苗、九黎之遺裔也。泰西人種學家以其所居在山谷溪洞，故目之爲高地族，而實我國內地最古之土著。自黃帝戰勝其大酋蚩尤於涿鹿，乃退居黃河以南。陶唐之世，苗民逆命，堯征而克之於丹水之南，河南淅川廳之丹江。則又驅諸江漢之間。舜竄三苗於三危，即喀木衞藏也。然其遺種保守江南，控彭蠡而扼洞庭，恃險以抗漢族。至殷高宗伐鬼方，三年克之。周公旦懲荊舒，周宣王命召虎平荊蠻。春秋之世，楚啓山林。漢開西南夷，三國吳平山越，在黟山中。大江南北之平地巢穴於是盡失，乃竄入嶺南一帶之深山窮谷，終古不振矣。

其人被服繒纊，好歌舞，挾巫蠱之術，好鑄銅鼓，所用兵器爲弓矢刀矛劍盾之屬。貴人一娶數女，常人結婚時，男女擇地跳舞，相悅，則遂爲夫婦焉。

至南條西部苗、瑶諸土司所轄人民，實皆漢族之別支，以格於地勢，遂與漢族隔閡，未能同時進化，其真爲上古苗黎之裔者，絶少矣。

黎之種，舊無所攷。或曰，黎母山有女自卵中誕生，適外來番男與之配，遂爲黎種所自出，故名其山曰黎母。或曰，有女航海而來，入山中，與狗爲配，生長子孫，名曰狗尾王，遂爲黎祖，其子孫即以王爲姓，故凡生黎皆王姓。或曰，黎即後漢之俚人，粵俗呼山嶺爲黎，俚人居其中，因譌爲黎，居廣東瓊州之五指山，其在廣西者亦稱俚。或曰，唐李德裕貶崖州，其後有遺海外者，入居崖，遂爲黎人。其一村皆李姓，貌頗與別黎殊，唐時舊衣冠今尚有藏之者。

黎有生熟兩種。熟黎之類三，黎岐、孝黎、黎鬃是也。生黎之類六，花脚黎、大廠黎、小廠黎、岐黎、霞黎、生岐是也。其號花腳者，男女皆於足脛刺紋數行。

黎頭轄一峒者爲總管，轄一村或數村者爲哨官。大抵父死子承，世世相傳，或間有無子，以妻或弟代之者，則爲衆所歸而公立之也。小事聽哨官判斷，大事投總管理處，總管不能理處，始出而控於州縣。

生黎之地不屬官，亦各有地主，間有典賣授受者，以竹片爲券。蓋黎族無文字，用竹批爲三，計邱段價值，劃文其上，雙方面及居間者，各執之以爲信，無敢欺冒。

瓊州之黎，族類繁，亦有生熟之分。自文昌縣外，散處於十二縣境，熟黎略近城市，語言服食無異漢族，性情亦狡黠。生黎蜷伏深山，巢居野處，茹毛飲血，繪面椎髻，氣質粗暴。至愚頑兇狠，則生熟黎皆同。睚眦必報，以殺人越貨爲事。向無專官撫治，僅舉總管牌甲，令自約束。政府曾設撫黎局於定安、臨高、陵水三縣，以縣令爲承審官。惟皆玩視職務，以黎愚而易欺，遇事輒婪索偏袒，以致積怨莫伸，時或釀成仇殺，激爲暴動。光緒中葉，陵崖黎亂，馮萃亭宮保子材督師剿之，兩年始平。勒令薙髮著衣，始准與漢族通往來。

苗族土司之由來

苗族風俗語言異於漢族。治之之法，自元、明以來，每用羈縻政策，官其酋長，仍其舊俗，設宣慰、宣撫、招討、安撫長官等諸土司，及土府、土州縣，並令其世襲，掌自治權。

湖南諸苗

湖南苗族有生熟之分，其苗疆邊牆舊址，自亭子關起，東北繞浪中江至盛華哨，過長坪，轉北，過牛巖蘆塘，至高樓哨得勝營，再北至木林灣溪，繞乾州城鎮溪所，又西北至良章營喜鵲營止。其居邊牆以外者爲生苗，在邊牆之內，與漢族雜居，或佃耕漢族之地，供賦當差，與內地人民無異者，則熟苗也。漢族亦狎視之，無猜嫌。

黑苗所居，則自松桃之長沖卡落，乃折東至新寨亢金，東南至黄瓜寨、上下西梁蘇麻寨，折東至鴨酉栗林，入鎮筸右營所轄鴨保、只喇隆朋廓家大田楊管，南上至得勝營，北入乾州左營所轄平隆、石隴地母勞神鬼猴鬼沖之屬，皆是也。其地絶險，人絶悍。至打郎坡望溪狗皃山一帶，在平隆鴨保之中，則又生苗中之生苗矣。蓋鴨保、天星強虎岑頭之屬，雖生苗，與漢族之客民相習，猶有能操客話者。諸處爲人迹所不到，言語侏離，性情乖異，生苗且勾結滋事，而離巢窩遠，不能久居。若邊牆以内出没之苗，非此類也。

紅苗所居，則自乾州高巖河西與永溪相接者，皆是也。地險陡，人兇悍，與鎮筸左營、右營所管黑苗相似，但其地與漢境差遠，中既隔以熟苗，外復環以漢族，不若鎮筸右營、得勝營、西門江、曬金塘、筸子坪之屬。生苗寨落即與漢村相連，故攘竊之患，猶不多見。乾州吕洞山東北至良章營、喜鵲營、馬頸坳一帶苗寨，雖生苗，而東北與永保苗毘連，東與六保仡佬各寨爲隣，雖悍，而漢族與仡佬力足以禦之，故其患視他處爲稍輯。

花苗所居，爲鳳凰廳烏巢河東岸，馬鞍山、黄茅坡附近，司門前、太平關、釀水沱、上下猨猴寨、梁項毛都塘、七兜樹、兩頭洋等大小百餘寨，地險惡，而性獷悍，東出則過清溪哨、靖疆營各漢地。南出則通廖家橋、永保各漢地。漢、苗毘連，其間無甚藩蔽，而近在鎮筸城上下，視左右兩營生苗，實居肘腋之間也。

小鳳凰營、雞公寨等處，與銅仁正大營接界，舊爲鎮筸中營所轄，熟苗與漢族雜居，風俗與黔苗相類，通漢話，畏官府，在鎮筸所轄諸苗之中，此爲較馴。

貴州諸苗

黔於漢，屬西南夷，明始設府州縣，苗族乃日漸繁息，後有自粤遷至者，亦隸屬之。白苗在定龍里，低頭黄睛，軀短小，紅苗在銅仁府，青苗在貴陽、鎮寧、黔西、修文，黑苗在都匀八寨、鎮遠、清江、古州，箐苗亦黑苗别種，在平遠州，爺頭苗爲黑苗類，洞寨苗與爺頭苗分寨居，花苗在貴陽、大定、廣順、黎平，九股苗在施秉凱里，黑樓苗在清江八寨，黑生苗在臺拱、古州，黑脚苗在清江、臺拱，車寨苗在黎平、古州，西溪苗在天柱縣，紫薑苗在清平、都匀，平伐苗在貴定，谷藺苗在定番，九名九姓苗在獨山，克孟牯羊苗在廣順州金筑司，東苗在龍里、清平、貴筑，西苗在平越、清平、貴筑，尖頂苗、宋家均在貴陽府，夭苗在陳蒙爛土夭壩，羅漢苗、樓居苗均在八寨丹江，陽洞羅漢苗在黎平，短裙苗在思州葛彰，楊保苗在遵義，洞苗在天柱錦屏，葫蘆苗在定番羅斛，鴉雀苗在貴陽，郎慈苗在威寧州，仡僮、佯僮、白仲家苗、伶家苗、侗家苗、俅家苗均在荔波縣，儂苗在永豐羅斛册亨，黑羅羅在平遠、大定、黔西、威寧，白倮儸在永寧慕役司及水西，八番在定番州，打牙仡佬在平越、黔西，翦頭仡佬在貴定新添街，水仡佬在餘慶，木仡佬在貴定、都匀、黔西，鍋圈仡佬在平遠州，披袍仡佬在平遠、施秉、清平，豬屎仡佬在石阡、黎平、古州，仡兜在黄平、施秉、鎮遠，佯債在都匀、石阡、施秉龍泉提溪、黎平，卡尤仲家苗在貴陽、都匀、鎮寧、普安，補籠仲家苗在定番、廣順，青仲家苗在古州、清江、丹江，黑仲家苗在清江，清江仲家苗在臺拱，曾竹龍家苗在安順府，大頭龍家苗在鎮寧、普定，狗耳龍家苗在廣順，白龍家苗在大定、平遠，蔡家苗在貴筑、清平、威寧、大定、修文、清鎮。猈在普安州，瑶在貴定，峒人在石阡、郎溪永從洪州，蠻在貴定新添衛丹行二司，冉家蠻在思南府沿河司，六洞夷在黎平府，六額子在大定威寧，白額子在永豐羅斛，白兒子在威寧州，黑民子在清鎮大定黔西。

黑生苗改土歸流

貴州黑生苗性悍甚，長鏢短劍，常結黨訪富户，夜執火行。雍正乙卯，改土歸流，其患少息。

雕題之民

蒽嶺附近山中，有雕題之民，蓋苗類也。

婷姥横暴

婷姥風俗言語自爲一種，與他苗大異，敏慧不如紅苗，平和勤勉不如白苗，嗜酒吸烟，白苗亦嗜酒吸鴉片者，百千之一而已。蓬頭垢面，白苗婦女以梳綰髮，行路遇清流則散髮梳洗，濯足浴身，日至數次不厭。體力不如青黑等苗，而横暴過之。

巴補涼山蠻人

巴補涼山爲滇、蜀間一部落，素爲蠻人所居，其地綿亙數千里，與滇之巧家、昭通及川之寧遠、越巂接壤，氣候温和，土腴物茂，惟其人不通文化，時刦漢族。茲以宣統辛亥所調查之人數，詳述如下：

一、都土司所轄者二十四支：隘箕五百人，甲博六千人，兵補一萬人，已你四千人，甲迭七千人，染臉一千人，耿無五百人，嫣黑六百人，阿流六百人，折支三百人，拿吉一千人，阿立不詳，黑三百人，的瓦不詳，阿流苦姓五百人，嚕補不詳，阿大馬五千人，迭使一千人，丙資馬一千人，必谷不詳，神以六百人，姓黑不詳，莫石一千人，模洗不詳。

二、安土司所轄者三十三支：苦姓三千人，花姓七千人，梢姓八百人，蘇姓二千人，熊姓一千人，五皋一百人，五母二百人，徐姓一千人，底洗一百人，洗馬溪馬三百人，米西馬三百人，立使一百人，立侯馬不詳，王姓八千人，不易馬五百人，很黑一百人，補西馬不詳，九口馬二百人，要馬五百人，毋頗六百人，很口一百人，甲拉三百人，阿架四百人，體口八百人，平頭馬不詳，五苦三千人，模紅馬五百人，補以二百人，阿六馬三千人，甘宋五百人，麻結一百人，焦脚五百人，黄姓七百人。

三、楊土司所轄者十四支：阿著一千人，吾奇二千人，不及七百人，莫石五百人，雞取三百人，魯姓二千人，阿六馬三千人，恩展七千人，丁姓六百人，盧姓四百人，胡姓一千人，韓姓五百人，阿侯二萬人，暑千一萬人。

四、泠土司所轄者九支：阿侯二萬人，暑干一萬人，能紅五千人，哇屠三千人，石展三千人，入欠五千人，黑你七千人，瓦説五千人，阿你馬三千人。

峨馬夷人

乾、嘉盛時，留意邊防，雲南峨馬各邊土練常三四千。道光中葉，邊兵外調，夷人乘虚侵略，漢地之拋荒者，遂數十里。峨邊南之化林坪三四十里，東北之蔴柳壩、北沙河八九十里，馬邊西北之大竹堡、雪口山、三河口、楠木坪等地皆百餘里，西南之油榨坪、煙峰汛各數十里，雷波西北之中山坪等處亦各數十里。故漢族舊壤，竟至數十里中求一漢族而不得。偶遇舊時汛防地址，有一二被裁之緑營兵丁欲歸無所，惟向夷人承佃耕種，按年納租，顆粒不足，折銀交付，純仰夷人之鼻息以爲生活。

邊備空虚，兵不能衞民，民乃託涼山夷人以自衞，歲議包穀若干石，鹽若干斤，布若干疋，錢若干釧，謂之曰保費。保護者或至被保護者家，則必殺雞出酒，強與爲懽。稍忤夷意，夷或以虚詞恫喝，被保護者曲意承迎，必得其歡而後止。不獨零星散户偪近夷巢者然，即内地場市漢族，亦必按户攤錢，求保護於某支黑夷，謂之曰包山費，又曰看路費。毛坪場之年納雅札支錢一百釧，永安場之年納冑扭支錢六十釧，皆是此例。既納保費矣，而漢族彼往此來，不攜一物，路程僅二三十里，必出鹽一二斤或一二百文以與夷人，令其同行，方能到達地點，否則夷人相遇，謂爲儻來之物，掠賣涼山，終身不返。至商人道經其地之按照貨物以納金求保者，更無論矣。凡至夷地貿易者，先於漢地覓一黑夷，按照所帶貨物值十抽一，卽如展轉交保，任其所之，苟遇危險，皆由承保者擔負賠償。然償者八之三，騙者則十之七也。

粵瑶

兩粵之地，瑶居半，皆祖盤古而宗狗頭王。王，卽槃瓠也。瑶之祀祖，輒以十月朔，令男女既冠笄者，連襟而舞，謂之踏瑶。兩相悦，祀畢，男遂負女去。粵東則更以七月望日，俾兩髻男、三髻女衣五彩裾，歌且舞以妥侑焉。在粵西者，種凡三，曰高山，曰花肚，曰平地。高山最獷悍，花肚次之，平地又次之。向設瑶目一、瑶甲六以轄之，中又分瑶與狼。狼，客户也。明萬曆時，調狼兵征羅旁溪瑶，其族類遂蒸於曲江以北，東繞羅旁，面連山，聚族而居，惟連之八排，子姓繁衍，桀驁難馴，地廣七百餘里。輪倍之，率爲盤姓。其他趙、馮、鄧、唐諸氏皆漢人，以避瑶賦誅求，舉家竄入，日濡月染，而飲食衣服器用皆與真瑶無異。自四姓竄身瑶中，教製軍器，教撓邊疆，教肆掠刦，蠢而兇者，日浸悍而黠矣。

山官者，瑶總也，總之下，有瑶目八人，轄諸瑶。約歲九月入城謁縣尹，投郵落安靖結，無跪拜禮，間攜野珍一二獻，或兔或獐，官則賞之以銀若布。時署中盛陳儀仗，示威以懾之。瑶從者歸，語其儕偶，云不畏中間端坐者，只怕兩旁雞毛官，謂隸卒也。納糧，則委之里長，交好者倍其賦以付，予取予求，不汝瑕疵也。少欺謾，立加以刃，否則要諸路而殲之。

廣東連州直隸州，界連湖南藍山、臨武等縣，又與連山、綏瑶廳界昆連，時有漢、瑶互訟之案。綏瑶同知署距州城七十里，山城斗大，居民不及五十家，別有行署在三江城，乃審訊漢、瑶訟案之所，三江協駐焉。瑶人赴州署完納錢糧，除賞給銀牌外，復給以鹽酒豆腐諸物，瑶人即於大堂下炊爨，歡飲而去，其性則甚馴也。

湘瑶

郿瑶有二種，一曰高山瑶，一曰平地瑶。高山瑶蓬頭跣足，言語侏㒧，衣服斑斕，登高涉險，捷若猿猱。平地瑶飲食衣服與漢族同，其佃種力作營生置產皆然，惟與瑶人言則瑶語，漢族言則漢語。女多贅壻於家，棄其姓而從之，生子後乃去。

桂楊州北界常寧大山，曰洋泉洞，白水洞，盤紆數百里，深林密箐，有瑶居之。漢族墾田傍山下，瑶則墾山種作，自云瑶耕山，漢耕田。凡山，皆羣瑶世業也。高山瑶依山爲食，一二歲輒棄去，更治他山。平地瑶爲熟瑶，頗與漢族相比狎，語言亦同。

永明縣境，三面接粤，諸瑶錯處，有真贋二種。以盤、李、周、趙、沈、鄭、鄧、唐八姓爲真瑶，他姓爲贋瑶。

畬客

畬客，亦瑶也，本爲古八蠻之種。五溪以南之嶺，迤邐巴蜀，有藍、胡、槃、侯四姓，槃姓爲多，相傳皆高辛狗王之後，以犬戎奇功，尚帝少女，封於南山，種落遂繁衍，今其族猶以歲時祀之。

麽些

麽些，即《唐書》所載麽些兵是也。在雲南維西。明土知府木氏攻取吐番六村康普葉枝、其宗喇普地，屠其民，徙麽些，令戍之，後漸蕃衍，倚山而居，覆板爲屋，檐低僅容人。頭目所轄爲一二三百户，或百餘户，或數十户。建設時，地大户繁者爲土千總把總，爲頭人，次爲鄉約，次爲火頭，皆各子其民，子繼弟及，世守莫易，稱爲木瓜，猶漢言官也。對之稱爲那哈，猶漢言主也。所屬麽些見之，皆跪拜奉物，發言時，屈一膝，訟亦赴愬。有不率，頭目鞭笞之。農時助頭目工三日，穀將熟，取其青者蒸而舂脱粟，曰扁米，家獻二三升，臘奉雞米。元日，頭目以酒飯勞之。火頭見頭人土官，則拜而侍坐。火頭，乃頭人之所屬也。

估倧

過瀾滄江百里有部落曰估倧，有二種，皆無姓氏。近城及其宗喇普，明木氏之所屠未盡者，散處麽些之間，謂之麽些估倧，奔子欄柯墩子者，謂之臬估倧。語言雖同，習俗性情，與麽些迥别。

那馬

那馬，本民家，僰人也，瀾滄、弓籠皆有之。地界蘭州，多不能自記其姓氏，麽些謂之那馬，遂以那馬名之。語言實與民家無異，男女衣服之飾，雜用佸倧、麽些之制，而受制於麽些頭人。

仡佬能捍紅苗

仡佬居湖南瀘溪之上下五都、大章、小章、洞庭山等處，及乾州廳東南境各寨落，凡百數十處。亦有散居永順、保靖、永綏間者，居漢村，則遂爲漢人；居苗寨，則遂爲苗人，而言語亦與苗異。其人耐勞習儉，不爲亂，能捍紅苗。乾、嘉間平苗之役，頗得其力。

倮倮

倮倮者，自西藏東部至四川、雲南邊境，金沙江流域皆其所居，構屋於山間崖腹，從事耕牧，湘、黔、兩粵亦有之，名稱因所在而異，倮倮特其一也。其人往來於山間巢窟者，如履平地，時出刦掠鄰近諸部，而藏族被害尤甚。軀幹較内地人爲長大，身體正直不屈，四肢細長，筋骨強壯。惟性怠惰，耽安逸，厭操作，故肥滿而大。面橢圓，帶褐色，眼大，頰骨突出，鼻弓形而稍廣，口之上脣稍薄，俗有拔鬚髯之風，齒白而整齊，雖年老不脱，蓋不食熬肉故也。然面生皺紋甚早，其紋滿面，且達於額。額甚大而高，髮橙黃色，總爲一束，集於額上，覆以綿布，狀如犀角，長及九寸。

倮倮有階級，白種者，歷代土酋相傳之血統也。乾倮倮如庶族。别有所謂上馬奴、下馬奴者，古昔蔡家等種人充之，後皆脱離而自主矣。上馬奴、下馬奴者，土酋上下馬時，此奴伏地以足踏其背而上。酋爲盧、隴、安、陽四姓，此冒漢姓，其真姓則安日納子波，陽日側波。其巨室尚擁數十百里之地，人民數萬，田租萬千石，羊豕萬頭，曾與巴布、在川、滇、黔之間，大河環繞，森林重疊，外人除種痘師外不能入。常出侵略鄰近州縣，軀格極強大。大木干酋長之稱。通婚。酋有子若干，皆裂土地人民而均分之，品位亦齊等，惟其勢則日分日微矣。

黑羅羅

倮倮亦曰黑羅羅，又曰烏蠻，本名盧鹿，訛爲今名，在貴州之平遠、大定、黔西、威寧。俗尚鬼，故又曰羅鬼。性愚而戀主。

緑瓟

滇中倮儸有黑白二種，皆多壽，一百八九十歲乃死，至二百歲者。子孫不敢同居，舁之深谷大箐中，留四五年糧。此倮不省人事，但知炊卧而已。遍體生緑毛，如苔，尻突成尾，久之長於身。朱髪金睛，鉤牙銛爪。其攀陟巖壑往來如飛，攫虎豹獐鹿爲食，象亦畏之。漢族見之，呼之曰緑瓟。

寧遠倮夷

湖南寧遠倮夷分二種，一黑骨頭，相傳爲孟獲遺種，膚粗不潔，不蓄髪鬚，男以尚義無外遇爲重，女以有節不苟合爲榮。其人如山林不廣，使娃不多，則終身不得娶。至於生女，則無論貧富，人争求婚。

一白骨頭，即使娃，爲黑骨頭所擄之漢男女。在漢族視之，則均呼之爲倮夷耳。其宗族，各襲其始祖之名字以爲支，猶漢人之某姓某家，若生齒過繁，或子孫有著名兇惡者，則就中葉著名之祖名别爲一支。支名雖異，本姓則一。至各支使娃，則從其主人之支名，其姻黨僅本支中黑白相屬親疏相伴。此外則結爲婚姻，以厚黨援，曰祖父母姑黨，曰姊妹妻黨，曰兒女婚黨，有事則使其相助，各黨亦必相助，以責後日之報。

爨人

爨人，居雲南曲靖府山中，爲坫夷之後。

畲客

畲客産於處州，或稱其爲盤瓠之遺種，與福建之狗頭蠻實同一族。其至處州，當在順治朝，蓋由交趾遷瓊州，由瓊州遷處州也。

對於官長，自稱畲客，漢族亦稱之曰畲客，或曰客家。若見面相稱，則曰我邊人，忌用畲字。於婦人亦然，稱彼女第三人稱。曰畲客婆，見面則稱阿嫂。

婦人亦曰畲客女，牧牛馬，伐薪，擔而賣於市，與男子同處，勤耕作，善歌，漢族稱曰畲客歌。温州、金華亦有之，類居深山，金華人則謂其爲回人，殆非也。在金華者皆業耕種，間有入伍爲兵與製造首飾者。婦女面目姣好，不纏足，躡花鞋。

或曰，畲客卽社民，在閩、浙間，俗訛爲佘民，而又訛爲畲客，蓋漢時所謂山越者是也。

臺灣番人

臺灣土人，不知所自昉，俗謂之番人。聞自海外遷來，及宋末零丁洋師敗，遁歸。其種類甚多，南自加六堂至崇爻七十二社，北自崇爻至雞籠番社尤不可勝數。自康熙癸亥開臺以來，漸次歸順。臺灣被割，等於日本之蝦夷矣。

臺灣內山有社，曰嘟嚂，其人翦髮，突睛，大耳，狀甚惡，足指楂枒如雞爪，升樹如猿獮，善射好殺，俗稱之曰雞距番。食息皆在樹間，非種植不至平地。深夜輒獨出，至海濱取水，遇土番，往往竊其首去，土番亦追殺不遺餘力。蓋其足趾楂枒，不利平地，多爲土番追及。既登樹，則穿林度棘，不可復制矣。其巢與雞籠山相近，無路可通，土人扳藤上下，與之交易，一月一次，雖生番亦懾焉。惟懼礮火，聞聲卽跳遁。

淡水熟番

臺灣之淡水縣熟番極多，男子膚略黑，眉宇間似有桀驁狀。婦女則面目姣好，明豔動人。

德番孟番

廣西邊境高地一帶，有越南一種部落名德番者，聚族居焉，旁近田畝皆其所有。惟人口不衆，地皆荒蕪，故招集附近一種部落名孟番者，代耕其田。孟番耕種地畝既久，乃有久假不歸之意，惟德番則始終以佃户視之。孟番終歲勤勞，安居樂業，性質極優美，德番遊手好閒，大半吸食鴉片。

黄毛人

山東煙臺深山之樵者，恆見毛人，形似小兒，蒼色紅目，長不盈尺，男女老幼，一一皆備。薄暮時，輒三五成羣而出，跳躍舞蹈，互相撲跌以爲戲。音嗚嗚如蚓笛，不可辨，身輕如蟬翼。近之，即越澗度嶺而去，不知其棲止何處也。

俄人歸化

乾隆癸卯，有俄羅斯人四十餘户，由科布多投誠，求内附。奉諭撫慰，按户賜予口糧，令其回國。

韓人歸化

宣統庚戌，日本滅韓，韓人求内附，多有入籍於吉林各縣者。

清稗類鈔

宗教類

宗教發源於亞洲

宗教者，以神道設教而設立誡約，使人崇拜信仰者也。蒙昧之世，民智未啓，驚天然之美麗，痛生死之無常，不知由來，乃悉舉智識範圍之外一切歸之於神，而奉祀之，崇拜之，此宗教所由起也。

世界宗教之大者，皆發源於亞細亞洲。如猶太教、基督教興於猶太，回教興於阿剌伯，婆羅門教、釋教興於印度是也。其行於我國者，爲釋教、猶太教、基督教、回教。

宗教之類別

宗教之敬奉一神者，如基督教、回教等，曰一神教，我國有之。敬奉多神者，如印度婆羅門教等，曰多神教，我國無之。虛談玄理不奉一神者，如釋教之本相，曰無神教，我國有之。任舉一物皆可崇拜者，如番人之拜樹拜蟲，曰敬物教，我國有之。

宗教維繫人心

某居士耽禪悅信内典，而厭惡僧侶，嘗斥其坐食分利。錢塘徐新華女士則謂工藝不興，游民日衆，託業沙門，亦聊以自贍耳。且分利者世亦甚多，叔季之世，人心日漓，道德法律，皆不足以救世，猶幸有宗教以維繫人心於萬一耳。迷信果盡除，小人亦何所憚而不爲耶！

我國之宗教

我國宗教，向以儒、釋、道三者並稱。儒家集大成於孔子，爲我國進化之階梯。實則全係學説，不具迷信，固非宗教所能比擬。政府對於各教，亦素無歧視之見，與歐西之標明國教者不同。蓋我國俗尚，上級社會，大都以儒學爲依歸，而旁參佛學之哲理；下級社會，始有神道之信仰，則以釋、道、回、基督四教爲著，若猶太教則微末已甚矣。

歸化有四大宗教

歸化宗教，四者具備。喇嘛多滿洲、蒙古人，亦有西藏人廁於其列。然城内外佛教之大小昭昭即寺。既甚多。而城北有清真寺，回族頗衆。且城南有關帝廟，道士居之，則道教也。城西有福音、天主兩堂，則基督教也。四大宗教，固皆萃於是矣。

河南有三教堂

乾隆初，河南立三教，合釋迦、老子、孔子偶像爲一殿，立堂五百九十餘處。河南學政林枝春奏，萬世之師，乃屈居釋、道之下，舉事不經，誣妄實甚，競施耗産，以蔑典常，請勅該撫嚴行禁止。旋奉旨，令查明通省書院、義學宜於安奉聖像處，漸次奉迎安設，僧道酌令還於别寺觀居住，其佛老諸像，亦聽其移奉。枝春，字荇浦。

四川有儒釋道三教之壇

四川太平縣有壇，曰聖教壇，以儒、釋、道三教爲主。凡入教者，遇壇中薦齋薦會時，雖有要事，亦必前往供役。

康熙朝之釋道二教

康熙丁未七月，禮部題爲遵旨議奏事，禮科抄出禮部等衙門題前事奉旨依議，欽此。隨經行文各該巡撫造報去後，各該巡撫陸續報部，該臣等計算直隸各省巡撫造送册内，勅建大寺廟共六千七十三處，小寺廟共六千四百九處，私建大寺廟共八千四百五十八處，小寺廟共五萬八千六百八十二處。僧共一十一萬二百九十二名，道士共二萬一千二百八十六名，尼姑共八千六百一十五名。以上通共寺廟七萬九千六百二十二處，僧道尼姑共一十四萬一百九十三名，奉旨依議。

釋教

釋教，一稱佛教，創於印度之釋迦牟尼，以開迷覺悟、脱俗離欲、厭現世、超冥界爲宗旨。後漢明帝時，由迦葉摩騰傳入，至中古而大盛，名人輩出，翻譯經典，遂有《大藏經》全書，分俱舍、成實、三論、法相、攝論、華嚴、天台、密教、淨土、禪宗諸派。淨土、禪宗二派推行最廣。淨土乃東晉時慧遠所創。南梁時菩提達摩東來，又創禪宗，與之並峙。其後分爲臨濟、曹洞、雲門、法眼、黄龍、楊岐、潙仰等派。晚近以來，臨濟一派獨占勢力於全國，論其內容，實爲淨、禪二宗所混合也。

寺院徧郡邑，供奉文殊、普賢、釋迦、觀音諸像。晚近信徒多乏知識，但業懺醮爲生計。男稱僧，女稱尼。惟人情每不能脱然於生死之際，故中下社會仍多信之，用以治喪，外人遂稱我國爲佛教國。其實漢族於此，遠不及蒙、藏二族信奉喇嘛教之篤也。

釋教徒之神話

藏人嘗謂佛教入藏之初，其地全係高山窮谷，大港巨湖，居民皆猴而非人。時釋迦牟尼游其地，見之，問衆猴曰：「何未成人而從吾教乎？」衆猴曰：「此間地勢如此，難以成人。成人後，恐難生活，又焉能誦習貴教耶？」釋迦曰：「爾等倘能成人而從吾教，則吾賜爾肥沃之地，以資食息。」衆猴唯唯。釋迦即鑿地穴於喜馬拉雅山下，并設運河以通印度北恆河，而湖港各流自是均入運河，成爲介安子大平原。衆猴見之，大驚，頃刻卽化人身，從佛教，流傳以逮今日。或曰，今之達賴、班禪兩喇嘛爲最大兩猴之化身，儗之於獸，尊之而實褻之也。

世祖崇信竺乾

世祖崇信竺乾，每於西苑，禮接高僧登座説法。嘗迎玉琳禪師入都供養，從玉琳乞命名，因名曰慧橐，而以山臆爲字，幼庵爲號，各鐫玉章，凡御製書畫，輒用之。一日，復欲取别號，命玉琳擬數十字以進，并諭玉琳，其字義須含有不美之意者，將因號以自警。玉琳遵擬數十字，世祖親取「癡」字，因號癡道人。《玉琳語録》編首，刊有世祖御筆答詔，卽爲取號事也。詔末自署弟子癡道人，下鈐篆文「癡道人」三字，長方小璽。

聖祖深通内典

聖祖深通内典，南巡時，嘗與諸老宿相印證，所幸名刹，輒灑宸翰。木陳和尚，名道忞，主天童法席，聖祖禮迎入都供養，後封宏覺國師，有《北游集》。

高宗詔譯佛經

乾隆時，高宗以舊譯佛經多失本真，詔開清字經館，以唐古忒文譯西番文，又以蒙古文譯唐古忒文，再以滿文譯蒙古文，於是往之真面目始出。又仿譯經潤文之例，董以親王，總以章嘉國師，置翻譯生若干員。《金剛經》之「如夢幻泡影」、「如露亦如電」句，原本甚冗長，凡十數句，唐人譯本節之耳。又西藏獨無《楞嚴經》，章嘉國師乃以唐古忒文譯之，俾流布於藏中。

喇嘛教

喇嘛教爲釋教别支，有紅教、黄教二大派。又有黑教，其教徒狡悍陰鷙，飲酒食肉，被服鮮麗，娶婦女，無戒律。其演法則有跳布札、放鳥、卜藏諸技，其唪經則有吉祥、天母、大游戲、迎新年、龍王水、寶匣、沐浴諸名目，其皈依釋迦、金剛、毗盧藥師、無量壽諸佛，則類浮屠，其髡首不蓄髮亦同。定例：凡祈禱雨雪，救護日月食，皆令演法唪經。而長年承應内廷者至數十百人之多，出則横行街市，莫敢誰何，糜帑惑民，於義無取。蓋國初喇嘛效順最早，而其術盛行東土，又夙爲蒙古諸部落所崇信，故優禮之，藉以覊縻外藩也。

紅教

紅教喇嘛髮長及地，纏以紅布，盤於頂。其迎迓高等喇嘛時，則戴大笠，挽髮爲高髻，以笠罩之。笠頂甚高，有刻佛像者，則從西藏受戒來，否則無之。其經典與黃教大半相同，惟其中別有一派，尚法術，能咒刀入石，復屈而結之，又能呼風雨，役鬼神。

黃教

黃教喇嘛惟誦經典，習静禪坐，不爲幻法，而諸邪不能侵之，故蒙、藏人之敬禮黃教輒重於紅教焉。

黑教

自黃、紅二教外，又有黑教，其喇嘛率多妻，茹葷飲酒，專以邪法爲生活，皆居於家。

白教黑教

青海之柴達木多寺院，最大者曰都藍寺，佛法經典又較青海東部各寺爲高，僅亞於西藏，異僧不時出焉。僧家持戒律，誦藏經，務求實際，不似沿邊僧寺徒襲法台、僧綱之虚名而已也。其間各有等級，曰格楞者，明字母，能諷經者也。曰格錫者，經明行修者也。曰喇嘛者，由藏考試及格，錫以名，謂慧性不滅，能以靈魂傳至再世，即所謂轉生是也。進而上之曰呼圖克圖，則惟國家特封名號，建有專寺，始克世襲者也。此外有熱主巴者，番僧家稱爲修行士也，以誦經、講解、禪定爲宗旨，亦有著書立說，以自陳其所學者。其中又有學博名高，僧徒從學自數十人至數百人，遠近蒙、番争輦貨財器物食用奉佈施以表誠敬。光、宣間，柴達木有夏莽者，僧俗咸尊之爲佛，數千里外皆仰重焉。此則韋布之士，無位而貴，無禄而富，不藉錫名封號，以積學爲高者也。

其宗紅教者，俗名本卜子，類多怪誕之説。如問卜醫病，禱雨迴風，及咒人畜、吞刀火等事，率稱奇驗，土人篤信之，久且諱其短，炫其長。黄教不認其爲同派，拒而遠之，幾如冰炭之不相容，更或奴隸視之，役之而爲近侍。從前紅教爲舊教，黄教爲新教。晚近則號黄教爲白教，紅教爲黑教，明其衣鉢非真也。

紅黄二教分界念經

麗江中甸有喇嘛數千餘人，至自西藏，分紅、黄二教。歸化寺有黄教二千餘人，承恩寺有紅教四十人，黄教恃衆凌之，紅教莫如之何。嘉慶己未冬，紅教收四徒，黄教從而訌之，率徒二百人赴紅教廟，欲強新徒歸黄教，幾至生變。署同知陳務本，號誠齋；城守李上林，號文囿，率兵五十名，先逮新徒四人，並捕大喇嘛一及其五品官教沙一，六品官康干八，訊之，無狀。陳欲重責大喇嘛，時營官二員、神翁五員、兵把十六員侍立，齊跪求哀免，久之始允。營官、神翁、兵把，即内地土守備、土千總、土把總也。陳再詢教沙等，各杖一百。蓋自雍正丁未改土歸流以來，歷任養癰，故喇嘛乃愈横，而誠齋乃將滋事有品級喇嘛十人各杖一百，始無事。其後誠齋詳由滇督，牒告西藏辦事大臣移知達賴喇嘛，達賴乃札知黃教，分紅、黃二教地界，打鼓念經，仍准紅教收徒，爭乃息。

紅教先於黃教

紅教之成立先於黃。蓋明代諸法王皆賜紅綺禪衣，號爲紅教。其後專以吞刀吐火炫俗，無異師巫。有宗喀巴一名羅卜藏札克巴。者，深觀時數，當改立教，即會衆自黃其衣冠，遺囑二大弟子，世世以呼畢勒罕轉生，演大乘教。呼畢勒罕者，亦曰大力克，華言化身也。二弟子，一曰達賴喇嘛，一曰班禪額爾德尼。達賴者，梵言海，謂其智慧法力如海也。喇嘛者，喇之義爲上，嘛之義爲無，華言無上，猶云上人也。皆死而不失其通，自知所往生之地，諸弟子親迎而立之。第一世曰敦根珠，第二世曰根敦嘉穆錯，第三世曰鎖南嘉穆錯。是時黃教益盛，紅教中大寶、大乘諸法王皆改從黃教，化行諸部，東西數萬里，熬茶膜拜，視若天神，諸番王徒擁虛位，不復能施其號令。第四世曰雲丹嘉穆錯，第五世曰羅卜藏嘉穆錯。崇德丁丑，喀爾喀三汗奏請發幣使，延達賴喇嘛。己卯，因厄魯特使貽達賴書，達賴亦遣使至盛京，獻書貢方物。順治壬辰，達賴朝京師，世祖賓之於太和殿，建西黃寺居之，封西天自在大善佛，領天下釋教。康熙壬戌，第五世達賴卒，其徒第巴欲圖國事，託言達賴入定，居高閣，不見人，事皆決於第巴，其後恐事發，乃擁立假達賴，是爲第六世。青海諸蒙古人皆不信，而別奉裏塘之噶爾藏嘉穆錯，即康熙壬子所勅封者也。噶爾藏嘉穆錯，即新胡必爾汗。是年二月，聖祖詔封新胡必爾汗爲弘法覺衆第六世達賴喇嘛，派滿、漢官衆及青海官兵送往西藏。

或曰，宗喀巴有三弟子，曰達賴喇嘛，曰班禪額爾德尼，曰哲布尊丹巴。達賴居前藏之拉薩，班禪居後藏之日喀則，哲布尊丹巴居外蒙古之庫倫。皆號稱世世轉生，輪迴不已。

呼圖克圖

呼圖克圖，卽再來人，《明史》所謂尚師也，其名號本起於紅教。紅教喇嘛最尊者爲薩迦呼圖克圖，卽元帝師帕斯巴喇嘛之後。黄教之祖宗喀巴，其始亦受經於薩迦廟之呼圖克圖。其大弟子達賴喇嘛又有二弟子亦名呼圖克圖，一曰濟隆，一曰第穆，分掌教化。每當達賴圓寂，班禪或呼圖克圖可代理印務。明隆慶後，稱胡土克圖，其名稱流播於青海、漠南北蒙古等處。大喇嘛學道能轉世者，則達賴、班禪印證之，得爲呼圖克圖。又有尊而上之曰大呼圖克圖者，如漠北之蒙古喇嘛，皆以轉生嗣位，或受中朝封號。至國朝，凡自稱呼圖克圖者，皆錫名號，俾其世世掌教。又有修行未深初轉一二世者，曰沙布倫，亦得建專寺。綜計喇嘛之能出呼畢勒罕入理藩院册者，西藏號呼圖克圖者十有八，號沙布倫者十有二，漠北蒙古十有九，漠南蒙古五十有七，青海番地三十有五，四川察木多番地五。又駐京呼圖克圖十有四，都凡呼畢勒罕百六十人。惟青海諾們汗一支久同世襲，許以親族入籤。其後又調取西藏、青海、漠南北蒙古、察木多之呼圖克圖，輪流駐京，擇其道行高者使掌印，三歲而更代。

四大活佛

達賴喇嘛、班禪額爾德尼、哲布尊丹巴之外，有章嘉，合之，則爲四大活佛。活佛，卽呼圖克圖也。其下尚有八大家，亦有呼圖克圖名號。

章嘉

元、明兩代，均封章嘉活佛爲大國師，頒有敕書，本朝尤加以敬禮，故亦以大國師封之，並授以金印、金册、誥敕等件。

金奔巴瓶掣籤

裏塘之噶爾藏嘉穆錯爲眞達賴，卽聖祖勅封之弘法覺衆第六世達賴喇嘛也。與藏中所立，互相是非，高宗令暫居西寧紅山寺，旋移塔爾寺。蓋宗喀巴有一花五葉之讖，故自六世以後登座者，無復眞觀密諦，僅憑垂仲降神指示。垂仲者，猶内地師巫也。高宗久悉其弊，欲革之而未有會也。乾隆壬子，乘用兵之後，特定辦法，創頒金奔巴瓶一，供於中藏大昭之吉祥天母前，遇有呼畢勒罕出世互報差異者，則納籤於瓶，誦經降神，大臣會同達賴、班禪於宗喀巴像前掣之。而各札薩克所奉之呼圖克圖，其呼畢勒罕將出世，亦報名理藩院，與住京之章嘉呼圖克圖掣之，瓶供京師雍和宫。

或曰，達賴喇嘛、班禪額爾德尼，率言永遠轉生，以嗣其教。行之日久，徒衆稍有道行者，亦踵其轉生之説，以致呼畢勒罕多如牛毛。蒙古王公有利其寺之貲産者，輒言於達賴喇嘛，指其子姪爲的乳，互相承授，遂與世爵無異。高宗深知其弊，因習久難革，故有金奔巴瓶之作用，遇有呼圖克圖圓寂者，卽揀是歲所産之聰慧者，書名於籤，令達賴、班禪會同駐藏大臣封名掣之，弊始絶，時謂爲活佛掣籤。

或又曰，必逾十五齡而後選定，且或同時有二人以上有被選資格者。

敕封活佛印册

國初，達賴喇嘛、班禪額爾德尼入覲，大抵皆賜金印、金册，或玉印、玉册。第七輩達賴喇嘛有金印、玉寶，其金印文云：「敕封西天大善自在佛統領一作總理。天下釋教普通瓦一作日。赤拉呾一作坦。喇達賴喇嘛之印」。玉印文同，惟「印」字易「寶」字。又有金册、玉册。玉册長六寸餘，寬約四寸，頁厚二分，邊刻龍文，面鏤「敕封達賴喇嘛之玉册」，册之字有四體。四體者，前漢文，次唐古忒文，次蒙古文，最後爲滿文。滿文右行，實則先滿文，次蒙古文，次唐古忒文，最後爲漢文也。册凡十五頁，不相聯。金册大小如之，亦十五頁，而聯其腦，如展書然，皆以紫檀木座盛之。若班禪額爾德尼，則有金印、金册而無玉印、玉册。

活佛傳鉢

達賴喇嘛將死，能不迷其本性，預言某月某日託生於某所。始墮地，卽能自言前生，諸弟子乃載其生前念珠鉢往，中雜以平時所用物數十具，置嬰兒前。兒諦視久，徐伸手，拈其前生服御物，摩挲不忍釋，餘置不顧，乃諏日奉之歸，是爲傳鉢。

活佛過境之供應

乾隆庚子，哲布尊丹巴呼圖克圖之呼畢勒罕，自西藏至庫倫坐牀，由朝廷特遣大臣蒙古王等迎接，兵部頒給路票。從者五百餘人，由精依口界行走，至庫倫熬茶，呈進丹書克等項。呼圖克圖商上出銀四萬兩，四部落札薩克出銀一萬兩，汗王札薩克等出銀一千兩，佽助至青海，寄留人馬馱隻，至呼畢勒罕受戒，由班禪額爾德尼教授。又以沿途西寧、四川，所屬喉安果羅克番子惡賊等行刼可慮，派兵護送，俗稱活佛過境，殊可觀也。

喇嘛爲呼圖克圖誦經

光緒朝，青海東科寺呼圖克圖圓寂，靈前所陳，有高椅並袈裟一襲，案旁牟尼一串，皆呼圖克圖生前所御者也。數喇嘛披袈裟，坐地諷經，階前掛招魂旛，皆唐古忒文。後堂有一室，爲呼圖克圖習靜所，中設坐禪牀，燃酥油燈，陳清水盞，一榻以外，桌椅數事而已。房外執事喇嘛屏息以伺，如事其生。大經堂有五色紙所黏冥物，委積如山邱。

門外蒙、番男女膜拜頂禮者以數百計，皆跣足，人陳經珠於地，近額端，數爲百八粒。其拜，手合掌，雙膝齊跪而伏，伸其脛，兩掌叉於前，身挺直，如蛙之浮水然。復以額叩地而後起，將起，撥移經珠一粒爲記，凡起立百八次，磕雙倍頭者，則起立共二百一十六次，汗如水淋而無倦者。

門内喇嘛數十輩盤膝坐階下，此皆俗番之初爲僧者。堂階歷數級，檐下鋪木板，光明可鑒，深印痕，長狹圓曲不一形，皆喇嘛跪拜所磨陷者也。前長而狹者爲兩肘痕，後圓者爲膝痕，曲者爲趾痕。是時革韡滿地，蓋若輩至檐下，例脱韡入室，退卽著之而去，往往不辨爲人履我履也。

佛堂深數重，白晝如暗室，中懸大琉璃燈，上供宗喀巴像，及達賴數世像，以外大小神佛無算。歡喜佛像高自七八分至五寸者，或纍於龕，或藏於匣，不可畢數。像前各燃酥以供，小銅缸中盛清水各數十盞。地鋪氈毹，數十喇嘛依次而盤膝坐，衆僧官分坐於衆喇嘛後，中兩楹之下，設兩高座，爲僧綱坐位，督衆諷經。居中高座，疊黄氆氌數重，旁置梯上下，則呼圖克圖講經之位也。呼圖克圖公出，則以法台之資深經熟者代之。法台，卽僧官之曲琫也。西藏高僧過此，亦可坐此宣講。

俄而樓中喇叭聲，堂上法螺聲，皮鼓聲，鐃鈸聲，音樂雜奏。堂上下喇嘛皆起立，則法台至矣。前導旌旛八，人各戴紅布帽，頂上騎縫，緣以羊毛一道，形如雞冠。法台露頂合掌，至階下向上三低首，然後升，不脱履，入户。禮佛畢，侍者扶之升座。坐定，衆亦坐，音樂戛然止。僧綱執界尺前後巡。少焉，僧綱、衆僧官各就位，鐘磬聲復作，法台念念有詞，衆闃然和之。暮，樓閣上下排列缸酥千萬盞，遠望如火龍百道，風吹，燄益明，喇叭聲又作。堂上諷經止，喇嘛端坐不少動，有僧官率僧役擔木匣至，内具青稞粉糖酥，衆喇嘛各於懷中出木碗一，僧役各給以麵粉一掬，再給以糖，給以酥，喇嘛遍領訖。又有僧官率僧役攜數巨壺之茶至，遍給以茶。喇嘛自調茶麵搓酥而食，惟法台飲而不食，以其道行高，能耐飢也。僧綱、衆僧官亦然，以其執事煩，例不遑食也。階下喇嘛亦給飲不給食，以其初進門牆，未得升堂入室，僅可止渴，未可充飢也。堂上喇嘛食畢，木碗復懷之。僧綱又起巡，法台高講梵經，堂上皆側耳聽，舉目視。有頃，木魚閣閣然鳴，法台即率衆高誦，喃喃然，囉囉然，樓中喇叭，堂上之法螺、皮鼓、鐃鈸齊作。法台徐徐起，梯而下，且行且諷，僧綱、衆僧官、衆喇嘛咸起立，俟法台出，乃出户，著履而行，自廊而階而門，階下衆喇嘛亦隨之紛然散，門以内，萬籟寂矣。

達賴阿嘉兩喇嘛鬭法

甘肅西寧城外塔爾寺，爲阿嘉喇嘛卓錫之所。光緒丁未，西藏達賴喇嘛逃入俄境，爲駐藏辦事大臣達壽邀回，安置西寧。達賴以掌理天下釋教自居，不肯往謁阿嘉，而阿嘉亦以西寧一帶爲其管轄之地，傲不相下。彼此惡感既深，達賴思以術勝之，乃以牛羊等獸之首埋於土，加以禁咒，爲魘勝之舉。未幾，阿嘉適以疾卒，年未三十也。其徒衆大譁，控之西寧辦事大臣慶恕，謂達賴以術殺人。慶率衆往所埋處驗之，信，乃牒詰達賴。達賴覆稱按照藏經某條，行此法者，係感謝大皇帝相待之優，故藉以祈福，並無他意云云，後亦不復究。

喇嘛法器

喇嘛禮佛之梵宇，建築莊嚴，入門爲禮拜室，其側，祭壇在焉。壇列法器甚夥，其至詭異者，一法鼓，以革或銅製成，置於架，或懸空中。二凈杯，以銅或銀製之，用以供清水。三梵鼓，製如法鼓而較小，以人之頭蓋骨爲之。四人骨笛，以人腿骨製之。四菩提珠，亦稱佛珠，種類不一，有以古木製者，有以喜馬拉雅山之樹子製者，有以人頭骨製者，有以獸骨及香質製者。相傳諸佛菩薩各因所好而佩之。故瞻拜觀音，用貝殼所製之白珠，若爲死者唪經懺悔，則必人頭蓋骨珠。此外又有鉢杯及鮮花、食米、佛經、金鏡、鐃鈸、號角、法螺等種種，每月並以米粉、麥粉模造各種物品，供之佛前。

歡喜佛

歡喜佛，作人獸交媾狀，種類甚多，有男與雌獸交者，有女與雄獸交者。相傳出自蒙古。某喇嘛因佛教盛行，人多持獨身主義，而不欲結婚，於是人種日衰，一部落僅有數人，見而大悲，恐人類之滅絶也，遂幻其說，謂交媾本佛所有事，製爲各種雌雄交媾狀，名之曰歡喜佛，獨身之俗漸消。後盛行於滿洲，而流弊所及，遂至淫風大甚，男女無別。大内交泰殿，即供奉歡喜佛之所也。

鹽水佛

前藏達賴喇嘛及尊貴之高僧圓寂，斂尸棺内，塞之以鹽，鹽水漏於棺底，以黄土和之，刻以模，成小佛像，並註其名，曰鹽水佛，最爲貴重。得之者，寶藏於家，一境中所在之寺院、浮屠及山林、湖水中俱有之。

蒙人崇信喇嘛教

蒙古黄教，發源西藏，主教爲哲布尊丹巴，宗喀巴第三弟子呼圖克圖之第八代也。位在西藏達賴喇嘛、班禪額爾德尼之次，統轄外蒙喇嘛，王公士庶，莫不俯首稱弟子，禮敬若神明焉。喇嘛不應差徭，不納税，蒙民趨之如鶩，往往有傾家運動，以得遣子弟充喇嘛爲榮者。惟作喇嘛，必告佐領，領有證書，始入寺，至佛前頂禮，聲鐘鼓以號衆，賜滿吉名。其父母有子死無後，報佐領，則其已爲喇嘛之别子仍使還俗奉親，不之强。至謂蒙古崇黄教，家有三子，必使二子爲喇嘛者，實讕言也。

蒙人如有患難，謂爲佛譴，即延喇嘛誦經祈禱。王公札薩克所居，必有大廟，日必誦經，常住喇嘛必在三十以上。中人之家，亦必二三月誦小經一日，三年誦大經三日，所延喇嘛之多少，以貧富定之，自一二人至數十人不等。誦經日，必邀親友聚聽。

歲必赴廟禮拜，不遠千里而往，富者或往西藏，或往庫倫，春秋二季尤盛，踵趾相接於門，常人則守候門外，或守至月餘，以被活佛手摩足蹴爲至榮。活佛出，争先羅拜，活佛之侍者以佛杖長丈許，上刻龍頭，杖端縛綢數尺。亂擊，中綢者吉，不中者謂爲獲罪。如乘車，羣恐龍杖不中，争以哈達鋪地，被輪曳過，罪，即可末減，遂捧而頂禮之。侍者荷筐而至，争先布施，至微亦必以白金十兩。王公呈遞哈達，必附布施銀，有多至十餘萬者。喇嘛之待遇，亦以銀之多寡爲差。

近邊一帶喇嘛，多置田産，所得布施之金銀，窖藏地中，祕不示人，亦間有放債於蒙古王公以收重利者。

婦女亦有轉生之説，亦呼爲呼畢勒罕，年至五十，亦剃度如尼，習誦經呪一切，均與喇嘛無異，惟不居寺，不改裝。

蒙人之於男女呼畢勒罕，皆以活佛目之。是以男女呼畢勒罕如有所往，經過之處，沿途之叩首及獻物者，絡繹於途。惟叩首者必受呼畢勒罕親手摩頂，蒙語謂之鐲他司。受者以爲無上之榮幸。往者，必以步行爲誠，謂可邀神佛之默佑而獲福也。

呼畢勒罕及喇嘛均不許娶妻，女呼畢勒罕不嫁人，然未有不與喇嘛通奸者。蒙人常云所姦之人，必厲鬼化身，非呼畢勒罕之力，不足以制之，不然，必爲人害矣。且尋常婦女爲所幸者，輒以紅綢飾室壁，自炫其榮。

漢加拉華教儀

漢加拉華者，内蒙古最大之喇嘛寺也。其教儀如下：喇嘛二三百人，老幼皆有之，趺坐寺前廣場，衣色紅紫淺黄，有等級，而以大喇嘛居中。大喇嘛坐階上寶座，爲會場主席，中有數人，脱衣露腰，謂將以受試驗，得僧職也。試驗時，兩旁之人均拍手，且作色以示意。

西康番人視佛教爲文學

西康番人以佛教爲文學，學佛教者亦稱喇嘛。各處建寺院，多至數千人，少亦數百數十，專講佛經，不婚娶，好慈悲，信詛盟，重鬼神。凡人有五子者，則以三子爲喇嘛，有二者，則以一子爲喇嘛，甚至有僅一子而亦學佛者。

道教

道教爲我國固有之教，本於老子《道德經》，故祖老聃。以制欲養性、虛無清浄爲宗旨，參以莊、列思想，雜以佛教理論。至後漢末，張道陵創爲煉丹、符籙諸術，其子孫世居江西貴溪縣之龍虎山，代守其法，稱爲正乙真人，俗稱之爲天師。其徒之稱道士者爲男，稱女冠者爲女。專藉符籙、懺醮爲生，非老聃之本旨矣。

道陵好講服食煉氣之術。吾國之技擊學，向分内外二家：外家出於達摩之禪宗，稱少林派；内家出於武當山之道家，稱武當派。内家技術恆較外家爲優，故長生雖不可知，亦有適用之精理也。

革除道士充樂官

國初，沿明例，以道士充太常寺樂官。乾隆朝，高宗特諭廷臣，釋、道二氏異樂，不宜用之。乃令道士改業，別選儒士爲樂官。

聖祖給張繼宗誥命

康熙丙寅，奉旨：「張繼宗見號真人，卽着照所襲銜名給與誥命。一切僧道，不可過於優崇，致令妄爲，爾等識之。」

基督教

基督教，唐時卽來我國。順治初，以曆算著稱。晚近以來，訂定傳教於條約之中，傳布遂廣。其信徒分新舊二派：舊派俗稱天主教，其徒多法蘭西人，傳教者曰神父；新派俗稱耶穌教，其徒多英吉利、美利堅人，傳教者曰牧師。皆熟悉吾國之方言習俗，深入內地，不憚艱險，設學校，建醫院，就教育慈善事業，盡其發展之策，以和易合羣爲宗旨，以勤儉進取爲目的。有佛家之神道作用，而無空寂之弊，有回教之堅忍不屈，而與人羣無忤，對於中下社會，最爲適宜。至藉教爲護符干預地方行政者，則皆不肖之教士也。

天主教分五區

全國所有天主教，可分五區，以河南、湖北、湖南、江西、浙江、江蘇六省爲第三區。第三區之湖南，其教派在羅馬加特力教中，屬於奥斯特里昂及佛蘭西斯襄二派。

京師天主堂

京師天主堂，建於明萬曆間，本朝一再修之，御題額曰「通微佳境」，又曰「密合天行」。以西人天文曆法可垂永久，故許其建堂禮拜，國人不得與焉。堂制狹而深，以山牆爲正向，頂如捲棚，啓窗於東西兩壁之顛，供耶穌畫像，耳鼻隆起，儼然如生。左右兩磚樓，夾堂而立。左貯天琴，午時樓門自啓，琴自作聲，移時琴止，而門亦閉矣。右爲聖母堂，像作少女抱兒狀，耶穌母馬利亞也。其衣自頂被體，無一縫。書册文皆旁行，别有沙漏、遠鏡、龍尾車之屬，以資測驗。

吴漁山爲基督教徒

吴漁山善畫，晚年好用西洋法以渲染之。蓋皈依基督教有年，且曾至歐洲，日夕濡染所致也。墓在上海大南門外，所謂天主墳者是也。碑有漁山字，其中間大字云：「天學修士漁山吴公之墓。」兩邊小書云：「公諱曆，聖名西滿，常熟縣人。康熙二十一年入耶穌會，二十七登鐸德，行教上海嘉定，五十七年在上海疾卒於聖瑪第亞瞻禮日，壽八十有七。康熙戊戌季夏，同會修士孟由義立碑。」

乾嘉兩朝禁止西人傳教

乾隆甲辰，有西洋人羅嗎當者，家居廣州，與素習天主教在逃之福建人蔡鳴皋即蔡伯多祿。相識，改裝剃髮，潛赴各省傳教。行至湖北，爲有司所逮，解京，並查獲習教傳教之艾毬三、白矜觀等，起出經本圖像。奉旨：「西洋人傳教惑衆，最爲風俗人心之害，現在各省有神父名目，尤當嚴禁。內地民人有稱神父者，卽與受其官職無異，本應重治其罪，姑念愚民被惑，利其協助，審明後，擬發伊犂，給額魯特爲奴。曾受番銀者，家產查抄入官，接引傳教之人，亦應發伊犂爲奴。至父祖相傳持戒，自當勒令悛改，將呈出經卷銷燬，毋庸深究。」

嘉慶乙亥，有廣東肇慶府習教之倪若蘭等，接引西洋人改裝之蘭日旺往湖北傳教，至湖南耒陽縣被獲。奉旨：「蘭日旺收徒傳教，煽惑多人，飭將該犯擬絞，爲從發遣爲奴。」

光緒朝基督教人數

雍正朝，世宗降旨逐天主教徒。咸豐辛未，始弛此禁。今以光緒辛卯基督教人數計之，羅馬加特力神父五百三十人，教民五十二萬五千人。路得波羅特士敦牧師男女一千二百九十六人，教民三萬七千二百八十七人。

湖南教堂後設

基督教堂徧國中，而湖南獨後。蓋湘人以勇敢排外稱，寧鄉周翰著書繪圖，詆斥耶穌，各國牧師愈益懼。光緒庚子以前，湖南教會僅常德有加特力、波羅特士敦兩堂，長沙、湘潭、岳州、衡州有波羅特士敦教堂，辰州、茶陵有加特力教堂，西人尚不敢直接傳教，歲僅兩至，晝匿夜行，稍留即去。至光緒庚子辰州教案起，英、法、德三國礮艦上溯常德，英更命其椗泊上海之艦隊續赴長江，以威力相迫脅。政府懼，既懲兇賠款，並殺都司以謝之。基督教徒大勝。會長沙開港，各教會遂乘機而入矣。

倮奉基督教

四川寧遠之倮有奉基督教者，然不誦經聽講，僅獻一雞一羊於教中，即爲皈依，蓋傳教者別有用心也。教士每以漢人無力與汝爲難之説語之。

景教

景教，亦耶穌教之流，有尼士陀利一派。其所異者，則謂彌施訶非瑪利亞之子，因是觸羅馬教皇之怒，不容於歐洲，其徒散居波斯，爲波斯王所保護，認爲國教。唐時有波斯人阿羅本者，始入我國，太宗爲建波斯寺，其後改稱大秦寺。玄宗、代宗亦崇其教。武宗時，與佛教並禁，其勢遂敗。至本朝，則絶無僅有矣。寺有《景教流行中國碑》，唐後没於地中，至明末出之。光緒時，曾有人見之於西安碑林。

回教

回教，一稱天方教，爲陳、隋間阿剌比亞人謨罕默德所創。蓋竊取猶太教、羅馬教崇奉造物主之義者，惟不事偶像，則爲彼所發明。國人以其由回紇傳來，因謂之回紇教，語譌爲回回。其教始於唐而盛於元。當時於曆算測繪之學，推爲獨步，在湯若望、南懷仁未至以前，大受社會之尊信，其教亦因此而廣播。在我國者，稱爲鬆利派，中復有亞節迷、賒布爺之别。至其立教之宗旨，則崇天道，懲惡魔。

或曰，回教之至我國也，實由謨罕默德之舅斡葛士所輸入，航海東來，止於廣東。度其時，當在唐貞觀初年。其在内地通行之教，與波斯極合，與回部所奉行者頗有出入，爲阿鳌十葉派。證有七：信徒學成者皆著緑服，證一。以依瑪日主教務而抑學人，證二。用波斯語文傳習經典，證三。信條獨重泰服細勒，證四。阿鳌及其妻法梯昧之祭典，並極隆重，證五。命名以類，取侔聖哲，如阿鳌之子阿鳌忽散、忽腮尼、法梯昧之類，所在有之，而阿蒲倍克爾、倭馬爾、札非爾等名，則絶無所聞，證六。教士演説，恆述阿鳌戰陣之勇，而於倭馬爾之赫赫武功無所稱道，證七。

此教之流傳實自波斯，其經行綫可别爲二：一由波斯而印度，而南洋羣島，以至廣東，此水綫也。一由波斯而阿富汗，而回部，以至秦隴，此陸綫也。今所行者，大都由陸綫所至，故盛行於新疆，而山西、陝西、甘肅、雲南等處亦皆有之。在雲南者稱本塞伊斯，在天山南北者稱登根。奉此教者，顏其寺曰清真。

回教有新舊二派

謨罕默德著天經三十部，凡三十卷，六千六百六十六章，曰甫爾加尼。初至我國者爲舊教，派名約漢賴。新教有閔煞力毛魯的二經，派名虎弗耶，言馬明心爲華人鋸解以死。回民誦至此，則擗踊哭泣。

甘肅河州有四大門宦之目。一曰穆扶提，猶蒙語之巴圖魯也，又名臨洮拱拜。一曰華寺，中有舊教有新教，新教徒不薙鬢，令與鬚相埒，舊教則否。一曰白莊，以地得名。一曰胡門，以其始傳教者多髭，因以名其教。此外又有大拱拜、畢家湯拱拜、張門拱拜之屬。大拱拜最古，而胡門之起，至光緒末，不過六十餘年。拱拜者，以祀其始傳教之人。傳教者既有拱拜矣，而其子若孫因得世其業。核力法者，爲門宦子孫之通稱。一麻目爲寺中之領拜，而𡨴𡨴字字書所無，俗讀若歌甲切。爲副。胡門一名紅門。順治戊子，涼州回米喇印、丁國棟叛。乾隆辛丑，循化新教馬明心、蘇四十三以仇殺舊教，因而作亂。癸卯，其黨伏羌阿渾、田五復叛。咸、同間，西寧、寧夏馬化龍、馬桂元叛。光緒乙未，循化韓奴力叛。皆不久平定。回教中所謂罕植阿渾者，朝西域之尊稱。阿渾，猶言師傅也。乾隆辛丑，高宗曾有諭旨，禁習新教。

回教徒不食諸肉

回教初入我國，所訂教規，曰諸肉不食。久之，其徒不能遵守，乃改爲豬肉不食。或駁是說，謂回語名彘，不曰與諸同音之豬。然對於我國教徒而言，固宜作我國語矣。然回教人自謂不食豬肉者，厭其穢耳。凡以回籍服官者，洊擢至三品，卽須出教，以例得蒙賞喫肉，不能辭也。

回教有響墳

回教之至粵東，自天方貴聖開宗於城內之懷聖寺始，卽後之光塔寺是也。死後，葬北門外，教中人呼爲響墳，謂自國中放響箭至此，示其徒以葬處。故後之死者，皆就該墳附近葬之，以誌不忘所自也。

纏回教儀

新疆纏回所奉之教，專祀謨罕默德爲賠昂伯爾，譯言天使也。七日禮拜，入寺誦經，謂之朱瑪。每日五次誦經，謂之納瑪兹。日未出謂之傍不得，未時謂之撇緄，酉時謂之的格爾，日落後謂之沙瑪，戌時謂之火不得。歲法以三百六十日爲一年，先期四十五日，以葫蘆然膏，懸之樹，阿渾誦經，衆人膜拜。夜闌燈𡎺，蹴葫蘆於地，争蹋碎之，以消災癘，謂之巴把提。又十五日齋戒，晝禁飲食，謂之若茲，布魯特謂之瑪加克。言齋期也。彌月，開齋度歲，鮮衣華服，鼓吹喧填，男女往來相稱賀，如是者七日，謂之若茲愛依提。又十七日，刲羊祭教祖及先世，曰古爾巴愛依提，卽一歲之終也。其走謁謨罕默德墓者，謂之阿吉，道死爲上，返者次之。故多以此傾産墮業，不稍顧惜。其仰天祈禱，跪而端手齊胸誦經，則謂之斗瓦。

哈薩克教儀

哈薩克宗教祖謨罕默德，不祀天神人鬼，以敬上帝爲宗。富者橐金走謁謨罕默德墓，謂之朝汗。歸牧後，去帛服布衣，名曰阿吉，以白布重疊，纏匝其首，名曰賽里，特尊異之，謂自汗所來也。遊牧夥人争訟者，皆就折之，無不唯命。晨起，男婦趨水濱，浣手滌面，浴下體，一日五誦經，遊牧無寺院，面西方禮拜。行路者屆時覓水盥沐，無水，則撮浄土代之，禮拜誦經，無日敢怠忽。有長齋期，一月始畢。期内，早晚均不飲不食，必日落星爍，始敢受餐。禁食之末日，開齋過年，謂之小年。越七十日，始過大年，男女老少，著新衣往來，依麻目率衆西向，誦經禱祝。公舉莫洛大熟經典者爲之。禮畢，握手相慶。三日之内，唱歌跳舞，相與爲刁羊之戲。刁羊者，刲羊擿於地，羣少年飛騎拾之，攜諸馬上，彼此馳逐相攘奪，支解血肉，赫然霍落，衆人隨之，以攫一臠致親友爲吉祥喜事，受者亦必厚報之。

青回回教

河南開封有青回回教者，亦稱挑筋教，實非回教也。初名一賜樂業教，其徒數百人，自謂最初教主爲阿耽，漢明帝時至我國。教條雜回、佛，惟教師藏有經典，宣講音節，甚爲奇異，實卽猶太人摩西所創之猶太教，與回教絶不相蒙。其人本猶太種，居開封，起居飲食同於漢族，而高鼻深目，固與高加索種相彷彿也。有明人所鐫之碑記其教，曰猶太教碑。碑在開封城中草市後之挑筋教胡同東北隅蘽席圍中，宣統庚戌正月，張蔚西廣文游開封實親見之，尚完好，僅缺數十字也。

蔚西，名相文，桃源人。既觀碑，且得其拓本，蓋從趙叟購之也。趙爲開封人，猶太種也。蔚西訪其居，其猶子亦出見，因與蔚西談，所言有類似神話者。其言曰：「我輩之去祖國，年代渺遠，不可知矣。始之來此土也，凡七姓，曰趙、金、張、艾、高及二李，都八家，繼而張姓不知所往。今存六姓，人口可二百，多作小負販，婚嫁必取諸同教，然貧富相懸，不能悉拘也。惟謹守挑筋遺規，雖血縷肉線，必淨盡焉。清真之旨，遠過於回教，教中經卷，我祖我宗皆以金筒貯之，藏諸聖寺。然聞數百年前，忽有道士來謁，固請，出而曝之，倏焉暴風起，經飄失無存，蓋爲天神攝取而去矣。七十年前，有武生高某者，性兇橫，爲同教冠。至於撤毀寺屋，而賣其材焉，同教皆無如之何，而工徒之顛越以死者數人，蓋教祖之遷怒也。寺既毀，久之，縣官乃并欲奪我地，移我碑，我出死力以争之，乃罷。光緒戊申，英人潘某遊至此，言奉我祖國國王命，來撫慰我輩，並爲我輩攝影而去，因以金筒贈之，冀以轉獻我之國王。然迄今無耗，我將行賈上海，訪教友，且詢我祖國之現狀也。」碑有二，其文皆不佳，一爲《重建清真寺記》，一爲《尊崇道經寺記》。今録其原文如下：

《重建清真寺記》之文曰：「夫一賜樂業立教祖師阿無羅漢，迺盤古阿耽十九代孫也。自開闢天地，祖師相傳授受，不塑於形像，不詔於神鬼，不信於邪術。其時神鬼□濟□態無祐，邪術無益。□其天者，輕清在上，至尊無對，天道不言，四時行而萬物生。□觀其春生夏長，秋斂冬藏，飛潛動植，榮悴開落，生者自生，化者自化，形者自形，色者自色。祖師忽地醒然，悟此幽玄，實求正教，參贊真天，一心侍奉，敬謹精專，那其間立教，本至今傳，考之，在周朝一百四十六年也。□傳而至正教祖師乜攝，考之，在周朝六百十三載也。生知純粹，仁義俱備，道德兼全，求經於昔那山頂，入齋四十晝夜，去其嗜欲，亡絕寢膳，誠意□禱，虔心感於天心，正經一部五十三卷，有自來矣。其中至微至妙，善者感發人之善心，惡者懲創人之逸志。□再傳而至正教祖師蔿子刺，□係出祖□，道承祖統，敬天禮拜之道，足以闡祖道之蘊奧，然道必本於清真禮拜。清者，精一無二；真者，正而無邪；禮者，敬而已矣；拜下，禮也。「人於日用之間，□可頃刻而忘乎？天惟寅午戌，而三次禮拜迺真，實天道之理，祖賢一敬之修何如？必先沐浴更衣，清其天君，正其天官，而恭敬進於道經之前，道□形像儼然天道之在上。

「姑述敬天禮拜綱領而陳之：始焉鞠躬敬道，道在鞠躬也。中立不倚敬道，道在中立也。靜而存養默贊敬道，不忘之天也。□而省察鳴贊敬道，不替之天也。退三步也，忽然在後，敬道後也。進三步也，瞻之在前，敬道前也。左之鞠躬，敬道卽善，道在於左也。右之鞠躬，敬道卽□不善，道在於右也。仰焉敬道，道在上也。俯焉敬道，道在爾也。終焉而拜道，敬在拜也。噫！敬天而不尊祖，非所以祀先也。春秋祭其祖先，事死如事生，事亡如事存。維牛維羊，薦其時食，不以祖先之既往而不敬也。每月之際，四日齋，齋乃入道之門，積善之基。今日積一善，明日積一善，善始積累□齋，諸惡不作，衆善奉行，七日善終，週而復始。是《易》有云『吉人爲善，惟日不足』之意也。四季之時，七日戒衆祖苦難，祀先報本，亡絶飲食。一日大戒，□以告天，悔前日之過失，遷今日之新善也。是《易》聖人於益之大象，有曰『風雷益，君子以見善則遷，有過則改』，其斯之謂與！噫，教道相傳，授受有自□矣。出自□□，奉命而來，有李□艾□□金□□□□□□七□姓等，進貢西洋布於宋帝，曰：歸我中夏，遵守祖風，留遺汴梁，宋孝隆興元年癸未，列微五思達領掌其教，俺都剌始建寺焉。元至元十六年己卯，五思達重建古刹清真寺，坐落土字街東南，四至三十五杖。殆我大明太祖高皇帝開國，初撫綏天下軍民，凡歸其化者，皆賜地以安居樂業之鄉，誠一視同仁之心也。以是寺不可無典守者，惟李誠、李實、俺平徒艾□、李貴、李節、李昇、李綱、□敬、周安、李榮、李良、李智、張浩等正經熟曉，勸人爲善，呼爲滿剌。其教道相傳至今，衣冠禮樂，遵行時制，語言動靜，循由舊□，人人遵守成法而知敬天尊祖忠君孝親者，皆其力也。俺誠醫士，永樂十九年奉周府定王傳令賜香，重修清真寺，寺中奉大明皇帝萬萬歲牌，永樂二十一年以奏聞有功，欽賜趙姓，授錦衣衛指揮，陞浙江都指揮僉事。正統十年，李榮、李良自備資財，重建前殿三間。至天順五年，河水淹没，基址略存，艾敬等具呈，按□□奉本府承河南布政使司箚付等因，至□元年古刹清真寺准此。李榮復備資財，起蓋深邃，明金五彩妝成，煥然一新。成化年，高鑑、高鋭、高鉞自備資財，增建後殿三間，明金五彩妝成，安置道經三部，外作穿廊，接連前殿，迺爲永遠之計，此蓋寺前後來歷也。天順年，石斌、李榮、高鑑、張瑄取寧波□教道經一部，寧波趙應捧經一部，賫至汴梁歸寺。高年由貢士任徽州歙縣知縣，艾俊由舉人任德府長史，寧夏金瑄先祖任光祿寺卿，伯祖勝□金吾前衛千兵，瑄置買供桌銅爐瓶燭臺。迺弟瑛，弘治二年捨資財，置寺地一段。瑛與鍾託趙俊置碑石，俺都刺立基址，啟其端。李榮、高鉞建造□其事。有功於寺。諸氏捨公帑，經龕、經樓、經卓、連籠、欄杆、供卓、付簷諸物器皿，亦爲妝彩，畫飾周圍之用，壯麗一方。

「□惟三教各有殿宇，尊崇其主。在儒則有大成殿，尊崇孔子，在釋則有聖容殿，尊崇牟尼，在道則有玉皇殿，尊崇三清。在清真則有一賜樂業殿，尊崇皇天。其儒教與本教，雖大同小異，然其立心制行，亦不過敬天道，尊祖宗，重君臣，孝父母，和妻子，序尊卑，交朋友，而不外於五倫矣。□嘻！人徒知清真寺禮拜敬道，殊不知道之□原□□天，而古今相傳，不可誣也。雖然，本教尊崇如是之篤，豈徒求福田利益計哉！受君之恩，□君之祿，惟盡禮拜告天之誠，報國忠君之意。祝我大明皇上德邁禹湯，聖並堯舜，聰明睿智，同日月之照臨；慈愛寬仁，配乾坤之廣大。國祚綿長，祝聖壽於萬年；皇圖鞏□，□天長於地久。風調雨順，共□太平之福。勒之金石，用傳永久云。開封府儒學增廣生員□鍾讃，祥符縣儒學廩膳生員曹佐書，開封府儒學廩膳生員傅儒篆。弘治二年歲在己酉仲夏吉日，清真後人寧夏金鏌祥符金禮並立。」

《尊崇道經寺記》之文曰：「賜進士出身朝列大夫四川布政司右參議江都左唐撰文。賜進士出身徽仕郎户科給事中前翰林院庶吉士淮南高洘書丹。賜進士出身徵仕郎前吏科給事中維揚徐昂篆額。嘗謂經以載道，道者何？日用常行古今人所共由之理也。故大而三綱五常，小而事物細微，無物不有，無時不然，莫匪道之所寓。然道匪經無以存，經匪道無以行。使其無經，則道無載，人將貿貿焉莫知所之，卒至於狂談而窈冥行矣。故聖賢之道，垂六經以詔後世，迄於今而及千萬世矣。至於一賜樂業教，始祖阿耽，本出□□西域，稽之周朝，有經傳焉。道經四部五十三卷，其理至微，其道至妙，尊崇如天。立是教者，惟阿無羅漢爲之教祖，於是乜攝傳經，爲之師法。厥後，原教自漢時入居中國，宋孝宗隆興元年癸未，建祠於汴。元至元十六年己卯重建。其寺，古剎也，以爲尊崇是經之所。業是教者，不止於汴，凡在天下業是教者，靡不尊是經而崇是道也。然教是經文字，雖與儒書字異，而揆厥其理，亦有常行之道，以其同也。是故道行於父子，父慈子孝；道行於君臣，君仁臣敬；道行於兄弟，兄友弟恭；道行於夫婦，夫和婦順；道行於朋友，友益有信。道莫大於仁義，行之，自有惻隱羞惡之心。道莫大於禮智，行之，自有恭敬是非之心。道行於齋戒，必嚴必敬；道行於祭祖，必孝必誠；道行於禮拜，祝贊上天，生育萬物，動容周旋之際，一本乎誠敬也。至於鰥寡孤獨疲癃殘疾者，莫不周恤賑給，俾不至於失所。貧而娶妻不得娶，與葬埋不能葬者，莫不極力相助。凡婚資喪具，無不舉焉。及至居喪禁忌葷酒，殯殮不尚繁文，循由禮制，一不信於邪術，下至權度斗斛輕重長短，一無所敢欺於人。求觀今日，若進取科目而顯親揚名者有之，若布列中外而致君澤民者有之，或折衝禦侮而盡忠報國者有之，或德修厥躬而善著於一鄉者，亦有之矣。逮夫農耕於野而公税以給，工精於藝而公用不乏，商勤於遠而名著於江湖，賈志於守而獲利於通方者，又有之矣。畏天命，守王法，重五倫，遵五常，敬祖風，孝父母，恭長上，和鄉里，親師友，教子孫，務本業，積陰德，忍小忿，戒飭勸勉之意，皆寓於斯焉。嗚呼！是經也，日用常行之道所著者有如此。是故天命率性，由此而全；修道之教，由此而入；仁義禮智之德，由此而存。若夫塑之以像態，繪之以形色者，徒事虚文，驚眩耳目，此則異端之説，彼固不足尚也。然而尊崇於經者，其知所本歟？道經相傳，有自來矣。自開闢以來，祖師阿耽傳之女媧，女媧傳之阿無羅漢，羅漢傳之以思哈截，哈截傳之雅呵厥勿，厥勿傳之十二宗派，宗派傳之乜攝，乜攝傳之阿呵聯，呵聯傳之月束窩，束窩傳之藹子喇，於是祖師之教，燦然而復明。故凡業是教者，其惟以善爲師，以惡爲戒，朝夕警惕，誠意修身，齋戒節日，飲食可叵於經，而是矜是式，尊奉而崇信焉。則天休滋至，理惠罔愆，人人有德善之稱，家家遂俯育之樂。如此，則庶於祖教之意無所負，而尊崇之禮無少忒矣。刻石於寺，垂示永久，咸知所自，俾我後人其慎念之哉。大明正德七年壬申孟秋甲子重建寺，俺李高維、揚金溥請《道經》一部，立二門一座，寧夏金潤立碑亭一座，金鍾修撰□亭，鐫字□□□璽。」

旁門左道之宗教

依託宗教之旁門左道，不可勝數，彌勒教、白蓮教、天理教、中洋教、上帝教、三祖教、黄天教、在裏教、義和團、大乘教、大成教、薩滿教，及崇拜一切自然物如水火龍蛇之類者，非流於妖邪，卽困於鄙陋，實皆不足以言宗教也。

彌勒教

彌勒教，大抵糍糰教、一作慈團。五倫教之流亞也。其教偏各省，江、浙尤盛。初，有杭人須天衡者崇奉之，自言其七世祖某爲彌勒化身，親授珠經三，勸人持齋修行，身後不入輪迴，皆歸佛國。月之塑望，必誦經禮佛，徒黨畢集，曰上供。諸男女入教者，皆拜師，師爲之命名，焚表給牒，并演《易》卦爲宗派。亦派執事，行能出衆者，則有清書、班首諸名目。同教者相遇，彼此必問何卦派何執事，始敍尊卑。

乾隆時，晉寧李因培督學江蘇，陛辭，高宗諭以密訪邪教。及按試松江，適有以習彌勒教告者，拘之，嚴訊，斬須天衡，絞楊維忠，軍徒流杖十餘人，皆教中魁也。當壬午聖駕南巡時，楊徒康倫姐等獻經行在，高宗初未喻，温語遣之，後徧詢閣臣，始知爲劉福通之流，故有是命。

白蓮教

白蓮教，一名清茶門，爲道教之支流，最爲妖妄。漢末，黄巾張角兄弟起於山東，當時雖無白蓮之名，然實權輿於是。乾隆癸丑，白蓮教匪嘗起而爲亂於湖北之枝江縣。

嘉慶乙亥十二月丙寅，仁宗諭曰：「灤州石佛口王姓，其先世自前明以來，倡立白蓮教，自稱聞香教主，流傳至今，二百餘年，已閱十輩，其子孫仍怙惡不悛，改教名爲清茶門。種種悖逆情形，應照大逆辦理。其江南、湖北、河南等省傳教各犯，飭各督撫迅速查拏。」

咸、同間，洛陽汪劍庵，家貧不能自給。一日，徘徊道中，有憂色。忽一偉丈夫來，詢其故，汪以實告。其人大笑曰：「銅臭乃足困人耶？君子憂道不憂貧，當今上無道揆，下無法守，至令先生懷才不遇，良可太息。然懷才不遇者，又寧止一先生？某不才，尚能助一臂力。」因解囊，出大錢十千文，告汪曰：「有急需，取之可也，但不可盡。」汪不肯受。某曰：「然則作爲借款，以一月償，可乎？」汪感其誠，諾之。於是日取三百文使用，視之，仍十千也，大異之。然不取，則錢亦不多。亡何，一月期滿，其人果來，亟謂汪曰：「孺子不聽我言，今禍作矣，速從我去，否則首級且不保。」汪曰：「某貸君款，至今不敢動分文，安得有禍？」其人笑曰：「汝尚誑予耶？果爾，則還吾可也。」汪往取，則錢已頓杳，大驚，求救，其人曰：「毋恐，我白蓮教人，豐衣足食，不知世間有憂愁事。今事至此，子亦惟有入教耳。」汪不得已從之，自是，汪亦爲白蓮教徒。黄某，佚其名，勇敢有力，且工劍術，人有以白蓮教説之者，輒嗤以鼻，曰：「庸人自擾耳。」某夜，挑燈夜讀，聲朗朗達户外。夜三鼓，聞窗前履聲甚響，黄疑之，左手持燈，右手仗劍，徒步出門，猝見一人，身長丈餘，面目猙獰可怖，黄舞劍與之鬬。久之，漸不敵，遁入房，取狗血噴之，應聲而倒。所謂丈餘長人者，乃以三寸紙所剪之侏儒也。

自平教匪之後，中原不見兵燹者幾三十年。而漏網之徒，散匿遠近，隱相煽誘，仍以傳教爲主。宿州張義發者，從永城魏中沅學《彈花》、《織布》兩歌，皆邪教中隱語。又令盤膝静坐，曰坐蓮花。兩手捧腹，曰捧太極。一日三次，默誦咒語，曰三省工夫。

天理教

天理教，又名八卦教，以其列八卦爲八股也。其首領有三：曰林清，曰馮克善，曰李文成。嘉慶癸酉，清倡亂京畿，馮、李蹂躪豫東。

清之初入教也，意圖斂錢而已，既而脅惑者衆，羣奉爲坎卦教主。坎卦之外，七卦皆屬文成，清又統之，勢益張。復造妖書，言彌勒佛有青洋、紅洋、白洋三劫。此時白洋應劫，清乃太白金星下降，故旗幟皆尚白。又童謡云：「八月中秋，中秋八月，黄花滿地發。」癸酉置閏八月，後改甲戌閏二月，因以九月望日爲第二中秋，故起事以應之。

坎卦之主爲郭朝俊，次爲劉呈祥、陳懋林、宋理輝。既而懋林爲其從弟懋功告訐，讞得實，擬問杖徒，諸人乃潛奉清爲坎卦主。朝俊性愊嗇，遇事畏葸，衆不之憚，清代之，皆帖服。清傳教以「真空家鄉無生父母」爲八字真訣，命其徒日夕拜誦。自言知未來事，審禍福，明吉凶。入教者輸錢，曰種福錢、根基錢，事成，償十倍，輸百錢，得地一頃。愚民惑之，遠近踵至，家遂饒。有告貸者，輒給之，村人仰食者萬餘家。乃潛蓄逆謀，欲舉大事，而祀金神於西方。又詭言前世爲卯金刀，遂改姓劉，名安國，而他人呼之則曰劉真空。又自以爲劉林後身，稱劉林，字霜牧，或作雙木。輾轉變易，無定名。平日不習武藝，或勸之擊劍，清曰：「吾有神助，劍術不足道也。」

文成在滑，掌震卦教，見清，大悦，奉清爲十字歸一。於是八卦九宫，清與文成共掌之，清號天皇，克善號地皇，文成號人皇。

初，齊、豫奸民糾結死黨，曰虎尾鞭、義和拳、紅甎社、瓦刀社，最大者曰八卦教。文成欲入黨，無所適從。夜夢神語之曰：「君乃十八子，明道震宫九教主也。得東方生氣，居河洛之中，協符大運。」文成驚異，益自負，乃收聚諸無賴及有罪亡者，匿與居。聞河南有謡云：「若要紅花開，須待鹽霜來。」遂自號鹽霜十八子，入震卦教。教中事有條理不當者，文成釐次剖晰，衆推服之，無異詞。時清爲坎卦教首，傳教北方。乾卦教首張廷舉，山東定陶人。坤卦教首邱玉，山西岳陽人。巽卦教首程百岳，山東城武人。艮卦教首郭泗湖，河南虞城人。兑卦教首侯國龍，山西岳陽人。離卦教首張景文，山東城武人。俱分隸震卦。震爲七卦之首，取「帝出乎震」之意也，習教者咸聽約束。文成兼掌九宫，統管八卦，衆至數萬，爭以金帛相賂遺，謂之種根基，文成遂富。

滑縣牛亮臣少習帖括，應童子試，屢應被黜，乃棄去，爲縣庫書吏。丙寅，以文弄法獲罪，亡匿直隸之保定。十二月，清亦以坐法往保定，同居馬家店，遂結爲死友。清語亮臣曰：「吾教是京南人所授，山東曹縣有劉林，爲先天祖師。吾爲劉林後身，是後天祖師。真空神咒，每日朝拜持誦，可免刀兵水火，可起大事。」亮臣悦之，乃拜清爲師。

崔士俊，金鄉人，因城武劉燕入離卦教。燕之師曰王敬修，敬修與其黨張衡同受教於王普仁，而士俊又傳之於高鶴鳴。其教：先令人執香稽首，受真空八字訣。入教之始，人納錢二百文，謂之根基錢。清明、中秋，隨力致獻，謂之跟賑錢，卦主受之。凡同教相見，輒駢二指爲劍訣。甲子，士俊始入教。壬中八月，其鄰人高毓藻引長垣徐安國至士俊家，謂安國習震卦教，勝於離卦，勸改離歸震，士俊遂與其黨鉅野張建木同拜安國爲師。安國之教與離坎相類，惟每日三次朝理太陽，兩手抱胸，合眼趺坐，口念真空八字八十一遍，是曰抱功，功成可免災難。癸酉二月，安國復至金鄉，告以今歲九月後交白洋劫。劫數到時，教主給白布小旗，樹於門，可免殺戮。安國引士俊與張建木偕至滑，謁文成，劉國明爲之引進。士俊與建木拜文成，文成受禮畢，諭之曰：「汝曹善自用功，一劫能造萬劫之苦，一劫能修萬劫之福，汝曹悉歸去，有事，問爾師傅可也。」士俊再拜出，安國語之曰：「今歲孟冬一月中行三節氣，此即白洋劫。劫前七日，白旗傳遍。凡無旗者盡殺之，留而不殺者，分上下。」其要訣云：「位列上中下，才分天地人。五行生父子，八卦定君臣。」國明語之曰：「白洋劫，山西爲洋頭，河南爲洋腹，山東爲洋尾也。」

中洋教

道光時，有達官婢蘇姓，年二十餘，姿貌修整，粗識文字，自謂人世無其匹，深信中洋教。出家，居白雲庵，習修煉，自號女媧氏。遠近婦女奉之爲師，執贄奉餉，媵以牲酒香花，踵門稱弟子者不絕。其臥房重重間隔，分一房爲數室，小巷密閣，曲折玲瓏，即白晝持火入，人對面，或相擊觸，轉身遁匿，則莫知所之，其幽邃如此。未幾，燬於火。

上帝教

上帝教，竊基督教之緒餘者也。嘉慶時，粵人朱九濤實創之，洪秀全、馮雲山師事之。九濤死，推秀全爲教主。道光丙申，秀全、雲山傳教至廣西，居桂平、武宣二邑接壤之鵬化山。

時桂平富人曾玉珩受教於秀全，秀全妹壻武宣蕭朝貴亦來桂平。朝貴與楊秀清交最善，秀清先世爲廣東人，後遷廣西，居桂平之大黃江，世以燒炭爲業。秀清豪放無賴，與其鄉人韋昌輝、貴縣石達開同入上帝教。昌輝、達開常慷慨大言，欲委身以成大事。秀全時卧病幾殆，突然愈，曰：「吾病死，作地下人者七日，今始復蘇，能知未來事，舉世將罹大災，惟奉我教，拜上帝，或爲教主之兵，則可免，且死後可升天堂極樂世界。答拜上帝，納銀，供香燭，則可贖已往之一切罪惡。」凡奉其教者，曰師徒，男稱兄弟，女稱姊妹，稱耶和華曰天父，以耶穌爲其長子，尊之曰天兄，己則爲其次子，而秀清等則皆師徒也。

三祖教

秘密社會，多出於明季遺民。有三祖教者，俗謂爲白蓮教之支流，一曰無爲教，又曰檀香教。每歲，教徒一大會，須點蠟，其法煎蠟油於鍋，以燭芯醮之，彼此相傳，即傳薪之義也。又有坐法船、摸姻緣諸名目，蹤跡祕密，非在教者不得入觀。有老儒施星渚者，曾入其教，年餘而出，或問其內容，答云：「明季遺民之所爲，傳者失其意耳。」

同、光間，某歲點蠟前一日，有教主至某處，謂來自處州，有牒鈐印滿紙，信宿即去。行蹤甚祕，教徒亦不知爲誰，惟云教主爲世襲，其始祖爲教事死，歲至各處納教中酬費耳。光緒庚子，拳匪作亂，其教徒亦聞風響應，先事破獲，搜得僞印、文牒、會單，確有不臣之證。其牒文年號爲大中國庚子年，國字作囯，不稱大清光緒年號。會單分作八卦，某隸某隊，某隸某隊，似尚有部伍軍隊之意。其禱告之辭，則直對於玉皇大帝而負責任也。

黄天教

黄天教，原名普聖門之天盤教，後復衍爲地盤、人盤兩派。其最爲崇信之教主有二，曰乾坤二老。其傳謂隱於吉林北山下，世人呼之爲造佛者之餘孽。旋以某歲吉林屢破教案，查拿甚急，遷居海上。其傳教法，原定爲單度法，男傳男，女傳女，不相混雜。後因信徒日衆，傳教者應接不暇，遂一變而爲齊度法，男女得相互傳授，其勢力遂日盛矣。

男女有階級，得步步高陞。凡五等：第一次入教者，爲衆生，進一步爲天恩，再進爲保恩，爲正恩，爲丁行。男子入教，升至丁行，資格爲最高。惟限制女子，僅至正恩而已。

點石可以成金，指砂可以成米，黄天教勸教之口頭禪也。且謂將來必有大刦發現，不入教者不可免，入教者别有樂土，其時可相率而入安樂境。且謂不開礦自有金銀，不耕地自有糧食，饑寒永無慮也。又自言無犯上作亂之野心，蓋恐查抄也。天盤區域廣，以備將來人民之避難，惟必先有名，始能收留，名有定數，以入教資格之深淺定之。天盤無名者，雖樂捐多金，不取亦不納也。

教中經典有多種，舉其著者：曰《黄婆經》，曰《拯世破迷寶誥》，分送教徒。且云傳印此書，可免水火刀兵之劫。若輩有時頭戴銅箍，披髮而游於市，俗呼之爲道士。

在裏教

在裏教，一曰在理教，一曰在禮教，又稱白衣道教，白蓮教之别支也。直隸、奉天、吉林多有之，天津爲盛。入教者謂之理門，又曰玄門，亦曰有門檻。其信徒之標識，則襟袖飾白色，如常人之持喪者然。凡百煙酒，皆懸爲厲禁，犯者爲叛教，即被斥。教中設大公所，首領曰大爺，亦曰老師傅。次曰首座，曰陪座，曰引師，曰催總。亦分設小公所以會其徒。會之日，爲每歲佛誕辰及重陽節，大爺高坐堂皇，據案大嚼，其徒持食伺其後，一器將盡，輒益之。有一盡數十器者，或且食罷默坐數晝夜，不便溺。

新入教者，必先餌瀉藥，曰茶膏，即百草膏，爲之洗腸，將腸中煙酒餘穢洗去净盡。如再進煙酒，即爲反禮。且配藥合丸，爲他人戒鴉片煙。其以販賣茶膏戒煙丸爲生者，間亦有之，每年收入甚豐，故不思他求，而違法之事獨少。戒煙者目理門爲宗教，等於釋道一流。或曰，製造茶膏所用之藥，以黄芩爲主要品。

其教祖曰尹某，嘉、道間，尹以賣涼粉爲業。一日，至天津西關外，忽見一瘋道人周身襤褸，瞑坐人家屋簷下，數日不去，過者皆環視之。尹異焉，時方肩涼粉，乃卸擔問曰：「師何能？」道人啓目曰：「無他，能食耳。」尹以涼粉進。道人一舉盡一擔，尹大驚，更擔以來，道人更盡之，觀者皆驚駭。尹於是下拜曰：「師其仙乎？弟子有緣，其有以度我。」道人不答，拂袖逕行，尹亟從之，及郊外，道人忽不見。於是一時哄動，傳謂尹遇仙，爲仙人弟子。尹遂棄舊業，設香壇，以符水治病，愚夫愚婦多信之，有疾病，率往禱焉，自此大收門徒。尹物故後，其傳愈廣。曰在裏者，其教蓋畫一圈以爲教，謂教徒皆在其中也。或曰，教徒既以白色飾襟袖，亦或以白布圍之於腰者，中以兵士及少年爲多，農工商賈亦有之，惟無士人官吏耳。尹某之墓在天津，每歲，教徒不遠千里而往，於元旦五更行禮，云拜尹爺墳。置公所於僻巷，所中有老師父，又曰老頭，或曰大爺，教徒相見亦均稱爺，如姓張曰張爺，姓王曰王爺。行蹤極詭祕，外人不許入。每歲集會，謂之擺齋，其期爲上元、浴佛、中元、臘八等日。至期，所中盛備魚肉，教徒各攜錢一二千文，老師父高坐，衆納資訖，羣向老師父合掌朝參，又類事佛之儀式，然後大啖魚肉，所集資金，以購食物，餘皆入老師父之囊。願入教者，於擺齋日，攜錢二百文，從介紹人入門，五體投地，以拜老師父。於是介紹人爲之述其悃忱，老師父舉手作勢，反覆辯難，然後許可。傳授在裏祕訣，曰「不敬祖先，不蓄雞犬，不争論，不怒，不飲酒，不吸煙，苦海無邊，回頭是岸。」且授密咒五字，上不傳父母，下不傳妻子，重則如泰山，輕則如鴻毛，如敢洩漏，霹靂碎身，末後始言五字，則「觀世音菩薩」也。而此五字爲教中所最重者，雖以死迫之，不敢出口，每諱云佛海大士，且專重焚香打坐，而不誦經。

義和拳

義和拳，一名義和團，源於天理教，亦以卦爲符號，起於山東堂邑縣，舊名義和會。光緒己亥、庚子間，東撫捕之急，遂潛入直隸之河間府景州、獻縣。乾字拳先發，坎字繼之。坎字拳蔓延於滄州、靜海間，白溝河之張德成爲之魁。設壇於靜海屬之獨流鎮，稱天下第一壇，遂爲天津之禍。乾字拳由景州蔓延於深州、冀州，而淶水，而定興，而固安，以入天津、京師。坎字拳爲林清之餘孽，乾字拳爲離卦教部生文之餘孽，故皆尚紅。其後有黄色一派，則乾字拳所創也。坎字、乾字，授法各殊。坎字拳傳習時，令焚香叩拜後，植立而仆，仆而起，跳躍持械而舞。乾字拳則令閉口伏地，少頃則白沫滿口，口呼神降矣，亦起躍，持械而舞。又有震字，則山東王中之遺孽，中於乾隆時被戮。坤字拳不詳所自。震字拳見諸永定河南岸，坤字拳見諸京西，從者蓋鮮。惟坎字、乾字勢最大，卽庚子之分擾京津者也。

若輩恆自稱爲神拳，降神召衆，號令皆神語。傳習時，令人伏地焚符誦咒，堅合上下齒，從鼻呼吸，及躍起，輒操刀而舞，力竭乃止。

京師從受拳法者，教師附其耳咒之，詞曰：「請請志心歸命禮，奉請龍王三太子，馬朝師，馬繼朝師，天光老師，地光老師，日光老師，月光老師，長棍老師，短棍老師，要請神仙某。」隨意呼一古人，則孫悟空、豬八戒、楊香、武松、黄天霸等也。又一咒云：「快馬一鞭，西山老君，一指天門動，一指地門開，要學武藝請神仙師來。」一咒云：「天靈靈，地靈靈，奉請祖師來顯靈，一請唐僧、豬八戒，二請沙僧、孫悟空，三請二郎來顯靈，四請馬超、黄漢升，五請濟顛我佛祖，六請江湖柳樹精，七請飛標黄三太，八請前朝冷於冰，九請華陀來治病，十請托塔天王，金吒、木吒、哪吒三太子，率領天上十萬神兵。」諸壇所供之神不一，如姜太公、諸葛武侯、趙子龍、黎山老母、西楚霸王、梅山七弟兄、九天玄女，又有供紀獻唐，卽小說中之年羹堯。與山西祁文端公雋藻，或唐僧、悟空、八戒、沙僧、黄飛虎、黄三太者。庚子四五月間，津民傳習殆徧，有關帝降壇文，觀音託夢詞，濟顛醉後示，皆言滅洋人。忽傳玉帝勅，令關帝爲先鋒，灌口二郎神爲合後，增福財神督糧，趙子龍、馬孟起、黄漢升、尉遲敬德、秦叔寶、楊繼業、李存孝、常遇春、胡大海皆來會。其所依據，蓋《西游記》、《封神傳》、《三國演義》、《緑牡丹》、《七俠五義》諸小説，爲北方常演之戲劇也。

禮神時，以頂著地，叩首三十六。練術有渾功、清功二種。渾功百日，清功四百日。渾功避槍礮，清功能飛昇。然習者利速成，多渾功也。臨陣，佩小黄紙畫像，有首無足，鋭手指，四周有毛，耳際腰間作犬牙詰屈狀，不名何神，心以下書字一行，文曰：「雲凉佛前心，玄火神後心。」誦咒曰：「左青龍，右白虎，雲凉佛前心，玄火神後心，先請天王將，後請黑煞人。」

一日，天津忽傳有紅燈照者，皆十餘齡幼女，紅衣袴，挽雙丫髻，稍長者盤長髻，左手持紅燈，右手持紅巾及朱色摺疊扇，扇股皆朱髹。始老孀設壇授法，集閨女數十輩環侍受法四十九日。術成，稱大師姐，轉教他女。其術自謂能持扇自扇，漸起漸高，上躡雲際，擲燈下，其從嫗拾之以繳於壇。女身植立空際，漸化爲明星，較星差大，其光晶晶，或上或下，或近或遠，或攢聚如聯珠，或迤邐如魚貫，津民狂走聚觀，僉云目覩，有終夜升屋而瞭者。女子自言能於空中擲火焚西人之居，津民信之，呼爲仙姑，即世所稱爲紅燈照者是也。

大乘教

道光庚子，長樂梁茝林中丞章鉅方巡撫廣西，宣宗諭之曰：「廣西、湖南兩省，有傳習邪教，煉丹運氣，其傳授之書，則有《性命圭旨》暨安註《大學》，愚民被誘者不少，廣西之平樂、柳州傳習尤衆。地方官每因别無逆蹟，總未深究根由，恐傳染日深，易致滋蔓，著梁章鉅嚴查辦理等因。」梁復奏：「訪得道士韓禮文等傳習大乘教，審明定擬報聞。」

大成教

大成教者，教中人初不自名也，人從而名之耳，且有以音同訛爲大乘教者。倡之者爲道、咸間之周太谷。太谷，名星垣，一稱空同子，石埭人，僑揚州，講學授徒，以心息相依爲宗旨，即良知良能也。意謂有心無息，或有息無心，皆爲小成，必心息相依而始爲大成也。或謂其學説出於林三教，林生明季，以禪宗陰道混合姚江别派。歙人有程智者，世稱雲莊先生，實紹述之。以一四篇言佛，三兩篇言儒，二三篇言道，乃修飾林之餘術而别出頭地。三篇之外，有《守白論》，其言以公孫龍子爲宗，而定爲十六目。從游者衆，再傳而敗，其徒仍私自傳播，不絶於世，太谷殆亦然其餘燼歟？論者謂太谷之學，尊良知，尚實行，於宋之陸象山、明之王陽明爲近，又旁通佛老諸説。不事著述，其遺言爲弟子所記，號《太谷經》，惟於《周易》多所删改塗抹。近世言人種學者，謂人之始祖爲猿，太谷則謂人祖爲豕，蓋引《易》象彖字皆從「豕」，「家」字亦從「豕」以爲之證。又謂《論語》「子曰」二字亦含有意義：子爲了一，曰爲包一也。

太谷大弟子之著稱於世者，爲福建韓子俞、安徽陳子華、儀徵張石琴、李晴峯，而石琴、晴峯爲尤著。石琴，名積中，爲北派，居山東肥城之黄崖山。晴峯，名光炘，號平山，世稱龍川先生，爲南派，居江北之裏下河一帶。後游四方，以傳道自任。南派再傳弟子，曰泰州黄隰朋葆年，曾宰山東之泗水，從政十餘年，棄官歸，授徒於蘇州，爲教主，記述頗夥，而悉本於晴峯。所撰《染絲歧路説》、《游學説》，尤於新理多所會通。與隰朋同學者，有王啓俊、吴慕蕖、趙明湖，及毛實君方伯慶蕃、劉鐵雲觀察鶚。若喬茂萱左丞樹枏，實未親炙於晴峯，惟曾瞻拜晴峯遺像，廁於私淑之列。至榮華卿尚書慶，則有志而未逮者也。

其詆諆大成教者，則曰石琴初頗讀書，屢試被黜，遇太谷，導以鍊氣、辟穀、取精、元牝諸術，石琴惑之，盡棄其學而學焉。後太谷爲兩江總督百齡所誅，或曰太谷以病卒於揚州。揚去儀徵七十里，晴峯居儀徵，太谷病急時，使人召晴峯曰：「吾病，必晴峯至，始可死。」及晴峯至，侍湯藥，百日而殁。自是其教就衰，而石琴乃益神其師術以愚鄉人，謂師尸解去，欲證道者，有現身住世不廢飲食男女與天同壽之樂。由是惑者寖衆，往往踵門敂顙流血，石琴故嚴拒之，謂無善根。先令其作諸小善，而陰詗其隙，謂某事惜財，某事惜力，爲太谷所擯。其人懼，固請，乃許之，佯使輦金於庭，謂無道根，固不納。又盛裝女奴，使人引而出，曰：「多塵障也，反與虬髯傖父蓬首婢同寢處。」於是高門甲族之男女，奉若神明，石琴錯處其中，亦不復引嫌矣。

又曰，道光季年，鹺務變法，奇詭之士，如陽湖周韜甫、長洲馬遠林、武進關恭季輩俱集揚州，石琴慮爲所毁，乃取《論》、《孟》、《大學衍義》、《近思録》諸書，日相討論，韜甫信之，爲游揚當道，聲譽頓起，乃復取《參同契》以附入聖賢緒論。咸豐丙辰，避粤寇，往山東，依其作令之戚吴某。再徙而遁之黄崖山，山麓有莊，曰南黄崖、中黄崖，惟北黄崖界長清，山形三面環抱，左右危峯若門户，中廣百畝。石琴築室於其巔，炫其術，引諸避兵者，不旬日，山成市。乃壘石爲兩砦，築大砦其上，引河水環之，市弓弩甲杖爲武備房。又建祭祀堂，祀伏羲、文王、周公、孔子及太谷。用古器古衣冠，祭以夜，檀燭光數里，非其黨，莫能窺也。祭時禮節繁縟，女弟子素馨、吴蓉裳挾劍而侍。素馨爲太谷寡孫婦，蓉裳爲石琴女甥，皆列屋居，不輕見客。見之者必九叩，抗不答禮。其傳教，則高弟吴某、趙偉堂、劉耀東等轉相授受，讀其所刊《指南箴》，五日一聽講，不能誦者聽之。從教者祖右臂，戒惜財戀色，子女玉帛毋許顧，鄉愚閧動。若肥城之孝里鋪，若濟南會城内外，若東阿之滑口，若利津之鐵門關，若海豐之埕子口及安邱、濰縣等處，皆列市肆，千里之間，奉其使令，鄉愚呼爲張聖人，吴、劉輩則稱以七先生而不敢名。

或曰，有名大成教曰平山教者，以晴峯又號平山。其徒黨甚夥，同、光時，朝貴大率爲其門徒，而魯人尤衆故也。

薩滿教

薩滿教不知所自始，西伯利亞及滿洲、嫩江之土人多信奉之。其教旨與佛氏之默宗相似，疑所謂薩滿者，特沙門之音轉耳。迷信於此者，以亞古德人、索倫人、達呼爾人、鄂倫春人爲甚。

或曰，薩滿教爲滿洲舊教，其儀式以跳神爲重，所供神牌，書「法祖敬天」等字，蓋滿洲夙重祭天之禮，尤重敬祖，以不忘本爲教也。

或曰：薩滿爲女巫，非教名也，亦稱珊蠻，則音轉耳。然薩滿術師，不如佛之禪師、耶之神甫得人崇敬，但以巫醫、卜筮諸小術斂取財物而已。

薩滿之言天神也，謂天有七層，其主神卽上帝，統治無量數恆河沙世界，具無量數恆河沙知慧，不現形體，不著迹象，居於最高之天界。以下諸天，則百神以次居之，此與佛教所言忉利天、四王天相彷彿。善神曰亞伊，惡魔曰亞巴綏。人之靈魂，亦各因其善惡而別其階級，或從諸神居天堂，或墮入無間地獄，此又與耶教相似也。

薩滿教又立三界：上界曰巴爾蘭由爾查，卽天堂也。中界曰額爾土士伊都，卽地面也。下界曰葉爾羌珠幾牙幾，卽地獄也。上界爲諸神所居，下界爲惡魔所居，中界嘗爲浄地，今則人類繁殖於此。

魔鬼主罰罪人，其威覆人世，上帝恐其過虐，則遣諸神時時省察之，防止其惡行。故薩滿之術者，爲人禱於上帝，以求庇護。然術者又爲魔鬼之奴隸，居於中界而通於上下界，蓋其祖先在地獄中，以子孫爲魔王之侍者。故凡操是術者，各有統系，不許外人攙入。以術者既侍魔王，故凡有建白，皆可與魔王直接。人有疾病，薩滿輒謂是人夢寐之際，神魂飛越，爲魔王所捕得，若久而不釋，則其人必死無疑，薩滿爲之請於魔王，魔王釋之，其病始愈。病愈後，術者則索取報酬，云以完獻魔鬼之願也。其人或死，則云其靈魂雖未爲魔鬼所捕獲，而迷失路徑，至不能歸。又云人死之時，魔鬼捕其靈魂，巡迴於其生前經歷之地，所至輒行罰焉，此巡迴須至魔鬼所建之十字架，乃止。故信奉其術者，其眷屬欲減其刑罰，爲之造作木形十字架於屋邊，或墳次。又自墳次歸家，死魔往往躡人之後，然死魔畏火，故熾火於門前，一一而過之。又取死人之衣，以火焚之，亦以驅逐死魔，使不敢隱伏其中也。

閨女不嫁教

奉天西關有紫霞宫，爲光緒時奉天將軍依克唐阿所施捨。廟貌巍峩，供吕洞賓、岳武穆像。無僧道，廟之主事者，爲閨女不嫁教中人，以信佛扶乩煽惑愚人爲事。教中有處女，念經茹素，嘗於暗室講經，男女錯雜。而諸女年皆及笄，矢志不嫁，其已字人者，且皆退婚。